大家史说

人物与掌故丛谈·上

苏同炳／著

紫禁城出版社

图书在版编目（CIP）数据

人物与掌故丛谈 / 苏同炳著. — 北京 : 紫禁城出版社, 2010.1
（大家史说）
ISBN 978-7-80047-920-5

Ⅰ. ①人… Ⅱ. ①苏… Ⅲ. ①历史人物-人物研究-中国②中国-历史-掌故-研究 Ⅳ. ①K820②K206.6

中国版本图书馆 CIP 数据核字 (2010) 第 013089 号

人物与掌故丛谈
作　　者：苏同炳
责任编辑：王冠良
封扉设计：赵　谦
出版发行：紫禁城出版社
地址：北京市东城区景山前街 4 号　邮编：100009
电话：010-85007816　010-85007808　传真：010-65129479
邮箱：gugongwenhua@yahoo.cn
制　　版：保定市万方数据处理有限公司
印　　刷：保定市中画美凯印刷有限公司
规　　格：1/16　787×1092mm
31.25 印张　380 千字
版　　次：2010 年 4 月第 1 版
2010 年 4 月第 1 次印刷
印　　数：1-4,000 册
书　　号：ISBN 978-7-80047-920-5
定　　价：46.00 元（全两册）

目　录

我国古代最伟大的水利家李冰

四川灌口的都江堰，乃是我国古代以来最伟大的一项水利建设。成都平原十七县七百余万亩田地的农产，迄今仍赖此堰所导入的渠水以资灌溉。此堰的设计及筑成，完全是秦时的蜀守李冰之功。

《都江堤堰志》说：

> 神禹导江正源，至石纽，出汶川而南，其北无水。秦昭襄王时，蜀守李冰凿离堆虎头，于江中设象鼻七十余丈，首阔一丈，中阔一十五丈，后一十三丈，指水一十二座，大小钓鱼护岸一百八十余丈，横潴洪流，故曰都江。以分岷江之水北折而东，灌溉蜀郡田畴，以亿万计。蜀用富饶，号称陆海。……由汉以来数千百年，或因旧葺治，或因时疏筑，而功实原于秦守冰。故历代庙祀之。

这一段话，简单地介绍了李冰修筑都江堰的施工大概。凡是未曾亲履其地，目击都江堰水利工程之实际情况的，大多无法想象此一工程的伟大艰难所在。为了表彰先德，及使未曾到过灌县的读者们能对此有较为具体实在的观感起见，似乎值得在此详细介绍一番。

翻开比例尺较小的四川地形图，便可发现，岷江发源于四川西北境的岷山南麓，沿途纳窗、黑、杂谷诸水，蜿行于深山狭谷之中，源远而流长。及至灌县西北，地势陡降，岷江于此脱离峡谷，地势开展，河身扩大，向东南倾泄，不再受到约束与阻挡。每值夏季多雨，洪流泛溢，荡漾无羁，常在下游的冲积平原上造成极大的灾害。及冬季水枯石出，河身的水位下降，又复呈现一片沙砾。破坏农田，危及沿河一带人民的生命财产，害莫大焉。《华阳国志》说："时青衣有沫水，出蒙山下，伏行地中，会江南安，触山胁溷崖，水脉漂疾，破害舟船，历代患之。"所指即此。沫水，即洪水。或谓因洪流湍急，浪花激溅，形同飞沫而得名。但是自从李冰来作蜀守以后，目睹岷江在灌县以下漂溺为患的情形，相度地形，在灌县城西的虎头崖开凿人工沟渠一道，将岷江的江水引导一部分东向流入沱江，又广开支流，灌溉沱江所经的成都平原，于是既解决了岷江的泛滥之害，又使成都平原的广袤原野普遍得到水利灌溉，一举两得，造福地方，为利甚大。《史记·河渠书》说："蜀守冰凿离堆，辟沫水之害，穿二江成都之中。此渠皆可行舟，有余则用溉浸，百姓飨其利，溉田畴以亿万计。"《宋史·河渠志》亦说："蜀江之利，置堰灌田，旱则引灌，涝则疏导，故无水旱。"四川自古号称天府，而精华所萃，全在成都平原三千数百平方里的岷沱二江冲积平原。都江堰水利工程的利益如何，于此可以约略想见一斑。

灌县位于岷江东岸的玉垒山侧。此山之得名，是由于它的特殊形状。据《光绪灌县志》卷二《舆地志》所说，此山"中峰耸峻，左右微低，如垒字状"，故名为玉垒山。由于此山西濒大江，悬崖壁立，自古即以"玉垒龙津"著名。李冰所开凿的人工沟渠，位于灌县城西玉垒山脚的虎头崖。此处的崖岸，高出河西约二十余公尺，岩质由坚硬之砾岩组成，可耐流水的冲激。沟渠凿成以后，岷江的江水有一部分被引入此渠，向东流入沱江，残余的山岩遂与本山分离。“离堆”之名，即由此而来。今离堆的最高点建有伏龙观，观前即李冰祠。清人张怀溥有《咏离堆》诗云：

浪架岭头山窄斫，一线岷江天际落。
避沫争传太守功，开山谁遣神功凿？
我来访古问离堆，千仞峰头俯江阁。
不知水从何处来，但听汹汹绕岸脚。
万山擘破龙奔腾，一岛雄蹲蛟慑服。
冰崖转石作雷霆，喷玉扬珠漱深壑。
镵天铁壁控双流，裂地银涛争一束。
天风浪浪江上来，摇荡芙蓉三十六。
……

由此诗所写，依稀可以想见离堆观江的雄伟气势。江水经离堆后中分为二，西面的为岷江主流，称为南外江，东面的导入沱江及其支流，称为内江。至于虎头崖下的内江入口，则被称为“宝瓶口”，在都江堰的诸项工程建设中，仅为其中之一而已。

登离堆伏龙观后的悬崖高处，纵观岷江江流及都江堰的工程设施，可以令人大开眼界，胸怀畅适。极目北望，天彭、玉垒二山相对夹峙，一线岷江，从山峡中奔腾而出，此即自古有名的“天彭阙”，为西北蛮夷进入四川盆地的主要通路。故灌县城北有玉垒关，所以控扼形势，以为守御之要害也。玉垒关迤北的江滨山上，有二王庙，即俗称之二郎庙，美轮美奂，富丽堂皇，为一郡之冠。

正对二郎庙的山下江心，乃是都江堰水利工程中的重要设施之一“都江鱼嘴”。都江鱼嘴之北，江流偏向西北，因此东岸筑有一堤，名曰“百丈堤”。

都江鱼嘴的东西两岸亦有堤，俗称为“金刚堤”。东面的金刚堤向南延伸至宝瓶口，堤面较低，则称为“飞沙堰”。迄今为止，所谓百丈堤，都江鱼嘴，金刚堤，飞沙堰，乃至宝瓶口，皆是李冰筑都江堰时所留下来的制度规模。由于这些堤堰及分水鱼嘴的巧妙作用，都江堰始能充分发挥其防洪兼灌溉的双重作用。

岷江出天彭阙流至百丈堤以北，江水渐由原来的西北东南流向改为自北向南的流向。为逼引江水流向东南，以便能有较多的流量进入宝瓶口起见，因此在都江鱼嘴之北的东侧江岸筑堤一道，由江岸渐向中流，以矫正江水的流向。如此，江水在流至都江鱼嘴时，东向流入内江的水量，每较西向流入南外江——岷江正流的水量为多。都江堰水利工程自古以来就奉行着一项分水原则：在枯水季节中，内外江的流量为六与四之比，至洪水季节，则倒转为四与六之比。这项分水原则的维持，自百丈堤、都江鱼嘴，以至飞沙堰，都在尽着互相配合的巧妙作用。

在都江堰，有一种调节水量用的活动水闸，名曰“杩槎”。这是一些构筑很简单的三脚木架，形如现在机械工程中常见的“千斤架”，以三根木柱结成一个三脚架，顶端缚结而三脚分开。所不同于“千斤架”的，是这些三脚架的向外一面，用木条钉了许多横梁，梁与梁之间再竖钉许多小木棍，如此三脚架的一面上布满了直横相同的小方格。这些小木格，是用来作挡水墙的支柱之用的；因为这些小方格层的外面还要再用许多竹枝编成篱笆，篱笆上面再铺竹席数层，糊以粘土，使成为一层不透水的挡水墙。这一层梁柱、篱笆、竹席与粘土交织的挡水墙，术语称为“罩面”。在罩面与另一根木脚之间，尚须再用木柱加以固定，上面亦架横梁，可以放置大卵石来增加它的支重力。三脚木架的里面一根，术语名为“箭头”；箭头与罩面间承放卵石的木架，术语名为“三角托盘”。这些三脚木架，当它们一个个地被制作起来时，尚不能看出它们的妙用。但一经联成一气，横列江中，便可以看出它们堵截江流的功用了。

在枯水季节中，岷江的水位下落，流入内江宝瓶口的水量必感不足。因此，在都江鱼嘴的左右两边，都得使用这些杩槎排列成的挡水墙来堵截江流。当两边的江流有一边被堵截时，江水不能流入，势必转向另一边。此时，无水的一边河身干涸，便可进行疏浚工作，将上一年洪水季节中岷江所挟带而来的砂石沉积淘浚消除，以维持河身的一定深度。这项疏浚工作，大抵是先从外江开始，其时间是在每年的霜降以后。至立春以前，外江的淘浚工作与金刚堤的修补工作均已完毕，于是就可开启堵截外江江流的杩槎，引水入外江，同时截断内江江流，进行内江的淘浚及河堤的修砌。至清明节前，内江的淘浚及修砌工作，亦已告竣，于是，一年一度的开堰礼便要开始了。

由于内江的河身经常要比外江为低，每年在举行开堰礼时，站在岸上的工人，只须用绳子将竖立在江中的栏水杩槎一个个地拉倒，岷江正流的江水，就会以平均高于内江一公尺的水位，滔滔倾泄，直奔而入内江。江水既被导入内江，外江复用杩槎拦水，江水就可循内而入宝瓶口，向北、东方的支流流向成都平原的亿万田畴，充分发挥其水利灌溉的功用。由于拦水杩槎本是一个一个地排列起来的缘故，当内江举行开水典礼以后，所需水量是否达到敷用的标准，随时可用增加或减少外江杩槎设置数的方法来控制内江的流量。更因为这些拦水杩槎不过只是排列在江中活动的三脚木架，每当春夏水发，岷江江流盛涨，外江的拦水杩槎挡不住急冲而来的洪流，自然倒坍，大股江流，仍向外江，亦不致于因杩槎之拦水而在内江造成泛滥之害。

以上所述，说明了岷江在枯水季节中，都江堤堰如何借杩槎拦水，以使内外江的流量达到六与四之比的方法。至于在夏秋洪流泛涨时，岷江江水盛发，此时应如何维持内外江的流量使不超过四与六之比，其作用则在宝瓶口前方的飞沙堰。

所谓飞沙堰，实际上只是用竹笼盛装大卵石叠砌而成的水堰。在台湾的各大河川两岸，随处可见这种长条形的笼石河堤，名为“蛇笼”，以其形似巨蛇之故。但飞沙堰虽亦用笼石叠砌，其作用则在拦水之外，兼具泄洪之用。其原因是由于此堰的高度，规定必定低于“水则”所定的夏季洪水位。每当夏秋水涨，大量的洪水经由都江鱼嘴流入内江时，尚未进入宝瓶口，便因超出最高洪水位之故，复由飞沙堰堤顶漫溢而过，仍旧汇入外江，不致在宝瓶口以内造成水位猛涨的现象，危及内江各渠所灌溉的农田。迄今都江堰宝瓶口东侧的虎头崖石壁上，仍留有极大的石刻六字，曰：“深淘滩，低作堰”。“深淘滩”即是勤于疏浚，使内江河道经常保持一定的深度，以期水流通畅。“低作堰”则指飞沙堰而言。很显然地，飞沙堰的堤顶如果超出一定的高度，在洪水时不能发生泄洪的作用，必然使都江堰的灌溉系统蒙受损害。前人治水的成规，居然到现在仍然不能轻易改变，充分可见其设计之周密与构思之巧妙。而根据传说，此一制度规模，皆是李冰当年筑都江堰及开凿离堆时所创下的。

《水经注》：“江水又历都安县，即汶山郡治，刘备之所置也，有桃园及汉武帝祠。李冰作大堰于此，立碑六字曰：‘深淘潭低包隔’。隔者，于江作堋，堋有左右口，谓之湔堋江。”这一段文字，乃是有关李冰筑都江堰治水所遗规模的最早记载。文中称滩为“潭”，称堰为“隔”，又称分水鱼嘴为“堋”，所用的都是古字。据《灌县志》所记，明武宗正德时，水利佥事卢翊大发民工淘浚内江，在河底泥沙中发现此碑，因刻之于虎头崖石壁。登离堆高处纵目东望，崖上六字，历历在目。而由后来的治水情形看，当年李冰所遗下的要诀，始终不能改变。李冰之伟大，即此可见一斑。

《都江堤堰志》所说，李冰凿虎头离堆，“于江中设象鼻七十余丈，首阔一丈，中阔一十五丈，后一十三丈”，此所谓“象鼻”，盖即今日的都江鱼嘴，雄峙江心，两千余年来一直成为都江堰灌溉工程中最艰巨的工程。李冰的设计，此一鱼嘴顶尖而中宽，深合于近代的力学原理。但因岷江江身宽广，每届夏秋洪水盛涨，滔天洪流夹杂着巨量的砂石滚滚而下时，鱼嘴正对其冲，最易遭受破坏。所以历年以来，都需要花费多量的金钱从事鱼嘴的修筑及两侧堤岸的养护。而由两千年以来所见的修筑情形看，纵使后代的工程技术如何进步，后人所设计的鱼嘴工程自诩如何完善，然而事实所显示的证据，适足以证明其一切施为都还不能超越李冰当年的知识与见解。这一点，说起来诚然也是颇为有趣的。

《元史·河渠志》：“至元元年，廉访佥事吉当普以都江居大江中流，故以铁六万六千斤铸为大龟，贯以铁柱而镇其源，以捍其浮楂，然后即工。诸堰皆甃以山石，范铁以关，其中取桐实之油，刀麻为丝，和石之灰，以苴罅漏，御水潦。岸善崩者，密筑江石以护之。上植杨柳，旁种蔓荆，栉比鳞次，赖以为固。所至或疏旧渠而导其流，或凿新渠而杀其势。遇水之会，则为石门，以时启闭而泄蓄之。凡智力所及，无不为也。”吉当普致力于都江堰水利工程之修护及保养，在历史上颇著盛名。他之所以要在都江鱼嘴上铸一大铁龟以资镇压，以及用石、铁、桐油、石灰、麻筋等物砌筑坚牢的堤岸，据说其用意是由于都江堤堰每年均须大事修筑，所役人夫，多者一万，少者数千，每年非七十天不能毕工，所费不下钱七万缗，民失其利而吏乘其弊，非长策。不如多费金钱，修筑坚固，免致年年劳费民力，以为一劳永逸之计。都江鱼嘴旧用蛇笼石堆叠成堰，至此乃用一重达六万六千斤之巨大铁龟当水之冲，理应可耐水之冲啮。然而事实乃有大谬不然者。

明世宗嘉靖年间，四川水利佥事施千祥以铁七万斤铸铁牛二头，首合尾分，状如人字，以其锐迎水之冲，其作用即是仿元时吉当普之法，以铁牛代铁龟。至于吉当普所铸的铁龟，据明人陈鎏撰《铁牛记》一文所说，自吉当普始铸以后，不百年即崩于水。吉当普的铁龟不免为江水所崩，施千祥所铸的铁牛，当然也难逃此厄。不过，施千祥在做铁牛时，自信其施工之精详，计虑之周密，远胜于吉当普。铁牛成后，决不至于再像吉当普所造的铁龟那样地被江水所吞没。所以他仍然不计困难，竭尽智虑，要以他自己设计的制造方法来铸造铁牛以代替江心鱼嘴。从《灌县志》所记述的施工情形看来，施千祥的计划，确实可称为精详周密。然而有许多事情是古代的人所不能理解的，即岷江江底的地质构造情形如何，他们那时的人并无所知。不明了江底的地质构造情形而贸然想要以“物与水激，其重必克”的理论来铸造永不磨灭的分水铁牛，无疑是要失败的。

“物与水激，其重必克”的理论，见于明人陈鎏所撰的《铁牛记》。此文记述当时的四川地方当局如何谋求以一劳永逸之计解除都江堰岁修之困，甚为详尽，很可以当作《都江堤堰志》以外的一项文献资料看。因不殚繁琐，摘引一段如下：

> 蜀守冰凿离堆以避沫水之害，引其水益用溉田畴之渠，其作堰之善，远不可考。崖下有古刻曰：深淘滩，低作堰，盖治水法云。至汉唐尚因之，宋以后或失其法，堰遂坏。至元间，有佥事吉当普者，聚铁石大举缮治，民亦利之。然不能如李之旧，不百年复崩。我朝自弘治以来，当事者百计修复，随筑随圮。有司岁伐竹木，岁役人夫，费不下巨万，民

甚病焉。嘉靖间，太守蒋君悯其民，思欲修秦守之政，乃具其事以请。宪副周君相度地势，求故址，得堰之最要者九，欲尽甃之石。其都江堰当水之冲，则石之外再护之铁。议者韪之。计所费不赀，会君随赴任江西参伯，事遂寝。宪副施君继其事，曰："事贵有序，功贵因时，铸铁之功易于甃石，且要焉，盍先之，徐谋其后。"乃檄崇宁尹刘守德、灌尹王来聘，谋铸铁牛，其费则议出公储之应修堰者，经画处置甚悉。蜀王闻而贤之，命所司助铁万斤，银百两。时巡抚李公，巡按鄢公皆急于民，多所因革，执施君议深以为然，咸刻期助之。议既成，时庚戌二月矣，春水始发，急切不能兴功，众惧焉。施君曰："今即不及事，不可以为来岁计乎？"毅然为之。于是刘崇宁以君意昼夜勤事，绝流浚沙，凿江底，凡厥所需，不数日咸集。以是月二十四日入冶，一昼夜牛成。坯冶之日，蜀府差长史李钧，赍幣帛羊酒劳诸从事者。民环而观之者亿万，欢声震山谷间。其父老皆合掌曰："此吾子孙百世利也。"计铁七万斤，及工费，共用银七百两。佥事陈鎏以督学入灌口，牛方落成，往观之，曰："物与水激，其重必克。数十万之石，可致而不可合，数十万之铁，可冶而合也，合则其重并无尚矣。水遇重不胜则洄而支，支则力分而弱，及其弱也，竹木砂砾，或可以当之。故堰莫急于冲，莫要于铁，嗣是而后，若再甃之石，如蒋君之所议者以岁举焉，其百世之利也，李守故智，要不出此。

李冰的"故智"，究竟是否为吉当普、施千祥、陈鎏等人之所能及，且待后文再详。现在再引叙一段《灌县志》的记载，来说明施千祥之铸铁牛，方法不可说不巧妙，用力不可说不深至。由此可知，铁牛之坏，并非当时的施工有欠妥善，其所以终于不免失败者，只是由于学理方面之不逮而已。

光绪《灌县志》卷四《水利》：

施千祥之铸铁牛也，先以堰口上三丈许制竹兜竹笆以拦江流，乃淘江及底，密植柏桩三百余株，实筑以土，与桩平。衡铺柏木于桩，乃幔石板，皆长几丈，厚几二尺，复熔铁为锭以钤联之。乃铸铁板为底，作牛模其上，命铸工若干人，分据大炉一十一座，鼓构于牛模旁，旋筑土台于上，化铁而泻于槽，以注于模内。更用大锅五十余口，陆续熔铁添浇，以满乎模。二牛成，屹然堰口中流，以当二江汹涌之势。复立铁桩于牛之下流，以固鱼嘴之石。嘴下照常仍置竹笼竹卷护持之，都江以固。

照这一段文字所说，施千祥在铸牛之先，曾经拦截江流，淘江及底，然后于底上植桩施工，味其文气，实有语病。因为其中并未说到“江底”之深，究有若干。而且在江流截断之后，江中已无余水，究竟要淘至多少深度，方可谓之到达江底，根本无法解释。如果所指的“江底”，不过是数尺乃至十数尺深的较硬土层，则依现在的习惯来说，亦根本不能谓之“江底”。

岷江的源远流长，水量宏富，下游的冲积地层极厚。此江从流出天彭阙之后，由峡谷地形陡入平地，流速减缓，沉积亦增，自此以迄成都平原，都是此江所造成的扇形冲积地层。1937 年，四川水利局在灌县二王庙前的安澜索桥附近实行岷江河床的地质钻探，探得外江河堰深及六公尺，内江江心深及四公尺的地下，其地质构造仍然属于冲积层，冲积层下的岩层究竟深距若干，无法知道。由此可知，元人吉当普铸铁龟及明人施千祥铸铁牛，所安筑的基础都还在冲积层部分，并未能触及冲积层底下的岩层。冲积层的地质软弱，上层所安装的铁龟铁牛愈重，其底层的基址亦愈易被湍急的洪流所啮蚀。等到基址被啮蚀到一定的限度以后，无法再承受上层重物的巨大压力，一旦江流暴涨，势必坍蚀无存。所以，由岷江江底的地质构造情形来说，要希望在江中构筑一劳永逸的坚固堤堰，必须穿透冲积层筑基于其下的岩层之上，否则任何坚固的建筑物都不能与洪流相抗。施千祥的铁牛毁于何时，史无可考。而在清顺治年间四川巡抚杭爱修浚都江堰水利工程时，此牛早已不见。

民国间，四川水利当局欲思遵循前规，再在都江鱼嘴用石条筑砌永久性的坚固工程，于1926年始工，预计构筑三十三层，工尚未竣，即被1929年夏间的大水冲毁殆尽。1934年，再在残址上用水泥修砌石质的分水鱼嘴，至1937年夏间洪水大发，内江一侧又被水淘空，几乎发生危险，幸洪流已过，得以迅速修复。凡此，俱是明显的例证，足以说明，要筑成永久不坏的都江堰分水鱼嘴，单凭所谓“物与水激，其重必克”的理论，无论如何是不够的。

在李冰凿离堆及筑都江堰的时代，都江鱼嘴乃是用蛇笼石叠堆而成的。自鱼嘴以至两侧堤岸及沿河护岸，俱用此物。这种装置大卵石的竹笼，材料采用灌县西山特产的白甲竹，竹质柔韧，特别适用于编制竹器。而岷江下游河床中又极多随流冲下的卵石。李冰筑堰，着眼于当地出产极丰的竹林与卵石，不但费省工廉，而且极适宜于岷江河床的特殊地形，可谓独具慧眼。当地所制成的蛇笼，每根长三丈，直径一尺七寸，重约百斤。装满卵石后，一根根地堆叠连接起来，便是极妙的堤堰。

因为互相叠压的竹笼彼此有牵连性，挤紧砌实，不易崩坍。而且竹笼中所装的卵石中有空隙，在受到水流的巨大压力时，一部分水流由石隙中透过，正面的压力相对减低，不致如石堤铁牛之类，须由堤身承受全部洪流的压力。而且叠压的蛇笼若遇下层地基不稳而发生松坍，所流失崩坍的亦只是其本身的一部分，不致如连成整体的石堤铁牛，稍有崩坍，即全局破坏。由此可见，以蛇笼石叠砌成堤，虽然逐年都需换新，看似糜费，其实却是最适合当地实际需要的有效方法。后世的治水官员，不知注意保持经常的疏浚检修，以维持都江堰水利灌溉系统的完善，徒然想在一曝十寒之后，作一劳永逸之计，当然是注定要失败的。而李冰当年所设计的蛇笼石堤，在两千年之后，仍然被认为是最适合于当地实际需要的有效方法，这岂不更加证明了李冰的伟大，确实有其不可及之处么？

现代的建筑技术，比之两千年前的李冰，当然要远为进步。比如说，现在我们已经可以知道，钢筋水泥所构筑成的堤堰，远比蛇笼石叠砌而成的堤堰坚固。但是，要在岷江江心的都江鱼嘴所在之地筑一钢筋水泥的永久性堤堰，以及附带的水闸管理系统，必须在江心下掘极深，在底下的岩层上构筑堤基，方能使堤身坚固，不致再蹈前人之失。这种技术方面的知识，在1937年以前早已具备。但是据当时的估计，全部工程经费，约需法币一千三百万元。这一项巨大的工程费用，仅以每年的利息来说，就在十万元以上。而在1937年以前，都江堰灌溉系统每年用来修理堤岸及淘浚河床的岁修经费，还不到十万元之谱。两相比较，建筑永久性的堤堰及水闸，就当时情况而言，并无益处。而且永久性的堤堰筑成之后，究竟应该如何防止江流挟带而来的巨量泥沙壅积，以维护永久性堤堰的功效，也还是一项有待研究的问题。如台湾的石门水库，现在即为此一问题所困扰。所以，四川的都江堰水利工程，暂时似乎只有沿用古代以来的老办法。然则李冰筑堰所创下的规制，在现时似乎还是不易超越的哩！

明武宗正德年间，卢翊为四川水利佥事，曾经作过一篇《灌县治水记》，文中说：

> 蜀守李公冰凿离堆以利蜀，刻“深淘滩，低作堰”六言于石，立万世治水者法，所以制水出入，为旱涝计者至矣。其用功缓急疏密之序，意自较然。汉晋以来，率用是法。永嘉间，李公羸深踶之。唐宋相承，

世享其利。元始肆力于堰，无复深淘之意，无乃公言不足法欤？假令砂石壅积，水不得东，则虽熔金连障高数百尺，牢不可拔，亦何取于堰哉？矧所谓铁龟铁柱，糜费几千万缗者，曾未几何，辄震荡湮没，茫无可赖，方诸笼石廉省，古今称便者孰得？比来民受其困，宜坐诸此，予窃少之。乃檄有司，置才镵钜蘽，役夫三千，从事滩碛，以导其流，堰则仍民之便而已。顾工多日少，群力告瘁，未能勉其所欲为。究其所当，止如公法云者，耻也。

卢翊此记，一方面指出前人费重金筑堰而不知致力于淘浚之失当，一方面也说明他以为永久性堰堤之足以壅积砂石，有失灌溉利益之不当。可见自古以来，已曾有人见及都江堰是不宜构筑永久性堤堰的。何况吉当普与施千祥等人的失败往事，更历历在人耳目。所以自明末以来，习惯所用的修护方法，还是李冰所留下的六字规制，“深淘滩，低作堰”而已。清同治间，胡圻做灌县知县，更将此六字加以补充。成为十八句五十四字的“治水三字经”，曰：“深淘滩，低作堰，六字传，千秋鉴。挖河沙，堆堤岸，分四六，平潦旱。水画符，铁桩见。笼编密，石装健。砌角嘴，安羊圈。立湃阙，留漏罐。遵旧制，复古堰。”此一“治水三字经”中所历举的治水各事，前文大都已曾约略述及，可以不复多赘。现在所需要补充说明的，乃是前文所未曾提到的，诸如“水画符，铁桩见”，以及“羊圈”、“漏罐”、“湃阙”等等。

所谓“水画符”，指的是宝瓶口东侧崖岸上所刻的水则。《灌县志》水利引《宋史·河渠志》云：“离堆之北，旧镌石为水则，盈一尺至十而止。水及六则流始足用，过则从侍郎堰减水河泄而归于江。岁作侍郎堰，必以竹为绳，自此引而南，准水则第四，以为高下之度。”宋之侍郎堰，即后来之飞沙堰。此云筑堰以水则之高下为度，“及六则流始足用”，即是都江堰自来所举行的

"分四六，平潦旱"，其高下之度，则以"水则"所刻的尺度为准。所谓"铁桩见"，则因内江在凤栖窝地方的江底埋有铁桩，每年淘浚江身，挖至埋铁桩处，即表示深度已够，不须再继续向下深掘。岷江当洪水盛发时，洪流湍急。当水流急湍处，虽多置蛇笼护堤，仍易遭水侵蚀。故必须在当冲处先安放四方形之圈，深入河底，中置笼石，始能保固。此项四方形之圈，即名为"羊圈"。

所谓"湃阙"，即泄洪用之飞沙堰，亦即是宋代所称之"侍郎堰"。为防洪水盛发时飞沙堰不能充分发挥泄洪效果起见，又需在飞沙堰南的人字堤下多设涵洞，以加速洪流之宣泄。这种泄洪用的涵洞，俗称之为"漏罐"。凡此种种，无非都是因后人对于李冰当年所遗留六字规制未能充分明了，所以才详为举出逐年修护及淘浚时所应该达到的准则，以期施为中程，充分达到都江堤堰的灌溉及防洪之效而已。说来说去，仍未越出李冰当年所留下的六字规制。李冰在两千年前所创下的种种规制，到现在仍是世代相仍的法则，李冰之伟大，似乎不须在此再作太多的赞誉了吧！

岷江在灌县以下，地势渐低。若是为了防治水害及灌溉田渠，亦未尝不可在灌县以下较为平坦的地方凿渠分水，引岷江之水东出沱江，同样可以达到灌溉成都平原之目的。但我们若能详细观察都江堰水利工程的设计，便可知道，李冰之选择灌县城西筑堰凿渠，实有其不易之理。盖因岷江在洪水季节中所增加的流量甚大，若在灌口以下的低平处筑堤开渠，每当夏水盛发时，汹涌而来的洪流缺乏坚强有力的阻挡，势必将毁堤决渠，使一切工程设施均遭破坏。而灌县城西虎头崖下的岩层坚硬，在此凿崖开渠，引岷江之水自此渠入沱江，又加设分水鱼嘴、飞沙堰及人工拦水堤等种种设施，使岷江在枯水季节中既不致无水流入内江，在洪水季节中亦得借天然泄洪之法使流入内江的水量不致遽增过多，而宝瓶口既系开凿坚硬岩石而成的人工渠道，足可抵御汹涌而来的猛力洪流，不致发生毁堤决渠的危险。所以，都江堰的水利灌溉工程，无论在设计及技术各方面，都可以说得上是巧妙完美，无懈可击。李冰之善于利用地形，因势利导，控制得法，以及就地取材，用费低廉，足可当得起古代最伟大的水利家之称。而自秦汉以来，成都平原三千数百余平方里的广袤田野上普遍得享灌溉之利，《益州记》所谓“水旱从人，不知饥馑，时无荒年，天下谓之天府”，则李冰之造福于四川地方者，亦可谓为万世之利了。

由于此一缘故，四川人很早就尊称李冰为“川主”，立庙奉祀，春秋致祭。自五代以后，李冰的封号自三个字的“大安王”累加十一字的“敷祐兴济通佑显惠襄护王”，馨香俎豆，食报千秋，亦可谓之理所当然。每年清明节后都江堰淘浚工竣举行盛大的放水典礼时，伏龙观前的李冰祠，与玉垒关外江滨的二王庙，照例都有盛大的祀典。远近千千万万的农民，届时都会齐集庙前，鞠诚致祭，情况空前热烈。抗战期间，国府西迁重庆，国民政府的林主席甚至都曾亲自至灌县二王庙主祀一年一度的盛大祀典。两千年前的蜀郡太守，在两千年后犹且被尊崇如此，可见泽被后世者必可血食千秋。这一点，实在很可以发人深省。

到灌县去参观都江堰水利工程，有几个地方是绝不可错过的登临胜地。一是离堆伏龙观后的观澜亭。此亭高据离堆之巅，俯临深渊，浪花飞溅，纵目江流，怒涛汹涌，形势极为壮观。相传其下为深不可测的龙潭，中有伏龙，故而水流回漩，喷瀑如雷。清人冯世瀛有诗云：“群峰从西来，一峰勒不住。飞出水当心，蹲猊森愕顾。洪涛一喷薄，石怒水尤怒。雷霆走盘涡，蛟鱼莽争路。喧豗裂虚空，沫溅风生树。回波偶得势，惊遁如脱兔。息喘坐亭阴，云入不知数。"

次则是横跨岷江之安澜索桥。由伏龙观下离堆，渡飞沙堰，行于分水大堤上，累累尽巨石，顾视两岸，江流辽阔，而天风浩浩，令人胸襟俱开。行二里许，抵索桥，有梯可上。此桥之一端架于二王庙前之崖间，一端系于岷江对岸之山上。桥阔一丈，长一百二十丈，全以竹索编成，上铺木板。人行其上，飘飘欲坠。从桥隙下望，则清流荡碧，湍急如矢。宋人范成大有诗云："织簟匀铺面，排绳强架空。染人高晒帛，猎户远张罿。薄薄难承雨，翻翻不受风。何时将蜀客，东下看垂虹。"此诗描写索桥横空的远景，看来颇为有趣。由索桥东行，桥尽，拾级登山，即是二王庙。前殿供二郎神，金冠三目，貌极雄伟。后殿祀李冰，俗称老王。二王庙之名，即由此而来。二王庙的香火甚盛。远在南宋时，朱夫子就曾说过，"今逐年人户祭赛，杀数万来头羊，庙前白骨如山。"范成大《离堆行》诗，亦说："残山狼石双虎卧，斧迹鳞皴中凿破。潭渊油油无敢唾，下有猛龙栓铁锁。自从分流注石门，西川粳稻如黄云。刲羊五万大作社，春秋伐鼓苍烟根。"李冰因筑都江堰而受到蜀人的虔诚奉祀，此是最明显的事实证明。在这些地方周游一过，再在高处俯瞰都江堰全般水利工程的建设大概，相信任何人都会对李冰当年的伟大成就，发生无限的钦仰之诚的。

李冰筑都江堰，诚然极巧妙奇伟之能事，然而其中并无任何神灵奇迹可言。但后世相传，则尽多神怪的故事。如《太平广记》引《成都记》云："李冰为蜀郡太守，有蛟岁暴，漂垫相望。冰乃入水戮蛟。"又《都江堰水利述要》云："冰筑都江堰，凿离堆，以杀水势而溉农田。但离堆虽通，水势未减，始知系孽龙为祟。遂调神将，与孽龙大战，生擒之。"由于这些神话故事的流传，故相传离堆伏龙观后悬崖下的深潭中有孽龙，而李冰的儿子二郎神，也就在这些故事中脱颖而出。驯至到了后来，二郎神的神迹与大名，反凌驾于乃父之上，连二王庙亦被改称为二郎庙，真可说是本末倒置了。关于二郎神的由来，可以详见下文，此处不必多赘。撇开了这些离奇怪诞的神奇外衣，详细探索李冰的治水成绩，我们不妨借用二王庙中老王殿前的一副对联来概括后人对他的赞颂。联曰：

六字炳千秋，十四县民命食天，尽是此公赐予。

万流归一汇，八百里青城沃野，都从太守得来。

追溯两千年来的都江堰历史与此堰在成都平原上所尽的灌溉功用，我们很可能感到自豪：当许多国家还停留在落后野蛮的古代时，我国就已出现了如此伟大的水利家，这种成就，实在太不平凡了。

二郎神

所谓二郎神，凡是看过《西游记》及《封神演义》的人都知道，此神少年英俊，面有三目，善使三尖两刃刀，居于灌口，姓杨，号为灌口二郎神。虽以齐天大圣孙悟空的武艺高强及善于变化，最后仍被二郎神所收服。这是小说中所记的二郎神。与小说比较不一样的，乃是四川灌县都江堰旁的二郎庙，此庙中所供奉的“少王”，即二郎神，其形貌与《西游记》等书的记述完全一样，但此神姓李而不姓杨，乃是“老王”李冰的儿子。除此之外，陈万鼐先生撰《古剧中的二郎神》一文，指出元明人所撰的二郎神剧本，皆以二郎神为隋时的嘉州太守赵昱。同是二郎神而竟有姓杨、姓李及姓赵诸说，这倒是很值得寻味的问题。

二郎神究竟是姓杨、姓李、还是姓赵？此是这一篇短文所要尝试讨论的问题。为了行文便利，笔者先从古代的治水大家李冰说起，以探索最早的二郎神传说的起源，然后与姓杨及姓赵诸说比较，寻求这种传说的演变原委，以确定他们之间是否有附会假托的关系。如果能够把这种关系查寻清楚，二郎神究竟是谁，大概也就可以弄清楚了。

治水大家李冰

李冰是战国末期的秦国人。他的治水事迹，始见于《史记》的《河渠书》，但原文殊简略，说："蜀守冰凿离堆，辟沫水之害，穿二江成都之中。此渠皆可行舟，有余则用溉浸，百姓飨其利。至于所过，往往引其水，益用溉田畴之渠，以万亿计。"《汉书·沟洫志》记此略同，但说"蜀守李冰"，因此知史记所说的"蜀守冰"姓李。至《水经注》引应劭《风俗通》，更说："秦昭王使李冰为蜀守，开成都两江"，因此又知李冰兴水利的时间在秦昭王时。《史记》与《汉书》的记载中并无神话色彩，亦未说明李冰是否有儿子名为二郎。但因这些都是最原始的记载，可以使我们知道，与二郎神最有关系的李冰，他的历史记载原来只有这么简单的一点。

关于李冰的神话，始见于应劭所撰的《风俗通》。此书的原本久佚，《水经·江水注》引云："秦昭王使李冰为蜀守，开成都两江，灌田万顷。江神岁取童女二人为妇，冰以其女与神为婚，径至神祠，劝神酒。酒杯恒澹澹，冰厉声以责之，因忽不见。良久，有两牛斗于江岸旁。有间，冰还，流汗，谓官属曰：吾斗大亟，当相助也。南向腰中正白者，我绶也。主簿刺杀北向者，江神遂死。"《史记正义》亦引此文，唯于"冰以其女与神为婚"一句，作"冰自为女与神婚"。究竟是"以女与神为婚"还是"自为女与神婚"，不能断定。但这里的传说显然还是比较简单的，与后世所传李冰曾有斩蛟锁龙诸神功相比，二者之间的距离很大。在《风俗通》以后成书的《华阳国志》，在记述李冰的神话传说时，亦只说："冰凿崖时，水神怒，冰乃操刀入水与神斗。"凡此，都是早期的有关李冰的神话传说。

宋代编成的《太平广记》一书，引《成都记》云："李冰为蜀郡太守，有蛟岁暴，漂垫相望。冰乃入水戮蛟。"又宋人曾敏行的《独醒杂记》说："永康军崇德庙，乃祠李太守父子也。太守名冰，秦时人，尝守其地，有龙为孽，太守捕之，锁孽龙。"《成都记》不知是何人所作之书。但既收入《太平广记》，应当是宋以前的书。由《风俗通》及《华阳国志》的叙述演变到这里，李冰斗江神的神话故事已经有了很大的进步。到了宋代，其神迹更由"入水戮蛟"变为"锁孽龙"，又迈进了一大步。其中更有一点值得注意，即是李冰到宋代已经增加了一个儿子。宋代的永康郡即是现在的灌县，这一所崇德庙，也就是现在的二王庙的前身。

《风俗通》与《华阳国志》记述李冰斗江神的故事，其中的主角人物是李冰自己。渐到后来，有关李冰的神话故事中渗入了他儿子二郎的踪迹。如《蜀中广记》引《古今集记》云："李冰使其子二郎作三石人以镇湔江，五石犀以厌水怪，凿离堆山以避沫水之害。"这是把李冰的治水功绩也分了一部分给他的儿子——李二郎。又，《都江堰水利述要》说："冰筑都江堰，决离堆，以杀水势而溉农田。但离堆虽通，水势未减，始知系孽龙为祟。遂调神将，与孽龙大战，殊势均力敌，虽七十二变仍不能胜。旁观神将与二郎七圣，均莫能助。冰旋与二郎等约，自束白带为志，幻化犀牛，以战孽龙。孽龙亦化犀相敌，以身无白带，遂被生擒。"这一则故事。显然是由《风俗通》中所说，李冰斗江神的故事衍化而来，只是其中多了二郎七圣及诸神将在旁相助。到了清代，刘沅作《李公父子治水记》，更说："二郎……奉父命而斩蛟，其友七人实助之，世传梅山七圣。"则是又直接将斩蛟之功归于二郎，与李冰本人无关了。由这种演变过程，可以知道，蜀守李冰治水斩蛟的神话故事，是怎样地在展转传说中发生推移作用，最后终于完全转移到他的儿子二郎身上。

有这种原因，也就无怪后人但知灌口二郎神的大名，反倒不知有李冰其人了。

至此，我们就应该进一步探索，李冰是否有“二郎”这样一个儿子？如是没有，那么，传说中的李冰之子二郎，又是怎样出现的？

李二郎

《史记》和《汉书》的记载中都不曾说到李冰有“二郎”这样一个儿子。当然，书上不曾有的记载不能便说李冰不可能有儿子。这一问题，暂且撇开不谈。现在且看，传说中的李冰之子二郎，是怎样出现的？

关于这一点，推测起来大概有两种可能原因。

第一、《水经·江水注》引应劭《风俗通》，本来有“冰以其女与神为婚”的话。李冰既曾有女，当然也可能有儿子，这是很合理的推想。由此一推想及后述的事实，遂产生了李冰的几个儿子——大郎、二郎、三郎等等。

第二、《华阳国志》一书中曾说：“冰至湔，见两山对如阙，因号天彭阙，仿佛若见神，遂从水上立祠三所。”这三所祠，所祀的应该是山水之神，但其名称不可考。

《蜀中名胜记》卷九，记述什邡县的一处古碑说：“江水（沱江）出高境关大郎庙前始大放，分十支。”此分支诸水，在金堂县南的金堂峡又复会合，名为金川。据《水经注》所说，秦时于此立祠，名金川祠。《蜀中名胜记》卷十五，《富顺县》下引旧志云：“金川神庙在县西二百余步，有十像，莫知姓氏，相传秦惠王时擒鳖治水有功，即此神也。”又同书卷八，《金堂县》下引《图经》云：“经灌口南披（金堂）峡口，水出山下，上有李冰祠。”由此可知，金川祠所祀之神即是李冰。而富顺县金川神庙中的神像其数有十，恰与沱江出高境关后所分歧的支流数目相合，很可以使人相信，此庙中的每一神像即是江水每一支流的水神。《元统志》说：“蜀人呼雒口为大郎，灌口为二郎，栅口为三郎。”由此看来，从前的四川人，似乎有把每一处江水支流所祀的水神加上名号的习惯。雒口、灌口等处的水神可以被称为大郎、二郎和三郎，那么，富顺县金川神庙所祀的十神，似乎也可以被称为大郎、二郎、三郎，以至十郎。李冰虽然不一定有儿子，然而，由大郎二郎以至十郎等等的称号，却可以使人附会李冰共有十个儿子。清人陶澍所撰的《蜀辅日记》卷三，就说：“今什邡县高岭关外雒水分流处有大郎庙，彭县彭门山下雁江分流处有三郎镇，意冰诸子各分地段治水，而灌口之功二郎司之，故其名尤盛也。”这更是最显明不过的例子，可以证明大郎二郎三郎之名，即是在这种情形下被附会而成的。而二郎其人，在这里便正式成为李冰的第二个儿子了。

从前卫聚贤先生在《说文》月刊上撰写《二郎》一文，曾以戏谑的口吻说过：“二郎者，大郎之弟，三郎之兄，而老郎之子也。”这话虽是玩笑，实际上却与民间传说的李冰故事相合。四川民间传说中不但有大郎、二郎与三郎之名，他们而且都被视为是李冰的儿子，然则传说中的李冰之子二郎，岂不是分明就已充分具备出现的条件了么?

灌口二郎神

二郎庙在今四川的灌口，庙貌巍峨，香火鼎盛。此庙之肇建，就现有的记录看起来，最早可以一直上溯到公元五世纪的末年，南北朝的齐明帝时。

《灌县乡土志》说：“西路古有望帝祠旧址，在今崇德庙。齐建武时，刺史刘季连移建于郫，而以祠址改建崇德庙，祀李公，相沿至今。”建武是齐明帝的年号，共四年，自494年至497年。同书又说："显英王庙，为前人祀李太守父子于此，古称崇德庙。"显英王，乃是清代给予李二郎的封号。按，灌口的李冰祠在宋代称为崇德庙，已见前引宋人曾敏行所撰的《独醒杂记》。南宋时的范成大撰《吴船录》，亦说："崇德庙在永康军西门外山上，为秦太守父子庙食处。"根据这些记载，可知灌口二郎庙最初称为崇德庙，后称显英王庙，由其始建时间推算，距今已有一千五百余年。

宋人洪迈的《夷坚志》说："永康军崇德庙，乃灌口神祠，爵至八字。置监庙官，视五岳，蜀人事之甚谨。每时节献享，及因事而祈者，无论贫富，必宰羊，一岁至烹四万口。一羊过城，纳税钱五百，卒岁得钱二万千。"又《朱子语类·贺孙》所记一条说："蜀中灌口二郎庙，当初是李冰因开离堆有功立庙。今来现许多神迹，乃是他第二儿子出来。初间封为王，后来徽宗好道，谓他是什么真君，遂改封真君。向张魏公用兵，祷于其庙，夜梦神语云：我向来封王，有血食之奉，故威福得行。今号为真君，虽尊，凡祭我以素食，无血食之养，故无威福之灵。今须复封我为王，当有威灵。魏公乞复其封。今逐年人户祭养，杀数万来头羊，庙前白骨如山。"由此可知，二郎神的威灵，在宋时已甚为显赫。至于李冰的封号，据《蜀故》所说，后蜀时封大安王，又封应圣灵威王。至宋太祖开宝七年，改称广济王。另据《铸鼎余闻》引宋周虎所撰庙记，则宋宁宗开禧二年时，曾改封号"护国圣烈昭惠灵显神佑王"。元文宗至顺元年，封李冰为圣德广裕英惠王，二郎为英烈昭惠灵显仁惠王，见《元史·文宗本纪》。二郎之有封号，始于此。清雍正五年，封李冰为敷泽兴济通祐王，二郎为承绩广惠显英王，见《清朝文献通考》卷一〇六。现在二郎庙中所书的李冰封号，则为"敷泽兴济通祐显惠襄护王"，较旧封多四字，不知为何时所加。

唐以前的李冰祠，专祀李冰，宋称崇德庙而父子并祀。但不知从何时开始，庙中专祀二郎神，李冰反祔祀于后殿。于是，李冰祠变成了二郎庙，李冰也变成二郎庙中的附属品了。清同治五年，四川巡抚崇实在伏龙观前另建一所李冰祠，以二郎神配享，并且作了一篇记文痛切指陈二郎庙将李冰祔祀于后殿之不当。原文说：

> 秦蜀太守李公冰与其子二郎，凿离堆以避沫水之害，又穿内外二江，开渠引水，灌溉田畴，遂成沃野。既殁，蜀人祀之为神。至今筑堰淘滩，犹师其法，历代皆有褒赠。然积久失实，民俗沿讹，今都江堰之祠专祀二郎神，而祔祀公于后殿。……且附会小说，并二郎之迹亦寖失其旨。……夫子虽齐圣，不先父食。况以公之贤，又有功于蜀，其施力程能，固无待于其子。今乃数典忘祖，子掩其父，得毋紊欤？

伏龙观在离堆，即相传李冰镇锁孽龙之处。今伏龙观前崇实所建的李冰祠，俗称为老王庙，前祀李冰，而以二郎为配。至二郎庙则在玉垒关前的江边，即宋时的崇德庙，前殿祀二郎，俗称少王，后殿祀李冰，俗称老王，故又名二王庙。《灌县志》载有清同治间水利同知强望泰所作的一篇《新建文翁祠记》，其中就说："二王庙，在玉垒关前大江滨。国朝封冰敷泽兴济通祐王，其子二郎承绩广惠显英王，以故呼为二王庙。"

赵昱与二郎神

四川亦有俗传二郎神姓赵名昱，不但见于旧籍的记载，而由陈万鼐先生《古剧中的二郎神》一文，更可知元明杂剧中的二郎神剧三本，皆以赵昱为二郎神。此说的来源究竟何自？若不加以辨别，自难免与李二郎混淆不清。

按，赵昱乃隋时的四川嘉州太守。赵昱在四川的神迹，始见于题名“柳宗元撰”的《龙城录》一书，原书说：

> 赵昱，字仲明，与兄冕俱隐青城山，炀帝拜为嘉州太守。时犍为潭中有老蛟为害，昱持刀入水、左手执蛟首，右手执刀，奋波而出，州人事为神。太宗文皇帝赐封神勇大将军，庙食灌江口。上皇幸蜀，加封赤城王，又封显应侯。

较此书后出的《三教搜神大全》著录赵昱的神迹，内容与此略同，而渲染过之。其中并说：“后因嘉州水涨溢，蜀人见青雾中乘白马，引数人鹰犬弹弓猎者波面而过，乃昱也。民感其德，立庙于灌江口加祀焉。”这些记述，可注意的地方有两点：第一，嘉州即今四川的乐山县，去灌口甚远。犍为在乐山以南，去灌口更远。赵昱如果真有在犍州斩蛟显圣的事迹，何以当时人不为他在犍为或乐山立庙，反把庙立到与显圣事迹全无关系的灌口去呢？第二，远在唐代以前，灌口已有崇德庙奉祀李冰及其子二郎，现在赵昱又在灌口立庙，又同称二郎，如果不是记载错误，便难免有故意夹缠牵混的嫌疑。这两点疑问，假如赵昱在灌口立庙的时间是在隋末唐初，其时李二郎的名号尚未显赫，那么，第二点疑问也许还不能成立。但赵昱果于何时开始立祠灌口？这一层，我们在北宋以前的文献记录中并不能找到任何根据。如果其时间已迟至南宋以后，此时灌口的崇德庙早已威灵显赫，李二郎神的大名几已妇孺皆知，赵昱在此时立祠灌口，又混称二郎，其夹缠牵混的嫌疑便很大了。

要回答这个问题，我们必须先弄清楚，最早记述赵昱神迹的著作始于何时，其内容是否可靠？

前面已曾说过，赵昱在四川的神迹，始见于柳宗元的《龙城录》一书。此书虽题作“柳宗元撰”，但《唐书·艺文志》并无著录。另据何薳的《春渚纪闻》一书所记，所谓柳宗元撰著的《龙城录》，实系王铚所伪撰，托名柳宗元著。《朱子语类》亦说："柳文后《龙城录》杂记，王铚之为也。"王铚是南宋时人，宋高宗时曾官枢密院编修官，史称其记闻赅洽而长于宋代故事。但以南宋人而追述隋代事迹，这些事迹既不见于隋唐时人的著述，而在北宋以前，灌口的神迹又只见有李冰而不闻有赵昱其人，（如《太平广记》引《成都记》云，唐太和五年，公神为龙，复与龙斗于灌口，犹以白练为志，水遂漂下。又《太平广记》引《录异记》，天祐七年夏，大雨，泯江泛涨，将坏京江。灌江堰上夜闻呼噪之声若千百人，列炬无数，大风暴雨火影不灭。及明，大堤移数百丈，堰水入新津江，李冰祠中旗帜皆湿等）由此不免使人怀疑，这本伪书中所记述的赵昱神迹，是否出于伪造呢？陈怀仁著《川主三神合传》，为了弥缝这其中的疑窦，乃牵合其说，将灌口赵昱神祠中的赵昱神像所以会与崇德庙二郎神像俨然相同的原因，说成是："喧传公为李二郎再世，合奉公为灌口二郎神也。"由这种说法看来，赵昱之所以会成为二郎神，显然是出于后人的有意伪造。至于其动机为何，则是值得作更深一层研究的。

其　他

明人吴承恩所作的一百回本《西游记》，渊源于较早成书的《四游记》。《西游记》称灌口二郎神姓杨名戬，但《四游记》本中的《西游记》第七回，观音大士向玉帝保举灌口二郎神往捉妖猴时，所说的却是："贫僧举一神可擒这猴，乃陛下令甥王圣二郎真君，今居灌州江口，又有梅山兄弟与帐前一千二百草头军，陛下可降一道调兵旨意，著他助力。"此云灌口二郎神姓王，显然又与姓杨之说不同。《西游记》既是从《四游记》中演化出来的神怪小说，何以对灌口二郎神的姓氏会有如此不同的差异？很显然地，此不过是小说家随意造作的神怪故事，并不需要与事实相符合之故。所以二郎神究是何人的问题，事实上只能在李冰之子及赵昱这二者之间作一辨别，并无需作其他的考虑。

综观二郎神的神话，本来起源于李冰的治水故事。《禹贡》说："岷山导江，东别为沱。"又《水经·江水篇》云："江水又东别为沱，开明之所凿也。"导岷江使之东出以资灌溉，我们一直都以为是秦国时蜀守李冰的功绩，然而这两处古书的记载，却以为禹和蜀相开明都做过这一工作。然则李冰的实际功绩，应该只如《蜀中名胜记》所说，"自禹治水之后，冰能因其旧迹而疏广之"，如此而已。李冰的治水事迹，都不应该产生神话，传说中的其子二郎，应该更无神奇伟大可言。然而因传说的夸张与小说的渲染，灌口二郎神竟由水神升格成为天神，其庙宇亦由四川一地普及于全国，盛名所至，更难免有窃效比附之事。他之所以另外有姓赵及姓杨诸说，大概便是由此而来的。

灌口二郎神庙中的李二郎，束发金冠，年少英俊，使三尖两刃刀，面有三目，这与《西游记》及《封神榜》等书中所描写的二郎神完全一样。这"面有三目"一点，很值得注意。追溯其渊源，又正可作为二郎神是李冰之子的另一项证据。

《华阳国志·蜀志》说："洛侯蚕丛目纵"。所谓"目纵"，当是二目之间另有一纵目的意思。据卫聚贤先生的研究，以为纵目乃是我国西南边疆某些少数民族的面部装饰。他说："纵目在现在西藏及不丹尚有。在光绪三十年左右，成都有人看见二十几个三只眼人，从西藏到北京去朝贡，路过成都，被人围观。详察正中额上的一只眼，并非真的眼睛，系于幼年时以刀刻画其额为一小孔，含以黑珠。长大之后，珠含肉内，肉缝裂开，恰似竖立的一只眼睛。”他以为此即为古代边疆民族的“雕题”。道书《灌江备考》谓李冰为蚕丛之后人。蚕丛既为纵目，则李冰及其子二郎自然亦是纵目。大约灌口二郎神祠中的李冰父子神像，历来都是纵目，故为《西游记》及《封神演义》等书所取材，俗称之为面有三目。赵昱并非蚕丛之后，其生时又已远在隋代，他之被附会为面有三目，这就无辞可解了。由此一点，亦可证明赵昱为二郎神之说，其实只是出于后人假托——某些人利用了《龙城录》这部伪书来制造赵昱的神迹，以图篡夺二郎神之地位而已。

妈祖故事的一项考证

台湾民间信仰中最伟大的航海之神——妈祖，有关于她的神奇灵异，真可说是不胜缕举。近世的民俗学家研究各种妈祖故事的传说，认为有关妈祖的故事，也与其他一般神祇的故事传说相似，大抵是时间相隔愈久，附会夸张的成分愈多；最后终于因各种附加传说的积累，而使传说中的故事人物，达到神圣通灵的地步。不过，这样的研究结果，总不免偏于抽象的理论，如能举出若干事实上的证据来支持这些学理方面的论述，其结果自必更加圆满。笔者不敏，很愿意就近时的研究所得，提供一些考证资料，以期能有裨于妈祖故事的研究。

《古今图书集成》引《莆田县志》云："宣和癸卯，给事中路允迪使高丽，中流震风，八舟七溺，独路所乘，神降于樯，安流以济。使还奏闻，特赐顺济庙号。"按，这段记载，亦见于元人王元恭的《四明续志》卷九《祠祀篇》引程端学《天妃庙记》及《天妃圣迹图》等书，乃是妈祖有功于官方，因而获得朝廷封典的开始。宣和乃宋徽宗年号，宣和癸卯即宣和五年。自此至宋高宗绍兴二十五年，妈祖遂获封为崇福夫人。至宋末，历十二封而至"灵惠协正嘉应善庆妃"。元世祖改封妈祖为护国明著天妃，四封之后，封号增至十字。历明至清，更由天妃晋封为天后。这种逐渐演进的崇封，可说都以宣和五年之赐庙额一事为其嚆矢。但细考史事，则所谓“八舟七溺”云云，实在并不能与实际史事相符合。

关于宋徽宗宣和五年路允迪奉使高丽的情形，迄今为止，我们尚可以从宋人徐兢所著的《宣和奉使高丽图经》一书中考知当时的真相。此书的作者徐兢，乃是路允迪出使高丽时的随员之一，“奉议郎充奉使高丽国信所提辖人船礼物”的提辖官。他于出使归国之后，将出使经过写成此书上呈皇帝，副本藏于家中。经靖康之乱，所附图片均告遗失，其书幸存。宋孝宗乾道三年，其侄徐蒧将书梓印行世。明清以来，有很多丛书中都曾收录此书。故而此书虽然流传不广，仍不能算是稀见的秘本。根据此书的记述，则路允迪一行的出使经过，固可以一一覆按而知。

《宣和奉使高丽图经》全书四十卷，卷卅四至卅九，专记使船来回所经的海程情形。书中说，使节一行所乘的船只共计八艘，二艘为“神舟”，六艘为“客舟”。客舟长十余丈，深三丈，阔二丈五尺，大樯高十丈，头樯高八丈，风正则张帆五十幅，每舟用篙师水手约六十人。至于神舟，则“杂物器用人数，皆三倍于客舟”，“巍如山岳，浮动波上，锦帆鹢首，屈服纹螭，所以晖赫皇华，震慑夷狄”。神舟为正副使臣所居，并供奉皇帝的诏书，客舟或即商船，供随行官役乘坐。明人陆深的《金台纪闻》说：“或云，宋宣和中遣使高丽，挟闽商以往。”然则这六艘“客舟”，很可能即是闽籍的海船，上面更有闽籍的客商、水手。

路允迪一行，于宣和四年三月奉诏出使高丽，最初的使命是衔命抚恩。这年九月，使者尚未出发，高丽国王王俣逝世的消息却已传到，于是又加上一项“兼祭奠弔慰”的使命。宣和五年癸卯春二月十八日促装治舟，三月十三日皇帝亲临崇政殿传旨宣谕，十四日解舟，由汴河东下，五月三日至明州(今浙江鄞县)。五月十六日，使船一行，共大小船只八艘，由明州开航，经定海放洋，直向朝鲜半岛进发。

由明州向朝鲜半岛上的高丽王国，其航向应为由西南向东北。阴历五月，海上虽间有西南季候风，但仍以东南季候风的频率较多，故而船只的航线大致会偏向北方。而由《宣和奉使高丽图经》所记的海程经过看来，使船由定海北上以后，所采的航线，也是先与江苏东边的海岸线相平行，然后逐渐折向东北的。

崇明口以北，沿海的沙洲很多，亦就是书中所说的白水洋、黄水洋。原书说："黄水洋，即黄河入海之处，舟行至此，则以鸡黍祠沙。盖前后行舟，过洋多有被害者，故祭其溺死之魂云。"黄水洋大约即是黄海，因海水之黄浊多泥沙而得名。在近海岸线一带，岸浅沙多，不便航行。原书也说："海行不畏深，惟惧浅阁。以舟底不平，若潮落则倾覆不可救。"但古代的航海学不发达，海船航行，每需以沿海的礁石小岛作为辨识航线之用，因此行驶时又不能离岸太远。这样，遇险的机会，也就多了。

使船赴高丽，去程比较顺利，于五月廿八日离开舟山群岛的梅岑，海行八天，就到朝鲜半岛西南隅的群山岛，中途并未发生事故。使命既毕，于七月十五日离开王京，二十四日至群山岛，海行一个月零三天，方才回到明州，中间耽搁甚久。原因是由于回程须候东北季候风，而在秋季时，海洋上的偏南向季候风余势未衰，时息时作，船只必须等待吹北风时方能启行，不得不耗费较多的时间。

八月二十日，使船一行经夹界山，至黑水洋。是日北风大作，各船均将帆篷收落，以杀风势。二十一日过黄水洋，使船一行就遇险了。最初是第二条船的三个副桅同时折断，至夜间，正桅亦折，危险万状。而使船与其他各船，亦“皆遇险不一”。所遇到的是什么危险呢？如果参合了上文的记述来看，就可以知道是由于风强及沙浅，船只驾驶困难，时时有搁浅及倾覆之虞。

《宣和奉使高丽图经》说，海中行船，恶三种险，一是痴风，二是黑风，三是海动。海动与本文无关，可以不论。所谓痴风，“连日怒号不已，四方莫辨”，大概是冬季时特多的强烈季风。而所谓黑风，则“飘怒不时，天色晦冥，不分昼夜”，大概是夏秋时特多的台风。冬季的东北季风虽有助于行舟，但如风势过强，则海浪汹涌，船只倾欹，行船亦很危险。使船一行，于八月二十日遇到强烈的北风，彻夜不停，翌日，船只便由黑水洋进入黄水洋。很可能地，由于风力过强，船只不易控制，偶然发生了触沙的现象，因此第二条船的三桅并折。在正桅复折以后，船只已经无法由人力控制，一任风浪颠簸，那情形确实是太危险了。《宣和奉使高丽图经》的作者徐兢说：

> 比使者之行，第二舟至黄水洋中，三桅并折，而臣适在其中。与同舟之人，断发哀恳，祥光示现，然福州演屿神亦前期显异，故是日舟虽危，犹能易他桅。既易，复倾摇如故，又五昼夜方达明州定海。

这一段记载，大概即是妈祖传说中“八舟七溺，独路所乘，神降于樯，安流以济”的故事由来了。在船只遇险时，徐兢与同船的人“断发哀恳”，祈求神灵救援，后来果然“祥光示现”，船只转危为安。他们的此一举动，很可能是受了闽籍客商或水手们的影响。闽籍的客商或水手，所信仰的当然是福建本地的神祇，因此，他们相信这是妈祖与“福州演屿神”所施予的救援，而徐兢等人自然也这样相信了。

福州演屿神是谁？《八闽通志》卷一五八《祠庙志》，“怀安县昭利庙”一条说：

庙之神曰褒应王，唐观察使陈岩之长子也。乾符中，黄巢陷闽，王愤唐室衰微，力不能兴复，慨然谓人曰，吾生不能鼎食以济朝廷之急，死当庙食以慰生人之望。暨没，果获祀于连江之演屿。宋宣和二年，始降于州，遂置祠今所。五年，给事中路允迪使三韩，涉海遇风涛，赖神以济。归上其状，诏赐庙号曰昭利。

将上面所引的两段记载参合起来看，当可知道，妈祖传说中的“八舟七溺”之说，有几点需要修正：一、使船一行八艘，在此次遇险中无一沉没。二、危险最甚的船，并非正使路允迪所乘。三、因此而得到皇帝钦赐庙额的，妈祖之外，尚有昭利庙的褒应王神。这也就是说，当时人相信，使船之遇险得救，并非妈祖一神之力。

《八闽通志》中尚有另一段记载，亦与本问题有关。《祠庙志》，莆田县的“灵感庙”一条说：

故老相传，柳氏兄弟尝职马政，没而神灵，故莆人立庙于此。凡有所求，必祷之，舟行者尤恃为命。或风涛遽起，苍皇叫号，神灵为之变现，光现孤星，则获安济，其灵响与湄州之神相望。

《八闽通志》修于明朝弘治年间，其中记录了甚多元明以前福建人所信仰的神祇。除了现时所习知的妈祖、开漳圣王等等神祇之外，尚有一百余位之多。这些神祇，大多神通广大。即如力能救助海难的神祇，便有前述的三位之多。何以妈祖之神到后来能够脱颖而出地形成独尊地位，大概后人的附会粉饰之功居多。即如本文所证，在使船海上遇险时，船上的人们相信，来救助他们的神灵至少有二位，而后人却抹煞了褒应王，独将功绩归于妈祖，又过甚其辞地大加渲染夸张，岂不是很明显的例子么？

太平公主杂谈

武则天留下后遗症

武则天做了中国历史上唯一的女皇帝之后，在唐朝历史上留下了很不好的后遗症：凡是具备类似条件的皇后、公主，都想步武则天之后尘，也来做女皇帝。虽然发生这种倾向的时间并不很久，但也足以使武则天死后的十年之中连续发生了多次宫廷政变，其原因莫不与此有关。

继武则天之后希望成为女皇帝的皇后，是中宗之后韦氏；公主，则是高宗之女太平公主及中宗之女安乐公主。安乐公主曾有一番极坦白而大胆的话，极堪注意。语见《新唐书·安乐公主传》曰：

> 中宗八女，安乐公主最幼，姝秀辩敏，后尤爱之。下嫁武崇训。帝复位，光艳动天下，侯王柄臣，多出其门。尝作诏，箝其前，请帝署可，帝笑从之。又请为皇太女，左仆射魏元忠谏不可。主曰："元忠山东木强，乌足论国事？阿武子尚为天子，天子女有不可乎？"

所谓"阿武子"，指的当然是武则天。"阿武子尚为天子，天子女有不可乎？"安乐公主有此思想，韦后及太平公主当然也可能有此思想。如其不然，韦后为何要毒死中宗而自为皇太后临朝称制？太平公主又为何要策划宫廷政变，公然与已经做了皇帝的唐玄宗为敌？正因为有武则天的事例在先，这些握有权力的野心人物，当她们的权力足以问鼎皇帝宝座之时，都希望亲自尝试一番。于是，唐朝不仅出现了一个唯一无二的女皇帝武则天，也出现过两三个想做女皇帝而未能成功的女野心家。近世史家颇有人称道武则天是胆敢打破传统伦理思想的“革命女性”，然则韦后、太平公主和安乐公主又是同一类型的前进人物了！呜呼，盛哉！

中宗的皇后韦氏毒杀中宗而自为皇太后临朝称制，完全是武则天取得政权模式的翻版；至于太平、安乐二人以公主身分而觊觎帝位，则属于另一种类型。再以太平、安乐二人之行事作一比较，其大胆恣肆的行为，差相仿佛，只是太平公主之父母皆为皇帝，无论是男、女继承人的身份，她都有资格算上一份，确实是历史上所有公主中的独特人物。安乐对之，逊色多矣。只是，这么一个兴风作浪的历史人物，在有关文献上所能看到的记录，却少得可怜。

《旧唐书》有《诸王传》而无《公主传》，太平公主的事迹，附见于《外戚传》中的《武攸暨传》，而《武攸暨传》又附见于《武承嗣传》之后，太平公主的地位，在此传中俨然只是无足轻重的配角，其编撰方式显然不妥当。欧阳修、宋祁作《新唐书》，在列传中增列《公主传》，太平公主才算有了自己的地位。不过，即使《新唐书》已为太平公主立传，传中事迹，亦十分简略。最显著不过的是，此传中甚至不著太平公主生于何年，以致太平公主的很多事迹，都无法知道发生时候的太平公主年岁究有几何。何以太平公主的传记资料如此简略？可以推想得到的理由是：《旧唐书》根据唐代的国史、实录纂修而成，太平公主既因“谋逆”之罪破家覆宗，就不可能有人为她撰写碑传志铭。相隔年代久远之后，其生平事迹虽约略可知，详细资料则已湮灭无存。《新唐书》纂修之时，陆续发现的唐代野史，可能较《旧唐书》纂修之时为多，但在碑传志铭方面的空白仍无法填补，于是只好仍旧略而不谈。由于有此原因，我们现在虽然很想为太平公主作一篇比较完整翔实的传记，仍因此一重要缺陷无法弥补之故，无从着手。不得已而求其次，只好以掌故杂谈的形式权为替代，实在遗憾之至。

一代公主　当之无愧

唐高宗共有八子三女，其中之四子一女排行在后者，均武则天所生，最幼之女即太平公主。《资治通鉴》卷二百十，唐睿宗景云二年正月，宋璟、姚元之密言于帝，请将太平公主及其夫武攸暨移往东都安置，以免她在睿宗诸子之间挑拨离间，制造事端。睿宗说："朕更无兄弟，惟太平一妹，岂可远置东都？诸王惟卿所处。"由此一语，可知太平公主的出生时间，在睿宗李旦之后。睿宗出生于唐高宗龙朔二年，这一年，唐高宗卅五岁，武则天四十岁。若以太平公主的婚年推测，则其出生时间约在睿宗出生后之二三年，可能在唐高宗的麟德元年或二年。

《新唐书·高宗本纪》有一条："开耀元年七月己丑，以太平公主下嫁，赦京师。"

太平公主第一次下嫁的丈夫，是她的表兄薛绍，亦即是太宗女城阳公主所生之子。古人嫁女，多不逾十六七岁，太平公主之出嫁可能略迟，但亦应该不会超过十八岁。姑且假定她下嫁薛绍之时是十八岁，则由开耀元年上推十八年，其出生时间应在麟德元年；如是十七岁出嫁，则是麟德二年出生。太平公主何以出嫁较迟？《新唐书·太平公主传》中有其记载，曰：

太平公主，则天皇后所生，后爱之倾诸女。荣国夫人死，后丐主为道士，以幸冥福。仪凤中，吐蕃请主下嫁，后不欲弃之夷，乃真筑宫如方士，薰戒以拒和亲事。久之，主衣紫袍玉带折上巾，具纷砺，歌舞帝前。帝及后大笑曰："儿不为武官，何遽尔?"主曰："以赐驸马，可乎?"帝识其意，择薛绍尚之。假万年县为婚馆，门隘不能容翟车，有司毁垣以入。自兴安门设燎相属，道樾为枯。

薛绍尚太平公主，成婚时的声势气派，殊为赫耀。这当然因为太平公主甚得帝后宠爱之故。可是，薛绍并非耽溺富贵逸乐的志趣凡下之人，他在武则天临朝称制之时，立志要光复大唐天下，与其兄薛颉追随越王贞及琅玡王冲起兵讨武，不幸兵败，李贞、李冲、薛颉三人悉遭杀害，薛绍则因为是皇帝女婿之故，从宽得免身首异处，"不加戮，饿死河南狱"，事见《新唐书》卷八十之《越王贞传》。如果太平公主下嫁薛绍之年为十八岁，则在薛绍死难之时，太平公主还只有二十五岁。

薛绍死难，武则天打算把太平公主改嫁给她的侄儿武承嗣。这武承嗣，一度曾是武则天心目中大周皇朝的皇太子候选人，其地位之重要，不逊于太平公主。可是当婚期在迩之时，武承嗣患病，不能结婚，于是武则天又另以其堂侄攸暨为太平公主之夫。武攸暨本已娶妻，武则天所用的办法是"杀武攸暨妻以配主"，可说是最标准的政治婚姻。太平公主何时下嫁武攸暨？史书缺载。照推想，应该不会与薛绍死难之时间相距太远。太平公主嫁薛绍后生二男二女，嫁武攸暨后又生二男一女。诸女之名不详，诸子之名则是薛崇胤、薛崇简、武崇敏、武崇行。当太平公主正当荣盛之时，武攸暨封定王，薛崇胤封寿阳王，薛崇简封立节王，武崇敏封上党王，只武崇行尚未封王。夫为亲王而三子封郡王，加上她自己又是唐高宗与武则天所生的双料公主，其门第之贵盛，古今无俦，称之为“一代公主”，确实可以当之无愧。

安乐公主　骄纵无伦

唐中宗李显的皇后韦氏，在中宗复辟之后干预朝政，略如武则天在唐高宗时之所为。当时，纳言桓彦范上疏进谏，疏中曾说：“伏见陛下每临朝，皇后必施帷幔坐殿上，预闻政事。”可知韦后当时所效法的，就是武则天当年之故智。不过，武则天在高宗尚在之时，并无秽德淫行，而韦后不然。韦后在中宗尚未去世之时，已与武三思私通，丑声传播远近，唯有皇帝睡在鼓里。及至武三思被太子重俊所杀，韦后的面首又换了散骑常侍马秦客与光禄少卿杨钧；此二人一善医术，一工烹调，藉此出入宫廷，公然与皇后不干不净，皇帝居然也矇无所知。

有母如此，韦后所生的安乐公主也不甘落后。安乐公主先嫁武崇训，已与武延秀有苟且之事，及至武崇训与其父武三思一起被重俊所杀，她就干脆嫁给了武延秀。在这一方面，安乐公主的丑行，或许及不上韦后及太平公主之多，不过，她的聚敛搜刮及纵情享乐，似又较韦后及太平公主为尤甚。

《资治通鉴》卷二〇九，中宗景龙二年，有一段记事说：

> 安乐、长宁公主及皇后妹郕国夫人、上官婕妤、婕妤母沛国夫人郑氏、尚宫柴氏、贺娄氏、女巫第五英儿、陇西夫人赵氏，皆依势用事，请谒受赇。虽屠沽臧获，用钱三十万则别降墨敕除官，斜封付中书，时谓之“斜封官”；钱三万则度为僧尼。上官婕妤及后宫多立外第，出入无节，朝士往往从之游处，以求进达。安乐公主尤骄横，宰相以下多出其门。与长宁公主竞起第舍，以侈丽相高，拟于宫掖而精巧过之。安乐公

主请昆明池，上以百姓捕鱼所资，不许。公主不悦，乃更夺民田作定昆池，延袤数里，累石象华山，引水象天津，欲以胜昆明，故名定昆。安乐有织成裙，值钱一亿，花卉鸟兽，皆如粟粒，正视旁观，日中影中，各为一色。

卖官鬻爵，贿赂公行，巧取豪夺，纵欲败度，上面所举这些有权有势的阔女人中都属司空见惯之事，而安乐公主尤为骄纵无伦。相形之下，太平公主是不是好得多呢？不然！

据史传所记，太平公主身败之后。“籍其田赀，瑰宝如山，督子贷凡三年不能尽。”语见《新唐书·太平公主传》。“田园遍于近甸，收市营造诸器玩，远至岭、蜀、输送者相属于路。居处奉养，拟于宫掖。”语见《资治通鉴》卷二〇九。享用豪奢而财富山积，这些当然不可能完全出于皇帝的赏赐。然则太平公主之假借权势，关说请托，及广事聚敛以自致富盛，亦正是势所必至之事。史称其在韦后被杀之后乘机干预朝政，握国家刑赏之大权，宰相七人，五出其门，以致有力量可以谋废太子，则其手段之高明，显然又要比韦后及安乐公主高出甚多。

宰相七人　五出其门

唐中宗景龙四年六月壬午，韦后毒杀皇帝，立温王重茂为帝，而自握大权。过了十六天，亦即这一年的六月庚子之夜间，睿宗之子临淄王李隆基起兵攻入禁中，杀韦后及羽林、飞骑诸领军将领韦捷、韦播、韦璿、高崇、韦锜等，安乐公主方揽镜画眉，与其夫武延秀一并被杀。其他用事之上官昭容及内夫人贺娄氏等，亦皆斩刈无遗。在这一次宫廷政变中，临淄王李隆基是整个事件的领导人，太平公主则赞助其事，其子薛崇简并且是实际的参与者。事定之后，天下归心于李隆基之父相王李旦（即睿宗），而少帝重茂尚在位，太平公主乃出而谓少帝重茂曰：“天下之心已归相王，此非儿座!”就御座上掖重茂而下之。于是相王登基。而太平公主有立帝之殊勋，与临淄王隆基之戡定大难，同居首功。睿宗宽厚慈爱，恬淡谦让，对名利极为淡薄，而又极敦睦手足之情，所以太平公主得以利用睿宗的友爱，干请无厌，日益扩大其政治上的控制力量。这种情势发展到后来，就成了“宰相七人，五出其门”的局面。此时，睿宗已将帝位让与其子隆基，而自为太上皇，但新皇帝的地位却备受太平公主的威胁。于是乃逼出了新的政变。

所谓“宰相七人，五出其门”，这几个出自太平公主门下的宰相，其姓名可以考见者略如下述：

窦怀贞——侍中，同中书门下三品。

崔湜——中书侍郎，同中书门下三品，检校中书令。

岑羲——侍中。

萧至忠——中书令。

陆象先——中书侍郎，同平章事。

窦、崔、岑三人之为太平公主党羽，有右仆射刘幽求之奏疏可证：“窦怀贞、崔湜、岑羲，皆因公主得进，日夜谋为不轨。”萧至忠之为太平公主党羽，其事见于《资治通鉴》：“蒲州刺史萧至忠自托于太平公主，公主引为刑部尚书。”睿宗先天二年正月，萧至忠由尚书拜官中书令，遂为宰相之一。至于陆象先之入相，虽由崔湜力请于太平公主为之引进，而其人清净寡欲，言论高远，实非窦、崔、岑、萧之同类人物，故虽由太平公主荐引入相，尚不得视为太平党羽。除此之外，则与太平公主立于敌对地位的其他宰相，就只有右仆射刘幽求与兵部尚书同中书门下三品的郭元振二人了。

《资治通鉴》记述睿宗禅位予太子隆基之初时的唐代政治情势，说：

> 太平公主依上皇之势，擅权用事，与上有隙。宰相七人，五出其门，文武之官，太半附之。与窦怀贞、岑羲、萧至忠、崔湜，及太子少保薛稷、雍州长史新兴王晋、左羽林大将军常元楷、右羽林将军李慈、左金吾将军李钦、中书舍人李猷、右散骑常侍贾膺福、鸿胪卿唐晙及僧慧范等谋废立。

根据史学大师陈寅恪先生的研究，唐代宫城中的禁军，分南、北二支，而北衙的羽林、金吾二军，实力极强，其地位远胜于南衙十六卫之军。每次宫廷政变发生，何人能掌握羽林、金吾二军的指挥权，何人即可取得胜利。武则天神龙元年，张柬之、桓彦范等拥中宗复辟，事先说服左、右羽林军将李湛、李多祚等同谋起事。兵至玄武门，桓彦范等奉中宗斩关而入，杀张昌宗张易之兄弟于集仙殿廊下，此外别无反对力量，政变即告成功。神龙三年七月，太子重俊起兵欲诛韦后，左、右羽林军有三百余人从太子举事，左羽林大将军李多祚亦在其中。既杀武三思武崇训父子，攻玄武门，韦后及安乐公主急奉中宗驰至玄武门楼扼守，重俊之兵不能进。中宗据楼槛呼重俊所率禁军千骑，曰："汝等并是我爪牙，何故作逆？若能归顺，与汝富贵。"千骑王欢喜等即于阵前倒戈，杀左羽林大将军李多祚以降，余众溃散，重俊之政变即一败涂地。中宗景龙四年六月庚子之夜，临淄王李隆基起兵讨逆之时，羽林、金吾二军，本由韦后之亲信韦播、韦璿、高嵩等统率，韦氏不虞有变；无如韦播、高嵩等平时在军中作威作福，滥施威权，以致将士离心。李隆基事先得其将领葛福顺、陈玄礼、李仙凫等输诚效忠，义旗一举，葛福顺、李仙凫即拔剑直入羽林军营，斩韦播、韦璿、高嵩等一班爪牙，号召羽林军士同起诛逆，众皆踊跃听命，韦后及安乐公主、武延秀等毫无抵抗能力，遂皆引颈就戮。这些都是先后数年间发生的政变史实，其成败之迹，极为昭显。太平公主的党羽中包括了羽林、金吾二军的统兵将领，如果她以此三人之力指挥禁军发难，李隆基此时虽已正位为皇帝，恐怕也无能为力。但因当时太平公主图谋废立的迹象十分明显，所以李隆基不得不先发制人，提早展开对太平公主的致命一击。若非如此，一旦太平公主得掌先机，后来的结果如何，就很难说了。

图谋政变　失败被杀

照《新唐书》、《资治通鉴》等书的记载，太平公主因为得到左羽林大将常元楷、右羽林将军李慈、左金吾将军李钦诸人的拥戴，确已定有缜密的政变计划，定于开元元年七月初四日深夜发动，欲乘翌日黎明皇帝出临武德殿受朝之时，由常元楷、李慈率羽林兵将突入武德殿杀死皇帝，窦怀贞、萧至忠、岑羲等人则以另一部分兵力入据太极殿响应，东西合击，攻其无备，政变当可一举成功。无如此时在位的皇帝，即是历史上大有名气的唐玄宗李隆基，他当然自有其拥戴翊卫的文武大臣，亦自有其应变的策略。根据《资治通鉴》的记载，太平公主拟于七月四日晚间举事的情报，事先已为皇帝所知悉。既然如此，皇帝当然可以据以拟定他的平乱措施。

开元元年七月初三日，亦即是太平公主预定发动政变的前一天，皇帝先命龙武将军王毛仲调取闲厩马及兵士三百余人，临时组成一支平乱的武力，率领他们由武德殿东出虔化门，宣召左羽林大将军常元楷、右羽林将军李慈二人来见。二人来到，皇帝并不多问，即命甲士擒下、处斩。然后分遣兵校，擒右散骑常侍贾膺福、中书舍人李猷于内客省，擒侍中岑羲、中书令萧至忠于承天门内之朝堂，得手后亦即斩首。这几个重要的首脑人物被诛杀之后，太平公主所掌握的政治势力无形崩溃，虽有兵力可供运用，此时亦因无人指挥而发生不了丝毫作用。所以其余诸人在一得到信息之后，纷纷逃亡藏匿，毫无反抗之余地。后来的情况是：太平公主逃入山寺，三日方出，赐死于其家。侍中窦怀贞闻变逃入沟中，自缢而死。新兴王晋等一班党羽，尽被捕获斩首。公主诸子中，只薛崇简因屡次进谏其母反遭太平公主挞责之故，特免其死，官爵如故，其余诸子皆诛死，财产籍没。中书令崔湜流徙窦州，于道中赐死。太子少保薛稷之子伯阳，乃睿宗之女荆山公主之驸马，免死流徙岭南，中途自杀。一个以太平公主为首的庞大政治势力，在片刻间就变得烟飞灰灭，影踪全无；所以然之故，也还是因为唐玄宗在一开始就制服了羽林、金吾二军的指挥人物，使得太平公主藉以发动政变的武装力量被一举消灭之故。

历史的记载总是“成则为王，败则为寇”。如果太平公主的政变计划不是在尚未开始之时就被制服的话，后来的胜负之数如何，正未可知。史书上说，太平公主沉敏而多权略，十分像她的母亲武则天，当时的政变如果成功，玄宗被杀，则国家的统治权力归于太平公主之手，那时她恐怕不会以幕后操纵为已足，则唐朝历史上的第二个女皇帝，恐怕就要出现了。历史不谈“可能”，太平公主所策划的政变既然并未成功。她当然更没有做女皇帝的可能。不过，像这样一个野心勃勃的“革命女性”，她一生所追求向往的目标又无非只是权力与享乐，现代人制作电视剧又有什么理由改变历史记载，重新把她塑造成一心翊戴皇室的唐朝忠臣，以博取万千群众的同情与敬仰？屎蟑螂所搏成的蜣丸，实际上不过是一只粪球而已，如今却被说成了是价值连成的宝珠，其中道理，实在使人费解。很希望编织这一“伟大”历史故事的作者先生们，能够现身说法，启迪迷津，以开我茅塞，不胜企盼之至。

梁山泊沧桑谈

凡是读过《水浒传》的人，一定知道书中一百单八条好汉的聚义之地，乃是一处三关雄胜，水域辽阔的险要之地。元人高文秀撰《黑旋风双献功》杂剧中云："寨名水浒，泊号梁山，纵横河港一千条，四下方圆八百里。"气派如此，诚然可使水浒英雄为之扬眉吐气。但是，翻开今日的山东省地图，除了在寿张县的黄河南岸有一处小山名为"梁山"外，其地四望平衍，并无溪泉湖沼之类，何尝有一处方圆八百里的大湖可寻？那么，昔日的梁山泊，今日又在何处呢？

清康熙初年所修的山东《寿张县志》，其卷一《方舆志》云："梁山在县治东南七十里，上有虎头崖、宋江寨、莲花台、石穿洞、黑风洞诸迹。"此云梁山在山东寿张县境，及有山无泊，与今日的地理情况正同。原书并有修志人知县陈璜所作的一首诗，题名《过梁山》，诗云：

> 不见蓼儿畦，梁山一带斜。黄河归旧道，绿野任驱车。弦歌声名起，桑麻岁事奢。荆公田泊语，今日尽农家。

诗中所说的"蓼儿畦"，正是水浒传中梁山泊的一处重要地名。所谓"荆公田泊语"，则是引用王安石的典故，原见宋人邵博的《闻见后录》，云："王荆公好言利，有小人谄曰：‘决梁山泊八百里水以为田，其利大矣。’荆公喜甚，徐曰：‘策固善，决水何地可容？’刘贡父在座中，曰：‘自其旁别凿八百里泊，则可容矣。’荆公笑而止。”照此所说，则宋时的八百里梁山水泊的遗址，理应即在今日的山东寿张县。然而康熙《寿张县志》却执定以为并无其事。同书卷一《方舆志》：“凡天下山川，以史乘所纪为据。小说诬民，在所必禁。梁山为寿张治属，其山周围可十里，水浒小说乃云周围八百里。即宋江寨，山冈上一小垣耳。说中张皇其言，使天下愚民不至其地者，信以为然，长奸萌乱，莫此为甚。因拈出之，以告司治君子，并使天下之人知之，小说之不可信也如此。”地方志乘如此言之凿凿，几乎使人不得不相信所谓八百里梁山泊也者，真是小说欺人之谈了。事实上，康熙《寿张县志》所记，并不符合事实。清乾隆时所修的《大清一统志》卷一百二十九就说：“梁山泺，在寿张东南梁山下，久湮。”据此云云，可知寿张县的梁山下，在古时确有一湖，名为梁山泺，只是在清代时此湖久已干涸。康熙《寿张县志》不知此地古有大湖，又很武断地说是小说欺人之谈，实在是失考之甚。

考之明以前的有关载籍，关于梁山泺之实为大湖，以及其演变沿革，甚为详赡，殊不得因康熙《寿张县志》之谰言而轻易采信也。

顾祖禹《读史方舆纪要》卷三十三：“梁山泺在梁山南。汶水西南流，与济水会于梁山，东北回合而成泺。《水经注》：‘济水北经梁山东’。袁宏《北征赋》所云，‘背梁山，截汶波’者也。又为大野泽之下流，水尝汇于此。石晋开运初，滑州河决，浸汴、曹、单、濮、郓五州之境，环梁山而合于汶，与南旺蜀山湖相连，弥漫数百里。宋天禧三年，滑州之河复决，历澶、濮、曹、郓，注梁山泺。政和中，剧贼宋江结砦于此。《金史》：‘赤盏晖破贼众于梁山泺，获舟千余。’又，‘斜卯阿里亦破贼船万余于梁山泊’，盖津流浩衍，易以凭阻也。既而河益南徙，梁山泺渐淤。金明昌中，言者谓黄河已移故道，梁山泺水退地甚广。于是遣使安置屯田，自是益成平陆。今州境积水诸湖，即其余流矣。”照顾祖禹的说法，梁山泊从前在没有因黄河灌注而成为大湖以前，本来就因地势低洼而为汶、济二水所汇合成泺，其渊源可以上溯到汉代以前。至五代的晋开运元年，因黄河在滑州决口，河水向东浸漫，汇合汶水及南旺蜀山诸湖，于是梁山泺始成巨浸。这一段记述，足以说明在宋江等一伙好汉横行山东各地时，梁山泊的茫茫巨浸，确实曾为他们提供了一处形势极佳的险要之地，足以保聚其中。只是，顾氏所说，梁山泊在金明昌以后逐渐淤为平陆，这一点，还是与历史记载不尽相符的。

《金史》卷四十七《食货志》云：“大定二十一年八月，尚书省奏山东所划地数。上谓梁肃曰：‘黄河已移故道，梁山泺水退地甚广，已尝遣使安置屯田。民昔尝恣意种之，今官已籍其地，而民惧征其租，逃者甚众，恐致失所。可免其征，赦其罪，别以官地给之。’二十二年，又命招复梁山泺流民，官给以田。”金世宗的大定二十一年，即宋孝宗淳熙八年。由《金史》的记载，可知北宋时曾被宋江据为水寨的梁山泊，在南宋初年，已因黄河之改道而水涸田出，无复当年的八百里之广。因黄河改道而致梁山泊水涸，可知当时的泊水已与黄河隔断不通，其间且有淤塞。然而这种情势并未保持很久，到了元朝时，黄河又发生溃决，河水再由昔日河湖相通的故道侵入，于是梁山泊因水退而涸为耕地的较高地区，又复沦为泽国。

《元史》卷六十五《河渠志》：“武宗至大三年十一月，河北河南道廉访司言：近岁亳颍之民，幸河北徙，有司不能远虑，失于规划，使陂泺悉为陆地，东至杞县三汊口，播河为三，分杀其势，盖亦有年，往岁归德大康建言相次湮塞南北二汊，遂使三河之水合而为一，下流既不通畅，自然上溢为灾。由是观之，是自夺分泄之利，故其上下决溢，至今莫除。即今水势趋下，有复钜野梁山之意。盖河性迁徙无常，苟不为远计预防，不出数年，曹濮济郓，受害必矣。”这一条记事，说明了元代中叶时因治河失当而致黄河下流宣泄不畅，河身有复出钜野梁山的改道危险。果然这种预测很正确，自此以后的四十年间，河水时时发生溃决。初时尚为小决，至后乃酿成大决。《元史》卷六十六《河渠志》：“至正四年夏五月，大雨二十余日，黄河暴溢，平地水深二丈许，北决白茅堤。六月，又北决金堤。并河郡邑济宁、单州、虞城、砀山、金乡、鱼台、丰、沛、定陶、楚丘、武城、以至曹州、东明、钜野、郓城、嘉祥、汶上、任城等处，皆罹水患。民老弱昏垫，壮者流离四方。水势北侵安山，沿入汇通运河，延袤济南河间，将坏两漕司盐场，妨国计甚重。省臣以闻。十一年四月初四日，命贾鲁以工部尚书为总治河防使。是月二十二日鸠工，七月，疏凿成。八月，决水故河。十一月，水土工毕，河乃复故道南汇于淮，又东入于海。”元顺帝至正四年，距元朝之亡国已经不过只有二十余年。这一次的黄河大水灾，灾区甚广，虽然《元史·河渠志》中并未说明黄河的大水是否曾灌入梁山泊故地，但《明史·河渠志》中则说：“至正中，济宁曹郓间漂没千余里”。水灾的淹没地区广至千余里，所淹及的济宁曹郓等地又恰是昔日梁山泊的浸润区域，然则梁山泊在金末曾经涸而为田的湖地，至此复成泽国，正是事势所必至。虽然因贾鲁河之开凿成功而引导黄河复入故道，然而积水之停于湖中者，必不能一时尽去。关于这一点，目下也尽有资料可以覆按。

陈泰《所安遗集补遗》，《江南曲序》云：“余童稚时，闻长老言宋江事，未究其详。至治癸亥秋九月十六日，过梁山泊，舟中遥见一峰，嵘嵲雄跨，问之篙师，曰：‘此安山也，昔宋江事处，绝湖为池，阔九十里，皆蕖荷菱茨，相传以为宋妻所植。宋之为人，勇悍狂侠，其党如宋者三十六人。至今山下有分赃台，置石座三十六所。俗所谓来时三十六，归时十八双，意者其自誓之辞也。’始予过此，荷花弥望，今无复存者，惟残香相送耳。因记王荆公诗云，‘三十六陂春水，白首想见江南’。味其词，作江南曲以序游历，且以慰宋妻植荷之意云。”序中所说的“至治癸亥”，即元英宗至治三年，亦即公元1323年。由序文可知，当元顺帝至正四年（1344年）黄河溃决以前，梁山泊仍为一处规模并不很小的湖泊，为南北舟楫往来运河之所经。元英宗至治三年，上距金世宗大定二十一年，已有一百三十余年，其时的梁山泊既然仍是一处不小的湖泊，在此以前，当然不会“益成平陆”的。

袁桷《清容居士集》卷三，有《次韵瑾子过梁山泺诗》云：“大野潴东原，狂澜陋左里。交流千寻峰，会合百谷水。量深恣包藏，神静莫比拟。碧澜渺无津，绿树失其涘。扬帆乌东西，击楫鸥没起。长桥篙师歌，短渡贩夫止。天平云覆幕，湾廻路成砥。鹰坊严聚屯，渔舍映渚沚。高桅列鱼贯，远吹生凤嘴。前奔何无休，后进复不已。绕如林乌旋，疾若坡马驶。”此诗写梁山泊波澜之阔与舟楫之盛，可知此湖在当时虽无复八百里之广，犹为汪洋一片之巨浸大泽。此诗之写作时间，在元英宗至治及泰定帝泰定之间，亦即在陈泰作《江南曲序》之稍后，所写梁山泊波澜壮阔之情形，可以补足前文之未备。

元代大文学家萨都剌所撰的《雁门集》，其中亦有关于梁山泊七绝诗三首。第一首名为《雨过梁山》，前有小序云：“余与观志能俱以公事赴北，舟至梁山泊，时荷花盛开，风雨大至，舟不相接，遂泊芦苇中。余折芦一叶，题诗其上寄志能”。诗云：“题诗芦叶雨斑斑，底事诗人不耐闲。满泺荷花开欲遍，客程五月过梁山。”第二三两首题名《再过梁山泊有怀观志能二绝》，诗云："故人同出不同归，云水微茫入梦思。记得题诗向芦叶，满湖风雨似来时。""灯火官船夜睡迟，满湖风露袭人衣。无端惊起沙头雁，明月芦花各自飞。"萨都剌是元泰定帝泰定五年中的进士，历官至南御史台的侍御史，后贬官镇江及福建。此诗既是他服官南方时北上京师经由梁山泊所作，可知其时间一定已在文宗及顺帝之时，而其时之梁山泊也许还没有因黄河溃决而扩大其浸润面积。由诗中的"满泺荷花开欲遍"句，可知陈泰经过梁山泊时所见的"荷花弥望"，至此犹是风景依然也。

明人胡翰所作的《仲子集》中，有《夜过梁山泺》诗，云："日落梁山西，遥望寿张邑。洮河带泺水，百里无原隰。葭菼参差交，舟楫窅窈人。划若厚土裂，中含元气湿。浩荡无端倪，飘风向帆集。野阔天正昏，过客如鸟集。"胡翰是浙江金华人，生于元成宗大德十一年。由他的诗中所写，可知此时的梁山泊，其广阔尚不止百里。所谓"划若土中裂，中含元气隰"，更可想见梁山泊的两岸尽是平坦的原野，只中间巨泓一片。这种情形，是否即是因黄河泛滥后泥沙沉积而造成巨大的冲积平原所致，现在自难臆断。不过，黄河的泛溢足以使两岸的低洼地区逐渐淤为平陆，正是不易之理。在金世宗时，梁山泊已因黄河改道而涸出甚多田地。这些田地到后来虽然又再遭水溢，但一番浸溢，一番沉积，今日遭水之地，日后亦会因淤积日高而渐成平陆。梁山泊最后之必定会因此而干涸成田，正是可以想象得到的事。

元末贾鲁治河，黄河仍归故道。此一故道，即是今日苏北淮徐一带的老黄河遗址。当时的梁山，虽然距黄河甚远，但因其中积水未尽宣泄之故，水势依然不少。明英宗正统间，河决沙湾，徐有贞上治河三策，亦言有八十里梁山泊可以为泄。可知当时的梁山泊，尚有八十里之广。但徐有贞在景泰六年七月筑完沙湾决口以后，河流北出，协济漕河，山东省西南部东阿、鄄城、曹州、郓城之间的一大片沮洳之地，悉数涸为陆地，梁山泺正在这一大片沮洳之间，至此亦涸而为田。然而这已是明代中叶的事，上距金世宗大定间，还相隔了二百七十多年。这也就是说，北宋时的八百里梁山泊，在金世宗大定间虽然已小了许多，但是在此后的二百七十多年中，还始终保持着一百里左右的幅员，至明景泰六年沙湾功成以后，方才完全消失了它的形迹。

清康熙六年间在寿张县做过知县的曹玉珂，曾经作过一篇《过梁山记》，很可以帮助我们对梁山泊的历史遗迹有所了解。原文说：

往读施耐庵小说，疑当时弄兵潢池者，不过数十百人耳。宋势虽弱，岂以天下之力不能即奏荡平，应作者讥宋失政，其人其事，皆理之所必无者。继读《续纲目》载，宋江以三十六人转掠河朔，莫能撄锋。又《宣和遗事》备书三十六人姓名，宋龚开有赞，侯蒙有传，其人既匪诬矣。意梁山者，必峰峻壑深，通于孟门剑阁，为天下之险，若辈方得凭恃为雄。丁未秋，改令寿张，梁山正在境内。拟莅止之后，必详审地利，察其土俗，以绸缪于未雨。至寿半月，言迈瑕丘，纡途山麓。正午，停舆骑马，流览其山，堘然一阜，坦首无锐，外有二三小山，亦断而不联。村落比密，塍畴交错，居人以桔槔灌禾，求一溪一泉不可得，其险无可恃者，乃其上果有宋江寨焉。于是进父老而问之，对曰："昔黄河环山夹流，巨浸远汇山足，即桃花之潭，因以泊名，险不在山而在水也。"又云："祝家庄者，邑西之祝口也；关门口者，李应庄也。郓城有曾头市，晁宋皆有后于郓。旧寿张则李奎扰邑令故治也。武松打虎之景阳冈，今在阳谷。"且战阵往来，皆能历述，多与《水浒传》合，更津津艳称忠义之名，里闬犹余慕焉。余闻之否否。客笑于侧曰："宋之盛时无论矣，哲宗行仁宗之政，远人戒勿生事，则中土可知。道君用朱勔高俅之徒为恐不及，若辈又各进其党，摈贤弃才。道德诗书之儒隐泉石而肥遁，强毅果敢之夫，不安贫贱，复陷刑辟，相率揭竿，斥其所失，天下众郁，亦借一抒。同时之士大夫，尚传之赞之，无怪乎后世不逞者闻风思起，遗害无穷也。是勔、俅柄用后，平川广野，无地非梁山之泊。梁山之泊，不在鸟道沮洳，而在乎象魏阙廷。黄山谷云，险易之实，关人心不关山川，君又何疑哉?”余是其言，因题于壁。

这一篇文章的后半段，原作者大发其议论，可以不谈。其前半段所述当地人民对梁山泊遗迹的叙述，则言之历历，如在耳目，可以使人想见当年的梁山泊与水浒英雄是如何写下这些传奇故事的。此文亦载于康熙《寿张县志》，但是修志人却竟然视若无睹，在《舆地志》中大发其“小说不可信”的谬论，又使两者同存于一书之中，说起来真是可怪之至。

由于梁山泊的故址到后来只成了“塿然一阜，坦首无锐”的一座普通小山，于是，见之于歌咏的梁山古迹，亦不过只是普通的田原山色而已。如清人李仰的《梁山道中》诗云：“翠绕梁山石径斜，鸟声深处绿云遮。烟含曲涧村边树，云起孤峰天际霞。残暑临风成爽籁，野田傍屋半生涯。褰帏灯火寻兰若，晓发苕峣泛客槎。”又清郭锡光的《梁山叠翠》诗云：“万仞凌霄翠色连，梁山石上水涓涓。松涛碧染三春雨，柳浪浓沾四月烟。峭壁阴森垂马鬣，危峰罅漏滴龙涎。谢君此处留仙迹，策杖穿云细问禅。”由这些诗中，我们只能想象梁山的翠岚可爱，宜于策杖登临，寻幽探胜，但是却丝毫不能引起对《水浒传》故事的联想。抚今思昔，对于梁山泊的沧桑变化，诚不禁感慨系之。

《儒林外史》杂谈

清人吴敬梓所撰的《儒林外史》，以明代读书人中的各种趣闻笑谈为写作题材，竭力描写儒林人物之鄙陋无文，其性质属于写实小说一类。自经胡适之先生一番品题之后，声誉鹊起，有关它的各种研究讨论亦先后迭出。由于学术界人士对它之重视程度始终不减，所以它在社会上的流行情形亦数十年如一日。一般读者，以为此书既以明代士人为其写作对象，举凡书中所写的学校教育制度与乎社会百态，自应即是明代中叶实际情况的写照。揆之事实，何尝如此。由于此一问题关系到读者对《儒林外史》一书的认识，而过去又未见有人谈及，因此愿就笔者的管见所及，在此提出一说，以正视听，而释疑窦。

《儒林外史》第三回，“周学道校士拔真才，胡屠户行凶闹捷报”，叙广东南海县学的老童生范进年至五十四岁尚未进学，幸经学道周进体认其才学，拔擢为第一名进学，随即参加这年的乡试，得中举人。考毕出场，因家贫无米为炊，抱了一个老母鸡拿到集上去卖，报录人随即一批批地来到范家报喜，报帖上写的是：“捷报贵府老爷范讳进，高中广东乡试第七名亚元，京报连登黄甲。”范进看了，喜得发疯，幸赖其岳丈胡屠户劈面打了一个嘴巴，昏倒于地，及至醒来，竟不疯了。这是《儒林外史》中极为感人的一段故事，使人深切体认功名得失对于一个穷苦读书人的影响之大，而其关键则在范进读了报帖之后的过度喜悦。这里所写的报捷情形，在清代以来，久已成为科举考试中的通行习惯，不但读者耳熟能详，便是在旧时的戏剧中也时有这种情节在搬演。但若以明人笔记中所见的情形来看，乡试报捷，在明代中叶以前，还没有出现这样的习惯。

明人李乐所撰的《见闻杂记》，卷三中有一条说：

> 里中陈先生观，竹丘先生之父也，弘治壬子中浙江乡试。时尚未有报捷者，先生亦无家僮归报。越三日，撤鹿鸣宴回，有一大红旂，上书“魁”字，时亦未闻有旗帐也。弘治壬子，迄今八十余年耳，一变而童生进学，报者接踵，古今风俗淳浇悬绝，可慨矣哉。一日，语沈镜宇亚卿，镜宇曰：“家叔祖嘉靖元年中式时，亦不报。”

弘治壬子，是明孝宗的弘治五年，下推八十余年，便是明神宗的万历初年，李乐的《见闻杂记》即是此时所写。由此可知，由明代开国以至明孝宗弘治年间，不但秀才进学没有报录人持红帖报喜讨赏的规矩，便是举人中式，亦没有这种习惯。这种风俗，相沿至明世宗嘉靖初年，仍未改变，直到嘉靖末年以至万历初年，方才有报喜讨赏的报录人出现。其时则不但举人中式有报，即童生进学成为秀才，亦有报喜的习惯了。但《儒林外史》写范进中式举人，远在荀玫中进士之前甚久；荀玫之中进士，又是在宁王宸濠举兵谋反之前；所以范进中举人的时间，应该即是孝宗弘治时的事。那时候的明代科举考试，既然还没有中式报捷的习惯，《儒林外史》所写，便不能认为是合乎实情的事。

李乐《见闻杂记》卷二中有一条说：

嘉郡守侯公东莱，当三学新进诸生送学，访知往事，敛分大有浮费，谓乡先生曰："此举即破费诸生一文不必也。列位老先生，但各持一攒盒到学。"郡中士夫颇感各持二盒去，主宾俱享盒，行酒礼毕，侯公拜诸博士曰："诸子弟望诸先生教导之。"遂别。此公治郡，非贤者作用，此事却做得超脱可爱，惜后人不能法耳。

又，同书同卷中另一条云：

嘉靖十几年，湖郡守杨公将送三学应试生，未及期，云盐院巡湖，太守废常礼，不设酒，每生各给代酒银二钱。南离钱公镇，时亦在诸生中，辞于守曰："按台报未亟，礼酒犹及设也。未亟而废礼，是不以礼报诸生矣，镇不愿受金也。"竟璧上太守。太守语塞，仅曰："偏是你这秀才倔强，难道就会中了？"此虽先生细事，然也带得几分奇倔气，令人嵇然。

这两条记事，所记的都是明世宗嘉靖年间的事。前者记浙江嘉兴府知府侯东莱，后者记浙江湖州府知府杨某。明制，嘉兴府与嘉兴、秀水二县同城，湖州府与乌程、归安二县同城，而府有府学，县有县学，所以嘉兴与湖州二府城中同时各有三学。而由上文所记，可以使我们知道明代的学校制度颇与清制不同之处，即是：各地学校中由童生取进的秀才，在入学时照例须由知府（或知县）率领当地乡绅，一同至学中与学官行酒礼，礼毕之后，并照例有一番"奉托先生教导"云云的应酬，犹如家长送子弟入学，而向西席面致殷拳之意者然。这种风俗，渐到后来，逐渐变得没有了。所以《儒林外史》中的童生进学，不闻行此制度。原因是《儒林外史》所写的学校教育，显然已是清代的情形，所以不知道明朝的故事。入学情形如此，送应试生员参加乡试的礼节，亦复如此。

由李乐《见闻杂记》一书中所说的情形，直到明世宗嘉靖年间，各地地方官对于前往省中参加乡试的生员，在启行之前，照例有一番饯别的酒礼，即由当地地方官为之主持。明代制度，生员（即秀才）参加乡试，须由学台按临科考，考列一、二等准予参加乡试，三等以下者不准。而既准参加乡试，即可在当地官署中支领应试之盘费银两；此项银两，亦即在各地官府额编的经费内开支，这是在明代所修的各地志书中一一可以查考的。盘费之外，另设有酒礼银，便是李乐《见闻杂记》中所说的情形，行前由各地地方官为之设宴饯别。这种各地额设的经费，到了清朝初年时，由于军事行动连年不息，军费支出庞大，而额编的地丁钱粮又征不足额，所以就由中央政府颁发命令，将一切可以节省的费用悉数裁充军费，前项应试盘费及酒礼经费尽在裁革之列。到了吴敬梓写作《儒林外史》的时候，不但参加乡试的生员无应试盘费可领，启行之前，也没有饯别酒礼这一项。见之于《儒林外史》一书中的实例，是范进中了秀才之后参加乡试，因为没有盘费，向同案朋友们借了钱去参加，出了场即便回家，家里已是饿了两三天。至于饯行酒礼，更是未见说起。凡此种种，也都是与明代制度不合的地方。

李乐《见闻杂记》卷三中又有一条说：

> 人生至尊至亲，莫如君父父母，而师即次之。今之文学博士，官师也。嘉靖三十年以前，朴作教刑，予犹及见之。不意近年顿失尊卑之礼，呼名呼字，不可得矣，呼兄呼号，延诸生上坐者有之。诸生虽不坐，博士实有此虚套，可恨。

上文所说的“文学博士”，指各地学校所设的教授、训导、教谕等官，其责任本在教督训诲学中的生员，使之循规蹈矩，好学知礼，所以学官不仅对生员有处罚之权，在嘉靖以前，各地学官也均能恪遵奉行“朴作教刑”的训条，对生员们时施夏楚。但是到了万历初年时，由于学官们自隳尊严之故，猫鼠同眠，体统荡然。到了吴敬梓《儒林外史》的时代，学官冷曹，几乎变成了一些年老广文的苟延残喘之地，更没有一点师道尊严可言了。清人刘廷玑所撰的《广阳杂记》中有一则讥嘲穷苦学官的故事，说：

关夫子殿额，多用“志在春秋”。鄜州刘广文峒自嘲曰：“此四字似可移书苜蓿斋中，专为吾辈而设。吾无奢望，惟望二丁祭得肉食耳，是亦志在春秋也。”闻者绝倒。

旧时的制度，每年的二、八两月上旬丁日，照例为祭奠先师孔子之期，谓之“丁祭”。每逢祭期，各地照例以地方额编经费买备猪羊牲礼致祭。祭毕分之，则学官所分最多。鄜州训导刘峒的“志在春秋”之说，出典在此，以其志在得肉也。清代学官之穷，有一副对联形容得最为极致，曰：“耀武扬威，带裤打门斗五板；穷奢极欲，连篮买豆腐三斤。”《儒林外史》中所描写的广文学官，即此之类。然而在此亦仍是清代的学官而非明代中叶以前的学官，彼时师道尊严，即使因待遇清苦而致生活俭朴，然而却是政治界的一般现象，非仅学官如此也。

《儒林外史》以明朝的正德、嘉靖二朝为其假托的故事背景，所写学校教育制度与夫社会百态，往往只以清乾隆时的实际状况为取材对象，而不能符合故事发生时代的实况。至于以社会情况而言，《儒林外史》所写的故事，亦不合于明代的正德、嘉靖两朝。

先说生活与物价的部分。

广东《吴川县志》引清人陈舜系所撰的《乱离见闻录》说：“予生万历四十六岁戊午。时丁升平，四方乐利，又家海角鱼米之乡，斗米钱未二十文，鱼钱一二，槟榔十颗钱二文，茎十束钱一文，鲂肉只鸭钱六七文，斗盐钱三百。百般平易，贫者幸托安生。差徭省，赋役轻，耕者鼓腹，士好词章，工贾九流，熙熙自适，何乐如之?”万历四十六年已将近到了明代的末年，而上文所记录的物价水准，始终却很低廉，可知明代的物价一般都很便宜。按照明代的制度，银一两兑钱约六七百文，斗米钱未二十文，则是银一两可以买米三石有余了。何况肉一斤不过钱六七文，鱼一斤不过钱一二文，则民间日常交易所用的，必然是以铜钱为主，而少用白银。这一物价标准，也可以明神宗万历年间所颁行的“钦定时估例”为准，其中制定的官定物价，是金一两折钞四百贯，银一两折钞八十贯。木柴每一百斤钞八贯，香油一斤钞一贯，粳糯米每石钞二十五贯，猪羊牛肉每斤钞二贯。折成白银，就是每银一两可以买柴一千斤，米三石，香油八十斤，猪牛羊肉四十斤，与陈舜系《乱离见闻录》所记相仿佛。这可以证明笔者之前说不谬——由于物价低廉而主要系以铜钱为价格单位，民间所行用的，自然是以铜钱为主，而少用白银的了。但《儒林外史》所写的情形则恰好与此相反。

《儒林外史》所记的当时社会，多用银而少用钱。如《儒林外史》第十九回写匡超人中了秀才以后，与省城里的一个衙蠹潘三勾结做坏事，一次为人做枪手考中一名秀才，得银五百两；典屋四间，费银四十两。第二十八回写萧金铉、季恬逸等人在和尚庙中借住房屋三间，每月租银二两。第二十七回写鲍廷玺在南京典屋一座，价银二百二十。如以明代的物价水准来说，这些都是极高的价格与极大的数目。至于第四十六回写庄徵君与汤镇台往来酬酢，“送了五两银子到汤镇台寓所代席”。则不但五两银子的代席费用高得太不合理，也与明代正德、嘉靖时的社会风气不能相合。

清人姚廷遴所撰的《姚氏纪事编》中，记述明末清初以来社会风俗变化的资料甚多，读之甚有趣味。其中有一条是关于宴饮习惯方面的，云：

明季请客，两人合桌，碗不甚大，虽至二十品而肴馔有限。至顺治七、八年，忽有冰盘宋碗，每碗可容鱼肉二斤，丰盛华美，故以四人合一桌。康熙年间，又翻出宫碗洋盘，仍旧四人合桌，较冰盘宋碗为省。后又有五簋碗，其式比宋碗略大而加深广，纳肴甚多。此又食用之一变也。

当时的酒席费用，明朝末年的情形虽然不能详知，但如以曲阜孔继鑅所撰的《心乡往斋日记考》之，顺治年间，每一席约为银二两左右。按，明代的低物价水准，自经明代末年的长期战乱以后，由于钱贱银贵之故而使物价大为升高，在顺治时已较明朝的万历年间增加了二三倍。如上所云，顺治时请客所用菜肴较明代一般习惯为浪费，尚不过每席银二两左右，然则在明代的低物价时代，充其量不过一席银数钱而已。这在后面所引的两条资料中，亦可以见及其一斑。

一本题名为“遁园居士”著的《客座赘语》，中有关于明代早期至中期的宴客习惯变化的记录，说：

外舅少冶公尝言，南都正统中延客，止当日早令一童子至各家邀云：“请吃饭”。至巳时，则客已毕集矣。如六人八人，止用大八仙桌一张，肴止四大盘，四隅四小菜，不设果，酒用二大杯轮饮。桌中置一大碗，注水涤杯，更斟送次客，曰“汕盌”。午后散席。其后十余年，乃先日邀知，次日再速。桌及肴如前，但用四杯，有用八杯者。再后十余年，始先日开一帖，上书某日午刻一饭，桌肴如前。再过十余年，始用双帖，书眷生或侍生某拜，始设开席，两人一席，设果肴七八器，亦巳刻入席，申末即去。至正德嘉靖间，乃有设乐及劳厨人之事矣。

正统是明英宗的年号，正统后十余年是英宗天顺，天顺后十余年是宪宗成化，再十余年则是孝宗弘治。这一长段时间，都是物力比较殷阜而生活习惯较为俭朴的明代早期。由设肴止有四盘而饮酒止用大杯轮饮的情形看来，当时人之不讲究排场及不肯浪费，可以想见。上文虽说，到了武宗正德及世宗嘉靖之时，请客已有设乐及专雇厨役之事，但这或者只是通都大邑中的情形，一般民间，尚未到此地步。因为上文明明说到这是“南都”请客的光景，而南都即是南京。明人李乐所撰的《见闻杂记》，所记述的乡间情形则是：

> 余垂髫时，领先赠君命，尝赴亲邻之席。水果不过五盘，肴不过六盘，汤不过三盏，此喜筵也。若岁朝邻人相呼，坐客或五六人，或八九人，俱用冷肴四品，以有蒂磁钟轮饮，并无一客一杯者。自余弱冠以后而此风杳然，不可复见矣。

李乐是嘉靖十几年中的举人，他所说的“垂髫时”，自然即是嘉靖初元时。既然那时乡间宴客及普通餐叙都十分简单节省，一般情形当然不会浪费。但是在《儒林外史》第四回中，高要县的严贡生因为进县城拜谒知县，途遇张、范二位举人，邀请酒叙，“家人掇了一个食盒来，揭开盒盖，九个盘子，都是鸡鸭火腿糟鱼之类”。及到县里，知县汤奉治席相待，“席上燕窝鸡鸭，此外就是广东出的柔鱼苦瓜，也做两碗”。凡此盛设美肴以侈口腹之奉的情形，都不是明代正德嘉靖以前所有的情形。亦正因为如此奢侈浪费，所以庄徵君致送的代席费用，才要多到白银五两。

由于明代社会在正德嘉靖以前一般都是崇尚节俭敦朴之故，所以不但民力殷阜，士大夫的道德标准也远较后世为淳朴。席文舆《畜德录》引明人陶石篑之言曰：

> 予少时，常闻长老为言，成、弘之间醇醴质茂，其仕者多耻而自重，奉职约己，谿刻严峭，固然而已，而无翘桀自喜之心。当是时，其廉者如积冰雪于大冬，千里一色，无以著见其洁清。不肖者虽力足以纷华，犹侧匿缩恧而不敢出，其士节之美如此。厥后趋背稍异，贤者居其间，已若峨岭之炎雪，高寒之气，逼心脾，立毛发，人所惊望，而已或亦不胜其翘然之心。

这一段话，说明了明代在宪宗成化及孝宗弘治两朝时，政治风气甚为醇美，一般士大夫多能知耻自重而少有逾规之行。士大夫多能知耻自重，居官必能恪尽职守操行廉洁，即使是尚未入仕的举人生员，亦必定能谨守本份而少有干犯名义之事。虽说这种风气到后来渐因趋向各异而使若干廉洁之士的操守有如鸡群之鹤一般地为人所惊望，然而其他大多数人亦仍然因需顾及廉耻之故，不敢公行苞苴贿赂，有如明代末年及清代乾隆嘉庆以后之以官为市，全无顾忌。所以，如《儒林外史》所描写的严监生武断乡里，匡回及潘三之公行贿赂，余大先生之关说公事，王太守之需索无厌，在明代的正德嘉靖年间都很少见。藉有之，亦应该是明神宗万历以后的事，而又以清代的乾隆嘉庆以后为为常见。

遁园居士《客座赘语》引王丹邱先生所著《建业风俗记》说：

> 王丹邱先生著《建业风俗记》，大较慕正、嘉以前之庞厚，而伤后之渐以浇薄也。姑举数则，如云：嘉靖初年文人墨士虽不逮先辈，亦少涉猎，聚会之间，言辞彬彬可听。今或衣巾辈徒诵诗文，而言谈之际无异村巷。又云，嘉靖中年以前犹循礼法，见尊长多执年幼礼，近来荡然。

又云，正德中，士大夫有号者十有四五，虽有号，然多呼字。嘉靖年来，束发即有号。末年，奴仆与隶俳优无不有之。又云，嘉靖十年以前，富厚之家多谨礼法，居室不敢淫，饮食不敢过。后遂肆然无忌，服饰器用，宫室车马，僭拟不可言。又云，正德以前房屋矮小，厅堂多在后面，皆朴素浑坚不淫。嘉靖末年，士大夫家不必言，至于百姓，有三间客厅费千金者，金碧辉煌，高耸过倍，往往重檐兽脊如官衙然，园囿僭拟公侯。

明代的社会风气，从嘉靖末年以后，就逐渐变得俗尚侈靡而士习浮嚣，成、弘、正、嘉以来的敦庞朴实，一扫而尽。到了明神宗万历以后，更是贪污盛行，自乡绅举人贡生生员以至监生，人人都以嘱托公事，居间得贿为能事，于是政治日益腐败，终至于亡国。清朝入关，并没有把明朝遗留下来的腐败风气铲除净尽。所以从顺治康熙以至乾隆，不过一百余年的时间，社会风气就已逐渐恢复到了嘉靖末年以至万历初年的光景，也就是吴敬梓在《儒林外史》中所写的模样。然而这毕竟是明末以至清代中期的儒林丑史，并非明代正德嘉靖年间的读书人面貌。这一点，就是我们所需要辨清的地方。

《儒林外史》的人物与故事

《儒林外史》是一部讽刺性的写实小说，爱好此书的读者，何虑千万。但前人对于此书的讨论，总喜欢用考证的方法来推敲书中所写的人物与故事，在真实事情中究竟是在影射何人何事，因此产生了若干不很恰当的结论，反而减低了此书作者的艺术造就。其实此书既是小说，岂可像研究历史那样地从故事人物的年谱传记中去探寻他的历史背景。从清代以来，用这种方式所考证得到的资料已经不少，而由其所得结果，只有愈加使人相信，此书纯粹是以小说写作方法处理其所得素材。素材中的人物与故事，在经过作者的经营安排之后，已与原来面目大不相同。假若我们误信前人之说，以为此书中所描写的人物，便是真实人物某某人的本来面目，而吴敬梓之写作此书，不过是将他所看到的某些人物与故事隐其姓名而加以贯串排比，便足以尽作者之能事，那就完全错了。

首先使人知道《儒林外史》所写人物是直接取材于当时社会之真人实事的。是清人金和在《儒林外史》后面所作的跋文。引叙一段如下：

> 书中杜少卿乃先生自况，杜慎卿为青然先生。其生平所至敬服者，惟江宁府学教授吴蒙泉先生一人，故书中表为上上人物。其次则上元程

> 绵庄、全椒冯粹中、句容樊南仲、上元程文，皆先生至交。书中之庄徵君者程绵庄，马纯上者冯粹中，迟衡山者樊南仲，武正字者程文也。他如平少保之为年羹尧，凤四老爹之为甘凤池，牛布衣之为朱草衣，权勿用之为是镜，萧云仙之姓江，赵医生之姓宋，随岑庵之姓杨，杨执中之姓汤，汤总兵之姓杨，匡超人之姓汪，荀玫之姓苟，严贡生之姓庄，高翰林之姓郭，余先生之姓金，万中书之姓方，范进士之姓陶，娄公子之为浙江梁氏，或曰桐城张氏，韦四老爹之姓韩，沈琼枝即随园老人所称扬州女子，高青邱集即当时戴名世诗案中事，或象形谐声，或廋词隐语，全书载笔，言皆有物，绝无凿空而谈者。若以乾嘉间诸家文集细绎而参稽之，往往十得八九。

金和的论点，对后人的影响很大。亦正因为金和曾经说过，“若以乾嘉间诸家文集细绎而参稽之，往往十得八九”的话，所以后人亦习惯地接受此一观点，专好以钻牛角尖的方式去从事《儒林外史》人物与故事的考证，以期有更多的发现。这种工作当然亦有其重要收获，比如现在我们更可知道荀玫并非姓苟，而是与吴敬梓甚有交往的两淮盐运使卢见会。又如范进士之为陶镛，汤总兵之为杨凯，高翰林之为郭长源，均较金和所说更为具体。而季苇箫之为怀宁李葂，向鼎之为绍兴商盘，又更是金和所不曾知道的。不过，由现在所已得到的考证结果看起来，此书中所写人物，除了原作者自己不算，只有一个“权勿用之为是镜”，大致还与其本来面目及生平事迹无大出入，其余的出场人物，大都已与其本来面目有了很大差异。

《儒林外史》第十一、十二两回写权勿用矫揉造作，装成一副高人隐士的怪模怪样，其所标举的特征，一是不应考试，二是庐墓守孝，三是假道学，四是丑行甚多，此与是镜的生平行事大致相近。清人黄永年所撰《南庄类稿》，其中有一篇文章名《慕庐记》，专写是镜庐墓讲学的情形说：

武进是君仲明，抱道而耕于野，庐其先人之墓于舜山，始也毁甚。其弟子既即山起书屋为就学之地，复以君庐草茨不足蔽风雨，即书屋之余材为慕庐以居君。或曰：塚庐礼欤？曰：是固难著之典要云尔。……君庐于是，墓于是，偕弟子诸生讲道群学于是，可谓隐君子矣。……前年余访君山中，君气貌充然，前代儒者之有书，皆能遍观而识之，常慨然忧道之不振，思一见其学于世。示余所上海宁陈相国诸书，其议论訾訾如也。前学使尹侍郎为相国门人，暨相国，皆尝先后就访君，君名在公卿间。

黄永年，是当时的常州府知府，亦即是镜的“父母官”。这位父母官对是镜的敬仰如此，可知是镜的庐墓守孝及布衣讲学，确实曾经收到一些欺骗效果。然而，当时的大才子，随园先生袁枚却曾经不客气地指斥他虚伪。袁枚的《小仓山房文集》中有“与是仲明（即是镜）书”云：

尹司空来金陵，道足下庐墓讲学，不应试，与海昌相公书，累数千言，以道自任。仆始闻而惊，继而惑，不敢不通书于足下。……今之人有庐墓者乎？有讲学者乎？有不应试者乎？人所不为，而足下为之，其得名也宜然。人所不为而足下为之，则是异乎人以得名也，恐争之者至矣。……足下庐墓，无乃愚乎？讲学不应试，无乃自恃乎？且三者之名，又不容兼收也。讲学必讲礼，礼不墓祭，而何庐为？不应试必隐，隐而不与人接，而何讲学为？孔子一则曰从周，再则曰从周，既讲学矣，必遵时王之制，而何以不应试为？以子之名，考子之行，吾为子之危之也。虽然，庐墓近孝，可行；不应试近高，亦可行；惟讲学近伪，且大妄，断不可行……

袁枚指斥是镜虚伪，并非言过其实，清人董潮的《东皋杂钞》中便有极具体的记述，云：

澄江是镜，字仲明，托名讲学，筑室圣柯山，极其壮丽，聚门徒百十人。壬申、甲戌，保举经学，一时数大老连章荐之，高卧不就，名益高。近为胞弟告发，共五十余款，多有不法事。常郡侯宋讳楚望，玉阳人，深恶之，毁其庐造书院。时适有奸僧某，拥巨资，亦为宋公所恶，畲田八百亩，尽入书院为膏火费。院中告示，首举二事。所谓经明行修之儒，乃与淫恶不法之僧相提并论，可为浩叹！

又，清人阮葵生所撰《茶余客话》，更有一段极写是镜之卑鄙丑恶及假道学面貌，云：

江阴是镜，诡诈诞妄人也。胸无点墨，好自矜饰，居之不疑。海宁陈相国为其所惑，高东轩相国亦信之。尹继余侍郎督学江左，因二公之言，造庐请谒，结布衣交。镜遂辟书院，招生徒，与当时守令往还，冠盖络绎。常州守黄静山永年，亦与过从。其后因嘱托公事，不复往。镜因书院静室中，供陈、高、尹、黄四木主，俗所谓长生禄位也，稍有识者皆非笑之。辛未，雷翠庭先生督学至，广文以为言，先生贻书令其来见，以觇其学。镜不往，而令广文通意，欲先生造庐，如尹故事。先生笑曰："吾固知贤士不可召见，但恐吾往见后，则四公木主之外又增一人，故不为耳。"后数年，镜为乡人告讦，亡命不知所终。镜居村，去市数里。有小路，逾沟而行，稍近数十步。镜平生必由正路过桥，不趋捷也。一日，自市归，途遇雨，行至沟旁，四顾无人，一跃而过。有童子匿桥下避雨，惊曰：“是先生亦跳沟耶?”镜饵以一钱，嘱以勿言。童子归，父诘钱所从来，争传“是先生跳沟”，声名大损。

《儒林外史》第十三回，有权勿用被兰若庵僧慧远控告，奸占尼姑心远，致被萧山县知县出票拘拿，权勿用亡命至湖州娄府，萧山县捕役复跟踪至娄府查拿的记事。由《东皋杂记》见之，则是镜确有被告不法之事；由《茶余客话》所记见之，则是镜后来更因被讦告而亡命。凡此，俱颇与《儒林外史》所写的权勿用相似。而《儒林外史》写权勿用之伪学丑态，更与上述各书所记的是镜若合符节。所以说，是镜其人的本来面目，尚与《儒林外史》所写的权勿用差相仿佛。但除此以外的其他人物，外史所写，往往与实际可考的真人实事，不甚相似。首先可以举出来的，便是《儒林外史》第十三回，张铁臂虚设人头宴一事，清人俞樾所撰的《茶香室丛钞》便曾指出，其故事直接取材于唐人冯翊所撰《桂苑丛谈》的“崔张自称侠”一条。金和的《儒林外史》跋文，只说娄公子为浙江梁氏。梁氏或有纨绔子，但此一故事既是直接由前人书中搬演而来，当然不能为梁氏之事。其次，则马二先生与冯粹中，亦其另一例。

《儒林外史》里的马二先生，是一个头巾气极重的八股家，虽然他具有一副肝胆相照的侠义心肠，但在很多地方都显得迂腐可笑。然而冯粹中却并不是这一类型的人物。冯粹中是安徽滁州人，《滁州志》中有传，摘引一段如下：

冯祚泰，字粹中，乾隆壬申顺天举人，正白旗官学教习。诗文有奇气，胆略过人。尝裹粮徒步出游，遍历沿河各地，探淮黄水道利弊，著《治河前后策》四卷。

冯粹中所著的书，《四库全书总目》卷七十五有扼要的批评介绍，云：

> 《治河前策》二卷，《后策》二卷，国朝冯祚泰撰。祚泰，字粹中，乾隆壬申举人。是编乃其肄业中山书院所作，分前策、后策二集。前策三十篇，皆详述禹贡水道及历代迁徙之迹而评其得失。后策十一篇，皆条析现在利病。前策大旨主复北派，放河使东入海，自不病会通。后策大旨主闭南崖减水坝，不引浊沙入湖；添建北崖减水坝，另辟海口以泄其泛涨。

照《四库全书总目》所介绍的冯粹中著作，甚有具体见解，并非摭拾他人言论者之比。可见得冯粹中在当时一班终身致力于八股文而全然不通经济时务的书呆子中，应该算是出类拔萃的佼佼者。像这样一个见解高明而富于实事求是精神的水利学家，何尝有马二先生那种迂腐可笑的样子？《儒林外史》把冯粹中写成了书中的马二先生，显然已不再是真实的冯粹中了。

第三个可以举出来的例子，是范进与陶镛。

《儒林外史》开头出场的两个中心人物，一是周进，一是范进。范进在未曾得发之前，乃是一个穷得衣食不继的老童生，看到他那种惨淡的生活，任何人都不免要为他一掬同情之泪。其后他得到周进的赏识，考上了秀才，大有苦尽甘来之势。而秋闱连捷，居然高中举人，这一来真使他喜极而狂，以致痰迷心窍，真的发起疯来。读书人困穷一世，难道真的便是这样命薄如纸么？相信普天下的读者在读到这一段故事时，一定会有这样的疑问。清人平步青所撰的《霞外攟屑》说，《儒林外史》中的范进，指的是芜湖陶镛。陶镛在《芜湖县志》中有传，引叙如下：

> 陶镛，字序东，号西圃，乾隆己未进士，授庶常，改知北直武强县，

廉惠爱民，以忧归。起补山西洪洞令，调知乐平。三聘同考，搜罗称得士。寻迁宜昌司马，引疾旋里，杜门不妄交接，惟日以诗书自娱。

在陶镛的传记里，看不出他曾有中举发疯的事实，当时的稗官野史中，亦不曾有类此的记载。但是《儒林外史》写范进的这一段故事，却分明另有出处可寻。颇可使人相信，范进的故事，并不完全真的就是陶镛的故事。

清人刘献廷所撰的《广阳杂记》卷四，曾有一则中举发疯的故事说："明末高邮有袁体庵者，神医也。有举子举于乡，喜极发狂，笑不止。求体庵诊之，惊曰：'疾不可为矣，不以旬数矣！子宜急归，迟恐不及也。若道过镇江，必更求何氏诊之。'遂以一书寄何。其人至镇江而疾已愈，以书致何，何以书示其人曰：'某公喜极而狂，喜则心窍开张而不可复合，非药石之所能治也。故动以危苦之心，惧之以死，令其忧愁抑郁，则心窍闭，至镇江当已愈矣。'其人见之，北面再拜而去。吁，亦神矣。"《儒林外史》写范进中举发疯，众人主张请胡屠户来吓他。范进被胡屠户恶狠狠地打了一个嘴巴，晕绝于地，救醒后吐出一口浓痰，果然好了。以这两段故事相互比较，便可知道，《儒林外史》所写，分明即是取材于《广阳杂记》而略加点化，并非陶镛真有中举发疯的事实。

类似这样的情形，还可以举庄徵君与程绵庄的例子为证。

程绵庄是安徽歙县人，《安徽通志》中有传，云："程廷祚，字启生，号绵庄，歙县人也。……生有异资，书过目能暗诵。好正襟危坐，论古人忠孝大节。……初著《易通》，后成《大易择言》三十卷，晚年又成《彖象求是说》六卷。"《儒林外史》中的庄徵君，曾被皇帝征召，程廷祚亦曾于乾隆元年膺荐博学鸿词科入京，未取而归。程晋芳撰《程廷祚墓志铭》说："乾隆元年至京师，有要人慕其名，欲招致门下，嘱密友达其意曰：'主我，翰林可得也。’先生正色拒之，卒不往，亦竟试不用，归江宁。”这一段记载，颇与《儒林外史》第三十五回所说，庄徵君到了京中以后，有一位“大学士太保公”意欲收之门墙，嘱原荐人徐侍郎达意。庄徵君说，“世无孔子，不当在弟子之列。况太保公屡主礼闱，翰林门生不知多少，何取晚生这一个野人？这就不敢领教了”。徐侍郎把这话回复了太保公，“太保公不悦”的情况相同。但外史又说，庄徵君在被皇帝召见时，“正要奏对，不想头顶心里一点疼痛，着实难忍，只得躬身奏道：‘臣蒙皇上清问，一时不能条奏，容臣细思，再为启奏。’……到了下处，除下头巾，见里面有一个蝎子。庄徵君笑道：‘臧仓小人，原来就是此物，看来我道不行了！’次日，便把教养的事，细细做了十策，又写了一道恳求恩赏还山的本，从通政司送了进去”。这一段话，不但与程廷祚应试被放的事不符，而且分明别有所本，显然是经过作者另外处理过了的。

明人周洪谟所撰《治世余闻》下篇卷三记述明代大儒吴与弼应征至京奏对的情形说：“昔年吴康斋与弼征聘至京，有旨，次日早文华殿引见。康斋预拟数事，将口陈。夜宿于朝房，挂其巾于壁，熟寐。因起迟，仓皇戴其巾以入。及见，上询问再三，与弼俯首不能对，叩头而已。令左右送出左顺门。朝士谓曰：‘此正敷陈时也，何以不言？’与弼皱眉，乃去巾观之，有二三大蝎子啮其顶，肿痛不可忍。”明人谢肇淛所撰《文海披沙》卷二，亦有类似的记载，说：“国朝吴与弼名重一时，朝廷聘至阙下，面询时政所宜，与弼噤不能对一语，但曰容臣上疏而已。出朝脱帽，则有双蝎螫其顶，问不能对，以忍痛也。与弼名亦以此败。”《儒林外史》把明人吴与弼被蝎螫顶的故事移用到程廷祚身上，又将程廷祚之应博学鸿词科举改为应征聘至京，显然是作者吴敬梓移花接木式的捏合创造，然而决非程廷祚的真实故事。

前述《儒林外史》中所写的范进，谓即影射芜湖陶镛。陶镛是否寡昧少学，不得而知，但《儒林外史》中的范进，却曾因主考山东乡试遍觅荀玫落卷不得，而有被幕客蘧景玉取笑的故事。《儒林外史》的原文是这样的：

> 内中一个少年幕客蘧景玉说道："老先生，这件事倒合了一件故事。"数年前，有一位老先生点了四川学差，在何景明先生寓处吃酒。景明先生醉后大声道："四川如苏轼的文章，是该考六等的了。"这位老先生记在心里。到后典了三年学差回来，再会见何老先生，说："学生在四川三年，到处细查，并不见苏轼来考，想是临场规避了。"说罢，将袖子掩了口笑，又道："不知这荀玫是贵老师怎样向老先生说的？"

这一故事，如果不是真的发生在陶镛身上，则亦分明是由旧掌故中移用而来。钱谦益《历朝诗集》丁集第六，《汪道昆传》中，引广陵陆弼《记事》云："嘉靖间，汪伯玉以襄阳守迁臬副，丹阳姜宝以翰林提学四川，道经楚省，会饮于黄鹤楼。伯玉举杯大言曰：'蜀人如苏轼者，文章一字不通。此等秀才，当以劣等处之！'后数日会饯，伯玉又大言如初。姜笑而应之曰：'访问蜀中胥吏，秀才中并无此人，想是临考畏避耳。'"汪伯玉即汪道昆，此人乃是嘉靖隆庆间的大文豪，然而却不知道苏东坡不是明朝人。其可笑如此，诚然可以看作儒林笑柄，但清朝的陶镛却不一定亦会有此笑话。《儒林外史》所以要在第七回中写入此一故事，其目的似在显示范进之不学无识。因为同书第三回中记周学道夸赞范进的文章，曾有"是天地间的至文，真乃一字一珠"的话。两相对比，便可知道范进的学问原来如此。然则自周进以至范进，无非都是八股文的专家，除了长于揣摩制艺之外，其他学问，一窍不通。清人徐大椿道情诗讥八股人才云："读书人，最不济，读时文，烂如泥。三句承题，两句破题，摆尾摇头，便是圣门高第。可知三通四通是何等文章，汉祖唐宗是那朝皇帝?”所骂的正是这些人。但《儒林外史》虽刻意讥嘲范进，却不一定就在隐射陶镛。因为这些资料分明是由旧闻中拾掇而来，并不就是陶镛所曾有过的事。

《儒林外史》中的周进，是一个颇为突出的重要人物。金和的《儒林外史跋》及今人的考证，都不曾指出周进所隐射的是谁。但由《儒林外史》的描写中看来，周进与范进，分明是一个人的一体两面。他们两个都是老童生，两个人在未得意以前都曾有过无限辛酸的落魄往事。如果说范进所隐射的真人即是芜湖陶镛，但陶镛不一定就会同时具备周进和范进的双重遭遇。《儒林外史》作者吴敬梓之所以要一再强调二人不第以前的落拓穷困，并非暗示老童生也有发迹的一天，其目的显然是在借此强调，像他们这样“穷且弥坚，不坠青云之志”的老童生，实在是深中科举考试之毒害，若不是时来运转，势将永远成为这一制度下的不幸牺牲者。从前胡适之先生以为《儒林外史》中的周进与范进，大概即是作者吴敬梓那位“弱冠为诸生，六十犹迍邅”的老母舅的影子。现在已可知道，吴敬梓的母舅金榘，其实乃是《儒林外史》中的余大先生余特。金榘在五十四岁时还只是一名考不上举人的老秀才，余大先生亦然。金榘和余大先生虽然比较五六十岁犹不能“青一衿”的老童生周进范进略胜一筹，然而其内心的悲痛与酸辛，正是一而二，二而一的。吴敬梓选取了他的母舅作为不第老秀才的代表人物，又创造了周范二人的发迹史来揭露那些不第老童生的悲惨遭遇，于是，被科举制度所深埋在最下层的那些不幸人物的形象，便活生生地显现出来了。《儒林外史》中的余大先生，多少还与原型人物的面目相似，至于周范二人，则分明已被揉进了许多老童生的哀乐故事，已经无法分辨究竟是谁了。

周进与范进，可说是作者吴敬梓广泛采撷许多同型人物之后所综合创造的典型人物。这是一种艺术的创造，不能与原型人物的直接移植相比拟。同样地，书中另一个突出人物匡超人，大概也是在这种情况下被创造出来的。

匡超人与王冕，是作者吴敬梓所致力刻划的两个正反面人物。他们都是孝子，都能从家贫失学的困难环境中挣扎向上。但王冕能守母遗训，不肯做官，远离是非与名利之地，故而始终不失为志行高洁的贤人君子。匡超人则在他父亲死了之后就一心热中于功名富贵，富则易妻，贵则易交，终于去德日远，最后成为一个凉薄无行的势利小人。这其间所显示的意义，显然是在说明，科举与名利的思想，足以使任何一个操守不坚的人坠节改行。金和在《儒林外史》跋文中说，匡超人姓汪，其人的生平事迹如何，迄今不可考知。但由清人徐乾学的故事看来，《儒林外史》所写的匡超人故事，其中显然亦有很多的假借及捏合。

清人赵翼所撰的《檐曝杂记》卷二，“记徐健庵”一条说：“徐健庵（即徐乾学）在康熙中以文学受知，方其盛时，权势奔走天下，务以奖拔寒畯，笼络人才为邀名计，故时誉翕然归之。其所居绳匠胡同，后生之欲求进者，必僦屋于旁，俟其五更入朝，辄朗诵诗文使闻之。如是数日，徐必从而物色。有所长，辄为延誉。当时绳匠胡同宅僦价辄倍他处。”《儒林外史》写匡超人之所以受知于当时的知县，亦是由于他深夜读书为经过的知县听见，叹为难得，二者相比，极为近似。

姓汪的匡超人，其生平行谊不一定为吴敬梓所清楚知道，倒是《檐曝杂记》所说的徐乾学故事，当时知者甚多。以此写入《儒林外史》，作为匡超人的发迹之由，甚有可能。由此推论，匡超人的其他事实，很可能亦有很多是出于吴敬梓的创造构想，并不一定即是姓汪人之事，因为在当时的封建社会里，像匡超人那样见利忘义，一心钻营功名富贵的势力小人，正不知有多少，并不一定要根据姓汪人的事实才写得出来的。

由上可知，吴敬梓之写作《儒林外史》，并非就是直接以当时社会所发生的真人实事写入书中，只加以贯串排比，就算完事的。小说的创作，构想故事容易，安排情节及塑造人物困难。出现在《儒林外史》中的许多人物，其形象甚为突出，其故事甚多出于原作者的假借及捏合，这需要很高度的写作技巧。要说他只是将所见所闻的真人实事移植而来，从而致力于历史考证式的钻研探索，岂不是太小看了《儒林外史》这部书么？

元人杂剧中的包龙图

宋代名臣包拯，生前官居开封府府尹，死后据说位列五殿阎罗王。他的黑脸代表威严正直，他的声名使恶人畏惮。从明清以来，有关包龙图平反冤抑、力摧豪强，足以使小百姓大声喝采的各种故事戏剧，就在我国民间普遍流传。自京剧以至各地的地方戏，自演义小说以至弹词评话，到处都有包公案的故事在搬演传述。这是一个正直无私的伟大法官，被普遍讴歌颂述。华视以此作为题材制作的《包青天》电视连续剧，吸引了可观的观众，足以反映此一事实。

据《宋史·包拯传》，包拯在宋时，仅以正直严毅著称。时称“关节不到，有阎罗包老”，并未提到包拯以善于鞫狱称。因此，也有不少人怀疑包公案中的许多故事，不尽是包拯生前曾经有过的事。事实如何，确实值得研究。《宋史·包拯传》中所写的包拯，与包公案故事中所描写的包龙图，是大异其趣的两种人物。前者只是历史上的名臣，后者却是为民保姆的好父母官。虽说老百姓所欢迎的是后一种形式的包龙图，但历史人物毕竟不能与真实历史相去太远，以免使人们造成不确实的印象。要知道包拯究竟是怎样一个人物，除了《宋史·包拯传》所记之外，我们还可以从宋代以来所流传的各种戏剧、小说之中去搜集资料，以研究比较之法，判断其正确程度，从而作为史传以外的补充。此文名为《元人杂剧中的包龙图》，乃是这一研究工作的第一步。

包拯生于北宋中叶，在宋仁宗时，以龙图阁待制知开封府，居官刚严，弹劾不避权贵，至于闾里妇孺亦知其名。照理来说，这样一个出名的人物，在稗官野史里必定有他很多的记述。然而遍阅宋人所撰笔记小说，关于包拯的记载不过寥寥数条，且大致与史传所记相合，与后来的包龙图故事毫不相干。自北宋末叶以至南宋，评话小说大为盛行，凡灵怪、烟粉、传奇、公案、以至朴刀杆棒、妖怪神仙之类，都成了评话小说的材料，在市井间搬演讲述，盛行一时。但即使是宋人所撰的《醉翁谈余》中著录了极多的故事名目，其中亦无一则包公故事。由于材料的限制，所以这一方面的研究探讨，只能从元人杂剧做起。

现存的元人杂剧，写包拯故事的共有十二剧，其他已亡佚而只存目者另有五剧。他们的名目及存佚，开列如后：

（一）《神奴儿大闹开封府》，无名氏撰，见《元曲选·丁集》。

（二）《包待制智赚灰阑记》，元李潜夫撰，见《元曲选·庚集》。

（三）《鲠直张千替杀妻》，无名氏撰，见元刻本《古今杂剧》。

（四）《叮叮当当盆儿鬼》，无名氏撰，见《元曲选·辛集》。

（五）《王月英元夜留鞋记》，无名氏撰，见《古今杂剧选》。

（六）《包待制智勘后庭花》，元郑庭玉撰，见《元曲选·己集》。

（七）《包待制智赚合同文字》，无名氏撰，见《元曲选·丙集》。

（八）《包待制陈州放米》，无名氏撰，见《元曲选·甲集》。

（九）《包待制三勘蝴蝶梦》，元关汉卿撰，见《元曲选·丁集》。

（十）《包待制智斩鲁斋郎》，元关汉卿撰，见《古名家杂剧》。

（十一）《包待制智赚生金阁》，元武汉臣撰，见《元曲选·癸集》。

（十二）《认金梳孤儿寻母》，无名氏撰，见孤本《元明杂剧》。

以上是现存元人杂剧中的包公剧。至于原书已佚而仅存剧名的，则有下列五剧：

（一）《风雪包待制》，无名氏撰。

（二）《包待制双勘丁》，无名氏撰。

（三）《包待制智赚三件宝》，无名氏撰。

（四）《包待制判断烟花鬼》，元张择撰。

（五）《糊突包待制》，元汪德润撰。

已经亡佚的各剧，其内容如何？今不能详。现存各剧如依其内容分类，则第一至第三剧为平反冤抑类，第四至第七剧为剖疑决狱类，第八至第十二剧为扶弱锄强类。总括起来看，十二剧的内容都是断狱听讼，与后来所流传的包公案故事性质相同。不过，明清以后所流传的包公案故事，其内容与此只有很少部分的相似。

将元人杂剧中的包公剧与明清以后流传的包公案故事来比较，元人所写的包公剧，到了明清以后，只有《盆儿鬼》、《合同文字》与《陈州放米》三剧尚能继续流传，其余九剧都已不见。流传的三剧，《盆儿鬼》即平剧中的《乌盆记》，《陈州放米》即平剧中《陈州放粮》、《落帽风》、《断太后》各剧之前身，它们也都曾一再出现于《龙图公案》及《三侠五义》等说部中。至于《合同文字》一剧，则在明人凌濛初编的小说集《拍案惊奇》中曾经保存，到了清代，也不见了。

元人杂剧中所保存的十二种包公剧，每剧的故事都不相连属，包公在剧中的身份，都是开封府府尹。如果说这些包公剧所搬演的包公听讼故事都是包拯当年为开封府府尹时的实际政绩，那么，这些包公剧所记录的内容，便是包拯传记的极好资料，足以补《宋史·包拯传》之不足，而后人撰写《龙图公案》、《三侠五义》等小说时，便不应该轻易扬弃。既然明清时代所流传的《龙图公案》与《三侠五义》等书都不采这些剧本中的故事，那就只有两种可能，一是这些剧本的故事不可靠，二是明清的小说作者随意杜撰《龙图公案》与《三侠五义》等书的内容。现在我们且来看看这些故事的正确性究竟如何。

先说包公剧中的平反冤抑一类。

平反冤抑类的包公剧凡三，即《神奴儿大闹开封府》、《包待制智赚灰阑记》，与《鲠直张千替杀妻》等是。

前述三剧《鲠直张千替杀妻》一剧中，只存有元刻本《古今杂剧三十种》的一种版本，其中的文字说白，几全部删去，所余的尽系唱词，几有类于诸宫调。虽其正名称为《贤明待制翻疑狱，鲠直张千替杀妻》，又断狱之人称为"包待制"，可以使我们知道此亦是包公的断狱故事外，对于包公之如何断此疑狱，则剧中只有"外扮包待制上，引问拟狱不明"这两句简略的叙述，无法进一步窥见其实际情形。所以在三剧之中，此剧只有存而不论，下余二剧，略述于后。

《神奴儿大闹开封府》一剧，剧中人李德仁与李德义是兄弟，汴梁人氏，同居而未析产。李德义无子，其妻王腊梅心地甚恶，屡次撺掇李德义与兄吵闹，要求分家，德仁因此气死。王腊梅见德仁身死，乃谋进一步占夺全部家产，又使其夫将德仁之独生子神奴儿骗回家中，勒死后藏尸灭迹，反诬指其嫂陈氏有外遇，故先则逼死亲夫，继则谋害亲子，控之于县。县官糊涂，不能断案，将全案嘱令史代审。令史得德义之贿，重责陈氏，逼令诬服，问拟死罪。适包公由延边赏军事毕，返回开封，遇神奴儿之鬼魂告状，调案审问，查出当李德义将神奴儿在街上骗回其家时，曾与县役何正因事争吵，可证神奴儿实系李德义夫妇所害死。于是案情大白，包公将王腊梅正法，李德义杖责，家产仍归陈氏掌管。《智赚灰阑记》一剧，剧中人马员外娶妓女张海棠为妾，生一子名寿郎。马妻貌丑而无子，又与县中之赵令史有奸，设计毒死员外，嫁祸海棠，又称寿郎系马妻所出，意欲并其子亦加占夺。郑州太守苏顺模棱罢软，不能断案，全凭赵令史摆布。赵遂买嘱稳婆及邻佑干证，皆证寿郎非张海棠所生，于是海棠之冤不能伸。案须解送开封府复审，赵令史预嘱解差，于中途加害海棠。幸遇海棠之兄开封府五衙都首领张林，保护得全。包公见佐证俱全，无法断定海棠是否遭枉。乃以灰阑为界，使寿郎立于阑内，令马妻与海棠分左右拉拽，谁能拽出寿郎，寿郎即断为谁所生。马妻力拉而海棠不忍，包公终以此察出寿郎实系海棠之子，而毒夫案亦复用计审出，案遂平反。这两则故事的内容虽然不同，但其中有一点相同——县官与太守昏庸糊涂，不能断案，故令史上下其手，而冤狱以成。这一点，乃是很重要的关键，值得注意。

《神奴儿》第三折，李德义赴县首告其嫂气死丈夫德仁，又害死其子神奴儿时，净扮县官云："那人命事，我那里断的？张千，与我请外郎来!"外郎姓宋，表字赃皮，在县衙中充当令史，上云："相公请我来有何事?"县官向令史跪下，云："我无事也不来请你，有告人命事的，我断不下来，请你来断一断。"于是令史即代县官询问两造人等，并迳为发落，而县官则浑如泥塑木雕，全不表示意见。《灰阑记》的情形，与此大略相似。在第二折中，净扮郑州太守苏顺，上云："虽则居官，律令不晓，但要白银，官事便了。可恶这郑州百姓，欺侮我罢软，与我起个绰号，都叫我做模稜手，因此我这苏模稜的名，传播远近，我想近来官府尽有精明的，作威作福，却也坏了多少人家；似我这苏模稜，暗暗的不知保全了无数世人，怎么晓得!”以下叙马员外之妻拉同张海棠前来告状，历数张海棠毒死丈夫及图夺其子寿郎，谋占家产各情，要求太守大人做主。苏顺云：“这妇人会说话，想是个久惯打官司的，口里必力不剌说上许多，我一些也不懂得，快去请外郎出来。”这次请来的外郎，即是与马妻有奸的赵令史。因太守之委托，明知马员外系马妻所毒死，却命拿过张海棠来，用大棍子着实打，逼令招供毒死亲夫与强夺孩儿情由。故此自问案用刑以至定罪，均是赵令史与张海棠的对口说唱。直到最后，赵令史问完了案，回家吃饭去了，太守方说：“这一樁虽则问成了，我想起来，我是官人，倒不由我断。要打要放，都凭赵令史做起，我是个傻厮那!”遂唱云：“今后断事我不嗔，也不管他原告事虚真。笞杖徒流凭你问，只要得的钱财做两分分。”《神奴儿》剧中的县官，只是糊涂无用而已；《灰阑记》剧中的苏顺则是昏庸而又贪黩。如此父母官，怎不使刑赏颠倒，胥吏横行？但此二剧之目的虽在揭露不良政风与歌颂清廉官吏（包公），其实际发生的时代，却不会是宋朝时。

中国的科举考试始于隋唐，至宋代而大盛。北宋时，三年大比，每科取中的新科进士常达四百人之多。因为取中的人太多，中了进士，连知县也做不到，往往要从县丞州佐之类的低级官吏做起。这是知识分子得以参加实际政治的黄金时代，不但官吏的素质甚为整齐，而且人事上的考核奖惩制度也极为严明，贤不肖之进退黜陟，俱有常规，贪庸琐鄙之流绝对无法苟且容身。所以，宋代即使曾有罢软贪懦的地方官，也必然虽逃各种巡察考核制度的弹劾惩处，决不可能出现连听狱讼亦不能胜任的糊涂州县官。然而在元人杂剧之中，不但《神奴儿》与《灰阑记》二剧中曾有这种昏愦糊涂的州县官，在其他剧本中亦复一再出现，所显示的意义就不简单了。

元人孙仲章撰《河南府张鼎勘头巾》一剧，又名《开封府张鼎勘头巾》，写刘员外之妻与太清观道士王知观通奸，害死亲夫，反嫁祸于穷汉王小二，卒赖张鼎勘明冤狱的故事。案发之初，刘妻至县告状，净扮县官云："他口里必律不剌说了半日，我不省的一句。张千，与我请外郎来。"此县官因自己不能断案而请来外郎（令史赵仲先）代问，其情形与《神奴儿》及《灰阑记》二剧相同，冤狱之成，亦以此。又，元人孟汉卿所撰《张鼎智勘魔合罗》一剧，剧中人李文道，业医生，因欲谋占夺其堂兄李德昌之妻刘玉娘，乘德昌卧病城外五道神庙之际，假装前往探视，以毒药害德昌。及玉娘得知德昌在五道神庙不能行动，雇人前往抬回时，德昌已毒发身死，文道遂要胁玉娘改嫁与伊为妻，玉娘不允，文道即以毒杀亲夫之名，赴县首告刘玉娘毒死德昌。县官听问良久，对衙役张千说："我哪里会整理，你与我去请外郎来。"请来的外郎乃萧令史，问案时，李文道伸五指示意，萧令史即将刘玉娘问成凶手，命将大枷枷了，下入死囚牢中。退堂之后，县官问萧令史云："令史，你来，恰才那人舒着手，与了你几个银子，你对我实说。"萧令史云："不瞒你说，与了五个银子。"县官云："你须分两个与我。"此剧中之县官，既庸又贪，即与郑州太守苏顺无二。又，无名氏撰《清廉长官勘金环》一剧中之县官，其面目亦与此仿佛。在第三折中，净扮县官上云：

> 我做官人实是妙，告状来的则要钞，上司若还刷卷来，厅上打的鸡儿叫。

剧中人李仲仁开一当铺，因误吞金环致死，其弟仲义谋夺其兄家产，遂诬告仲仁系其嫂毒死。县官云："人命事我哪里断的？请出外郎来。"这回请来的外郎乃是王令史，其上场白云：

官人清似水，令史白如麵，水麵打一和，糊突做一片。

糊突即糊涂，县官糊涂而令史乘机索贿，而官司遂颠倒黑白，不明是非矣。现存的元人杂剧，搬演公案故事的社会剧为数本来不多，其中所出现的贪庸州县官即有五人。虽然这些杂剧所演的都是宋代故事，但宋代会有如此败坏的政风，如此众多的贪庸昏官么？

中国历史上的政治浊乱，官吏横暴，无过于异族入侵中原，汉族政权失坠的时期。前此者有五胡乱华，后此者则有辽金元。五胡乱华，去元代已远，在当时人的心目中不会留存太深刻的印象。辽金去元甚近，在辽金统治下的北方中国，人民所受于不良政治的迫害如何，在元时人的心目中必定记忆犹新。尤其是元代，将汉人置于一切外国民族的最下层，汉人所受的迫害最大，所积累的仇恨亦最深。在蒙古人统治之下饱受欺凌压迫的汉人，他们虽然无拳无勇，无法起来革命反抗，但汉人中的文人，却可以用他们的笔墨来讥刺嘲骂，藉以一泄他们的心中之忿。前述各剧中出现的糊涂昏官与贪横令史，所描写的无宁正是辽金元时代的情形，谓予不信，在正史中即有证据在。

《金史·刑法志》中有一条说：

承安五年十二月，翰林修撰杨庭秀言：州县官往往以权势自居，喜怒自任，听讼之际，鲜克加审，但使译人往来传词，罪之轻重，成于其口。货赂公行，冤者至有二三十年不能正者。上遂命定立条约，违者按察司纠之。且谓宰臣曰：长贰官委幕职及司吏推问狱囚，命申御史台闻奏之制，当复举行也。

由这一条记载就可知道，在金时统治北方中国的女真官吏，他们既听不懂汉人的话，又好自尊大，常将狱讼之事委之幕职及胥吏，于断罪之得当与否，漫不在意。于是胥吏播弄其间，货赂公行，政风之败坏，即此可见一斑。元人杂剧中一再出现的糊涂州县官，显然便是这些人的写照。《勘头巾》剧中的县官说："他口里必律不剌说了半日，我不省的一句。"并不是县官不知道告状人在说什么，实际是这个女真官吏不通汉人的语言。蒙古人继金人之后主宰中国，由于蒙古民族的人数太少，官又太多，做不完，所以又让被征服的女真人、契丹人、回回人，帮着他们一起来欺压汉人，这些人又岂能通晓汉人的语言？因此，尽管杂剧中所讥骂的糊涂官是宋代的汉官，其实是另有所指。

官昏而吏恶，加深了金元时代的政风败坏。杂剧的作者在加以针砭时，便搬出了前朝的好官来。这些好官中，包龙图则是出现次数比较多的一个。

《元曲选甲集》，无名氏撰《杨氏女杀狗劝夫》一剧，孙荣之妻杀狗劝夫，被柳隆卿胡子转二人到开封府诬告孙荣杀人。此剧中的开封府府尹王翛断明白，柳胡二人之挟诈诬告不遂。又，《古名家杂剧》本，关汉卿撰《王闰香夜月四春园》杂剧，剧中的王闰香约李庆安夜至花园接受赠金，以便来家迎娶，不料撞遇强盗裴炎，抢去金银珠宝，又杀死丫头梅香。闰香之父告系李庆安所杀，于祥符县推官贾虚问案之际，伸五指示意，贾虚即将李庆安问成强盗杀人。但府尹钱可通深疑此案有冤，命差役扮为货郎，持凶刀私访，果查出凶手实系裴炎，于是李庆安之冤抑得伸，裴炎按杀人罪明正典刑。此剧中之好官，则是开封府府尹钱可通。又，前举之《勘金环》、《勘头巾》、《魔合罗》各剧，前者之好官是开封府府尹孙荣，后者则系都孔目张鼎。以上各人，王翛然，钱可通、张鼎的出现次数各为二次，孙荣一次；与包公剧多至十二种的情形相比，显然包公的出现次数最多。

包拯是开封府尹，王翛然、钱可通、孙荣，也都是开封府尹，为什么好官都出在开封府，又都是开封府的府尹呢？这倒也是一个耐人寻味的问题。

包拯在做开封府尹时，立身正直，风裁严毅，人不敢干以私。史称人以包拯之笑比黄河之清，其难得如此。这样一个正直不阿的好官，自然是人们的崇敬对象。但《开封府志·名臣传》述包拯事迹，只摘叙《宋史》本传中的文字，称其威严刚正而不及其智术。倒是在包拯前后时期知开封府的范仲淹与杜衍等，善于断狱。据《开封府志·名臣传》所记，范仲淹知开封府，“决事如神。京师谣曰：朝廷无忧有范君，京师无事有希文。”京师即开封府，希文乃仲淹之字。至于杜衍，则他在宋仁宗时知开封，“听断如神，权要之家不敢干以私。”范杜之外，在哲宗时继任开封府尹的钱勰，善于鞫狱，“老吏畏其敏，欲困以事，导人诉牒至七百。勰随即剖决，上下皆惊诧。宗室贵戚，为之敛手。”钱勰之后，宋神宗之世，又有王安礼，以翰林学士知开封府。到官之日，“滞讼不得其情，及具按而未论者几万人。安礼剖决未三月，囚繫皆空”。这几个人，乃是开封府尹之中最能干而最善于断狱的，其他较次的，更多，无法一一枚举。由此可知，在北宋时知开封府而善于决狱断事的名臣甚多，初不只包拯一人最知名。当时的开封府，乃是帝都所在之地，公私事务盘根错节，必须有赖这些名臣以高明的智慧与果断的气魄去一一处理，方能迎刃而解。元人杂剧中的社会剧，每每将故事的发生地点放在开封府，又每每抬出开封府府尹来决断平反，虽说由于取材之便利，未始不是由于开封府尹名气太响而含有景仰前贤的意味在内。但出现在元人杂剧中的开封府府尹，除了包拯的姓名真实不假外，王脩然、钱可通、孙荣等，都不是真有其人，这又是为什么呢？这么多有名的开封府府尹，何以只有包拯一个人值得后人敬仰膜拜？这是很值得研究的问题。

金人元好问所撰的《续夷坚志》说：

世俗传包希仁以正直主东岳速报司，山野小民，无不知者。庚子秋，太安界南征兵掠一妇还，云是希仁孙女，颇有姿。倡家欲高价买之，妇守死不行。主家利倡财，捶楚备至，妇遂病，邻里嗟惜而不能救。里有一巫女，私谓人曰："吾能脱此妇，令适良人。"即诣主家，闭目吁气，屈伸良久，作神降之态。少顷，瞑目咄咤，呼主人出，大骂之。主人具香火，俯伏请罪，问何所触尊神？巫又大骂云："我速报司也，汝何敢以我孙女为倡？限汝十日，不嫁之良民，吾灭汝门矣。"主者百拜谢过，不数日嫁之。

东岳速报司不知是何神祇，想来是东岳大帝之下主管生死报应的神职。包拯以居官正直之故，殁而为神，事虽属于民间传说，却可看出包拯在老百姓心目中的地位，远超出一般开封府的有名府尹，如范仲淹、杜衍、钱勰、王安礼等人之上。这其间的区别，显然因为范仲淹等人不过是能臣与名臣，而包拯却是直臣，因居官正直而经民间传说死后为神。久而久之，包拯的声名逐渐凌驾一切其他名臣与能臣之上，而且连这些名臣能臣们的著名政绩亦有逐渐移转至包拯一身之势。元人杂剧中的包公剧皆以听断狱讼为主，这已经是一项具体的例证了。另一项例证，则可由下文中见之。

钱静方《小说丛考》卷上云：

宋之最能断狱者曰包龙图，几于妇竖皆知。然包公所断之案，见于史者，不过一事，余皆小说家掠他人之美，而为包公有也。案中有"僧坠眢井尸血染衣"事，实向敏中所断之案，小说家掠为包公有也。《宋史》称向敏中判西京，有僧暮过村舍，求宿不许，乃寝门外。是夜有盗入其家，携一妇并囊衣，逾墙去。僧窥见之，恐其事之将累己也，夜半亡去，走荒草中，忽坠眢井。适逾墙妇人为人所杀，投尸井中，血染僧衣。主人踪迹得之，捕僧送官。僧不堪掠，遂自诬服。狱成，敏中疑之，遣使密访。吏饮于村店，有妪闻其自府来，问僧狱如何？吏伪曰：“已笞死。”妪叹息曰：“彼妇人实此村某甲所杀也。”吏往捕获，并得其赃，僧始得释。今小说家收入包公案中。案中两人争伞事，实汉时薛宣所断之案，与包公无涉。据《风俗通》：宣为临淮太守，一人持疋缣，到市卖之。遇雨，将缣披戴。彼一人求共庇荫，因授一头与之。雨霁当别，各持不舍，皆云缣为我有。因共诣府。宣曰：“缣值数百钱耳，何足纷纷？”呼吏断缣，各与其半，使一吏追听二人作何语。归报一喜一怨。因捕喜者责之，使偿其缣。今小说家易缣为伞，亦收入包公案中。

这种故事移植的例证，可以知道何以包公断狱的声名到后来会愈变愈大。因为现存元人杂剧中的包公剧不过十二，而明清时的《龙图公案》则多至百事，彼此之间极少因袭的关系也。

包公案的故事移植例证，尚有一例，留待后文再详。今且看包公剧中属于扶弱抑强一类的各剧，其情形又如何？

包公剧中属于扶弱锄强一类者，共计有五，依次为《陈州粜米》、《蝴蝶梦》、《鲁斋郎》、《生金阁》、《认金梳》。在此五剧中，每剧各有一二个横行不法的强梁恶霸。在《陈州粜米》一剧中的是刘小衙内与杨金吾，在《蝴蝶梦》剧中的是葛彪，在《鲁斋郎》剧中的即是鲁斋郎，在《生金阁》剧中的是庞衙内，在《认金梳》剧中的则是陈都知。这些人物，除了予夺任情、杀人如戏的共同特点以外，他们出场时的口吻，亦大致仿佛。

《蝴蝶梦》第一折，净扮葛彪上云：“……自家葛彪是也。我是个权豪势要之家，我打死人不偿命的，如常的则是坐牢。今日无甚事，长街市上闲耍去咱。”又《鲁斋郎》第一折，冲末扮鲁斋郎上云：“花花太岁为第一，浪子丧门世无双。街市小民闻吾怕，则我是权豪势要鲁斋郎。小官鲁斋郎是也，方今圣人在位，四海晏然，八方无事，小官随朝数载，谢圣恩可怜，迁除授职。小官嫌官小不做，嫌马瘦不骑，但行处，引的是花拳闲汉，弹弓粘竿，贼儿小鹞，每日价飞鹰走犬，街市闲行。但见人家好的玩画，怎么他倒有，我倒无？我则借三日玩看了，第四日便还他。人家有那骏马雕鞍，我使人牵来，则骑三日，第四日便还他，不坏了他的。”又《生金阁》第一折，净扮庞衙内上云：“花花太岁为第一，浪子丧门世无对。街市小民闻吾怕，则我是势力并行庞衙内。小官姓庞名勣，官封衙内之职，我是权豪势要之家，累代簪缨之子。我嫌官小不做，马瘦不骑，打死人不偿命。若打死一个人，如同捏杀个苍蝇相似。平生一世，我两个眼里不待见这穷秀才。我若是在那街市上摆着头踏，有人冲撞着我的马头，一顿就打死了。我若到人家里，见了那好玩物器皿，琴棋书画，他家里倒有，我家里倒无？教那伴当们借将来，我则看三日，第四日便还他，我又不坏了他的。但若同僚官的好马，他倒有，我倒无？著那伴当借将来，则骑三日，第四日便还他，我又不坏了他的。人家好宅舍，我见了，他家里倒有，我家里倒无？我搬进去，则住三日，第四日就搬了，我又不坏了他的。”又《认金梳》第一折，净扮陈都知上云：“家中颇有千间屋，安歇经商各旅人。打听若有金共宝，图财谋死命难存。小人乃和州人氏，姓陈，是陈雄，乃国舅陈勉之侄。我是那权豪势要之家，打死人又不偿命。”

以上葛彪、鲁斋郎、庞衙内与陈都知，皆自称是权豪势要之家，打死人不须偿命，故王老汉冲犯了葛彪的马头，葛彪一顿就将老汉打死。鲁斋郎在许州看中银匠李四之妻，硬抢过来作妾。及见郑州孔目张珪之妻李氏貌美，则又勒令张珪于翌日即将其妻送至鲁家，张珪不敢不遵。至于庞衙内，则为图霸占秀才郭成之妻，竟将郭成骗至家中杀害，其行径与陈都知霸占秀才安国杰之妻李淑兰，又将安国杰害死的情形相似，看他们的行为，直如择人而噬的傅翼之虎。虽说这些故事写的都是发生在包拯所生存的北宋仁宗时，但宋代的社会，却不曾有过这种无法无天的衣冠缙绅，藉有之，他们的行为也只有巧取而不是豪夺。而且宋朝也从来没有那一个缙绅人物公然敢说杀人不须偿命的。所以，这些剧本中的故事，决非发生在宋时。

在元朝，据《元史·刑法志》："诸杀人者抵死"。但在《刑法志》四，"杀伤"下一条云："诸蒙古人因争及乘醉殴死汉人者，断罚出征，并全征烧埋银。"照这一条律文，蒙古人在杀死汉人之后，只要被问断为斗殴及酒醉，即可以援引此条，罚令出征及赔偿烧埋银了事，不须偿命，亦不科刑。从古到今，中国任何一个朝代都不允许轻杀人命，即王公贵人亦不例外。元朝的统治者不明大体，订下这种极端不公的法律，当时的受害者无力反抗，乃以文字影射针砭。

《陈州粜米》一剧中的刘小衙内，他与杨金吾二人所恃以贪横不法的护符，是他们在朝中做官的"刘衙内"。"衙内"者，官少爷之义也。在朝中做官而称之为衙内，宋朝时无此称呼。而《生金阁》一剧中的庞勣，至于自己说是"官封衙内之职"，看来更是不伦不类。所以然之故，则因这些人本来就是被借来影射的，正要他们不伦不类，才能使人知道这是影射。而且，元杂剧的作者们，为了发泄他们的怨恨，又搬出了包龙图这样一个正直之神来诛锄强梁，为民除害。包龙图之所以由"东岳速报司"而成为专门诛锄强梁的伟大执法者，这些杂剧故事的渲染点画，应该有很大的作用。

在包公剧中属于扶弱锄强一类的《陈州粜米》、《蝴蝶梦》、《鲁斋郎》、《生金阁》、《认金梳》等剧，除了蝴蝶梦中的葛彪是在打死王老汉之后又被王家三子寻仇报复，以致被围殴毙命，《陈州粜米》剧中的刘小衙内与杨金吾，《生金阁》剧中的庞衙内，《认金梳》剧中的陈都知都在审明事实真相之后，为包公所依法处斩，只有鲁斋郎是例外。鲁斋郎之死，剧中未有情节交代，只在第四折中借包公之口说道：

> 想鲁斋郎扰害黎民，掳掠妇女，罪有百端，老夫在圣人前奏过，“有一人乃是鱼齐即，苦害良民，强夺人家子女，犯法百端。”圣人大怒，即便着斩之。天子判了斩字，典刑此人。次日，天子宣鲁斋郎，老夫回奏道：“违条斩之。”天子大惊道：“为什么斩了他?”“为掳掠了百姓，强夺人家妻女，圣人判了斩字，杀坏了也。”圣人不信，“将文书来我看。”鱼齐即三字，鱼字下边添个日字，齐字下边添个小字，即字上边添一点。圣人见了道：“苦害良民犯人鲁斋郎，合该斩首。”老夫智斩了鲁斋郎，为民除害。

自古以来，从来没有听说过判人死刑的文书可以在犯人姓名上加减笔画的。如果包拯真有此事，即难逃作弊欺君之罪。正直不欺如包拯，为君贤明如宋仁宗，怎么有可能发生这种事情?《鲁斋郎》一剧的作者，所以要将此剧情节作如此安排，除了博取观众一粲之外，想来更无别的理由。既然杂剧的作者可以自由编写包公剧的故事内容，当然可以想见这类故事之十九出于虚构。元人杂剧中属于这方面的包公剧，其所以不能流传至后世，当是由于这些戏剧之缺乏真实性，而在易代之后，由于时代背景变迁，又复缺乏戏剧性之故。

前引钱静方《小说丛考》，曾经说到，包公案中“僧坠智井”及“两人争伞”二案，均出于小说家之移植。此虽是明清以后的包公案故事，但在元人所撰的包公剧中，亦复有此情形。如关汉卿的《蝴蝶梦》一剧，即是。

杂剧《蝴蝶梦》的故事，叙开封府中牟县民王老汉，前妻早故，遗二子金和、铁和。续娶继室，又生一子名石和。三子有志读书，不甘务农，其父母嘉之。一日，老汉至街市为其子购纸笔，撞遇皇亲葛彪骑马出游，怒老汉冲道惊马，逞凶将之打死。三子闻讯，前往寻仇，围殴葛彪，竟误杀之。吏捕三人送官，三人争自承为凶手，官不能断。时包公为开封府尹，召其母问之。母云，以石和抵命可也。问何故以幼子偿命？其母供出金和、铁和系前妻所生，石和则为己所出。包公以其母贤子孝，遂以偷马贼赵顽驴作为凶手，代偿葛彪之命，仍放三子回家。此剧的主旨虽在强调义夫节妇，孝子顺孙，其实则此故事本系套取前人故事而来。《列女传》卷五《齐义继母》篇云：

> 齐义继母者，齐二子之母也。当宣王时，有人斗死于道者，吏执之，被一创，二子兄弟立其傍。吏问之，兄曰："我杀之。"弟曰："非兄也，乃我杀之。"期年，吏不能决，言之于相。相不能决，言之于王。王曰："今皆赦之，是纵有罪也；皆杀之，是诛无辜也。寡人度其母能知子善恶，试问其母，听其所欲杀活。"相召其母问之，其母泣而对曰："杀其少者。"相受其言，因而问之，曰："夫少子者，人之所爱也，今欲杀之，何也？"其母对曰："少者，妾之子也；长者，前妻之子也。其父疾且死之时，嘱之于妾曰：善养视之。妾曰：诺。今既受人之托，许人之诺，岂可忘人之托而不信其诺耶？且杀兄活弟，是以私爱废公义也；背言忘信，是欺死者也。予虽痛乎，独谓行何？"泣下沾襟。相入言于王，王美其义，高其行，皆赦不杀，而尊其母号曰义母。

看了这一则故事，就可知道《蝴蝶梦》一剧的故事情节，实由此事所点染而成。

元人杂剧中属于扶弱锄强一类的社会剧，除了以包公为主角的前述五剧外，以他人为主角的同类戏剧，亦复有之。如《十探子大闹延安府》一剧中的李圭，即是。《孤本元明杂剧》中有《十探子大闹延安府》，元无名氏撰。剧中的权豪势要，一是葛彪，乃陕西监军都统制葛怀愍之子。一是庞衙内，即葛彪之姊夫。郎舅二人，倚仗葛监军之势，无恶不作。葛彪之上场白云：

小官姓葛名彪，父亲是葛监军。我是权豪势要之家，累代簪缨之子。我打死人不偿命，常川则是坐牢。

这样的口吻，俨然是《蝴蝶梦》剧中打死王老汉的葛彪，且姓名亦完全相同。庞衙内的上场白，则是：

花花太岁为第一，浪子丧门世无对。阶下小民闻吾怕，势力并行庞衙内。小官姓庞名掺，官拜衙内之职。我是那权豪势要之家，累代簪缨之子。我嫌官小不做，马瘦不骑。我打死人又不偿命，如同那房檐上揭一块瓦相似。

这一段话，亦与《生金阁》剧中庞衙内所说的话一般无二，且姓名亦同。葛彪在延安打死开封府司吏刘彦芳之妻，父刘荣祖到开封寻刘彦芳告状，恰告在庞衙内手中。庞不问情由，反将原告作被告，把刘彦芳下入死囚牢中，希图杀之灭口。刘荣祖沿途喊冤，遇见廉访使李圭，问知上情，禀告丞相范仲淹。范即奏达皇帝，敕赐李圭势剑、金牌，即往延安府勘问此案，先斩后奏。李至延安，先将葛彪拿至衙中。正在问理间，葛怀愍已知其事，先差十探子来捉李圭，被李圭一一责打逐出，然后葛怀愍就亲自带领军马从汛地赶回，一则搭救葛彪，二则杀李圭泄忿。但李圭衙中供有势剑金牌，葛怀愍见而气馁，乃跪请恕罪。李圭责以擅离汛地及欺压台省官员之罪。正对话间，丞相范仲淹亦奉旨驰驿到达，即传旨将葛怀愍削去兵权，免死充军，庞衙内罢官为民，葛彪典刑市曹。在此一剧中，虽由范仲淹承旨处分各犯，但秉公审理，不畏强权，一心要为刘彦芳伸冤的好官，则是廉访使李圭其人。与前述各包公剧的故事相比，包公在《生金阁》与《认金梳》二剧中都必须要先把庞衙内与陈都知请入衙内，以酒食相款，待智赚二人说出杀人真情，方能绳之以法；及在《鲁斋郎》一剧中，甚且要以蒙骗的方法将鲁斋郎处死等等情形，李圭的执法无私，绝不向恶势力妥协，其正直态度似且更胜包公一筹。

李圭在《十探子》一剧之中所以能够力挫葛怀愍的凶焰，乃是因为他在离京之前，已先奉皇帝敕赐“势剑、金牌”，可有先斩后奏之权。所以葛怀愍之气焰虽盛，一见此物，就不觉膝为之屈。在前述各包公剧中，包拯之所以能诛锄强暴，为民除害，亦因为有此二物之故。如《灰阑记》一剧第四折，包待制上云：

> 当年亲奉帝王差，手揽金牌、势剑来。尽道南衙追命府，不须东岳吓魂台。老夫姓包名拯，字希仁。老夫立心清正，持操坚刚，谢圣恩可怜，官拜龙图待制，天章阁学士，正授南衙开封府府尹之职，敕赐势剑金牌，体察滥官污吏，与百姓伸冤理枉，容老夫先斩后奏。以此权豪势要之家，闻老夫之名，尽皆敛手，凶暴奸邪之辈，见老夫之影，无不寒心。

又《陈州粜米》剧第二折，丞相韩琦与学士范仲淹保举包拯前往陈州察访刘小衙内等贪赃枉法，包拯云：“二位丞相和学士听者，老夫去则去，倘有权豪势要之徒难以处治，着老夫怎么?”范仲淹云：“待制再也不必过虑。圣人的命，敕赐与你势剑、金牌，先斩后闻。请待制受了势剑、金牌，便往陈州去。”所谓势剑、金牌，在宋代文献中从未见有此名，只有元杂剧中屡见不详。“势剑”大概就是唐宋明各朝都有的“尚方宝剑”，乃皇帝特赐予专制一方的大将元戎或是经略总督等人，凡文官五品以下，武官二品之下，可以先斩后闻，以上则须请旨。府尹之官，不过三四品，想来无此资格领受。至于“金牌”，则据近人的考证，元代万户以上的高级武官，都有钦赐的虎头金符，上刻：“长生力气天里，蒙哥汗福荫里，不奉命者死”等字，代表佩用者的权力。元杂剧的作者遂借用此物来提高包拯的府尹权力。由于有此权力，连带地便出现了包公案中的铡刀。

《神奴儿》第四折，包龙图问衙役何正云：“你为什么将这李德义来揪捽捆打，必然官报私仇。说的是万事都休，说的不是，将铜铡先切了你那驴头。”又《勘金环》第四折，新府尹孙荣谓令史云：“小官钦奉圣人的命，为此处开封府官浊吏弊，人民顽鲁，敕赐我势剑金牌，著我先斩后闻。你若文卷上有半米儿差迟，将铜铡先切了你那驴头。”又，元曲中述及铜铡时，常与“势剑”二字相连。如《勘头巾》第二折，府尹完颜普察限张鼎三日勘明王小二杀死刘员外一案，唱云：“你个无端老吏狡猾，将堂官一脚蹅蹅。若问成了，我将你喜孜孜赐赏加官；若问不成呵，尝我这明晃晃势剑铜铡。”又，《后庭花》第三折，赵廉访使命包拯勘查王翠鸾被杀一案，包拯云：“相公，小官职小，断不的。”赵廉访使云：“你也说的是，与你势剑铜铡，限三日内便与我问成这桩事。”由此云云，可以想见当时品秩较高而拥有御赐金牌、势剑的高级官吏，在势剑之外，必定惯以铜铡杀人。势剑表示权威，铜铡则行使此一权威之刑具也。中国历史上从来没有以铡刀处决犯人的事例，有之，当始于元杂剧中的这些记载。由于有这些记载，包龙图治理下的开封府，乃出现了处决犯人用的铡刀。不仅如此，使用此铡刀处决犯人时，还可以不待奏闻，“先斩后奏”。凡此，俱是元人杂剧中的情节内容遗留及于明清时代的包公案故事的地方。

拉拉杂杂地写了这许多，可以总括起来作一些简单的结论，以为从元人杂剧中探索包龙图故事根源的收获。根据上文的分析与观察，元人杂剧所写，宋时以善于平反冤抑著称的开封府府尹，除包龙图外，尚有钱可通与孙荣；善于谳狱析疑的则有王脩然与钱可通。至于强项不屈，勇于锄强扶弱的公正官吏，则尚有廉访使李圭。如果从《开封府志》中去钩稽探讨，此一名单中还可以加入范仲淹、杜衍、钱勰与王安礼。所以，无论就戏剧与历史记载来观察，包龙图都不是唯一值得歌颂的人物。何况元人杂剧中的那些包公断狱故事，又大多出于剧作者的捏合情节，虚构杜撰。为什么历史上与戏剧中所记载描写的这许多好人好事，到后来都会归结到包龙图一个人身上去呢？这当然与传说中包拯生前居官正直，死为东岳速报司之事有关。自金代以来，人们就相信包拯做了东岳速报司，掌握有极大的生死权力，乃至“山野小民”亦“无不知者”。正因为如此，杂剧的作者在编写以开封府尹为主题的问理狱讼案件时，就会觉得，与其写了别人的名字而不能为观众所认识，何不干脆就写了人人都熟悉的包龙图？此所以包公剧的数目多至十七，而他人则望尘莫及也。一切荣耀，归于包公，于是，包公的地位乃能在无数的传说之中脱颖而出，巍然定于一尊。这种情势，在元人杂剧中虽尚未完全成熟，但其趋势已是十分明白的了。

关于包公故事如何再由元人杂剧中的形式演变为明清时代的包公案形式？那将是另外的讨论范围。不过，不管明清时代的包公案故事如何变化多端，其内容也决不能与电视剧《包青天》之包罗万象相比。《包青天》的剧作者曾说，包青天剧中的故事虽不见于正史，在当时却不是没有发生的可能。且不管这些故事是否曾有发生的可能，至少，我们在距宋代最近的元人杂剧中未曾寻到与此相联的踪迹，当是不争之事实。没有根据的故事传说，只能视为作者的臆造，不能称之为历史。读者诸君以为然否？

顺治帝外传

清朝的世祖章皇帝，就是中视连续剧《一代红颜》里的顺治帝。看《一代红颜》里的顺治帝，好读诗书而不喜女色，虽在稚龄，已仿佛有圣帝明君的气象。《清史·世祖本纪》论其为人，曾说他："勤政爱民，孜孜求治。清赋役以革横征，定律令以涤冤滥，蠲租贷赋，史不绝书。践祚十有八年，登水火之民于衽席。虽景命不融，而丕基已巩。至于弥留之际，省躬自责，布告臣民，禹汤罪己，不啻过之。书曰：亶聪明，作元后。元后为民父母，其世祖之谓矣。"历代官修之史，对于开国皇帝当然都有一番褒扬溢美的赞颂，《清史》的纂修，取材于清代官修的实录与正史，对于这样的溢美誉扬，本在情理之中。但是在清亡之后六十余年的今天，假使我们还要以这样的眼光来看这位皇帝，又为他妆点上一些莫须有的殉情故事与满汉恋爱，那就太无谓了。

所谓莫须有的殉情故事与满汉恋爱，当然就是《一代红颜》中所扮演的顺治帝与董小宛，以及顺治帝后来因小宛之死而至五台山落发为僧的故事。此事本于《满清野史大观》中的"世祖入五台山之原因"一条，谓"顺治十七年八月十七日，贵妃董鄂氏卒，世祖哀悼殊甚，为之辍朝五日。未几，谕礼部追封为皇后，加上谥号。其时闻者讶之，以为死者仅一贵妃，何乃滥加谥号。且晋封为皇后？有知其事者曰，是妃盖冒辟疆之姬人董小宛也。明弘光末，被掠至京师，入宫，赐姓董鄂氏，旋册立为贵妃。辟疆知之，惧有大祸，乃撰《影梅庵忆语》，托言已死。太仓吴梅村诗所谓墓门深更阻侯门者，是也。不意入宫之后，竟以不寿卒。然世祖之于董贵妃，所谓君非姬氏居不安、食不饱者也，乃红颜短命，世祖对之，忽忽不乐。未数月，遂弃天下，遁入五台山，削发披缁，皈依净土。梅村《清凉山赞佛》四诗，即咏此事也。满洲族人，虽百方劝解，卒不能回。由是于十八年正月，谬谓世祖病殁，而以十四罪自责之遗诏下矣。”野史所记，荒诞不经，从前孟心史先生作《清初三大疑案考实》及《董小宛考》，辩之已明，这里亦无需再作赘引。所值得在此一提的是，这位被野史作者描写成如此专情的少年皇帝，他的私生活是否真的如此严肃不苟？他的爱情是否如此专精诚笃？他平日的健康状况如何？他的个性与嗜好又如何？凡此，虽俱为正史所不载，却正是了解这一位少年皇帝所必需知道的事。此文取名《顺治帝外传》，意思就是要在正史的本纪以外，再为他补充一些这方面的传记材料。

要详细了解顺治皇帝这个人，应当先从他的身世说起。

根据《清史·世祖本纪》、《后妃列传》及《诸王列传》所记，可知清世祖顺治帝名福临，乃是清太宗之第九子。母博尔济吉特氏，太宗庄妃。太宗死于明崇祯十六年，福临继位，年甫六岁。由当时的各种迹象显示，福临之能够继立为帝，与他的这位母亲很有关系。

太宗的原配皇后亦姓博尔济吉特氏，乃是庄妃的姑母。姑侄同嫁一人，已是奇事，而庄妃之姐居然亦嫁太宗，称为宸妃。庄妃与宸妃，都不是正妃，因为在皇后博尔济吉特氏之下，尚有称为元妃的钮祜禄氏，与在元妃之后更娶的继妃乌喇纳氏。元妃位次皇后，庄妃与宸妃更次元妃，虽有名号，亦不过侧妃之类，稍胜于无名号的“庶妃”而已。皇后无子，元妃生皇三子洛博会，继妃生皇长子豪格与皇二子洛格。除诸庶妃所生诸子无足轻重外，在福临之前，尚有侧妃叶赫那拉氏所生的皇五子硕塞。洛格早卒，以皇子生母的贵贱而言，有资格与福临竞争皇位继承权的，就有豪格、洛博会与硕塞三人。当时，清朝的皇位继承法尚未建立起严格的父死子袭制度，太宗既死，太宗之弟多尔衮尤有继承之望。在这种复杂的情势之中，皇帝的宝座居然会让给一个只有六岁的孩子去坐，这其中的道理，就太不简单了。

多尔衮，清太祖之第十四子，大妃纳喇氏所出，俗称九王。大妃为乌拉国主满泰之女，万历二十九年归太祖，不久立为大妃，有殊宠。太祖卒于天启七年，多尔衮时方十五岁。据《清史稿·后妃列传》所说：“太祖有疾，浴于汤泉。八月，疾大渐，乘舟自太子河还，召大妃出迎，入浑河。庚戌，舟次叆鸡堡，上崩。”太祖于临终之前召大妃，必与商议继承问题有关。多尔衮既为大妃之子，又为太祖所爱，似最有继位希望。但当时清太祖所将之兵，不过二旗，而太宗虽为太祖之第四子，因智勇雄桀，胜于其他诸子，亦有二旗之众。多尔衮时年方十五岁，童呆无知，太宗稍用机谋，即能得到其长兄代善之推诚拥戴，继立为君，大妃无能为焉。这一段夺位阴谋，由多尔衮在太宗死后所说，“太宗之位原系夺立”的这句话中，可以窥见其梗概。今太宗亦死，多尔衮在他的旗主地位之外，复能得其同母兄弟阿济格、多铎的两旗兵力为助，实力至为雄厚。他如果要在此时与太宗诸子争夺皇位，胜负谁属，正未可知。然而他在此时不但谢绝阿济格与多铎的拥戴，赞同由太宗之子继承，而且又舍豪格、洛博会等人而拥戴六岁稚龄的福临，这又是什么原因呢？

《清世祖实录》卷二十二，顺治二年十二月癸卯，摄政王多尔衮集诸王大臣，传语曰："昔太宗升遐，嗣君未立，诸王贝勒大臣率属意于予，跪请予即尊位。予曰：尔等若如此言，予当自刎。誓死不从，遂立皇上。其所以不立肃王者，非予一人意也。诸王大臣皆曰：若立肃王，我等俱无生理，因此不立。"肃王，即太宗之长子豪格，因卓著军功，早已被封为肃亲王，故称为肃王。肃亲王豪格既为太宗之长子，母为继妃，他自己又卓著军功，太宗的皇位，不能由他来继承，反要由一个年止六岁的幼弟福临来继承，这又是什么原因呢？原来当太宗崩驾之后，对于皇位的继承，分为两派。一派即太宗所领两黄旗的属下，主张继承权应归太宗一系。一派即大妃之三子——阿济格、多尔衮、多铎，主张应由多尔衮继承。双方立场不同，各不相下，剑拔弩张，形势甚危。此时反而是多尔衮提出了让步的办法——皇位由太宗一系继承，但不立豪格而立福临，由多尔衮以摄政王名义辅政。于是事情圆满解决，福临登基做了皇帝，年号称为顺治，多尔衮则首先跪在地上向这位小侄儿叩头称万岁，表示衷心臣服。多尔衮如此顾全大局，屈己下人，翊戴六岁的小侄儿做皇帝，这难道是他真正的本意么？其中的内情，当然并不如此简单。

多尔衮在可以做皇帝时不做皇帝，到后来有没有悔恨的表示呢？《东华录·顺治卷》中有一条说：

睿王曾云：若以我为君，以今上居储立，我何以有此病证。

睿王，即睿亲王，乃多尔衮之本爵。这句话透露出了多尔衮当年的真正愿望实在是想自己做皇帝。然则他之所以愿意屈尊做摄政王，当然有其难言之隐。虽说当时太宗所属两黄旗的态度极为强硬，但多尔衮既有三旗的实力为其后盾，对此尽可不怕。所以，真正的原因，应当还在顺治帝之母博尔济吉特氏庄妃身上。

清朝野史对于顺治皇帝的这位母亲，有很多颇为不敬的传说。例如当明督师洪承畴在松山战败被俘，坚持不肯投降时，清太宗百思无策，最后还是这位博尔济吉特氏庄妃献上一策，由她自己去施展一套美人计，才算骗得洪承畴甘心就范，乖乖地做了大清朝的降臣。除此之外，就是她与摄政王多尔衮之间的婚嫁传说。

上寿称为合卺尊，慈宁宫里烂盈门。春官昨进新仪注，大礼恭逢太后婚。

此明人张煌言所撰《建夷宫词》也，所指的内容，即是一般所传说的顺治之母孝庄皇太后下嫁摄政王多尔衮的故事。《满清野史大观》中载此故事，谓其时更有顺治帝所颁发的恩诏誊黄，云：

太后盛年寡居，春花秋月，悄然不怡。朕贵为天子，以天下养。乃独能养口体，而不能养志，使圣母以丧偶之故，日在愁烦抑郁之中，其何以教天下之孝？皇叔摄政王现方鳏居，其身份容貌，皆为天下第一人，太后颇愿纡尊下嫁。朕仰体慈怀，敬谨遵行。一应典礼，著所司预办。

子嫁其母，在封建时代连普通老百姓尚且不会作出这样荒唐的事，现在居然由当朝的皇帝公然颁诏施行，岂非滑天下之大稽？不过，这毕竟只是后人的无稽谰言而已，姑不论于史无考，即从当时往来北京的朝鲜使臣日记及朝鲜王朝史书中旁搜博稽，也寻不出丝毫有关此事的记载，其为恶意中伤的胡言乱语，可以想见。张煌言之诗，只是为谣言所惑而作，并不可信为真有其事。但即使顺治帝之母孝庄皇太后（即前述之庄妃）不曾真的嫁与摄政王多尔衮，她与多尔衮之间，却不能确保其并无不清不白之事。这可以举出两件事实来作证。第一件，是孝庄太后于康熙二十六年逝世以后，她的孙子康熙帝将灵柩置于昌瑞山暂厝，一放三十多年，终康熙之世，不曾将其送回沈阳太宗陵合葬。直到雍正帝继立，方于雍正三年即厝灵之地起陵安葬，称为昭西陵。至于第二件，就是多尔衮在后来公然被称为“皇父”，不但见之史书所记，而且现有甚多的诏书奏章可证。皇父即是皇帝的父亲，多尔衮凭什么可称做顺治帝的父亲？这其中当然就大有文章。

博尔济吉特氏庄妃，在康熙二十六年逝世时享寿七十五岁。那就是说，她在顺治帝登基的那一年，是三十一岁。多尔衮死于顺治七年，享年三十九岁。那也就是说，在顺治登基那一年，他是三十二岁，比孝庄太后尚多一岁。清太宗即位之初，曾借太祖遗诏之名，迫令多尔衮之母大妃殉葬，因此多尔衮自少即育于太宗宫中，与太宗后宫妃嫔均为素谂。太宗崩驾，多尔衮甘心舍弃自己的皇位继承权，又不支持豪格等人而支持庄妃之子福临，及到后来，又使福临称之为父，凡此种种，俱可令人猜想，多尔衮与顺治帝之母庄妃之间，必有某种不寻常的关系存在。多尔衮在顺治七年十二月间逝世，顺治帝为崇功报德计，还曾经降诏追尊多尔衮为成宗义皇帝。几个月之后，有人告发多尔衮在生前曾有篡逆之谋，乃撤庙享，罢追尊，并削夺其睿亲王之封爵。在当时所公布的罪状之中，有一款是“常到皇宫内院”。多尔衮既称皇父，又常到皇帝的皇宫后院，当然是与皇帝的母亲去谈情叙旧的了。何况所谓逆谋，也不过是多尔衮想自作皇帝，而令顺治做儿子而已。然则多尔衮当年之所以愿意支持福临继位为帝，想必即是以此为交易条件的了。这居间交易的媒介人物是谁？除却其，亦无更适当的人选。此所以说，福临之所以能继位为君，他的母亲大有关系也。

在多尔衮做摄政王的七年间，顺治帝与多尔衮之间的感情想必并不很差。这也可以从两件事实看得出来。第一是顺治帝在多尔衮死后还曾下诏追尊他为皇帝，第二是他虽知多尔衮常常出入皇宫后院而并不以为不当。至于多尔衮之所以在死后遭受清算，亦是他的政敌郑亲王济尔哈朗所搞的把戏，顺治皇帝只不过为济尔哈朗等人所利用而已。多尔衮既死，顺治帝名为亲政，而年方十四，未能理事，国家大事，仍由济尔哈朗等人操纵。直到顺治十二年五月，济尔哈朗亦死，顺治帝亦已有十八岁了，这才能真正地行使起他的皇帝权威来。但自此而至顺治十八年正月因天花丧命，其时间亦止五年八个月而已。

十几二十岁的少年皇帝，除了上朝听政及批阅章奏之外，总还有他的私生活。他的私生活情形如何？综合史书上的记载，可以归纳出如下各点：

第一，是他的后宫妃嫔甚多。据《清史稿·后妃传》所载，顺治帝先后立皇后二人：一废后博尔济吉特氏，一孝惠皇后博尔济吉特氏。有名号之妃四：一淑妃博尔济吉特氏，孝惠皇后之妹，无出；一恭妃博尔济吉特氏，一端妃博尔济吉特氏，亦均无出；一贵妃董鄂氏，生皇四子荣亲王，百日而殇。无名号之庶妃十：一巴氏，生皇长子牛钮；一亦姓董鄂氏，生皇二子福全；一佟氏，生皇三子玄烨，即康熙帝；一陈氏，生皇五子常宁；一唐氏，生皇六子奇授；一钮氏，生皇七子隆禧；一穆克图氏，生皇八子承干；一杨氏，一乌苏氏，一纳喇氏，各生一女。其他无子女之庶妃及嫔，因无记载，不详。

第二，是他性好享乐，且费用无节。这可以举出他之信任太监及为董贵妃治丧二事为证。

明朝的太监，最擅长引诱皇帝做坏事，借此争取皇帝对他们的宠信，便利他们的营私舞弊，玩法作奸。明朝太监引诱皇帝做坏事的方式甚多，对付年青的皇帝与太子，则教导他们从事槃游逸乐，为他们寻访美色，进献丹方媚药，进奉珍奇玩物等，其目的总在惑乱其心志，使其躭于声色犬马的享受，然后方能视太监为忠贞的心腹而唯太监之言是听。如果皇帝逐渐上了年纪，则又引导他们崇道信佛，以希冀长生不老，其最后目的亦在希宠揽权。明朝历史上曾有三个皇帝为春药所害而致戕生：仁宗、穆宗、光宗；有两个皇帝成为第一号大纨袴：武宗、熹宗；有两个皇帝佞佛信道：宪宗、世宗；有一个皇帝专抽鸦片烟：神宗。这些彰明较著的实例，足以说明太监在宫廷中的主要活动是什么。按，太监祸国，自汉唐以来即然。后世皇帝，明知太监多是祸国殃民的小人，而仍然要对太监们宠信有加，即是因为太监们自有他们那一套笼络皇帝的办法。唐代恶迹昭彰的太监仇士良，在告老退休时曾对他的太监同事辈说过如下一番告诫的话：

> 诸君善事天子，能听老夫语乎？天子不可令闲暇，暇则必观书，见儒臣则又纳谏，智深虑远，减玩好，省游幸，吾属恩且薄而权轻矣。为诸君计，莫若殖货财，盛鹰马，日以球猎声色蛊其心，极侈靡。使悦不知息，则少近经术，谙外事，则万机在我，恩泽权力，欲焉往哉？

这段话最足以说明太监们蛊惑皇帝的伎俩与目的，正所谓是契合人性的弱点，投其所好，使其不知不觉中入我之牢笼，受我之提挈也。此一太监们所祖传的心法，在明朝历史上表现得极为出色，贤如崇祯皇帝，还不是视太监为心腹，虽为太监误尽大事而不自知。明朝末年，宫中的太监多至数万，靡费国家的钱粮无算。多尔衮领兵入关，驱逐流寇，与民更始，革除明朝的弊政甚多，其中之一项，便是废除明朝的内监衙门，及将这些蠹国害民的太监们大事清理，除酌留一千余名朴实忠诚者供使令外，其余尽数逐出不用。

一时宫禁清闲，号为清初的开明措施之一。但自多尔衮死后不久，顺治帝就降旨复设内监十三衙门，仍旧复用太监，其规模制度，略仿明朝之旧制。在十三衙门之中，为首者乃司礼监。司礼监在明朝号为内相，有掌印与秉笔等名目，掌印太监等于内阁大学士的首辅，秉笔太监之中，则有兼掌东厂者，乃皇帝的特务头目，其权势尤重。这些太监在明朝时代作威作福，为祸国家民生太大，因此多尔衮才痛加铲除，使全国上下，耳目为之一新。现在顺治帝甫经亲政，这些太监们居然就能说动皇帝，重新恢复内监衙门，骎骎响用，不但可见太监们之神通广大，亦可见顺治帝之见识浅短与易受群小包围。顺治帝之信用太监，当然是受了太监们的蛊惑。但史书于此并无记载可稽，可资查考的，只有当时在中国传教的汤若望回忆录。

明清之际来华传教的天主教士汤若望，于顺治年间曾经担任清政府的钦天监监正之官，加秩至二品，甚得皇帝之信任。德国人魏特后来曾为汤若望作传，传中引述汤若望自撰的《备忘录》，说到顺治帝之为人，不但迷信鬼神，而且把很多重要事务都委托给太监去办，他自己本人则耽于淫乐，肉欲极为旺盛。为了了解有关这些方面的实际情形起见，《汤若望传》中的若干文字，应该加以转引。

魏特著《汤若望传》第九章第六节：

> 一六五八年，皇帝遭遇一酷烈打击。第三位皇后所生之子，原定为皇位继承者的，于产生后不久，即行薨逝。……顺治自这个时期起，愈久愈陷入太监的影响中。这一种下贱人民，当在朝代更替时期，俱都被驱逐出宫，成千成百地到处漂泊。然而这时却渐渐又被一批一批收入宫中，照旧供职。这样被收入宫中而又重新扎根筑巢的太监们，竟有数千名之多。这一些人们，使那些喇嘛僧徒复行恢复他们旧日的权势。还要

恶劣的，是他们诱引性欲本来就很强烈的皇帝，过一种放纵淫逸的生活。

太监如何引诱顺治帝走向放纵逸乐的生活，在这里有了极明白的证据；而内十三衙门之复设，则正是这一趋向的具体指标。由于顺治帝的性欲强而好女色，又有这些逢君为恶的太监们从旁引拨提调，于是，就有了董鄂妃。

董鄂妃，有传说其为董小宛。前引《清朝野史大观》“世祖入五台山之原因”一条中曾说，董鄂妃即冒辟疆之姬人董小宛，弘光末被掠至京师，入宫后赐姓董鄂氏，旋册立为贵妃。按，董鄂妃在《清史稿·后妃传》中有传，作栋鄂氏，乃内大臣鄂硕之女，正白旗满洲人。年十八入宫，宠冠后宫。顺治十三年八月，立为贤妃。十二月，进皇贵妃。《汤若望传》中所说的“第三位皇后”，即董鄂妃，因为她在顺治十七年八月身死之后曾追晋皇后，事实上成为顺治的第三位皇后之故。据清史，董鄂妃为满洲正白旗人内大臣鄂硕之女，理应与董小宛无涉，然而《清朝野史大观》却偏要指称，此董鄂之姓，乃是出于顺治帝所赐，目的在掩人耳目，真是无可奈何之事。孟森撰《董小宛考》，于此考证甚详。如谓此仍不足信，则《汤若望传》中亦曾记有董鄂妃的来历，引证于后，一方面既可破董小宛说者之惑，一方面更可解吴梅村诗中之谜。

魏著《汤若望传》第九章第六节：

顺治皇帝对于一位满籍军人之夫人，起了一种火热爱恋。当这一位军人因此申斥他的夫人时，他竟被对于他这申斥有所闻知的天子，亲手打了一个极怪异的耳掴。这位军人于是乃因怨愤致死，或许竟是自杀而死。皇帝遂将这位军人的未亡人收入宫中，封为贵妃。这位贵妃于一六六〇年产生一子，是皇帝要规定他为将来的皇太子的。但是数星期之后，这位皇子竟而去世，而其母于其后不久亦然薨逝。皇帝陡为哀痛所攻，竟致寻死觅活，不顾一切。人们不得不昼夜看守着他，使他不得自杀。太监与宫中女官一共三十名，悉行赐死，免得皇妃在其他世界中缺乏服侍者。全国均须服丧，官吏一月，百姓三日。为殡葬的事务，曾耗费极巨量的国帑。两座装饰得辉煌的宫殿，专供自远地僻壤所召来的僧徒作馆舍。按照满洲的习俗，皇妃的尸体连同棺椁，并那两座宫殿，连同其中珍贵陈设，俱都被焚烧。

据《清史稿·后妃传》，董鄂妃曾被封为皇贵妃。终顺治之世。曾被册封为皇贵妃的，只此一人。又董鄂妃死于顺治十七年，即公元之1660年。因董鄂妃之死，顺治帝哀毁逾恒，由各种记载中均可见之。因此可知，《汤若望传》中写的“这位贵妃”，即董鄂妃。董鄂妃曾诞一子，即皇四子，生百日而薨，顺治帝特封之为荣亲王。及董鄂妃死，顺治帝自撰行状述及此事，云：“后于丁酉年生荣亲王，未几王薨，后意岂必已生者为天子始慊心乎，是以绝不萦念。”此与《汤若望传》中所说，贵妃所生之子规定将要立为皇太子之说，尤不谋而合。又，顺治帝崩逝以后所颁示的罪己遗诏，其中有一款说：“端敬皇后于皇太后克尽孝道，辅佐朕躬，内政聿修。朕仰奉慈纶，追念贤淑，丧祭典礼，过从优厚，不能以礼止情，诸事逾滥不经，是朕之罪一也。”

端敬皇后，即董鄂妃死后追晋皇后所上的谥号。遗诏文字，已是经过修饰而甚为含蓄隐讳的了。其中居然还有“丧祭典礼，过从优厚”及“诸事逾滥不经”之类的话，可见顺治帝因董鄂妃之死靡费逾恒之程度。而《汤若望传》中所说的话，由此也就可以证明其正确。由《汤若望传》中所知，这位董鄂妃原来是一位满洲军人之妻，因被顺治帝看中，又借事逼死其夫然后纳入后宫的，然则她之不是董小宛，事实也就更加明显了。前此曾经有人怀疑，

《汤若望传》中提到的这位满洲军人，可能即是皇帝之弟襄亲王博穆博果尔。因为襄亲王与顺治帝份属兄弟，其妻子有机会可以晋见皇帝，若是普通的军官，则关系疏远，皇帝没有机会可以看见他的眷属之故。而且博穆博果尔死于顺治十三年之七月初三日，得年十六，越二十七日服满，董鄂妃即于是年之八月册为贤妃，在时间上亦甚为吻合。

吴梅村集中有《七夕即事诗》四首，云：

羽扇西王母，云軿薛夜来。针神天上落，槎客日边回。鹊渚星桥迥，羊车水殿开。只今汉武帝，新起集灵台。

今夜天孙锦，重将聘洛神。黄金装钿合，宝马立文茵。刻石昆明水，停梭结绮春。沉香亭畔语，不数戚夫人。

仙酝陈瓜果，天衣曝绮罗。高台吹玉笛，复道入银河。曼倩诙谐笑，延年宛转歌。江南新乐府，齐唱夜如何。

花萼高楼迥，岐王共辇游。淮南丹未熟，缑岭树先秋。诏罢骊山宴，恩深汉绪愁。伤心长枕被，无意候牵牛。

此诗的通篇旨意，皆在叙述顺治十三年七月董鄂妃初承恩宠，适逢顺治帝有丧弟之痛，故即事赋诗，以志其事。其时梅村方在京中，而世祖弟襄亲王博穆博果尔适于七月初三日薨逝，董鄂妃本拟于七月初七日行册封礼，因逢亲王之丧暂停，遂延至八月，梅村亲见其事，故所叙如此，诗意甚明。由梅村此诗，可知董鄂妃非博穆博果尔之妻。由诗中可见，博穆博果尔与顺治帝之感情颇笃，顺治帝既不致有强夺弟妇之行，董鄂妃之入宫亦在博死之前也。昔程穆衡笺吴梅村《清凉山赞佛》诗，以为诗中所说的“可怜千里草，萎落无颜色”，与“王母携双成，绿盖云中来”，俱用董字典故，所咏者均为董小宛之事。观此处所引《七夕即事》诗四首，可以知其误矣。千里草与双成，固然用的是董字典故，然而此董妃，仍是董鄂妃而非董小宛，笺梅村诗者固不可颠倒黑白，以意为之意也。

董鄂妃虽然并不是董小宛，然而因董鄂妃之死，而致顺治帝在哀痛之余，立志要做和尚，则又颇与传说所谓顺治帝因董小宛之死而至五台山披剃为僧之说，极为相似。可见传说之来，固自有其原因，非尽空穴来风也。出家之说，正史中当然讳莫如深，但《汤若望传》中亦曾提到这位顺治皇帝曾经剃去头发，不过后来未曾真的当了和尚而已。参以其他有关方面的记述，亦可相信其说不误。

关于这方面的资料，来自佛教方面的一些记载，有《续指月录》、《五灯全书》及《北游集》等。

《北游集》六卷，弘觉忞禅师撰。忞字木陈，四明天童寺和尚，后人称之为木陈忞。木陈之来京师，由憨璞聪禅师之引进，时在顺治十六年之九月。而憨璞之入京，则在顺治十三年之为北京海会寺住持。木陈忞撰《重修海会寺记》云："海会寺创于嘉靖乙未，至顺治丙申，岁久寺颓。都人士谋欲鼎新，乃请今憨璞聪公住持是刹，禅众川趋，宗风大盛。丁酉，上狩南苑，因幸寺，廷见聪，复召入禁庭，问佛法大意，奏对称旨，赐明觉师号。日晚，上谓忞曰：朕初虽尊崇象教，而未知有宗门耆旧。知有宗门耆旧，则自憨璞始。憨璞固大有造于祖庭者也。"丙申即顺治十三年，丁酉则十四年。由于憨璞聪之引荐，玉林琇首先由明州被召来京。至顺治十六年，玉林还山，转荐木陈忞，而玉林琇之弟子茚溪森仍留京师。至十七年五月，木陈出京，玉林再来。故自顺治十四年至十八年，憨璞聪、玉林琇、木陈忞、茚溪森等一班和尚常在皇帝之左右，乘机为皇帝讲解佛法，故而顺治帝的思想行为亦颇受这些和尚们的影响。

据憨璞聪所撰语录中的记载，顺治十四年十月初四日，憨璞召对万善殿，顺治帝问及，从古人君治天下，皆以祖祖相传，日对万机，不得闲暇。如今好学佛法，从谁而传？憨璞对曰："皇上即是金轮王转世，夙植大善根，大智慧，天然种性，故信佛法，不化而自善，不学而自明，所以天下至尊也。"其说甚谀，故甚为皇帝所喜。木陈忞的《北游集》中则说，顺治帝一日语木陈曰："朕再与人同睡不得。凡临睡时，一切诸人俱命他出去，方睡得着。若闻有一些声息，则通夕为之不寐矣。"木陈即曰："皇上夙世为僧，盖习气不忘耳。"顺治帝曰："朕想前身的确是僧，今每常到寺，见僧家明窗净几，辄低徊不能去。"又说："财宝妻孥，人生最贪恋摆扑不下底。朕于财宝固然不在意中，即妻孥觉亦风云聚散，没甚关情。若非皇太后罣念，便可随老和尚出家去。"木陈曰："剃发披衣，乃声闻缘觉羊鹿等机，大乘菩萨要且不然。或示作天王人王神王及诸宰辅，保持国土，护卫生民，不厌拖泥带水，行诸大悲大愿之行。如只图清净无为，自私自利，任他尘劫修行，也到不得诸佛田地。即今皇上不现身帝王，则此番召请耆年，光扬法化，谁行此事？故出家修行，愿我皇万勿萌此念头。"顺治帝聆此，极以为然。由此两段记载，可知憨璞与木陈以大乘菩萨现身帝王救世之说向顺治帝解说，一方面既为顺治帝解决了以皇帝而有厌世之想的矛盾困扰，一方面仍可借顺治帝之力达到弘扬佛法之目的，兼筹并顾，高明之至。反过来看，汤若望自顺治帝亲政之年，即因大学士范文程之介绍，开始接近顺治帝。自此而至顺治帝十四年，汤若望积多年之努力，希望能使顺治帝皈依天主，卒未能成功，其原因未始不是由于他不能了解顺治的心理矛盾之故。而自顺治十四年憨璞聪开始接近皇帝，由此而更引进了玉林琇、木陈忞等一班"有道"的高僧，以各种方式迎合顺治帝的意向之后，到了最后，终于使顺治帝完全倾向了佛教。

顺治帝之信佛，后来真正的剃光了头发。不过这是后话，此时暂且不提。需要在这里先提出一说的，是顺治帝的健康问题。

《北游集》载，顺治帝一日对木陈说："老和尚许朕三十岁来为祝寿，庶或可待；报恩和尚来祝四十，朕决候他不得矣。"木陈说："皇上当万有千岁，何出此言？"于是顺治帝自己弹着他的面颊，对木陈说："老和尚相朕面孔略好看，"旋以手揣怀，说："此骨已瘦如柴，似此病躯，如何挨得长久？"木陈曰："皇上劳心太甚，幸拨置诸缘，以早睡安神为妙。"顺治帝说："朕若早睡，则终宵反侧，愈觉不安。必谯楼四鼓，倦极而眠，始得安枕耳。"

在这段对话中，顺治帝一则说他的身躯骨瘦如柴，一则说他不能早睡，必谯楼四鼓，倦极而后得眠，以与前述不能与人同睡，"若闻有一些声息，则通夕为之不寐"的情形相参看，似乎顺治帝在此时已因疲惫瘦瘠而致神经衰弱，患有失眠之症。由汤若望所说顺治帝色欲极盛的情形推测，其疲惫瘦瘠及神经衰弱，或系由于纵欲之故。在这种情形之下，其身体必定甚为虚弱，甚或因虚火上升而性情暴躁。《北游集》中曾说，顺治帝的"龙性难撄，不时鞭朴左右。"《汤若望传》中亦说，顺治帝的性情极为火烈急暴。顺治十六年七月郑成功攻围南京，消息传来，顺治帝完全失去其镇静的态度，声言要御驾亲征。皇太后加以叱责，他竟狂怒地拔出宝剑，把御座一剑劈成碎块。满朝的王公大臣，无人敢向皇帝进谏。幸赖汤若望之恳切奏陈，方始改变其决心。将这些记录参互起来看，当可对顺治帝此时的健康及心理状态，得到较多的了解。木陈忞在京，自顺治十六年九月至十七年五月，前后不过八月。木陈所记述的顺治帝种种情形，其时间亦只在此八个月之内。其时顺治帝不过只有二十三岁而已。二十三岁的少年皇帝，竟然自言其最大寿限不过三十，亦可以想见其健康恶劣情况之一斑了。

董鄂妃之死，时在顺治十七年之八月十九日。距木陈忞之去京，已有三月。既然木陈忞在京之时顺治帝的身体就已极为虚弱疲惫，经此打击，自然更加无法承受。顺治帝之决心要出家当和尚，原因或即在此。

据《续指月录・玉林琇传》所说，“玉林到京，闻森首座为上净发，即命众聚薪烧森。上闻，遂许蓄发乃止。”森首座即茆溪森，乃是玉林琇的徒弟，在玉林琇初次南还之后即来京驻锡。由这一条记载，可知顺治帝当时确曾剃发想当和尚，为之净发的则是茆溪森，其时间当在顺治十七年之十月，因为玉林琇在这月的十五日就到了北京之故。又，《玉林语录》载，“十月十五日到皇城内苑万善殿，世祖就见丈室，相视而笑。”此“相视而笑”四字，大可寻味。因为顺治帝此时亦成了光头，互看秃顶，故而不禁相向莞尔也。但顺治帝虽因茆溪森作主之故而剃光了头发，经过了玉林琇的一番劝说，却又答应蓄发，亦颇滑稽。玉林的说辞，大致与憨璞及木陈的话相似。顺治帝对玉林说：“朕思上古，惟释迦如来舍王官而成正觉，达摩亦舍国位而为禅祖，朕欲效之，何如?”玉林说：“若以世法论，皇上宜永居正位，上以安圣母之心，下以乐万民之业。若以出世法论，皇上宜永作国王帝主，外以护持诸佛正法之轮，内住一切大权菩萨智所住处。”这一番话使顺治帝感到欣然，以为即使不做和尚修行，仍可护持佛法，立大功德。于是愿意放弃为僧之想。但即使如此，仍是命令为他所宠信的太监吴良辅，代他披剃为僧，以了结他的此一心愿。

吴良辅代替顺治帝披剃为僧，事见上海张宸所撰之《顺治皇帝宾天记事》。云：

> 先是，正月初二日，上幸悯忠寺，观内珰吴良辅祝发。

此吴良辅，在顺治朝颇有名气。《国朝宫史》载顺治十五年三月世祖谕吏部云：

> 内监吴良辅等，交通内外官员，作弊纳贿，罪证显著，研审情真。有王之纲王秉乾交结通贿，请托营私，良辅等已经供出，即行逮问。其余行贿钻营，有见获名帖书柬者，有馈送金银币帛者，若俱按迹穷究，株连甚众，姑从宽免。如此情弊，朕已洞悉，勿自谓奸弊隐密，窃幸朕不及知。嗣后务须痛改前非，各供厥职，凡交通请托行贿营求等弊，尽皆断绝。如再蹈前辙，作奸犯法者，必从重治罪。

吴良辅在顺治十五年时所犯之罪，乃以太监而交通内外官员，嘱托营求，贿赂钻营，其所作为，皆是明朝末年时一般太监所惯行的作奸犯科行当。顺治帝上谕一则曰研审情真，再则曰从重治罪，似乎已将吴良辅依法处置的了。然而顺治十八的正月初二日在悯忠寺祝发的，居然仍是此吴良辅，那么，当年之所谓研审情真也者，不过至此为止而已，固未尝依律科断也。吴良辅在作奸败露以后竟然仍能安然无事，足见他在顺治帝面前甚得宠信。至于他为什么要在悯忠寺祝发？则在当时，本有所谓“替身”之说。如皇帝欲舍身事佛而格于事实不能真正做到，则可觅一替身。吴良辅此时之作为，殆即为顺治帝作替身，代替皇帝出家作和尚。若非如此，则太监出家亦非军国大事，何用皇帝亲往临视呢？太监以逢迎谄媚之术结主，其法甚多，此亦其一。顺治帝宾天之后，继位的康熙帝在即位之后，即降诏废除内监十三衙门，并将吴良辅处斩，可见此吴良辅实为顺治帝所最为宠信的太监头目，不但深得顺治帝之心，亦最善于谄谀逢迎，以各种方式先意承旨，逢君之恶。吴良辅祝发而顺治帝亲往临视，这件事可以反映两点事实。第一，是顺治帝出家做和尚的想法，大概到了以吴良辅作替身为止，以后不再有更进一步的发展。第二，是直到顺治十八年正月初二日为止，顺治帝的健康状况尚称良好。其患症暴崩，止是初二日以后几天内的事。关于这一点，参之以当时的其他记载，亦正如此。

《玉林国师年谱》中说："顺治十八年正月初三，中使马公二次奉旨至万善殿云：圣躬少安。师集众展礼御赐金字楞严经，绕持大士名一千，为上保安。初四，李近侍言：圣躬不安之甚。初七亥刻，驾崩。"又，康熙帝即位前受世祖遗命的翰林学士王熙年谱云："辛丑，三十四岁。元旦，因不行庆贺礼，黎明入内，恭请圣安，召入养心殿，赐坐赐茶而退。翌日，入内请安，晚始出。初三日，召入养心殿，上坐御榻，命至榻前，讲论移时。初六日三鼓，奉召入养心殿，谕：'朕患痘势将不起，尔可详听朕言，速撰诏书，即就榻前书写。'恭聆天语，五内崩摧，泪不能止，奏对不成语。蒙谕：'朕平日待尔如何优渥？训尔如何详切？今事已至此，皆有定数。君臣遇合，缘尽则离，尔不必如此悲痛。此何时，尚可迁延从事，致误大事？'随勉强拭泪吞声，就御榻前书就诏书首段。随奏明恐过劳圣体，容臣奉过面谕，详细拟就进呈。遂出至乾清门下西围屏内撰拟。凡三次进览，三蒙钦定，日入时始完。至夜，圣驾宾天，泣血哀恸。"

由王熙的年谱看，顺治十八年正月初一，皇帝连例有的元旦接受群臣朝贺之礼亦未举行，可见此时顺治帝的身体已稍有不适，唯并不严重，故初二日尚能至悯忠寺观太监吴良辅祝发，此举或者亦寓有希望借此脱却病愆之意。至初三日，王熙奉召至养心殿，皇帝尚能与他讲论政事，亦可见顺治帝的病势尚未恶化。此或是痘症的初期，身体有热度而体内正在酝酿变化。所以有太监至玉林和尚处传信二次，由一班和尚为之诵经保安。至初四日王熙未蒙召见，玉林和尚所得太监李姓者传告，皇帝已甚为不安。此后的记载，王熙年谱中止有初六日奉召入宫应谕草拟遗诏，外间情形若何，俱未详记，尚不如张宸所撰的《顺治皇帝宾天记事》一文较为详瞻。摘引一段如下：

初四日，九卿大臣问安，始知上不豫。初五日，又问安，见宫殿各门所悬门神对联尽去。一中贵向各大臣耳语，甚怆惶。初七日晚，释刑狱，传谕民间毋炒豆，毋燃灯，毋泼水，始知上疾为出痘。

顺治帝于十八年正月初七日死于痘症，《清史稿·世祖本纪》及《清世祖实录》等书中原未说明其致死之病由。更因其由得病而至暴崩，前后不过数日，因此野史传言，顺治帝实未病死，而是到五台山出家做了和尚。由张宸及王熙的记事看来，顺治帝之死，实由于痘症，故时间上如此短促。但尽管有如此明显的证据，足以证明顺治帝确实因痘症而死，而人们惑于野史所说，总对顺治帝之死，持疑信参半的态度。因此，我们还得另外多找一些证据，来加强这一方面的征信力量。

魏特著《汤若望传》第九章第六节，曾提到顺治帝所患的病，说：

如同一切满洲人一般，顺治对于痘症有一种极大的恐惧，因为这在成人差不多也总是要丧命的。在宫中特为奉祀痘神娘娘，是另设有庙坛的。或许是因他对于这种病症的恐惧，竟使他真正传染上了这种病症。

在这个消息传出宫外之后，汤若望立即亲赴宫中，流着眼泪，请求容许他觐见万岁。人们把这件事情禀报给卧病的皇上，皇上答覆："汤若望底忠诚很使他感动，如果他觉得身体好一些时，他一定要召玛法进宫的。"汤若望又请内臣转奏皇帝，陛下灵魂底永久福乐，现在已到了很危急而令他不得不着急操心的地步。他至少愿意请皇上，把他亲自所带来的文件阅读一遍。文件上说的是，人类死后的情形，与天国的永生。皇帝深深地感叹，当他读了这文件时，他说：他也知道汤若望是真爱护关心他的，但是因为他许多的罪恶，他觉得他是没有见上帝的资格了。如果他再恢复康健时，他一定要信奉汤若望底宗教，可是现在他的病症是不容许他做这件事情的。

这两段文字也说明了致顺治帝死于的病症是出痘，与中国的记载相合。如果说，这段话的引证力量还不够充分，则《汤若望传》中还有如下的一段文字在：

一位继位的皇子尚未诏封，皇太后立促皇帝做这一件事体。皇帝想到了一位从兄弟，但是皇太后和亲王们的见解，都愿意皇帝由皇子中选择一位继位者。皇帝使人问汤若望的意见。汤若望完全立于皇太后的一方面，而认被皇太后所选择的一位太子为最合适的继承者。这样，皇帝最后受到汤若望底劝促，舍去一位年龄较长的皇子，而封一位庶出的，还不到七岁的皇子，为帝位之继承者。当时为促成这一个决断所提出的理由，是因为这位年龄较幼的太子，在髫龄时已经出过天花，不会再受到这种病症的伤害，而那位年龄较长的皇子，尚未曾出过天花，时时都得小心着这种可怖的病症。

这里所说的“庶出”而年龄尚不到七岁的皇子，就是顺治帝的第三子玄烨，庶妃佟氏出；在他之上，皇长子早殇，皇二子福全则健在，宁妃董鄂氏出。若是继承皇位之人必要在顺治帝诸子中挑选，则无论立嫡立长或子以母贵，这继承的资格都落不到玄烨头上。而之所以终于要选择玄烨，根据这一段记载，原来其缘故在于玄烨曾经出过天花之故。惊弓之鸟的畏怯之情，至此表露无遗。由此更足以佐证，顺治之死，确实由于痘症。

痘症即是天花，在从前不曾发明以接种牛痘之法预防以前，每年因天花而致死的儿童，为数甚多。但天花亦并非必死之症，死与不死，与患者的抵抗力大有关系。中国旧时所用的药物，不过疏导内部积热以减轻发热程度，尽量减少其为害能力而已。顺治帝患痘，所曾服用的药物，当然也只是这类传统的药物。其所以终于不治，则完全与他的体质强弱有关。

由《汤若望传》中的叙述可以知道，顺治帝颇曾放纵肉欲。只此一点，便足以消耗他的体能，使他的身体日趋疲惫衰弱。而除此以外，另外尚有一些附带的因素，亦值得注意。此即顺治之躭于文事，不甚乐于体能运动者是。

《北游集》卷三《奏对别记》中，有如下一段记载：

> 上一日同师坐次，侍臣抱书一束，约十余本，置上前。上因语师曰："此朕读过底书，请老和尚看看。"师细简一篇，皆左、史、庄、骚、先秦两汉、唐宋八大家，以及元明撰著，无不毕备。上曰："朕极不幸，五岁时先太宗皇帝即已晏驾，皇太后生朕一人，又极娇养，无人教训，坐此失学。年至十四，九王薨，方始亲政。阅诸臣章奏，茫然不解，由是发愤读书。每晨牌至午，理军国大事外，即读书至晚。然顽心尚在，多不能记。逮五更起读，天宇空明，始能背诵。计前后诸书，读了九年，曾经呕血。从老和尚来后，始不苦读，今唯广览而已。"

木陈忞至京，已是顺治十六年九月间的事，其时顺治帝年已二十二岁。而由《北游集》中的这一段记载看来，他在十四岁以前尚是娇生惯养，不知学问为何事。至十四岁以后，由于自知不学而发愤读书，子史文集等书，涉猎甚广，虽学问大进，身体却日渐羸弱，中间且曾呕血。这充分可以看出，他虽是初入中原的第一个满洲皇帝，他的身体，却像是文弱的汉人，完全缺乏满洲骑士那种勇猛强悍的气概。不仅如此，由《北游集》的其他各处记载中看来，顺治帝对汉文化的了解程度，似乎并不逊于当时的一般读书人。摘引数段如下。

上一日与师广谭古今词赋，谓："词如楚骚，赋如司马相如，皆所谓开天辟地之文。至若宋臣苏轼前后《赤壁赋》，则又独出机杼，别成一调，尤为精妙。老和尚看者这两篇，前后孰优?"师曰："非前篇之神游道妙，无由知后篇之寓意深长，前赋即后赋，难置优劣也。"上曰："老和尚论得极当。"乃通诵前赋一遍，问师曰："念得不错么?"师曰："不错。"上复言晋朝无文字，唯陶《归去来辞》独佳，亦为师诵之。又诵离骚，至中间觉龃龉，乃曰："久不经意，忘前失后矣。"

上一日问师，"先老和尚与雪峤大师书法孰优?"师曰："先师学力既到，天分不如，雪大师天资极高，学力稍欠。故雪师少结构，先师乏生动，互有短长也。先师常语忞曰：老僧半生务作，运个生硬手腕，东涂西抹，有甚好字，亏我胆大耳。"上曰："此正先老和尚之所以善书也，挥毫时若不胆大，则心手不能相忘，到底欠于圆活。"上复问："老和尚楷书曾学什么帖来?"师曰："道忞初学黄庭不就，继学遗教经，后来又临夫子庙堂碑，一向由不能专心致志，故无成字在胸，往往落笔即点画未牢也。"上曰；"朕亦临此二帖，怎么到得老和尚田地?"师曰："皇上天纵之圣，自然不学而能，第忞辈未获睹龙蛇势耳。"上曰："老和尚处有大笔与纸么?"乃命侍臣研墨，即席濡毫，擘窠书一敬字。复起立，连书数幅，持一示师曰："此幅何如?"师曰："此幅最佳，乞赐道忞。"上连道不堪。师就上手撤得，曰："恭谢天恩。"

上一日持一韵本示师曰："此词曲家所用之韵，与沈约诗韵大不相同。"又言："西厢亦有南北调之分，老和尚可曾看过么?"师曰："少年曾缮阅，至于南北西厢，忞实未辨也。"上曰："老和尚看此词何如?"师曰："风情韵致，皆从男女居室上体贴出来，非诸词所逮也。"师乃问上："红拂记曾经御览否？"上曰："红拂词妙，而道白不佳。"师曰："何如？"上曰："不合用四六词，反觉头巾气，使人听之，生趣索然。"师曰："敬服圣论。"上曰："苏州有个金若采，老和尚可知其人么？"师曰："闻有个金圣叹，未知是否？"上曰："正是其人。他曾批评西厢、水浒传，议论尽有遐思，未免太生穿凿，想是才高而见僻者。"师曰："与明朝李贽同一派头耳。"

上面所引的几段记载，第一段是顺治帝与木陈忞谈论词赋散文，于各种文字之妙处尽有见地，尤能背诵《赤壁赋》与《归去来辞》，具见其平时陶冶修养之一斑。第二段记二人谈论书法，继乃即席挥毫，逸兴遄飞，可见顺治帝对书法亦极有素养。至于第三段所谈，由音韵而及词曲小说，历举《西厢》、《红拂》、《水浒》各书，可见顺治帝在文学方面的涉猎亦甚广。以一个深居九重的满人皇帝，除了经史子集以外，居然还能看到如此众多的杂书，其中金圣叹所批《西厢》更是顺治时的新刊本，可见这些书籍的来源必定是出于太监们的进奉。这位寖馈汉文化已深的满洲皇帝，读正经书已是累坏了身体，至此更有这许多词曲小说之类的杂书供他去消磨，久而久之，势必要更像一个文质彬彬的文弱书生。然则他之经不起痘症的侵袭，不能借自身的抵抗能力战胜疫菌，亦正是很自然的道理了。

假如顺治帝不是顺治十八年因痘症暴崩，则以他生前之纵情声色、宠信太监及倾向于汉文化的各种事实表现看来，满洲皇朝在入关之后不久，就会逐渐走上明朝的政治道路，奢侈腐化，文弱无能。又假如顺治帝不是因痘症而死，八岁的玄烨就不会因曾经出过天花的有利条件，以一个庶出之子而登上皇帝宝座。玄烨不能继位，就不会有后来的康熙帝。康熙帝是中国历史上罕见的圣主明君，有他的聪明仁恕，勤政爱民，方能使清政权在他的手中奠定强固基础，开创此后二百数十年的恢宏局面。由此说来，顺治帝之因出痘而死，在他本人诚为不幸，在清皇朝而言，则正是叨天之大幸。小说与戏剧过分描写他的仁厚纯情，不但无此必要，而且也是很失败的。

施肩吾到过澎湖吗

上月间，台北“中央”图书馆举办了一次“中华儿童丛书”展览，极得舆论好评。展出期间，参观者极为踊跃。笔者躬逢其盛，也抱着瞻仰的心理去参观了一番，顺便为小儿女们买回一些可爱的读物。书买回来，少不得要为孩子们讲解其中的内容。如此一来，便使笔者意外地发现了一个问题。

“中华儿童丛书”中有一本名为《台湾历史上的名人》，所写的乃是台湾历史上最有名的一些人物。此书的第三节，“隐居澎湖的进士”，写唐代进士施肩吾举家隐居于澎湖事，原文如下：

施肩吾是山西汾水地方的人。他虽然在唐宪宗元和年间考中了进士，却对做官没有兴趣。平时他就在家里种种田，作作诗。当时有一位很有名的大诗人白居易，很赏识他，曾在皇帝面前推荐他，说他学问好，人格又清高，可以让他出来做官。唐宪宗听了白居易的话，一连两次下令召见他。施肩吾不但不应召，反而带着全家大小，搬到洪州（原注：现在的江西省南昌市）的西山隐居起来，过着神仙一般的清闲生活。后来不知怎么的，施肩吾竟然一搬搬到台湾的外岛澎湖来。

在当时，澎湖这个地方住着一些还没有完全开化的土人。他们身体被太阳晒得黑黑的，白天不是到海上捕鱼，就是潜进海底采珍珠。施进士带着一家人到了澎湖，才算把这里开辟起来。因为当时海上的交通还不发达，从澎湖往来内地十分不方便。所以施肩吾在澎湖开辟的情形究竟怎样，没有详细的记录可查，我们现在已经没有办法弄得十分清楚。我们所知道的，只是施肩吾留下了一首“题澎湖屿”的诗，描写当时澎湖住民的生活情形。写的是：“腥臊海边多鬼市，岛夷居处无乡里。黑皮少年学采珠，手把生犀照盐水。”照这四句诗所写的情景来看，在八九百年前，唐宪宗皇帝在位的时候，施肩吾是第一个从大陆到潮湖来的人。此外，住在岛上的都是一些土人，三三五五的分散在各地，捉鱼和采珠。他们也常常海边，拿海里的产品，和往来本地的客人交换一点货物。因为成年的土人都过着入海捕鱼的生活，所以那些皮肤黧黑的少年人，也都拿了灯火，在海边学着做采珠的工作。至于诗里所提到“生犀”，指的是犀牛角。据古老的传说，点着犀牛角进入水里，可以看清楚海里的怪物。

由上文的叙述，可知《台湾历史上的名人》一书的作者，是以唐朝的施肩吾为“第一个从大陆到澎湖”来从事开辟工作的伟大人物。以上所述，关系到原作者对历史事件的解释，与读者对接受此一解释以后对台湾历史的认识与了解。尤其是此一丛书普遍印发于全台湾各地的国民小学，其影响更极为深远。因此，笔者愿就管见所及，提出一谈。

《台湾历史上的名人》一书所以对施肩吾有如上的叙述，大概是受了连雅堂先生所撰《台湾通史》一书的影响。按，连著《台湾通史》卷一“开辟记”云：“及唐中叶，施肩吾始率其族，迁居澎湖。肩吾汾水人，元和中举进士，隐居不仕，有诗行世。其题澎湖一诗，鬼市盐水，足写当时之景象。”连雅堂说施肩吾在唐代中叶举族迁来澎湖，其说不知何据。虽然康熙时所修的《台湾府志》就将前面所引的施肩吾诗收入志中，又题作《咏澎湖屿》，但亦未可作为施肩吾曾有“举家”乃至“举族”迁居澎湖的证据。连著《台湾通史》，近代史家已曾指出其中谬误颇多。若以施肩吾曾否举家乃至举族迁居澎湖一事而言，连著的叙述，显然是十分粗率的。

施肩吾不是“山西汾水”人。他的籍贯是今浙江省的分水县。分水县在明清时隶于严州府，在宋代则称为睦州。光绪《严州府志》卷十五《选举志》云：“施肩吾，字希圣，分水人，元和中举进士第一。好神仙家言，栖隐于洪州之西山以终。”唐之洪州，即清之江西南昌府。所以清同治《南昌府志》卷六十三《仙释志》亦有记云：“施肩吾，字希圣，分水人，读书五行俱下。太和中举进士，后隐于洪州之西山以终。”

严州是施肩吾的故乡，南昌是施肩吾隐居得道之地，两处的府志对施肩吾的记载大致相同，其记载是大致可信的。此外，则《全唐诗》施肩吾前所附小传，及《唐诗纪事》、《唐才子传》等书对施肩吾生平的记述，亦与此并不抵触。因此我们可以相信，施肩吾的确是浙江省的分水县人，中过进士，后来隐居于南昌的西山。但《严州府志》和《南昌府志》既然都说施肩吾于中进士后“隐居于洪州之西山以终”，然则他就没有再移家到澎湖来的可能。所以有此附会，可说完全是由于他那一首语意恍惝不明的诗所引起的。

施肩吾有《西山集》十卷，而见于《全唐诗》第八函第二册的《施肩吾诗集》，只一卷，共收诗一百九十九首。那一首引起问题的《咏澎湖屿》诗，亦见于集中，但题名并非“咏澎湖屿”，而是“岛夷行”。按，此诗如果本来就名为“咏澎湖屿”，当然就是施肩吾曾经到过澎湖的明显证据。但见于《全唐诗·施肩吾集》中的此诗，其原名却是“岛夷行”。究竟为何被改题为“咏澎湖屿”，以及是在何时为何人所改，这就是一个十分值得注意的问题。能够把这个问题弄明白，对于施肩吾曾否举家迁居澎湖一事，无疑必有甚大的参考价值。可惜，这个问题，近几年来虽然曾经在学术界引起一番争议，毕竟因文献资料之缺乏而并未能得到明确的结论。所以，对于考定施肩吾是否曾举家迁居澎湖一事，我们目前所能从事的，只能查考施肩吾的生平行迹及原诗涵义等方面入手，以求考定施肩吾此诗所咏究是何地。

施肩吾是浙江分水人。他既然中过进士，当然曾到当时的京城长安去应过考。分水县僻处浙西丛山，抗战期间，笔者曾亲履其地，知当地山多田少，地瘠民贫。由县城前往外地，最便利的交通方法是由县东门的分水溪乘小木船顺流南下，七十里可至桐庐县。桐庐县滨钱塘江，由桐庐县溯钱塘江西行，九十里至严州府东关，再一百里至兰溪县，再一百五十里至衢州府，自古以来，乃是由浙入赣的重要驿路。由桐庐县顺流东下，一百八十里至杭州。由杭州经运河北上，则是浙江江苏间的主要驿路。施肩吾要到长安去应试，首先必须取得本省当局的送考公文，因此施肩吾的去程必须经过杭州。由杭州北行至扬州，即可循漕河溯汴河至开封。唐代的长安可通漕运，由开封至长安，似乎可在黄河中乘船航行。因此这一路所经，都是水程，较为省力。由长安回分水，若不循原路，亦可由长安遵陆而行，经河南而至襄樊荆汉，然后顺长江东下至九江，入鄱阳，至南昌；由南昌东向上饶衢州，亦可借钱塘江水运的便利而至桐庐分水。

由于施肩吾的《西山集》十卷原书久佚，有关施肩吾的一生行踪，只有从《全唐诗》所辑存的一百九十余首诗作中去探寻。虽然这种方法很不理想，但由施肩吾的生存时代下推到现在，已经相隔了一千一百多年，事远年湮，施肩吾的若干生平事迹，都已无可考知。更何况施肩吾在唐代未居显宦，许多重要史书中都并无他的事迹可考。除了从《全唐诗》所辑存的《施肩吾集》中去探寻他的一生行踪以外，也没有更丰富的文献资料可供我们着手的了。

《全唐诗·施肩吾集》中，第二十三首题名“弋阳怀古”，弋阳在今江西上饶附近。第一八五首题名“宿干越亭”，干越亭在今江西余干县境。第六十六首题名“登岘亭怀孟生”，岘亭在今湖北襄阳城南。第一二七首题名“襄阳曲”，第一九三首题名“大堤新咏”，所记俱襄阳事。由以上这些地名，可知施肩吾除了经由江苏、河南入陕之外，也曾经由长安取陆路回浙，而经由湖广、江西等地。《施肩吾诗集》中的第二十五首题名“湘川怀古”，似乎施肩吾还曾在入楚时顺道到过今日的湖南省境。第一二二首题名“旅次文水县喜遇李少府”，文水县属山西太原府；第一八二首题名“云中道上作”，第八十九首题名“云州饮席”，由这些地名，可知他亦曾到过山西。凡此，似乎都是在应试往还途中的迂道旅行。因为古时的交通不便，费用重大，读书人如果不是为了应考及入仕，很少有机会到离乡几千里以外的地方去旅行观光的。施肩吾在中了进士以后就隐居不仕，然则除了应考以外，他实在没有太多的旅行机会。至于他曾经到过与分水相距不远的皖南黄山，以及浙东的绍兴宁波等地，亦可在他的诗集中见及，到这些地方去，应该只属于单纯的旅游性质。

此外，由施肩吾的诗集中考寻，再没有任何的证据足以显示，他除了往返陕浙及顺途迂道所经的苏、浙、豫、陕、晋、楚、湘、赣等八省地方外，曾经到过任何更远之处。

施肩吾的诗集中，有一首题名“海边远望”所指究在何处，值得注意。曾有人以为所谓“海边”，应该即是浙东的宁波，因为施肩吾曾经到过那里。但因《全唐诗》所收的施肩吾诗并非全部，似乎不能遽尔推定他不曾到过闽、粤二省。若以情理推测，施肩吾生平的游踪所及，远处是为了赴京应试及顺道游历，单纯的旅游仅只皖南的黄山及浙东的宁、绍。闽、粤距浙非近，又非往还陕、浙的便道所经之地，施肩吾似乎没有这么大的兴趣专程前往游历。闽、粤二省，在唐代被视为水土恶劣的烟瘴之地，一般人都视为畏途，政府则以此为官吏之谴谪处。施肩吾在《送人南游》的诗中就说："见说南行偏不易，中途莫忘寄书频。凌空瘴气堕飞鸟，解语山魈恼病人。闽县绿娥能引客，泉州乌药好防身，奇花异竹分明看，待汝归来画取真。"由诗中所提到的"闽县"及"泉州"二地，可知此人所游的地方即是今日的福建省。但诗中既又同时出现"瘴气""山魈"等名，可知在当时人的心目中，福建省的广大地区，仍是充满了不可知的恐怖的险恶之地。施肩吾在进士及第后就矢志归隐，他既不曾到闽、粤去做过官，似乎没有必要的理由去冲瘴冒暑，远游南服。而由《全唐文》所收的施肩吾诸文看来，施肩吾生平十分注意摄生，更没有理由要轻易去冒险犯难。关于这一点，笔者在后面便要讨论到。

《全唐文》卷七三九收有施肩吾的遗文九篇，中有《与徐凝书》云："仆虽幸忝成名，自知命薄，遂栖心玄门，养性林壑。赖先圣扶持，虽年迫迟暮，幸免龙钟。观其所得，如此而已。"这一段话，可以看出施肩吾之辞官不做，并非没有兴趣做官，而是志在修炼，以求延年益寿，亦即是光绪《严州府志》所说的"好神仙家言"，欲求长生不老之术。不过他所希求的长生不老，并不是一般道家所信奉的服药炼丹，这可以在他所作的《养生辨疑诀》中看得出来。原文亦见于《全唐文》所收，说："神由形往，形以神留，神苟外迁，形亦难保。抑又服饵草木金石以固其形，而不知草木金石之性，不究四时顺逆之宜，久而服之反伤和气，远不出中年之内，疾害俱生。"因此他所主张的修炼方法，是"未修炼，先修养"。他在《识人论》中说："故曰：沐浴不可当风。若幽室静房，闭目瞑心，平身正坐，使元气上升，通满四大，上通泥丸，此真沐真浴，万倍于外之水火也。”又曰：“不欲远唾以损气，不欲疾步以伤筋，不欲极视而昏睛，不欲极听而伤肾，不欲久立而伤骨，不欲久卧而伤肉。多睡浊神，频醉散气，多汗损血，力困伤形。奔车走马，气乱而神惊；登高望峻，魄散而魂飞。养形之道，安而不劳，劳而不乏其力，静而不挠，挠而不乱其气。外有所补，内有所益，然后识五行以保全冲和之气，外固内真，两皆得趣，可以长久矣。”

由施肩吾所写的这些文字，可以看出他对于道家神仙的“修炼”之法颇有独到之见，与一般庸俗无识的道士羽流大不相同。所以后人相信他的栖隐修真最后已经道成仙去，不但《全唐文》中有“华阳真人施肩吾”的“仙名”，《南昌府志》亦将他列入“仙释”一类。这些事实，一方面足以说明施肩吾不至于“举家”乃至“举族”迁居到澎湖去；一方面亦足以说明，像他那样注意摄生养身的人，当不至于冲瘴冒暑，犯不测之险，到那时犹有烟瘴恶地之称的福建地方去游历。他既不至前往福建，自更少有由福建渡海前来澎湖的可能。连著《台湾通史》说，施肩吾由唐元和中举族迁来澎湖，其说既不曾见于他书之记载，书中又未曾标明此说出自何书。然则连著中虽有这种说法，亦未必便是可以成为定论的了。

在唐末五代时，施肩吾的“仙名”犹未大盛。但渐到后来，却流传渐广起来了。陆放翁《渭南文集》的“修心鉴跋”说，他的高祖太傅公晚年退朝，尝见一异人，“行空中，足去地三尺许。邀与俱归，则古仙人嵩山栖真施先生肩吾也。因受炼丹辟谷之术，尸解而去。”又《华阴县志》卷十《道释类》引《三洞神仙录》说，明人李竦，尝遇施肩吾于南京应天府，“为竦指说天机，开陈大道，授以修真元图一十五式，显然明白，乃真仙之秘本也。”

这一类的传说，以为施肩吾在后来确已羽化登仙。假若施肩吾果如所传，确已羽化登仙，他又何致举家乃至举族，于元和中迁来澎湖呢？又，明人商辂的《蔗山笔麈》说：“施肩吾徐凝，皆分水人，复同时，皇祐中，孙陈倩为《肩吾集》后序。谓肩吾出于延招，徐凝居于柏山。二村以施徐为名，而宗裔甚繁。今观施氏所藏肩吾及第告，则云桐岘乡宝成里。县境不复有此乡，当是后世改名延招耳。”按，商辂乃浙江淳安县人，明宪宗时官至内阁大学士。淳安与分水隔邻，商辂既曾看到施肩吾的诗集，可知施肩吾的诗集当时犹未完全亡佚。这是一条颇重要的资料。因为这一条资料不但为我们指出施肩吾的后裔仍然居于分水，而且也间接说明了施肩吾无迁居澎湖之事。因为施肩吾倘于后来迁居澎湖，他的诗集中必有相关的记载；即或不然，商辂以邻县之人，亦必能从当地传闻中听说此事也。既然商辂的记载中全然不及此事，而施肩吾的后裔又仍居分水，那么，连著《台湾通史》所说，施肩吾于唐代时举族迁来澎湖之说，显然只是一种粗率的结论，不足采信。

最使笔者感到遗憾的是，笔者虽在抗战时旅居分水多年，由于识浅无知之故，竟对地方上如此有名的一位历史人物全无所悉，以致未曾适时加以注意研究。分水县所修的志书，仅有抄本，当时既未留心查阅，此时亦就无法再找到。现在所能记忆的是，分水全县共分为十五乡镇，其最北有“招贤乡”，不知是否即是宋代的“延招”？再由光绪《严州府志》所查得的记载，卷三《封域志》下“分水县”有一条云：

> 庆云山，一名五云山：万历三十一年广东孝廉黄士俊来寓此，复有五色云现，次年黄果中状元，人疑为施公后身云。

五云山之得名，本是由于施肩吾当年曾在此读书，其进士及第之年，山巅忽现五色卿云，时人谓为风气灵而人文蔚。其山旧名塔山，后遂改名五云山，又名庆云山。前引光绪《严州府志》，已说施肩吾于进士及第后“栖隐于洪州之西山以终”，这一条记载又说明万历三十二年的状元黄士俊乃是“施公后身”，然则有关施肩吾的传说，始终在本地流传不衰。倘使施肩吾果有移家澎湖之说，府志中岂有不载之理。由这些地方加以探索，亦可知道连著《台湾通史》的说法，实有空穴来风，凭虚结撰之嫌。

稽考载籍，约在南宋时，福建泉漳沿海的人民已经对澎湖群岛颇有了解。宋人楼钥的《攻愧集》中说：“泉州……郡实濒海，中有沙洲万亩，号平湖。”又南宋赵汝适的《诸蕃志》亦说，“泉有岛曰澎湖，隶晋江县”。唐宋两朝，中国的海外贸易都极发达。在南宋时已为福建沿海人民所习知的澎湖群岛，在唐代时也应该很有可能为往来海外的商船所发现。但若由唐末时人刘恂所撰的《岭表录异》一书看来，唐代士人对于海外的知识，实在是很荒陋的。引叙一段如下：

陵州刺史周遇，不茹荤血。尝语刘恂曰：顷年自青社之海，归闽，遭恶风，飘五日夜，不知行几千里也。凡历六国。第一狗国。同船有新罗客，云是狗国。逡巡，果见如人裸形，抱狗而出，见船惊走。经毛人国，形小，皆被发蔽，而身有毛如狖。又到野叉国，船抵暗石而损，遂搬人物上岸，伺潮落，阁船而修之。初不知在此国，有数人同入深林采野蔬，忽为野叉所逐，一人被擒，余人惊走，回顾，见数辈野叉，同食所得之人，同舟者惊怪无计。顷刻，有百余野叉，皆赤发裸形，呀口怒目而至，有执木枪者，有雌而挟子者。篙工贾客五十余人，遂齐将弓弩枪剑以敌之，果射倒二野叉，即舁拽朋啸而遁。既去，遂伐木下寨，以防再来。野叉畏弩，亦不复至。驻两日，修船方毕，随风而逝。又经大人国，其人悉长大而野，见船上鼓噪，即惊走不出。又经流虬国，其国人么麽，一概皆服麻布而有礼，竞将食物求易钉铁。新罗客亦半译其语，遣客速过，言此国遇华人飘泛至者，虑有灾祸。既而又行经小人国，其人悉裸，形小如五六岁儿。船人食尽，遂相率寻其巢穴。俄顷，见果采得三四十枚以归，分而充实。后行两日，遇一岛而取水。忽有群山羊，见人但耸视，都不惊避，既肥且伟。初疑岛上有人牧养，而又绝无人踪。捕之，仅获百口，皆食之。

“青社”不知是何地。但周遇既是由青社乘海船归福建，中途又遇风飘流而曾经过“流虬”，即后之琉球。以此地推求周遇海程路线所经，如是由南向北，则在未至琉球以前所到达的野叉国，很可能即是古代台湾北部的食人生番。如是由北向南，则在经过琉球以后所到达的多羊小岛，很可能即是今日的澎湖。但不论他所记述的地点是否真有台湾或澎湖在内，所谓狗国、毛人国、大人国、小人国等等，事实上恐怕不至真有这样的地方。此文所记，要皆为唐代时东往琉球日本及南往印度波斯等地的海上商船常到之地。然而文中的内容荒诞如此，充分可知当时中国士大夫所知道的海外知识，其实是非常怪谬浅陋的。这是否由于当时的海外商人及海船水手故意不将真实的海外情形告知国内的知识分子，以致才会在他们的笔下出现如此光怪陆离的记事内容，其真实情形已不可知。但知识分子所知的海外情形既然如此，他们又如何能对各该地方的实际情形得有真正的了解呢？所以，纵或唐时的福建沿海人民对澎湖群岛的地理情况已有若干了解，这种知识，一时恐不致为上层知识分子所有。所以，纵或施肩吾在唐元和中因不愿为官而必须寻求一所隐蔽的海外桃源为他的遁迹之处，恐怕他亦无法知道泉州海外尚有此一名为“澎湖”的地方可供他之选择。所以，要说施肩吾曾经为了隐居而“举家”乃至“举族”迁来澎湖，无论从那一种观点看，都是解释不通的。

《全唐诗·施肩吾集》前所附的《施肩吾小传》，说施肩吾“为诗奇丽”。证以集中所收的许多诗作，可知其说不诬。如集中第九首《咏边将》云：“轻身奉国不为难，战苦身多旧箭瘢。玉匣锁龙鳞甲冷，金铃衬鹘羽毛寒。皂貂拥出花当背，白马骑来月在鞍。犹恐犬戎临虏塞，柳营时把阵图看。”又第一二一首《酬周秀才》云：“三展蜀笺皆郢曲，我心珍重甚琼瑶。应缘水府龙神睡，偷得蛟人五色绡。”又第一三五首《望骑马郎》云：“碧蹄新压步初成，玉色郎君美影行。赚杀唱歌楼上女，伊州误作石州声。”这些诗的文字精美，用典雅丽，足以造成一种美的形象，可以说是相当富于幻想的唯美派文学。唐代是诗的黄金时代，科举以此取士，士子求谒朝贵，亦每以诗卷为贽。施肩吾为了应试而能做得一手好诗，乃是理所当然的事。唐代诗风，到中叶以后，逐渐出现了一派唯美主义的浪漫派诗家。开此派风气之先的，乃是德宗末年宪宗初年的李贺，以呕心沥血的精神从事诗句的雕镂，诗名鼎盛一时。

施肩吾生当此一时代，因受风气濡染而使他的诗作在风格上接近此派，有可能亦有此事实。这类诗作的特色是文字优美，出语新奇，所费的熔铸雕琢之功最多，使写成的诗具有一种恍惝迷离之美，其实际内容很有限。由施肩吾的“岛夷行”诗看来，所写似为海边某一产珠之地，其地的夷人皮肤黧黑，少年夷人为学习入水采珠，乃以生犀照海，以求入水不侵。仅以“生犀照海”的典故而言，就可知道，施肩吾此诗所写，应该是幻想的成分多于写实成分的。

关于“生犀”的典故，见于刘敬叔的《异苑》，云：“晋温峤至牛渚矶，闻水底有音乐之声。水深不可测，传言多怪物，乃燃犀而照之。须臾，见水族覆火，奇形怪状，或乘马车，着赤衣帻。其夜，梦人谓曰：与君幽明途隔，何故相照耶？峤甚恶之，未几卒。”按，此即是成语“灵犀照妖”的典故由来。灵犀何以能照水中之妖?《尔雅·翼》释“通天犀”云:“其在山中,晦明之夕,光赫然如炬。温峤以燃犀照水怪,盖谓此。”《抱朴子·登涉篇》亦说,携通天犀角入水,“水常为人开方三尺,可得炁息水中”。但通天犀乃神物,不易得,故后人又以为捕犀牛而杀之取角,所得的“生犀角”亦具有同样功用。施肩吾是否曾经亲见海外夷人以犀角照海入水取珠?姑无论他本人从未涉足蛮荒,即以犀角照海可以入水不侵之说而言,事实上便是一种怪诞的传说。以施肩吾所作诸诗的风格而言,他既然专好以新奇的文字及雅丽的典故来雕琢他的诗作,他便很可能仅仅根据传闻听闻,参合他自己所知道的神话,来写成这首题名“岛夷行”的诗。中国沿海的产珠之地,只广东雷、廉二州的海中。此外,则只有海外商船所带回来的神话之地。施肩吾本人既未亲履其地,除了传闻及想象,又有什么可写的?所以此诗不但有采珠及生犀之类的神话传说,又有所谓“鬼市”,实际上应该不可能有这样的地方。

以施肩吾的“岛夷行”诗的描写对象认作是澎湖群岛的,在康熙《台湾府志》以外,明孝宗弘治间所刊的《八闽通志》及明神宗万历间泉州府经历陈懋仁所撰的《泉南杂志》,亦曾引用此诗,置于叙述澎湖群岛地理情况的文字中。《台湾府志》的取材,似乎即本于此。但《八闽通志》及《泉南杂志》所引此诗,并未将诗题改作“咏澎湖屿”;作如此改题的,还当以康熙《台湾府志》为始作俑者。究竟是否施肩吾的《西山集》中,《岛夷行》一诗之下本有《咏澎湖屿》的附注,还是《台湾府志》的作者因《八闽通志》等书将此诗列入澎湖群岛门下而迳自望文生义,自作聪明地加以改题,这些情形,现在都已无法知道。我们现在可以猜想得到的是,连雅堂先生撰《台湾通史》,必定是以康熙《台湾府志》为根据,更进一步地推想施肩吾曾经举家乃至举族迁来澎湖。因为施肩吾的《西山集》在明末清初时即已亡佚,雅堂先生决无机会可以看到《西山集》原书。而将施肩吾的《岛夷行》诗改题作“咏澎湖屿”的，亦只有康熙《台湾府志》与较此更后出的《澎湖厅志》。雅堂先生根据了康熙《台湾府志》的记载而有此更进一步的推想，虽大胆而缺乏历史的根据，其说殊不足采。所以，笔者以为，连著《台湾通史》中关于施肩吾举族迁来澎湖的说法，除非能有具体的史料可以查证，殊不宜加以征引，以免展转传述，积讹成是。是则笔者之区区微意也。

清世宗设立军机处的原因

清代的军机处，“名不师古”，乃是我国历史上甚为特殊的一个皇帝幕僚机构。这一机构创设于清世宗雍正年间。关于清世宗为何要设立此一机构的原因，向来谈者已多。但说来说去，大多是皮相之谈，并未搔着痒处。前几年，台湾政治大学政治学研究所的傅宗懋博士，以“清代军机处组织及职掌之研究”为题，写成六十余万言的博士论文一巨册，旁征博引，考证綦详，可说是向来研究军机处问题的权威之作。但此书中的讨论军机处设立之原因，看来亦仍有不惬之处。

专著分析军机处设置之原因，列举直接与间接的两种原因。直接的原因，系因当时满清对西北用兵，基于军事上的保密理由，清世宗需要选择几个得力的心膂大臣，协助他策划用兵及处理往来文报。其间接的原因，则又可分为两点：第一、是由于当时作为皇帝亲近幕僚的内阁，处事怠忽，难负委任。第二、则因清初所定的议政制度，国家大政例由皇帝交付议政王大臣会议具奏。清世宗得位不正，议政王中反对者多，遇事难免掣肘，设立军机处可以进一步集中皇帝的权力，兼可裁抑议政王大臣的反对势力。这一理论，当然要比前此诸家的皮相之谈完密周详。但其中依然有使人费解之处。清人赵翼就曾说过："军机处本内阁之分局。国初承前明旧制，机务出纳悉关内阁。"明代设置内阁，便是由于当时的皇帝需要有一些心膂大臣为他赞襄机务，献替可否。明代的内阁既能适应此一任务，为什么到了清世宗时便会变得痿痹怠忽，难负委任呢？如果说运用的成效基于内阁大臣之是否得人，那便只是"人"的问题，而不是"事"的问题。清世宗只须知人善任，简用缜密可靠而干练有为的人员来充实内阁人选，便足以达到目的，何需在内阁以外另立"分局"，成为"内阁的内阁"？到了后来，驯且指大于股，军机处成了实际的内阁，内阁反成赘疣了呢？又如果说，内阁设在太和门外，进出人员太杂，容易泄漏机密，那亦只需将内阁迁设到一处安全谨慎的所在，如后来的军机处，并限制其出入人员，即可；更无需另外新创机构，破坏原来的政府体制。所以，傅著所列举的三点原因虽然论证周详，似乎仍未触及问题的核心。

清代的内阁不能协助皇帝处理机密大事，这当是清世宗所以要另外创设军机处的主要原因。适当雍正七年满清对西北用兵，军书旁午，泄密可虞，于是乃使清世宗另创新机构来处理机密文书的设想正式付诸实施。就事论事，前者是设置军机处的主观因素，后者则是设置军机处的客观因素。但归根结底一句话，若不是内阁不能胜任此一任务，清世宗亦不至改弦易辙，有此新的创设。所以，清世宗之设置军机处，应当仍与内阁不胜机密之任一事有密切关系。至此，我们便当注意，明代的内阁本是协助皇帝处理机务而设的，清代的内阁何以不能发挥此一功能呢？能够弄清楚这一点，必定可以把握住问题的要点，了解清世宗何以需要在原有的内阁以外，新设一个"办理军机处"来担负这一任务。

要了解这一问题，首先应当着眼于当时的本章制度，看看是否由于当时的本章制度有欠妥善，以致内阁协助皇帝处理机密军政大事的功能有受到阻碍的可能？

清代的制度，大致沿袭明制，本章制度亦然。如果清代的本章制度不能保密，毛病还是出在明代时。追本溯源，这个问题还得从明代谈起。

明代各级政府机构呈送皇帝的本章，分为“题本”与“奏本”两种。这两种本章的外形，与清人所习惯通用的“奏折”略同，同是以一张长纸往复折成大小相同的许多幅，外表成为一叠的本子。所不同的是，清代的奏折甚小，而明代的本章则要大得多。又清代的奏折，面上只书一“奏”字，不盖印；明人的“题本”，面上书一“题”字，本面用印。明代的“奏本”亦不用印，但规定只准用于官员个人的请假、谢恩以及其他私人陈乞事项，不像清代的奏折，可以用在任何方面。很显然的，清代的奏折，便是由明代的“奏本”演变而来的。清代的奏折可以用在任何方面，显然亦是由于清代皇帝要利用这种现成的章奏形式来刺探内外事情的缘故。

在明代时，内外各衙门的题奏本章，外官照例要先送到“通政使司”衙门，由通政使司汇进；京官则可以直接送到会极门，交由宫中的文书房太监收进。照说，章奏需要先经皇帝御览，后才发交内阁拟具处理办法。如果皇帝不将章奏交出，外间永不知其内容，何致有泄密之虞呢？这一点，就与后来所演变的“副本”制度有关了。

《清会典》卷六十九“通政司”条：“凡受本，则承以案；及校阅，乃送阁。五日，乃以随本之揭帖畀提塘官以投于部科。”又其下小字注云：“随本之揭帖三，一存司，一送部，一送科。”何谓揭帖？由现存之实物资料看来，揭帖应该即是题本与奏本的副本。台湾历史语言研究所所藏的内阁大库残余档案中，有很多的“揭帖”。凡是顺治朝的揭帖，本面除了写明具揭者的姓名及简单事由外，都盖有木戳两行。一行书“顺治×年×月×日到”，一行书

“本揭对同”。由“本揭对同”四字，可知本章与揭帖的内容完全相同，更可知揭帖乃是本章的副本。此外，则下面所引的一件掌故，亦可证实此一看法。

台湾历史语言研究所出版的《明清史料》，在壬编第六本中收有崇祯十年时内阁大学士傅冠所上一揭，云：“题：今日蒙皇上发下本章，臣随同官分看拟票毕，适接得诸臣投阁印揭，臣照例填注奏目年月次第。寻复蒙发下本章，续分一本到臣。因臣直房在东层独后，日夜俱用灯烛，窗隙昏黑，灯光摇荡，致以应天按臣张煊疏揭偶同一处，臣卤莽粗率，遂误将本面左边注‘皖属叠罹兵荒等事’，并张煊姓名字样，右边注‘十年十月二十六日到’字样。及见后有帖黄，始知错误。”这一件档案所说，傅冠将本章误作揭帖处理的情形，可知此一揭帖便是应天巡按张煊随同本章送呈内阁的副本。内阁的这一份之外，照前引《清会典》所记，还有存于通政司中的一份，送达有关各部的一份，有关各科的一份，共计四份。

《清会典》并未说明随本进呈的揭帖需分送内阁。如照旧时的制度，明代亦无此一规定。但事实上揭帖确是送呈内阁的。这有两点理由可以为证。第一，今存的内阁大库残余档案中存有揭帖甚多。此一档案来自内阁大库，可知其为内阁之物。第二，前面所引傅冠的题本中，已经有说明。揭帖之所以要送呈内阁，大概与明代中叶以后内阁大学士之专权有关。

《明史》卷三百〇八《赵文华传》：“嵩念己过恶多，得私人在通政，劾疏至可预为计，故以文华任之。”严嵩是明世宗时的权奸，他让赵文华去做通政使以便随时透漏消息，并非是要他在参劾本章进呈皇帝之前先给自己过目，而是因为通政司中本来就有随本进呈的副本——揭帖，赵文华只需将所收揭帖秘密交与严嵩自看，即可了解所收本章的内容。这是严嵩需要事先知道本章内容，而本章的副本（揭帖），足以泄漏本章内容秘密的具体事例。除此以外的事例，还可以再看后面所举。

高拱《病榻遗言》："御史张集独本劾曹大埜倾陷辅臣，内有曰：昔赵高矫杀李斯而贻秦祸甚烈，又先帝时严嵩纳天下之贿厚结中官为心腹，俾彰己之忠。……盖指荆人冯保之事言也。……喧传内外，而张集则日在朝房听拿，买南蛇胆，买棺木，分付后事，谓必死矣。……然集既朝房听处，而人情汹汹益甚。且其本虽未发，而其揭帖已流传，各衙门皆知其说矣。"高拱，是明穆宗时的内阁首辅，在明神宗即位时因与张居正争权而被张居正勾结太监冯保将高拱斗垮。此文中所说的"荆人"，即张居正；御史张集所参，亦即是张居正勾结冯保排挤高拱之事。照高拱所说，张集的劾疏虽然尚未经皇帝批阅发下，"而其揭帖已流传，各衙门皆知其说矣"，可知揭帖足以泄漏本章的内容。《病榻遗言》中并且说到，在高拱作内阁首辅时，各衙门的疏奏，已有同时将揭帖送呈内阁的习惯。引叙一段如下：

> 大学士高拱等题，为特陈紧切事宜，以仰裨新政事，恭陈五条，欲收司礼监之权归内阁。疏上，冯保不怿，径从中批出，曰："知道了，遵祖制"，盖不纳之辞也。拱再上疏，将前本仍行封上，乞发阁拟票再行。于是六科等科都给事中等官为"明大法、劾大奸，恳早圣断，早赐翦除，以安社稷事"，乞将冯保拿问，明正典刑，"为此除具题外，理合具揭，须知揭帖者。"又吏科都给事中雒遵等"为僭横宦官坏乱朝纲，乞圣明速赐宸断，以杜祸本事"，乞将冯保付法司定罪，"除具题外，理合具揭，须至揭帖者。"又礼科都给事中陆树德等"为恳乞圣明严谴奸恶中官，以清政本，以慰群心事"，请将冯保特赐投摈，其所引用朋昵，一切罢去，"为此除具题外，理合具揭，须至揭帖者。"又有十三道御史刘良弼等公本劾保，缘科本皆具揭内阁，而道本未具揭，故不录。

由这一段史文的最后几句，可以知道当时各衙门的章奏，有的抄送揭帖呈内阁，有的不抄送。这种情形，比较严嵩在作内阁首辅时已经进步了不少。但到了张居正作内阁首辅时，各衙门的章奏，大概没有不将揭帖抄呈内阁的了。

张居正辅神宗，那时的明神宗还只有十岁。史称张居正之为相，大权独揽，“操群下如束湿”。万历十一年三月，御史魏允贞上疏追论张居正辅政时代专擅自恣的情形说：“张居正辅政以来，文职一命而上，吏部皆不得自推用，必须关白，以是清要之地。……至于武职，又有甚焉。……以故二部之长，遇有员缺，即行请教；未上题疏，先具揭帖。”所谓“遇有员缺，即行请教”，乃是在本章未上以前的禀请指授；所谓“未上题疏，先具揭帖”，则是说送呈内阁的揭帖反较本章更先到达内阁。明代初年的本章制度，在未经皇帝批阅之前，任何人不能知悉其内容；自从有了以揭帖送内阁知会的惯例之后，内阁大学士反较皇帝更早知悉本章内容。明代的本章制度发展到此一地步，显然不再能发生保密作用。而皇帝也不敢视内阁为能够代为保密的幕僚机构了。清世宗之所以要改变旧制，另外新设一个机构来处理重要大政，这当是主要原因之一。

清代自设军机处之后，奏折每事只书一份。但明代末年及清代初年的题本则不然。《明清史料》壬编第六本，收有明崇祯十五年时南京兵部尚书熊明遇所上一本，中云：“臣又有请焉，每有密奏，从会极门上，即夜漏下三十刻未尝不达。今南中套数，一本必奏启副三件，阁揭五六通，传写便需数日。”清初制度，即或未必便如熊明遇所说，每一题本，必需同时抄缮正副本至七八份之多；但若以一本四揭计，每一本便必需同时抄缮正副本五份。战时军情，瞬息万变，一件章奏，“传写便需数日”，如何能发挥它预期的作用？更有甚者，清代所用的题本，于汉文之外更在后半截同时并缮满文，这种“满汉合璧”的题本，抄缮起来，更加费时费事，遇有军情大事，自然更难争取时效。这又当是清世宗所以要改变旧制的主要原因之二。

雍正《东华录》卷五，收有雍正三月丁未清世宗所颁的一道上谕，说：“谕内阁：向来督抚提镇陈奏本章，例有副本投递通政司衙门，又有揭帖知会关涉之各部院。往往紧要之事未达朕前而先已传播于众口。又如内外咨呈文书往来，该衙门尤易疏忽，以致匪类探听，多生弊端。间有缉拿之犯闻风远飏，遂至漏网。此皆不慎之故，贻误匪轻。嗣后一切本章以及咨呈文书，除平常通行事件外，其有关涉紧要之案与缉拿人犯之处，内外衙门应密封投递，各该官尤应谨慎处理，以防漏泄。倘有疏忽，将来事发之日，究问根由，必将漏泄之人及该管官员从重治罪。”由这一道上谕，可知清世宗亦早已知道当时所通行的本章制度很容易泄漏。他在这一道上谕中，虽然指示内外衙门的官员此后应注意谨慎，以防泄密，而在事实上，他所谓的“关涉紧要之案”，在他心目中只不过是一些寻常案件之较为重要者。若是真正具有重要性的机密军情，则清世宗尽有他设想好的妥善办法——奏折。

清代制度，藩臬以上的外官，有所谓“密折言事”之法。此法在清世宗以前就已开始应用，到清世宗即位以后，应用得更为广泛而巧妙。所谓奏折，式如题本而尺寸较小，一折只写一份，既无副本，又不需另写满文，快捷迅速，远胜题本。而且奏折是直接送达皇帝本人的。皇帝批示后的奏折，仍由赍折之人带交原来的具奏人，在传递上从不经由内阁部科，不虞泄漏机密。密折言事，本是内外官员对皇帝有所秘密陈奏，这类事件决不可使外人知道，所以需要绝对保密。加上军情文报亦以奏折代替题本，自必须在内阁之外另觅可靠人员为之处理。此所以清世宗需要设立“军需房”或“办理军机处”。

密折言事，本不是国家宜有的政体。但清朝的皇帝似乎特别喜欢使用这一套办法来巩固他们的统治地位。故宫档中存有康熙三十余年间苏州织造李煦及江宁织造曹寅的密折甚多，当是这一制度的滥觞。李煦和曹寅，官不过郎中员外，其职务只是管理织造事务。本没有资格直接向皇帝上奏。但康熙帝却以他们具有旗下家人的特殊身份为理由，准许他们专折言事，其目的无非是要借他们作为自己的耳目，防止督抚大臣的欺蔽。到了康熙末年，准许对皇帝上密折的人多了起来。如四川巡抚年羹尧，便是常常利用康熙帝准他密折言事的特权，对地方上的军政措施，常有越出职分以外的建言。虽然皇帝未必事事听从，然而这一类章奏之不能为外人所见，则是不争之事实。清世宗继位之后，深知密折言事的用处极大，乃进一步扩大密折言事的授权范围，将密折言事的办法更加巧妙地运用起来。雍正一朝的朱批谕旨，多至数十册，便是此一事实的具体成绩。

雍正《东华录》卷八，载有雍正八年七月甲戌清世宗所颁的上谕一道，云："谕内阁：虞书曰：明四目，达四聪。先儒注曰：广四方之视听，以决天下之壅蔽也。盖天下之患，莫大于耳目锢蔽，民情物理不能上闻，则虽有励精图治之心，而措置未必合宜，究难成一道同风之盛。是以各省督抚大臣于本章之外，有具折之例。又以督抚一人之耳目有限，各省之事，岂无督抚所不及知，或督抚所不肯言者。于是又有准提镇藩臬具折奏事之旨，即道员武弁等间亦有之。此无非公听并视，欲周知民间之情形耳。并非以奏折代本章，凡折中所奏之事，即属可行之事也。"世宗此谕，表面上说密折言事是为了要明目达聪，周知世事，其实这不过是看来漂亮的美丽辞藻。其真正目的，乃是在使各省的督抚大员知道所属的藩臬道员等亦有密折言事之权，倘使所为不法，尽有人会向皇帝告密。若要保全身家禄位，最好是竭尽赤忱，效忠皇帝。

本章与奏折的处理方式是截然不同的。本章经皇帝裁决后由六科领出。可行者由六科以“科抄”的形式抄录其内容，送各有关部处理；如果其内容不可行，则六科可以依法执奏，或参劾原来的具本人。若是所奏的劾疏奏劾不当，则不但被劾之人可以辩复，即是不相干的人亦可以仗义执言。但奏折的内容绝对保密，非经皇帝公开交出，外人永不知所奏何事，具奏何人。如果所陈奏的乃是讦告他人阴私，被讦者即使遭革职杀身之祸，犹不知祸从何来。这种办法最足以鼓励告发阴私，因为不会因被公开而招来报复。而皇帝借这种办法来加强对臣僚的控制，亦可以达到最好的效果。中国历史上以清朝皇帝的专制统治最为有效而彻底，所得力的即是此一办法。

前引雍正八年七月甲戌的上谕，其后更有一段说：“各省文武官员之奏折，一日之间，常至二三十件，或多至五六十件，皆朕亲自览阅批发，从无留滞，无一人赞襄于左右，不但宫中无档可查，亦并无专司其事之人，如部中之有司员、笔帖式、书吏多人掌管册籍，翻阅规条，稽察原委也。”这一段话很可注意。大概清世宗在此时已深深感到日常所收的密折太多，随到随批，既无档案可查（批发之奏折仍发还原具奏人），又无法翻查办事规程，难免发生错误，需要有一些可靠的臣僚为之协助。适值对西北用兵的政策确定，策划办理，更需人手，于是乃决定成立专门机构，一方面策划用兵，一方面处理密件。此后经由军机处处理的文报及密折，每件均录有档册，皇帝的谕旨则以“军机大臣奉谕”的方式拟稿呈进，用“廷寄”交由受旨者遵办。像这样的制度及档案渐次具备以后，军机处乃确确实实地成了一个可以协助皇帝处理密件的幕僚机构。揆其本来，原是因为当时的本章制度不能保持机密，以及密折取代本章的客观情势所促成的。

龚自珍《定盦文集补编》卷三《上大学士书》云："昔雍正朝以军务宜密，故用专折奏事。后非军事亦折奏。后常事亦折奏。后细事亦折奏。今日奏多于题。"这一条记载，可以说明两件事实。第一，军机处所处理的都是奏折而无题本。第二，奏折的使用愈到后来愈形浮泛，驯至有取代题本之势。前一点可以证明军机处本专为处理奏折而设，后一点可以证明题本由于其本身缺点而有渐被淘汰之势。光绪《东华录》卷一百六十七引刘坤一、张之洞二人奏云："查题本乃前明旧制，既有副本，又有贴黄，兼须缮写宋字，繁复迟缓。我朝雍正年间，谕令臣工，将要事可改为奏折，简速易览，远胜题本。"除了刘坤一、张之洞的奏本以外，其他臣僚的意见亦赞成废题本改用奏折，于是乃有光绪二十八年降旨"改题为奏"，永废题本不用之事。这一件事实，足以说明，题本的缺点在雍正时已甚为明显，只不过未曾明白规定以奏折代替题本而已。所以然之故，大概由于题本是需要经由一定的处理程序公开处理的，奏折则只由皇帝与他的几个助手秘密处理，不便公开。如果题本亦改为奏折，则奏折亦需公开处理，不便于皇帝的秘密运用。如此说来，军机处之由创设而至成为永久性的常设机构，正是皇帝需要有这么一个机构来处理秘密文书的缘故。

皇帝而有秘密文书，其事本不足为训，而所谓密折，等于是向皇上打小报告，说起来更不好听。《宋史·李沆传》云："帝以沆无密奏，谓之曰：'人皆有密启，卿独无，何也？'对曰：'臣待罪宰相，公事则公言之，何用密启？夫人臣有密启者，非谗即佞，臣常恶之，岂可效尤？'"又《明史·刘大夏传》云："帝尝谕大夏曰：'临时辄思召卿，虑越职而止。后有当行者，具揭帖以进'。大夏顿首曰：'事之可否，外付府部，内咨阁臣可矣。揭帖滋弊，不可为后世法。'帝称善。"李沆是宋真宗时有名的贤相，他以为"人臣有密启者，非谗即佞”，其言极为光明正大。刘大夏在明孝宗时任兵部尚书，甚著贤声。明孝宗因为他不是内阁宰辅，有事不便迳宣，使他具揭帖言事，大夏不肯，其所持见解与李沆略同。可见皇帝不宜鼓励臣下以密奏言事，古来早有此见。(明孝宗使刘大夏“具揭帖以进”，此揭帖与本文所说的章奏副本不同。因明代制度，公事用题本，私事用奏本，对皇太子则用启本，刘大夏若对孝宗进密疏，既非公事，亦非私事，题、奏、启三者俱不能用，故只可用揭帖。揭帖本是当时通行公文体裁中的一种，用于对上，故可进呈皇帝，亦可作为本章的副本。）明崇祯时的内阁首辅温体仁，名列《明史·奸臣传》，其人最好用密揭。李清《三垣笔记》云：“叶旧辅向高每疏揭皆发钞。自温辅体仁入阁，言密勿之地不宜宣泄，自后有揭无疏，始不复发钞。至密揭或出手书，并不存录阁簿。即如会推用人，有点有否，大约出首辅揭帖居多。其他皆然。”温体仁好用密揭言事，被后世诋为奸佞，而清朝自康熙帝始作俑起，专好鼓励臣下以密折言事，至雍正时乃将这一办法发挥至炉火纯青，虽然不失为统御方法的巧妙运用，然其所为究属不正，所以只能视为绝对机密文件，由军机大臣承旨处理，不能如题本一样地公开发抄、议复。基于这一特性，原有的内阁诸幕僚便不能肆应此一任务，更何况另外加上军情文报的处理及军机的指授。清世宗之所以要设置军机处，此为最主要的原因。倘因此而指目内阁为怠忽职守，那就不免要被世宗的障眼法所欺了。

“唐山”试释

在香港轰动一时的《唐山大兄》，终于也在台北推出上映了。由街头与报端的大幅广告，自然使人对《唐山大兄》一名留下了深刻的印象。在台湾，“唐山”并不是很熟悉的名词；就好像“拍拖”与“恤衫”之类，只在香港社会中才能经常听到。任何名词，一定有其起源。“拍拖”与“恤衫”之类源自舶来，“唐山”之名何昉呢？仔细想来，倒也是耐人寻味的一个问题。

美国各大都市，都有唐人街或唐人城，其意义人人皆知，不必另费解释。中国人既被称为“唐人”，则中国人所向来之地，自然可被称为“唐山”，这也无需再加解释。只是，中国人习惯被称为汉民族，中国文化通常也被称为汉文化，以此而论，在外国的中国人居留之地，理应被称为汉人街或汉人城，才算合理；称之为唐人街或唐人城，实在缺乏理论根据。关于这个问题，在我国文献中很难找到解答。要追根刨底地查究明白，需要另看四邻诸国的有关记载。

越南历史上的后黎朝，建国于清仁宗嘉庆年间，国号“大南”。这个朝代曾经留下一部记事甚详的编年史，名为《大南实录》。由这部实录的记事内容，可知这个朝代的君主自称皇帝。虽然这个皇帝在事实上要接受清朝皇帝的册封，被册封的名义也只是越南国王，但他在国内依然是大南皇朝的皇帝，在精神上甚且以中国历代皇朝的正统自居，很瞧不起清朝皇帝的“夷人”身份。因此，出现在实录中的，便甚多这一类的文字。稍加拾掇，便更仆难数。《大南实录》正编第二纪卷七十一，明命十二年（1831 年）二月辛丑条记云：

> 设大朝仪于太和殿，帝御殿受贺。谓群臣曰：衮冕之制，肇自轩辕，三代以下，鲜有行者。今取法为之，亦一复古之事。且其制垂旒肃穆，佩玉铿锵，朕望之愈觉肃敬雍容，益昭礼度。乃知古人制此，良有深意。朕历观前史，不惟我国从前所无，而北朝自清人建国以来，亦已久废。我今举行之，倘清人易世之后，典礼尽失，亦将于我大南取正。视之北朝，更有光焉。

在这一段史文中，建国于中国本土的清皇朝被越南人视为是“北朝”，然则他们当然是与北朝对立的南朝，在历史同样居有正统地位的了。由于他们有这种观感，于是他们亦以汉民族自视。

同书卷八十五，明命十三年（公元 1832 年）十月有一条记云：

> 改顺成镇为宁顺府。先是，廷臣疏言，顺成镇乃古占城之国，臣属朝廷历二百余年。嘉隆年间设置职官员役，耳濡目染，渐入汉风。若加之政教，用夏变夷，想不出数十年，可使与汉民无异矣。……遂拟请分设府县，汉土各别。

类此的记载，不止一条。而由此一条，可以知道，受汉文化濡染已深的越南，事实上是以汉人自称的。既然他们以汉人自称，那么，对于来自广东广西的中国侨民，便不能再称之为汉人。在《大南实录》中虽未看到称中国人为“唐人”的记录（记载中的称谓是“清人”），但在我们的北方邻国朝鲜，则很早便有了此一称呼。

明神宗万历年间，朝鲜受日本侵略，几至亡国，赖明朝仗义出兵援助，兴灭继绝，朝鲜始得再造。台湾历史语言研究所曾经辑录朝鲜实录中的这部分史料，编成《朝鲜壬辰倭祸史料》一书。在所辑的实录史文中，便极多此类记载。一般所见，凡涉及中国方面的人与事，不曰“天朝”，则必冠一“唐”字。如称中国官员曰“唐官”，中国将官曰“唐将”，中国兵卒曰“唐兵”，中国商贾曰“唐人”，均是。略举数例如下：

朝鲜《宣祖实录》卷一七一，万历三十二年二月甲辰记事云：“备忘记曰：唐官适来在京。若使此唐官数人托为在京天将所送差官，下去于釜山……”(在这一条记事中，中国到朝鲜去的官员，被称为“唐官”。)

同书卷一九三，万历三十三年十一月癸酉记事云：“唐将往来侵征马价，南方之民，以此不堪其苦。”(在这一条记事中，中国留防朝鲜的将官，被称为“唐将”。)

同书卷一〇九，万历二十七年二月乙亥记事云：“唐兵之中，或有作罪而逃避者，或因事而留连者，班师之后幸或见露，则各衙门不无以我国为知情。”(在这一条记事中，又称中国留防朝鲜的兵士为“唐兵”。)

同书卷一八一，万历三十二年十一月己丑记事云：“义州接连上国，而防禁大毁，唐人恣意往来，恐不无惹起事端之患。”(在这一条记事中，明显地称明朝的中国人为“唐人”。)

唐官、唐将、唐兵与唐人之外，还有所谓“唐制”，亦是指的中国制度。总而言之，在明朝时代，朝鲜已习惯以“唐”字加于中国，作为一般性的称谓名词了。朝鲜是否也因与越南一样地以汉人自视，以致必需称中国为唐呢？这在笔者尚未寻得此项资料。不过，以习惯而言，我国通常都自称为“汉”

或“夏”，而以“汉夷”与“夷夏”作为对称。称人为夷，当然自居为汉。这不但可以前引的《大南实录》为证，也尽多我国的史籍为证。越南因称人为夷而自居为汉，已有文字记录可证；推而广之，由朝鲜而至其他，想亦如此。

朝鲜实录中尽多称人为夷的记录。如称建州卫的满清人为“建夷”，称日本为“夷”或“虏”，均比比皆是。准此而观，他们当然不便再称中国为汉，以免自身所居的地位无着。汉与唐，都是中国历史上的盛世。无论称中国人为汉为唐，这都无损于中国人的荣誉。问题是，称中国人为唐人，其时间究竟有多远了呢？

前引朝鲜实录，说明早在明神宗万历时，朝鲜已称中国人为唐人。日本方面的文献，也称明末前来日本的中国商船为唐船。再往上追溯，是否尚有更早的记录可寻，待查。而由日本称中国商船为唐船一事看来，朝鲜对中国人的这种称呼，显然已输出到了日本。“唐人”一名，想来便是这种情形之下被辗转推广开来的吧！

安清帮与罗祖教

我国过去的许多秘密社会组织，由于其内部情形一直对外严守秘密之故，其历史渊源及实际状况，遂一直不能为外人所知。近年以来，一则因为帮会组织已渐成历史陈迹，二则因其秘密文献颇有流传于世的，于是乃可使我们约略窥知其内容大概，从而亦可纠正社会上对于帮会情形的若干错误传说。今先谈“安清帮”，亦即俗称之“青帮”或“清帮”。

笔者曾在一篇名为《帮会秘辛录》的文章里看到有关安清帮的记述说：

> 清帮是洪门里分出去的。“但见金盆开花，不闻清洪分家”。明末，史可法殉难，他的参谋长洪英战死于三汊河，归天之前，吩咐他的五位部将蔡德忠、方大洪、胡德帝、马超兴、李式开建立洪门，以反清复明为不二职志。这五位部将便是洪门的前五祖，后来曾经到达台湾，投奔郑成功，再奉郑氏派遣，潜回国内，在全国各地散布革命种子，发展洪门组织。寖假到了乾隆年间，清廷鉴于盗贼遍地，漕运不通，于是贴出皇榜，招徕天下英雄豪杰，替他们承办漕运，输送粮米。乃有洪门弟兄翁德惠、钱德正、潘德林三人，想出卧底反间之计，得到洪门弟兄的允许，公然揭了皇榜，归顺满清，另组清帮，承揽漕运。其实，他们做的

是反间工作，供给情报，争取财源，尤可借清帮之名扩大组织，培育实力。佛家禅宗，衣钵相传者凡六世：始祖达摩，二祖慧可，三祖僧灿，四祖道信，五祖弘忍，六祖慧能，是为震旦六祖。六祖慧能未再传衣钵，于是，清帮创始者利用“五祖传六祖，六祖永不传”的故事，直承道统，供奉罗祖为祖师，组成粮船帮，亦即安清帮，简称清帮。翁、钱、潘三位洪门弟兄既组成清帮，自立门户，阳为清廷效力，实则培养羽翼。他们犹不敢数典忘祖，于是提出“替天行道，带发修行”的口号。对清廷解释，替天行道是替天子行道，暗底下的意义则为替天下行道。带发修行，对清廷说是清帮中人本是罗祖弟子，原该剃去三千烦恼青丝；但是为了协助清廷维护漕运，迫不得已，惟有带发修行。于是，清帮中人可以不薙发，不留辫。有这种种关系，所以终清一代，清洪弟兄相遇，不但不存敌意，而且和衷共济，患难相共。基于此，又有所谓“先清后洪，鲤鱼跳龙；先洪后清，剥皮抽筋”之说。其意为从清帮跨入洪门，等于由地下工作者变为攻坚摧锐的先锋，有鲤鱼登龙门而声价百倍之意味；若先洪门而后入清帮，便是阵前战将向敌人倒戈投降，自然要处于极刑。并且清帮尊奉罗祖，衣钵相传，必须讲究班辈。所以清帮以师徒递传，而洪门却一字并肩。这一点，清帮与洪门，又是大大的不同。

这一段话，叙述清帮的起源及其大致性质，若以今天所能看到的帮会文献及历史档案等互相比较，便可知道，其中的错误实在太大。

首先，笔者可以指出如下三点事实。第一，清帮并非是由洪门中分出去从事反间卧底的洪门支派。第二，翁、钱、潘等三位清帮祖师，其生存的时间甚早，并非在乾隆年间方才因承揽漕运而组成清帮。第三，虽然清帮中的文献资料以翁、钱、潘三人为组帮的开山祖师，但若由雍正乾隆间的官方文件看来，此三人应当是罗祖教中的重要人物，而与组成安清帮一事无关。谓予不信，且看笔者在后面所征引的有关资料。

清帮秘籍《通草》中曾有如下一段记载，说：

> 康熙皇帝又为南漕朝夕踌躇，意将南方诸郡民税漕粮移运北京，以为满蒙禄食。传旨午门外张挂皇榜，招募义士，护国匡漕。翁、钱、潘三位老祖揭下皇榜，康熙皇帝下旨，命三位义士领帮匡漕，潘祖为正统，翁祖为左统，钱祖为右统。三祖奉了皇帝圣旨，领运通漕，名为安清帮。雍正四年，船齐下水，开始运粮。翁、钱、潘三祖因人类不齐，殊难约束，经漕督何公立邦奏明，恩准三祖各开山门，广收弟子，支配各船服务。再由徒传徒，人才日众。全帮合力合心，漕运于斯为盛。昔日递运艰难，人畏其险，今则交通便利，人赖以安，故定帮名曰安清。

这一段话，说明了安清帮的兴起确是为了领运漕粮，诚然不错。但由《通草》的文字记述看来，此书中不但没有一点"反间卧底"的革命意味，反而充满了以服务满清为荣的痕迹。如书中的《江淮四总帮头》一节说："金顶金丝盘龙雀杆，大红四飘带，绛黄龙凤旗。每月初一十五两日用杏黄旗，进京凤旗，出京龙旗，阴阳紫金锁。雀杆是雍正御赐，旗子是正宫娘娘亲赐。靠船紫金码头，吃长流水，烧昆山柴，交粮领龙凤大票。"又所记香堂诗中多有类似口吻的诗句，云："二对宝蜡满堂红，帮中豪杰出英雄，雀杆以上落彩凤，船舱以内起卧龙。""双手举起红线绳，九江八河他有功。三老四少来拉纤，护送皇粮通州行。""祥云紫雾照莲台，三老四少两边排。未从开坛先宣令，奉请圣旨和龙牌。"这些文字中屡屡提到"龙凤"、"御赐"、"圣旨"、"龙牌"之类，加上其他"揭皇榜"、"受皇封"、"吃御筵"、"钦赐家法盘龙棍"、"钦赐家庙匾额"等等，我们只能看出清帮纯粹是以清皇朝效忠为荣，全无反清意味存在。

1912年，谭人凤呈请政府设立“社团改进会”，其呈文中曾说：“清帮起于漕运，船桅高张‘天庾正供’旗号，乃残吾民以赍寇粮者，乌可视为同道。”他以会党中人的立场说出此话，很可以看出当时一班革命会党如洪门会等，对清帮所划的界限何等清楚。由此而论，清帮当然不会是由洪门中分出去的支派。如果再由雍正乾隆间的官方文件中钩稽查证，则翁、钱、潘三人的生存时间甚早，更不可能是以洪门弟兄的身份开创清帮的。

根据另一种清帮秘籍《道遗指南》的记载，翁祖德慧生于清世祖顺治十一年正月十八日午时，卒于清高宗乾隆六年正月初三日，享寿八十八岁。本系山东聊城县人，移居山西，身入黉门秀才。钱祖德正生于顺治十三年五月十三日，卒于乾隆三年七月二十日，享寿八十三岁。本系山东济南府济阳县人，移居河南，亦曾入黉门。潘祖德林生于清圣祖康熙四年六月初六日，卒于乾隆十三年十月十三日，享寿八十四岁。系浙江杭州府武林门外状元街潘状元六代贤孙，先充秀才，继中举人。此一记载，若与清代的官方文件相比，便可知道其全非事实。

故宫博物院所出版的《史料旬刊》第十二期，收有乾隆三十三年十一月卅日闽浙总督崔应阶所上的奏折一道，其中说：“该臣看得，杭州北新关外拱宸桥地方，向为粮船停泊之所。明季时有密云人钱姓、翁姓、松江潘姓三人，流寓杭州，共兴罗教。”此疏中所说的“钱姓、翁姓、潘姓”，即是清帮所尊的翁祖、钱祖、潘祖。但清帮秘籍以“三祖”为清初时人，崔疏则以此三人为明时人，且翁钱二人籍隶北直隶之密云县，潘则籍隶南直隶之松江，无一人与清帮秘籍所记相合。可知清帮秘籍，实系后人所伪托。我们何以知道崔应阶疏中所述的翁钱潘三人即是清帮所尊的三祖？这一层，在接叙安清帮与罗祖教（即罗教）的关系时便不难知道。

前引《帮会秘辛录》中已曾说到，清帮以佛教禅宗为衣钵相传之道统。但自六祖之后，衣钵不传，遂以罗祖直承道统，供奉罗祖为祖师。此“罗祖”，殆即清帮秘籍中所记的“罗净卿”，或“罗清”。

清帮秘籍《通草》一书记述清帮的“道统”是：从释迦牟尼传至达摩，是为“中华初祖”。至六祖慧能以后，“道绛火宅”，传于金清源，是为“安清父子道”前二十四辈的第一辈，即“清”字辈。金祖再传“净”字辈弟子陈净觉、林净修、罗净卿，罗净卿称为罗祖。罗祖传“道”字辈陆道元。陆道元称为陆祖。陆祖传“德”字辈翁德惠、钱德正、潘德林。由德字辈下传，至民国时已共传至二十四辈。《道遗指南》记述金祖之传罗祖，罗祖之传陆祖，陆祖之传翁、钱、潘三祖，辈次与此并同。但二书所记罗祖的生存时代，则又彼此互异。

《通草》：

罗祖生于嘉靖年间，万历时官户部侍郎，为奸臣为忌，被禁天牢。后奸臣事败，万历帝醒悟，降旨赦罪还官。罗祖上殿谢恩，面奏：“臣在天牢九年，久已看破红尘，虔心修道。在牢曾作经书五部。第一部正心修身，能知未来过去。第二部祛欲辟邪，可使一身清正。第三部巩固形骸，可以长生不老。第四部乐词上，第五部乐词下。今呈御览。臣心已死，不愿为官。”万历帝准奏，特赐御筵，又赐号一清道人。

《道遗指南》：

罗祖居甘肃东乡罗家庄，其父人称员外。所生五子皆亡，惟留行五，即罗祖。罗祖聪明过人，名讳清，字爱泉，生于崇祯明末年间。十九岁中乡魁，清初间官居户部尚书。回兵造反，罗祖在金殿请下圣旨，乃至边疆搭起高台，对反贼讲说仁义道德礼义廉耻，反贼不战自退。罗祖班师还朝，被奸宄魏忠贤奏闻天子，言罗祖私通外邦。皇帝大怒，遂将罗祖下至天牢一十八年。那时罗祖在天牢参禅悟道，读经诵卷，灵性发现，游玩三山五岳，观遍桃红柳绿。在天牢著作真经六部，灵游西域，留给西域国王三部，下存三部，寄在杭州武林门外八角琉璃井内。后来西域进贡，文武两班无人知晓，圣上宣罗祖出牢，方言真经来历。遂至杭州八角井内将上三部真经取回，共献圣上，圣上大喜。其名曰，一曰佛光不昧经，二曰项法无为经，三曰心猿多心经，四曰陀来醒世经，五曰南无经，六曰泥门多吸经。罗祖遂上表辞朝，不愿为官，遍访三山五岳。行至黄花山，得遇周祖点传。后列栖霞山紫云洞修养，为开道祖师。

这两段记载，多有荒诞不经之语，可以不必管他。最奇妙的，无过于后一记载之将魏忠贤作为清朝初年时的“奸臣”。这当然也可以不必管他，然而却可以看出这一类记述之诞妄难信。

按，罗祖名罗清，或称罗孟洪，罗净卿，其出生时间，远早于明世宗嘉靖以前。因为他所著的《巍巍不动泰山深根结果宝卷》，早在明武宗正德四年时，便已有刻本传世了。此一宝卷中有罗祖所自述的履历身世，云：“俗家住在山东莱州府即墨县猪毛城成阳社牢山居住。祖辈当军，密云卫古北口司马台悟灵山江茅峪居住。我为出家在家，四众菩萨，打七炼魔，苦行无处投奔。发大好心，开五部经卷，救你出离生死苦海，永超凡世不回来。苦功悟道卷，叹世无为卷，破邪显正钥匙卷，正信除疑自在卷，巍巍不动泰山深根结果宝卷，信受奉行。”

由明武宗正德四年所刻罗祖经卷推测，罗祖的生存时间，最晚当是明宪宗成化至孝宗弘治间。罗祖所创的教，后人通称之为罗祖教，但其本名则是“无为教”。他在《破邪显正钥匙卷》中自称为“无为居士”，明末收圆教经典《古佛天真龙华宝经》述及明末的各种秘密宗教，也说：“无为教，四维组。”“四维”即是“羅”字的拆写。另外则《史料旬刊》第十五期中收有乾隆三十三年十月初一日江苏巡抚彰宝所上一折，中云：“无为教起于前明人罗孟洪，以清净无为创教，劝人修证来世，称为罗祖”。由这些文字所记述的内容约略看来，所谓罗祖，当是存在于明代中叶的一支秘密宗教的重要首领。

我国历史上的秘密宗教屡见不鲜。晋时有五斗米教，宋时有所谓“吃菜事魔”，而元明间的白莲教与弥勒教，其势力尤大。白莲教后因明朝官方的严厉取缔而告销声匿迹，于是乃有所谓罗祖教（无为教）。至明末世局动乱，各种秘密教派更杂然并起，多如雨后春笋。其名目之可以考见者，有所谓红阳教、大乘教、三乘教、收圆教、龙华会、老官斋等。其兴起的原因，大致由于我国古时人民的知识水准甚低，多迷信而少政治思想。这些秘密教派的首领乃得以佛家救世轮回之说煽动愚民，以解救今世苦难，预期来世幸福相号召，故而从者甚众。其发展的结果，足以结合成极大的武装力量，危及统治者的利益。汉末张角、张鲁之借宗教以聚集黄巾贼，与元朝末年刘福通、徐寿辉之借白莲教以起抗元义帅，其情形大致相同。明末徐鸿儒之乱，亦属于此一类型。所以在明清之世，政府对于秘密宗教均深怀戒心。

清以异族入主中国，深恐教派领袖利用宗教发展其反抗力量，逐渐变宗教活动而为民族运动，所以查禁尤严。在官方的档案文件中，这类事件极为频数。罗祖教（即无为教）在当时既为秘密宗教之一，其必将遭受清统治者的忌恶，自属当然之事。

前引乾隆三十三年闽浙总督崔应阶折，曾经说到，“杭州府北新关外拱宸桥地方，向为粮船停泊之所。明季时有密云人钱姓、翁姓、松江潘姓三人，流寓杭州，共兴罗教，即于该地各建一庵，供奉佛像，吃素念经，于是有钱庵翁庵潘庵之名。”这些庵堂发展到后来的情形如何？以及他们曾否遭受清官方的取缔？可以参看下面所举的几件官方文件。

一、雍正五年十一月十八日浙江巡抚李卫奏折：“臣于到浙之后，即经留心察访，浙帮水手，皆多信奉罗祖邪教。浙省北关一带，有零星庵堂，住居僧道老民，在内看守，其所供佛神各像不一，皆系平常庙宇，先有七十二处，今止三十余所。各水手每年攒出银钱，供给养赡，冬月回空时，即在此内安歇，不算房钱。饭食供给余剩，即留为沿途有事讼费之需。而淮安大津通州京师，俱有坐省之人为之料理。各帮水手，多系山东河南无业之辈，数以万计，歇店饭铺，不敢容留。若将此等庵堂尽行拆毁驱逐，则冬月回空各水手无所依归，反生事端。且细查其教，亦止吃斋念经；其可恶之处，在于借此心齐，欺人生事，尚无别项不规之处。臣已严令押运官弁逐船稽查禁止，不许指称伊教，聚众赌博打架。并于回空之时派出千把带兵巡查，一有所犯，即行严拿，从重痛处。仍不时防范，设法杜绝。”

二、乾隆三十三年九月初十日浙江巡抚觉罗永德奏折：“闻昔年有密云人钱、翁二姓及松江人潘姓，先创钱、翁、潘三庵，为粮船水手回空居住之所。因粮船水手俱系山东北直各处人氏，回空之时，无处住歇，疾病身死，亦无处掩埋，故创设各庵，俾生者可以托足，死者有地掩埋。在庵者俱习罗教。嗣因水手众多，续又分有七十余庵。自雍正年间前任李抚院禁止之后，现止存剩二十余庵。”

三、乾隆三十三年九月二十八日浙江巡抚觉罗永德奏折：“乾隆三十三年九月十七日奉上谕，据永德奏，北新关外查出庵堂十余处，庵内收藏经卷，供奉罗像。每年粮船回空，水手容留托足。请将皈教之人从重处治，毁其经像，革除庵名，改为公所，仍许水手回空时栖止等语，所办尚未尽妥协。杭州各处经堂，向系粮船水手所设，借栖止为名，信奉罗教，本应严禁。从前虽经李卫查毁经像，而房屋尚存，以致故态复萌，各庵内仍藏罗经罗像，是其恶习难返，非彻底毁禁，不能尽绝根株。若仅如该抚所奏，将庵堂改为公所，数年之后，查察稍疏，伊等势必又将公所变为庵堂，总非正本清源之道。至水手栖止之所，原不必官为筹划。此辈皆旗丁，临时雇募应用，更非官丁可比。即或散居各处，至期自能赴帮应雇，何必为之鳃鳃过计？况有漕之处，不止浙江一省。即如江南湖广河南山东，均有粮船，均需水手，并不闻有栖止公所，何独浙江为然。况此辈游手好事之人，群居一处，必至滋生事端，于地方又有何益？着传谕永德，除将本案从重办理外，所有各庵堂，概行拆毁，毋得仍前留存，复贻后患。”

四、乾隆三十三年十一月三十日闽浙总督崔应阶奏折：“杭州府北新关外拱宸桥地方，向为粮船停泊之所。明季时有密云人钱姓、翁姓、松江潘姓三人流寓杭州，共兴罗教，即于该地各建一庵，供奉佛像，吃素念经，于是有钱庵、翁庵、潘庵之名。因该处逼近粮船水次，有水手人等借居其中，以致日久相率皈教，该庵遂为水手已业。复因不敷居住，醵资分建至数十庵之多。庵外各置余地，以为守庵人日用，并为水手身故义冢。每年粮船回空，其闲散水手，皆寄寓各庵。积习相沿，视为常事。此水手皈教之由来也。至我朝雍正五年，经前抚臣李卫访闻，浙帮水手有信从罗教之事，奏明饬禁。只缘其时但将经像毁去，而庵堂仍留为水手栖息之区，致各庵仍有私藏经像，未能尽绝根株。尚存二十二庵，看守计共二十二人，均系向为水手，皈依罗教之人，因年老有病，遂各进庵看守。或相沿收藏经卷，或并未收藏经卷。或旧曾学习，能念罗经；或并未识字，不能念诵。皆赖耕种余地，以资餬口。每年粮船回空，水手人等，内有无处佣趁者，即赴各庵寓歇。守庵之人，垫给饭食，俟重运将开，水手得有雇价，即计日偿钱，借沾微利。其各庵寄寓之水手，不意尽归罗教之人。而每年平安回次，则各出银五分，置备香烛素供，在庵酬神。向来守庵之人，是日念经数卷。其水手中归教念经者，亦即随之。如守庵之人不会念经，则惟与水手人等焚香礼拜，别无夜聚晓散及煽惑民人之事。”

由上面所引四折，可以看出如下几点事实：

第一，当翁德慧、钱德正、潘德林在明代时到达杭州从事传布罗教的工作之后，杭州的拱宸桥地方即开始形成了罗祖教的根据地。自此，漕运水手相率皈教，罗祖教的庵堂亦由最初的翁、钱、潘三庵迅速发展至七十余庵，充分可见漕运水手皈教之众。

第二，清雍正帝、乾隆帝之一再查禁罗教在杭庵堂，并非教中水手有图为不轨之事。但既能团结对外，便不免为统治者所恶。因此乃有拆毁庵堂，禁绝罗教之事。

第三，罗教之所以能在杭州得到迅速发展，主要由于翁、钱、潘三人深知漕运水手漂泊无依之苦。故遂以庵堂作为会馆，容留无依水手，使他们生有所托，死有所葬。在感恩之余，乘机灌输罗祖教的救世教义，深切各人心中的痛苦，遂能广招教徒，在短时间内由三庵发展至七十余庵之多。

从上面所说的三点事实中，我们实在看不出翁、钱、潘“三祖”有所谓“揭皇榜”、“领皇粮”，借“护国通漕”为“卧底反间”之事。因为翁、钱、潘三人来到杭州，在漕运水手中发展罗教，还是明代之事，与洪门会之反清复明相去尚远，根本不可能扯在一起。何况明代漕粮的领运，本是卫所官军之事，亦谈不到有漕运不通，至需招徕天下英雄豪杰为皇帝领运漕粮。只因明代末年的卫所官军大多穷困不堪，领运漕粮的卫所官军，一方面困于官吏的侵渔剥削，一方面又为穷困所迫，精神苦闷，生活潦倒，以致极容易为罗祖教所吸收。鼎革之后，卫所官军失其世袭凭依，沦为受雇运粮，生活更苦。此当是罗祖教能在漕粮水手中得到迅速发展的先决条件。至其成功因素，则又显然是在针对水手们的实际困难，设法为之解决，能够投合水手们的心理之故。由罗祖教变为安清帮，其间尚有一大段距离，殊不可混为一谈。

清末民初时，革命先烈陶成章曾撰《教会源流考》一文，论述中国秘密社团的兴起原因，其说颇有可采之处。据陶先烈的说法，洪门会起于明末清初。其时因中国遭亡国之祸，志士仁人，不忍中原之涂炭，共结秘密团体，以求光复祖国。何谓洪门？因明太祖年号洪武，故取以为名。指天为父，指地为母，故又名天地会。其倡始者郑成功，其策源地在福建。清初郑成功抗清之战，浙闽义师相联合，洪门组织亦由闽入浙，寖假而逐渐传布至江南。康熙时，一念和尚在天目山举义师抗清，事败之后，清廷大杀党人，在江南及浙江之天地会党徒尽遭荼毒，唯有福建未遭波及，于是洪门会友改向广东发展其势力，取洪旁三点水之义，号曰三点会，以避清政府之注意。后又由三点改称三合，由粤而赣而桂，势力鼎盛，其后遂有洪秀全之革命。

洪秀全虽窃取天主之教义而附会之，然其干部无一非洪门弟兄。迨太平天国将败，李秀成等逆知湘军必将见重于满清，因使洪门兄弟投入湘军，易其名曰哥老会，于是湘营中之哥老会势力大盛。但因三点会、三合会及哥老会三者皆出于天地会，故皆号洪门，别称洪帮，俗讹作红帮。哥老会出现后，有潘庆者，窃其余绪以组织潘门，或曰潘家，又曰庆帮，俗讹作青帮。其分立之原因，则因潘庆为贩卖私盐之巨魁，而湘勇负责缉私，势成敌对，故别立旗帜。然湘勇虽有缉私之名，其实暗通，故虽有反对之名而无其实。且其渊源共出洪门，彼此不忘木本水源，故凡潘门兄弟遇见洪门兄弟，其开口语必曰“潘洪原是一家”。此说解释清帮之创立由于潘庆，而与罗祖教并无关联，与本文所引述的各种史料并无抵触，颇可备一格。但是，安清帮既与罗祖教并无关联，何以清帮的秘密文献中必定要以罗祖为他们的道统渊源呢，这一点，似乎又与民间秘密宗教的一贯传统不无关联。

明代末年的洪阳教经典《混元弘阳临凡飘高经》中说：“旃檀老祖来下天宫，三番去留经。头遭临凡荷担僧，二遭临凡转为唐僧，三回九转罗祖五部经。”这是说，洪阳教亦以罗祖为他们的道统所宗。又，收圆教的经典《大乘意讲还源宝卷》中也说：“昔日灵山一会，今朝佛法常新。西天二十八祖，东土五祖传灯。罗祖续佛慧命，直指见性明心。”这又是以罗祖为他们道统所宗的实例。再如民国间所流传的一贯道，他们的道统由释迦达摩以至“火宅祖师”，其中的第八代，亦是罗祖。由这些事例，充分可以看出，由于罗祖教在明代中叶时势力甚大之故，所以若干较罗祖教晚出的秘密宗教，大都要借重罗祖之声名来发展他们自己的力量。上述各实例如此，安清帮想亦不例外。再由安清帮的立帮宗旨看来，罗祖及道统云云，其实亦是极其勉强的一些说法而已。

《道遗指南》：“进家目的何在？讲道业，修身体，练精能化气，气能结为神。并讲济困扶危，惜老怜贫。进家有何益处？无论旅行作客，至城市镇店或河路码头，家里人物很多，遇有困难浅住，或谋事，谈起规矩仪注，互相帮助。”上述的“目的”与“益处”两条，可说是安清的立帮宗旨所在。简单一点说，无非是要借帮会组织的力量，使加入此一组织的成员，能够讲义气，相帮助。反观佛家教义，无论是释迦之出世及罗祖之救人出离生死苦海，永超凡生，均与此为两截事，如风马牛之不相及。由此看来，安清之所以要有道统，以及要以释迦、达摩、罗祖等人为道统之各祖，亦显然未脱旧时秘密宗教的范型。古人有所谓“神道设教”的话，想来即是此一类性质吧。

云南边境的土司

台湾中视公司继《长白山上》后播映的连续剧《怒江春暖》，取材于我国云南边境的少数民族，其内容汲及风土人情，看来均甚为新颖有趣。当地的统治者，不是官府，而是土司。此一名目，在现在应该算是比较陌生的了。

所谓“土司”，本是封建时代所遗留的政治制度。时入民国，在民主政体之下而仍保留有封建时代的残余，亦可说是由于边疆地带的特殊情况使然。但既是特殊情况下的特殊产物，其详情如何，想亦为多数观众所希望了解的问题。因就所知，在此略作介绍。

明人李思聪听撰的《百夷传》说：“元世祖自西番入大理，平云南，遣将招降其酋长，遂分三十六路，四十八甸，皆设土官管辖，以大理金齿都元帅府总之。事有所督，则委官以往，冬去春回。”又，明人严从简的《殊域周咨录》叙云南百夷，亦说：“洪武十四年，命颍川侯傅友德、永昌侯蓝玉、西平侯沐英率兵讨云南……今其地为府者二，曰孟定、孟艮。为州者四，曰镇康、曰湾甸、曰大候、曰威远。宣慰司六，曰车里、曰木邦、曰孟养、曰缅甸、曰八百大甸、曰老挝。宣抚司三，曰南甸、曰干崖、曰陇川。长官司二，曰钮兀、曰芒市。”

元明时的情形，当然与清代及民国时的情形有异。但由此亦可知道，前人于边疆少数民族住居的地方，不立郡县而以土司治理，其名称虽与内地略似，而其实性质有异。道光《云南通志稿》卷一三一《土司传》云："苗蛮之地，官分流土，始自元以后，唐宋以前固无有也。顾即以渠帅而授为民牧，朝廷虽未显示区别，而迁除升降不欲操其黜陟，即为土司之滥觞，自不得以郡县官视之矣。"所谓"流"、"土"，即"流官"与"土官"之简称。流官有迁除升降，土官则世守其地。由《云南通志稿》所说，可知我国的土司制度，实始建于明代；在元代以前，苗蛮之地，每以当地渠帅为民牧之官，政府但施羁縻而不干涉其事。

至明代以后，则一方面渐设流官，一方面亦订定制度，对土官加以钤束。入清以后，对土司的管理钤束更为严密，稍有恣睢不法情事，每每废除土官而郡县其地，是即清代中叶以后所盛行的"改土归流"。由于改土归流的结果，我国西南边境的贵州、广西二省，目前已无土司存在；而在明、清两代时，此二省固仍是遍地土司。云南的土司，在清代初叶尚存有一百数十，时至今日，全已变为郡县。所以然之故，则因清政府欲借边境土司为对外的藩篱，故不惜多方保存之，扶植之，以期为国家恪尽守边之责也。这种边疆政策虽然并不正确，但云南边境在民国时犹有土司存在，则不能不说是此一政策的结果。

由于土司制度创自明代，而清代的一切制度又大体沿明之旧，所以各地土司的职衔官秩等等品级区分，亦大抵沿袭明代。大致说来，土官亦有文武两途。文职以宣慰使最高，秩二品。宣抚使正三品，安抚使从三品，土知府从四品，土知州从五品，土知县正七品。知府、知州、知县之下，又有同知、判官、县丞、主簿、巡检、典史、驿丞等佐贰及杂职，虽皆为土官，其制度等级则与流官无异。武职之中，又分为卫所官衔与带兵官衔两种。卫所官衔以指挥使最高，秩正三品；其下依次为指挥同知、指挥佥事、卫镇抚、千户、副千户、百户、副百户等，其品秩依次自从三品降至从七品。带兵的流官，最高可至一品的提督与总兵，但土官借衔则至游击而止，秩从三品。自此而下，依次为土都司、土守备、土千总、土把总，其品级亦依次递减至正七品。土官之袭职，文官归吏部验封清吏司，武官归兵部武选清吏司。但宣慰、宣抚、安抚等使，在宋代本是由文官出任的专阃大帅，在明清两代，这类职衔，被作为土知府及土知州的升衔之用。如南甸土司在明太祖洪武十五年初设时，本为南甸土知府。明成祖永乐十三年，改为南甸土知州。明英宗正统三年，升为南甸宣抚司。至明神宗万历间，再升为宣慰司。入清后改为宣抚司。又如芒市土司旧为长官司，秩止六品。明崇祯十三年授安抚司职衔，入清后正式升为安抚司。以上两土司，均为升职加衔的实例。土官升至二、三品的宣慰、宣抚使职衔后，衙门内可以摆设半副銮驾，在土司中算得上是地位很高的“崇阶”了。但如照前清制度，土司与汉官的关系是“见官小一级”，纵使是三品的宣抚使，仍须归当地的知府与知州管辖，见了汉官，仍须自称卑职。降及民国，南甸宣抚司成为云南梁河设治局的一区，芒市安抚司亦成为云南潞西设治局的一区。在从前官居三品的宣抚使与安抚使，到民国时变成了只是设治局辖下的一名“区长”，高下之间，未免相去太远。由此可见，土司的官品即使再大，与汉官相比，仍只是不入品的“羁縻之官”而已。

道光《云南通志稿》说：“滇自越嶲蛮夷长贵杀枚根自领太守事，光武即授以印绶。厥后若嶲若蒙，皆以本土大姓就官，累世为一方长。”据此可知，云南虽自汉代以来便有越嶲、益州等郡，其实只是地方土酋自为雄长，世守一方，中国政府并不过问。至元世祖平定云南，招降其各部酋长，云南始入中国版图。明代的云南，则在土司之外，更广置郡县，充分显示中央政府的控制力量已经非常深入。

中央政府的控制力量深入，势难免与土司的统治权发生冲突，于是乃开启了后来的“改土归流”局面。但由建立土司而至改土归流，中间所经历的时间极为绵长，明清两代政府所费的经营布置之力，着实不小。由各省土司的兴衰变化，很可以看出边疆地区逐渐收入中央统治系统之下的递嬗过程。

明代的土司，多有辖境极为远阔而势力极为强大的。在西南诸省，最著名的就是播州杨氏、水西安氏、与田州岑氏。播州土司的领土，即后来的贵州遵义、平越二府辖境，地方数千里。自唐僖宗乾符间为南诏所陷，太原人杨端应募往复其城，自后即世守其地。明置播州宣慰司，领安抚司二，长官司六。幅员既广，势力日强，渐至不服约束。万历廿七年，播州宣慰使杨应龙反，明军由四川、湖南、贵州三路出师进讨，历时四月削平，置遵义平越二府统之。水西地在贵阳与遵义之间，贵州诸土司，以水西为最强。天启崇祯间，水西安氏与永宁奢氏连兵作乱，总督朱燮元讨平之。田州虽不过广西之一府，而土司岑氏兵强。嘉靖二年，土官岑猛以兵攻占邻近之泗城州，巡抚姚镆大发兵讨平，改田州为流官。越时未久，土目卢苏、王受等又戕官起事，再命总督王守仁讨平，兵连祸结，荼毒地方者两年。乱定之后，王守仁疏陈田州改设流官之非，云：“思恩未设流官，土酋岁出兵三千，听官征调。既设流官，我反岁遣兵数千防戍。是流官之设，无益可知。且田州邻交，深山绝谷，悉猺獞盘踞，必仍设土官，斯可借其兵力为屏蔽。若改土为流，则边鄙之患，我自当之，后必有悔。”由王守仁的奏疏，可知改土归流之举，必须在当地的汉化达到某一程度后，方可实施。若仍是苗蛮遍地，不但汉官无所施其教化，更必须多设防兵保护守土官的安全，实在不是适宜的举措。

但王守仁虽建议田州仍设土官，另一方面亦同时建议割田州旧壤，设立十九个巡检司，分别委任土巡检治理其地。是无异汉景帝议削封建诸王势力时所采取的“众建诸侯而分其力”的老办法。于是在田州既平之后，当地的土司，就由旧时的一个变为后来的二十个（仍有田州土知州，但疆域已甚小）。朱爕元平水西安氏之乱后，所采取的亦是此一办法——裂疆域而众建诸蛮。这一办法，可说是后来改土归流的先声。因为“地大者跋扈之实，势弱者保世之策”（《明史·朱爕元传》）。土司势弱，便不敢恣睢不法。经过若干时间之后，土司境内的汉化程度日深一日，届时一举而废其土官，改设郡县，必不致再有重大的阻力。清代改土归流政策之成功，实奠基于此。

不过，由于明清二代均视腹地土司与沿边土司有别，凡此措施，均未施之于沿边各土司。所以到了清末民初，云南边境依然保有“宣抚”、“安抚”等土司十余个之多。其中颇多世席富强之资，过着“天高皇帝远”的土皇帝生活。比之内地土司，算得上是得天独厚的了。

王守仁平田州以后所分置的十九个土巡检，并非全以当地土人头目充任。根据清嘉庆年间所修《广西通志》的记载，除了一部分土巡检司业已改土归流外，其中有五个土巡检，可由其第一代的始封纪录考知为汉人，因随王守仁征岑猛立功，于明世宗嘉靖七年得授为世袭的土巡检。此五人的姓名及籍贯，列举如下：

韦贵，山东邹县人，授兴隆司世袭巡检。

韦良保，东兰州人，授下旺司世袭巡检。

黄理，南直隶定远人，授那马司世袭巡检。

黄留，湖广汉阳人，授都阳司世袭巡检。

覃益，山东益都人，授古零司世袭巡检。

上举五人之外，《广西通志·土司传》中所记的各地土司先世，还有很多是在宋代所封授的汉人，其时间在狄青平侬智高之乱时，其人选即是狄青所随带的出征将弁。略加统计，可知其中被授为土知州的有九人，土知县二人，土巡检或土吏目以下不计。在这十一个土知州与土知县中，有十人籍隶山东，一人籍隶福建。加上韦贵等五人，可知在宋明两代时，汉人因从征立功而得被授为广西各地土司，世代承袭，以迄于清时为止的，其数颇不在少。由于各省通志的土司传中多保有类此的资料，因此，在二十世纪四十年代时，曾有人根据清代中叶广西、贵州、云南三省的通志记载，将各该省境内的土司依其祖籍作一籍贯统计，得出的结果如下：

广西土司四十六人中，汉裔者二十六人。计山东十五人，广西四人，湖北一人，福建一人，江南二人，省别不明三人。

贵州土司七十七人中，汉裔者七十四人。计江西二十三人，陕西十六人，直隶十二人，江南七人，四川四人，河南三人，安徽山西贵州各二人，广东湖广云南各一人。

云南土司八十一人中，汉裔者二十八人。计云南十三人，江西五人，江南及四川各四人，直隶及湖广各一人。

一般人的观念，总以为我国边疆各地的土司，必是当地的酋长头人所世代充任。上面的统计，颇可以指出这种观念的错误。原来在明清两代时，在云贵等省“苗蛮之地”安享尊荣的“土皇帝”们中，竟有不少是汉人的子孙哩！电视剧《怒江春暖》颇着重于“夷汉不能通婚”之说，以为土司之女是夷人，乡长的儿子是汉人，所以土司的女儿不能嫁与乡长的儿子。由上面的统计资料，可知此说实难成立。因为我们既已知道在西南各省的土司中有甚多的汉人后裔，这些汉籍的土司若不与当地土族通婚，如何能在血缘关系上与当地土族打成一片？又如何能得到当地土族的竭诚拥戴呢?《史记·西南夷列传》说，楚威王使将军庄蹻领兵循江上，略巴蜀，黔中以西，蹻至滇池，征服滇国，自任滇王，“变服从其俗以长之”。中国势力之进入西南各省，当以庄蹻王滇一事为其嚆矩。但值得注意的是，庄蹻虽以中国内地之人王于滇中，他所用的方法，却并不全是武力镇压，而是生活习俗上同化于当地夷人。由“变服从其俗”一语，可知庄蹻所带去的部属，他们的后裔都已变成了夷人。这当然是夷汉通婚及以夷变夏的结果。这一例子，最适于解释宋明两代以军功封为西南各地土司的汉人，是以何种情形君临彼土的。若是这些土司一定要以汉人的文化方式在他们的属地内实行中国式的统治，又执定保持其汉人的血统，不与夷人通婚，则他们即刻就会发现他们所处的孤立形势极为危险，虽凌以中国的兵威，亦不足以保障他们的安全，更何况要世世相袭，永为蛮夷的君长呢？这是足以否定夷汉不能通婚说的第一例。另外的例子，尚可列举如后。

清代有一江苏江阴人名陈鼎者，因其叔服官云南，鼎亦随同在任，滇东某一龙姓土司遂以女妻鼎，陈鼎曾撰《滇黔土司婚礼记》一文详记其事。在他所作的记文中，可以使我们明了两件事实。第一，此一龙姓土司的家族，自称本是汉人后裔。第二，他们的嫁女仪节，一秉周代古礼，诸侯嫁女，必一女八媵，所以陈鼎在一次婚礼中同时娶到一妻八妾，皆此土司所遣嫁。其中所根据的制度礼节，皆与古书所记无异。他的记文中说：

> 滇之东，土司称文物者以龙氏为最，盖其先于周汉上诸姬也。其族通汉书汉语者十九。而一秉周礼，翩然风雅，骎骎乎礼乐之乡。

据此云云，则我们不但可知滇东的龙姓土族，其先世原为汉人后裔，而因久居夷中之故，他们的家世中虽已掺入了夷人的血统，但仍以保持汉人的文化为荣。这是足以否定夷汉不能通婚说的第二例。

大理段氏，在宋元两代以来一直是云南的豪族。有人说他们的种族是摆夷，但究其实际，则并非纯粹的摆夷，而是摆夷与汉人的血统相混的“民家”。清人檀萃记段氏家世云：

段思平者，其先武威姑臧人，汉太尉段颎之后。本出郑共叔，遂以为氏。西汉段会宗，以天水上邽人为西域都护，颎盖其从曾孙，以平羌功封新丰侯，官至太尉。段氏世居西塞，子孙散处，或仕中国，或入蛮陬。段荣段诏显于高齐，段志元为唐佐命，其后段文昌遂相穆宗，皆武威姑臧之段也。云南段氏由姑臧而来，故段氏世为西南边望。思平之先，有段俭魏者，为蒙氏清平官，赐名国忠。六传而至思平，则当是中国五季时也。

由这一段记录，可知西南边疆的夷汉通婚之俗，由来已久。由于夷汉通婚，遂有由摆夷与汉人混合血统的“民家”。民家在云南为一大部族，其族姓甚繁，除段氏外，余如董、杨、赵、李诸姓，多自认为汉人之后。虽其家世源流不可详考，要为夷汉通婚所孳生的部族。这又是足以否定夷汉不能通婚的第三项实例。

云南境内，种族繁多。也许有人会说，云南境内的其他种族确有与汉人通婚的事实，而摆夷则否。虽然传说中的“民家”来源乃是摆夷与汉人的混合血统，但并无具体实证。于此，我们还可以另外举出两项证据，来证明以上所说的种种夷汉通婚情形，亦可准之于云南西部边境的摆夷土司中。

云南梁河设治局所属的南甸宣抚司，其土司姓刀，民国二十六年时，其二十八世后裔具呈云南省政府请袭父职，所具亲供有云：

具亲供人龚统政，系旧属云南永昌府腾越厅现属梁河设治局南甸宣抚司告替土司龚绶正妻方氏亲生长男，现年十八岁，系本土生长人氏。祖籍南京应天府上元县人，汉姓龚，随师征南，埼驻南甸，赐姓刀，已经二十八代。……二十七世父刀樾椿，系已故土司刀定国正妻罕氏亲生长男，于宣统元年承袭父职。一九一二年，详准改还原姓，更名垄绶，年老告替。

南甸土司，乃是云南腾龙沿边的七个摆夷土司之一，所辖俱系摆夷部落。1912年以来，民族学家调查云南境内各摆夷部族的家庭及婚姻制度，得悉其土司之婚姻与一般人民不同。盖因土司为部落中的统治者，身份高贵，所以土司的子女必不能与当地的子民通婚，必须求婚于邻境的另一土司。由于这一缘故，云南腾龙沿边的南甸、干崖、盏达、陇川、猛卯、遮放、芒市七个摆夷土司，与顺宁边境的耿马、龙陵县属的潞江等二摆夷土司世为姻亲。耿马土司姓罕，芒市土司姓方，亦即是南甸土司第二十七代龚绶与二十六代刀定国的婚姻对象。南甸土司虽系汉裔，耿马、芒市二土司则是摆夷。由南甸土司婚于耿马芒市二土司的事实，足可证明在摆夷土司之中，亦有夷汉通婚的事实存在。这是第一项证据。

芒市土司本姓放，民国后改姓方。据芒市土司的家谱记载，十八世祖放泽重，在大理娶一汉族女子，生子庆禄，后袭职为第二十代土司。这又是另一项记载明确的实证，足以证明虽在摆夷土司之中，亦尽有夷汉通婚的事实。

由上面所举的这些事实，足以说明，远自楚国时的庄跻入滇开始，进入云南的汉人，即不断因与当地夷人通婚的关系，而使汉夷之间的血统日趋融合。到了民国年间，云南境内的各部族大多已经汉化。虽说摆夷部族因僻处边陲之故而在形式上仍然保持其不同的习俗与文化，但因汉人势力日益深入之故，其汉化的迹象亦已非常显著。不但其上层统治者中早已混有汉人的血统，其下层人民同化于汉人的更多。根据抗战期间各民族学家在摆夷区域中所作的调查报告，数百年前，在现在的摆夷区域中住着一种长发夷，其族人皆无姓氏，可说是道地的摆夷人。后因汉人移居夷区者日多，皆改变汉人的原有风俗而与夷人同化。但与夷人同化后的汉人，仍保持其原有的姓氏。所以今日摆夷区内的夷人皆已有姓氏，其情形分为两种，一是汉人而同化于夷人的，一是夷人汉化而摹仿汉人建立其姓氏的。由这种血统与文化的演变，相信再隔若干年月之后，现有的摆夷必将完全与汉人同化。现在所保存的习俗与文化的差异，亦不过是同化过程中的过渡现象而已。在电视剧中欣赏昔日的摆夷社会，正是值得珍视的历史性镜头哩。

于此，我们似可转过来看看，摆夷社会之所以使人感觉新奇者，究竟有那些地方？

摆夷即是《周书》所称的“百濮”，《史记》所称的“僰夷”，《后汉书》所称的“哀牢夷”，自古散居于云南境内，乃是云南境内许多种族中的一种。唐时建国于大理的“南诏”，即是摆夷所建立的国家。自五代以迄于宋，云南都与中国保持隔离。元代征服云南以后，中原的汉人势力日渐深入，摆夷部族被迫南移至云南的南方及西南边疆地带。明清两代，共设有十个摆夷部族的土司。除了前面所举的南甸、干崖、盏达、陇川、猛卯、遮放、芒市、耿马、潞江等九土司位于西南腾越、龙陵、顺宁沿边一带外，尚有位于云南南方边境的车里土司。清代末年，边疆各省的土司盛行改土归流，在云南境内，车里土司首先被废土改流，以其辖境分设车里、南峤、佛海等三县。其余各土司尚未及次第改流，清祚即已终结。降及民国，云南省政府对沿边土司改采一种新的政策，即是所谓“设流而不改土”，由于这种政策，云南西南边境的九个摆夷土司及三个非摆夷土司，遂得保留至今日。

云南省政府在民国年间所推行的“设流而不改土”，其办法是将各土司的旧有领土依其大小酌量归并为若干个“设治局”，土司改称设治局下所辖各区的“区长”，以为进一步设立县治的准备。这种“设流而不改土”的办法，说得通俗一点，无异是“换汤不换药”。因为政府虽然颁布明令取消旧日的土司职衔，将土司改成省政府委派的一名区长，但昔日的土司与今日的“区长”，并无实质上的不同。第一，土司的辖区未变。第二，土司的权力未变。第三，此一“区长”，依然是世代承袭的。既然今日的区长便是昔日的土司，旧土司辖境内的“老百姓”且依然须向新的区长纳税完粮，恪尽其子民的义务，然则在“老百姓”的心目中，所谓土司与区长，还不是二而一、一而二的事吗？所以尽管政府当局把当地土司称为“区长”，而土司辖下的“老百姓”仍然照旧称土司为“司官”。换汤而不换药，犹美其名曰“设流而不改土”，岂不是滑稽之至。

旧日的土司，在他的辖境内保有绝对的统治权。土司治下的行政，恰如专制时代的小朝廷。土司衙门有如皇帝的朝廷，司衙所在地是其发号施令的京城，各村寨均有被派担任管理的“甿头”或“寨长”，俨若封建皇帝所辖的封疆大吏。在专制时代，皇帝朝廷中的官员尚须经过考试铨选等等制度甄别任用，而土司衙中的执政大员则尽皆是土司的戚属，世代承袭，根本不需要有考试任用制度。由此看来，土司政治中的专制色彩，较之皇帝朝廷尤为浓厚。土司有“正印”及“代办”、“护理”之分。“正印”即是身分业已确定的现任土司。如正印土司出缺，应袭之子嗣年幼不能理事，则由土司之族属中推一最亲近的长辈代摄政权，名为“代办”。“代办”是近代的新兴名辞，若在前清，则名为“护理”。

土司境内的土地，在理论上全归土司所有。人民耕种土地，由土司分配予一定的地亩，并按时向土司纳粮。所以在土司境内的人民均无私有的土地，更无所谓土地买卖行为。但土司亦可将所辖土地分封予其族属，在这种情形之下，土司宛如封建制度下的诸侯，而其得到分封土地之族属，便宛如诸侯下的领主。诸侯及领主，与所统治的小民永远属于两个不同的阶级，一是统治阶级，一是被统治阶级。统治阶级的身份崇高，所以土司及其族属必须与另外的土司及其族属缔结婚姻，而小百姓则永远不能升入土司的统治阶层内。

土司衙门中有各种各样的办事人员。“文案”掌管公文处理，其人选须聘请内地汉人。“教读”负责教导土司子弟学习汉文，亦须延聘汉人担任。“文案”之下，更有“书办”，为文案之助手。汉书办请汉人担任，夷书办则委派夷人。土司的高级随从，司署中人通称为“二爷”，此犹是前清时所遗留的惯例。二爷以下，则厨役、茶房、杂差人等，多至数十。这类仆役，照例由各村寨轮流选派当地夷人前来义务服役。犹如皇帝时代的人民，除了纳赋之外，仍须每年担任若干“徭役”。土司辖下的村寨，合数村寨称为一“吭”，由“吭头”总揽行政大权。民国以来，土司被改称为设治局下的区长，吭头与村寨长则被改称为区下的乡长与保长。但因土司区域中的吭头与村寨长向来都是由土司委派，习惯服从土司的命令，所以虽然改称为乡、保长，仍然唯土司之命是从。

民国时期，云南省政府所推行的“设流而不改土”政策，不但使土司继续在其辖境内保持其土地所有权，亦继续保有其行政权。

土司衙门的建筑，一般都有相当久远的历史。其规制全仿清代时的云南巡抚衙门。头门之外，有东西辕门，有大照壁。头门上高悬某某宣慰司或某某宣抚司的金字匾，二门两旁陈设半副銮驾“肃静”、“回避”等金字牌。由大堂、二堂进至内堂，有雕镂精致陈设华丽的内厅，有防卫森严的内衙，有厢房、戏台及曲槛流水的花厅。至于花园亭台之类，亦所在多有。由于云南的西南边境地接缅甸，英式文化的影响在此颇深。所以，民国时期的边地土司，又在旧日的衙署之外，新建西式的私宅，建筑精美，花木荫深。土司平居则西装革履，出入则以汽车代步。宅中陈设，尽皆欧化。收音机、留声机、钢琴、提琴、猎枪、相机之类，应有尽有。其起居之舒适与生活之豪奢，完全不是一般人想象中的野蛮落后。以与当地土人的贫困愚昧情形相比，更不止相差了几个世纪。

云南边境的土司，其所以能保持如此舒适豪奢的生活，当然与其经济来源有关。由于土司区域内的一切土地在理论上都属于土司所有，所以土司辖境内的人民都是耕种土司田地的佃户。因此，土司辖境内的人民除了对土司完纳地租之外，还得每年为土司服一定时间的差役，供应土司衙署中的饮食，缴纳门户税，遇着土司家庭中发生特殊事故，例如嫁娶、生育、死亡及新土司袭职等，还须有特别的敬奉。如果一个土司所辖属的人口众多，耕地广大，则此一土司的每年收益，便非常可观。云南西南沿边的各土司，以芒市土司最为富裕。其原因由于芒市土司拥有大片可耕的平原地带，区内汉夷人口共计五千余户，且所有平原地带均已辟为农田，每年可产米一百数十万箩，大部分可供运销外地。人口多兼出产多，土司所收的租赋及贡献自然也多。因此芒市土司不但拥有轿车数辆，每天署中所花费的食用费，亦极可观。日食三餐，筵开十席，大体皆是鸡鸭满桌，年费总在现银六万元以上，都由辖内各村寨人家轮流供应。虽然芒市土司的年入若干，尚无记录可查，但其邻近的南甸土司每年收入，则在云南省政府的档案中颇有一二资料，如1928年省府所派调查专员呈报省府的公文中曾说：

查南甸土司龚绶所辖，地方宽广，人烟稠密，土司之收入甚钜，年有官烟二万八千两，公堂谷四万余箩，公堂米五千余箩，地基金四千余两。凡缴纳银两者，银元只作六钱七分。有此大宗收入，尚未满其欲壑，临时捐款，年无定额，视事体之轻重，任意勒派。

土司可在辖境内任意勒派，这本是前代所沿的陋习，不独民国时为然。如清人蓝鼎元所撰《鹿洲初稿》论边省苗疆事宜书中说："愚闻黔省土司，一年四小派，三年一大派。小派计钱，大派计两。土民岁输土徭，较汉民丁粮加多十倍。土司一日为子娶归，则土民三载不敢婚姻。土民一人犯罪，土司缚而杀之，其被杀之族尚当敛银以奉土司，六十两四十两不等，最下亦二十四两，名曰玷刀银。"贵州土司的情形纵或不与云南土司一样，但土司之经常借事勒派，固已见于前述的省府档案。摆夷区中有句俗话，说："若要土司富，只要死人娶媳妇。"死人与娶媳妇，均为借事敛财之手段，语虽鄙俚，却近实际。土司之惯在辖区内作威作福，于此可见一斑。

土司与其族属的生活愈富裕相对地便是土司辖下人民的生活愈困苦。这是因为夷区内的一切经济生产落后，土司的剥削既重，人民的生活凭借自然相形减少。但边区夷民的生活资源虽然贫乏可怜，若与内地相比，则他们亦有其特出的地方。即是他们一般的生活都很平均，既无面团团的富家翁，亦无流离困穷的乞丐。这是因为他们人人都属于佃户阶级，不能积资成为富人。但若他们肯勤力耕种，自可向土司领得一份田地耕种，所得收获，在缴付租谷及捐派之类以外，勉可维持温饱。即使有人因疾病意外等事而致衣食不周，他的亲戚朋友们亦决不肯坐视不救，自会设法济助。因此，在土司辖属之下，大致可说是人人都有饭吃。好在边地人民的生活简单，云南南部的气候又热，住的房屋只需竹子搭盖，吃与穿的问题又都容易解决，虽然生活不很充裕，总亦可算衣食无缺，足堪温饱的了。何况教育落后地区的人民思想简单，在他们的心目中，只要衣食无缺，土司对待他们又不至于太苛刻，则一切皆可随遇而安。在这种情形之下，自然也不会有太多的社会问题发生的。

边地人民的智识落后，土司制度之存在，只有使边地人民永远过着贫困落后的生活。这一点，说来实在也是使人很为感慨的。

乾隆帝出生之谜

弘历非清族血胤之说

清朝的乾隆帝，名弘历，历史上称为清高宗。他是世宗胤禛之子，圣祖玄烨之孙。生于康熙五十年八月十三日，卒于嘉庆四年正月初四日，享寿八十九岁。乾隆帝在位时，清朝的国势正如日中天，其疆域之广袤，声威之赫奕，直可上比汉唐盛世。这位多福多寿的皇帝，临御天下凡六十年，之后将皇位传给儿子嘉庆帝，自己做太上皇帝，又过了三年零四天，这才龙驭上宾。综观中国历史上享寿之高与在位之久的，乾隆帝可称第一。所以他确实有资格自称为十全老人、五福天子。话虽如此，这个历史上最有福气的大皇帝，据说却并非清皇室的血胤，这究竟是怎么一回事呢?

天嘏所撰的《满清野史》第四篇，有如下一段话说：

浙江海宁陈氏，自明季衣冠雀起，渐闻于时。至之遴，始以降清，位至极品。厥后陈诜、陈世倌、陈元龙，父子叔侄，并位极人臣，遭际最盛。康熙间，胤禛与陈氏尤相善，会两家各生子，其岁日月时皆同。胤禛闻悉，乃大喜，命抱以观。久之，始送归，则竟非己子，且易男为女矣。陈氏殊震怖，顾不敢剖辨，遂力秘之。未几，胤禛即帝位，即特擢陈氏数人至显位。迨乾隆时，其优礼于陈者尤厚。尝南巡至海宁，即日幸陈氏家，升堂垂询家世。将出，至中门，命即封之，谓陈氏曰：厥后非天子临幸，此门毋轻开也。由是，陈氏遂永键其门，或曰：弘历实自疑，故欲亲加访问耳。

又据传说，海宁陈氏的安澜园中，有皇帝御书的匾额二方，一曰爱日堂，一曰春晖堂，皆用人子事父母语意。唯其由于出自皇帝御笔，更可知皇帝确为陈氏之子。前此台湾电视公司所播映的《金玉盟》一剧，根据了上面这些记载，大演隆科多与雍正帝后、乾隆帝与香格格之间的宫闱爱情故事，亦正可说是其来有自。

孟心史有文辨正

针对上面所述的野史传闻，清史权威孟森（心史）先生曾在 1937 年撰写《海宁陈家》一文，列举了各种正面侧面的证据，加以驳正。孟先生的原文，长达二万余字。其主要的论点，可以概述如下：

一、弘历生于康熙五十年，其父胤禛时为雍亲王。当时，康熙帝之子胤礽尚是皇太子。当皇太子的地位未曾发生动摇时，自允礽以次的康熙诸子，根本没有觊觎帝位的希望，胤禛排行第四，其上除胤礽以外，尚有大哥胤禔，三哥胤祉。即使胤礽被废，胤禛被册立为太子的希望仍然不大，因为一则康熙帝的儿子甚多，二则胤禛亦非康熙帝所单爱之人。在这种情形之下，胤禛有什么理由要岌岌抱养他人之子为子呢?

二、胤禛有十子。皇后那拉氏生长子弘晖，康熙四十三年殇。齐妃李氏生次子弘昀及三子弘时，弘昀四十九年殇，弘时则长大成人，至雍正五年八月初六日，始以“年少放纵，行事不谨”之理由，经世宗降旨削宗籍死。以此而言，则当弘历出生时，世宗尚有弘时一子，更无抱养他人之子为子的理由。

三、爱日堂匾之由来，据《清史·陈元龙传》，系圣祖于康熙四十年书赐陈元龙者。其时元龙官翰林院侍读学士，康熙四十年四月，圣祖御便殿作书，谕各内直翰林：“尔等家中各有堂名，不妨自言，当书以赐。”元龙奏：父之闿年逾八十，拟爱日堂三字。御书赐之。据此则爱日堂扁并非乾隆帝所书赐，故与传说之事无关。

四、春晖堂匾之由来，据《海宁州志》，系因陈元龙之胞弟维绅早死，其妻黄氏守节四十一年。至康熙五十四年，以其子陈邦彦贵，得诰封，御书春晖堂三字匾额以褒。据此则春晖堂匾亦非乾隆帝所书赐，亦与传说之事无关。

五、海宁陈家之贵显，始于明末。至清初，已出一宰相，即陈之遴。此人先仕明而后降清，清高宗入之《贰臣传》中，显示贬抑。若谓弘历与陈家有特殊关系，何以于其上代全无顾念回护之心？相反的例证，在清初同为明朝降臣的佟养正与佟养性兄弟，则因康熙帝系养正外曾孙及康熙帝之后又系养正曾孙女之故，不但不入之《贰臣传》中，并其早年仕明之身世亦为之隐讳不书。相比之下，厚薄之不同如此，更可证明陈家于乾隆帝并无传说中的特殊关系。

六、乾隆帝之屡次临幸海宁，系因关心海塘工程。而既至海宁，除阁老陈家之邸第最为宏敞可供驻跸之外，更无合适之所。凡此事实，具见于其时所降上谕及御制诗中。

七、传说谓弘历系陈世倌之子。世倌于乾隆六年入阁拜相，至十三年，以错拟票签革职。其时所降上谕，乾隆帝于世倌不但全无器重眷顾之意，且直斥之为无能、卑琐。陈世倌倘真是乾隆帝的生身之父，乾隆帝又复自明其身世，岂能以如此态度加于世倌？

看了孟心史先生所列举的证据及理由，似乎没有理由再可相信乾隆帝出于海宁陈氏之无稽谰言。唯一成为问题的是：既然弘历确实不可能是陈氏之子，那么，自清代中叶以至民国，有关此事的传说究竟自何而来？空穴不能来风，无风不能起浪，无论如何，既有这种谣传出现，总得有若干近似疑涉的理由可资因缘附会，才能使人绘影绘声地妆点出这一段曲折离奇的宫闱故事来。这一层，就是无法使人尽释疑窦的地方了。

弘历之母究系何人

指称弘历为海宁陈氏之子的传说既不可能成立，推测可能造成这种谣诼的原因，大概与弘历之生母有关。我们很可以从另一种角度提出一个新的假设，即：弘历之生母本系汉人，但因清皇室不愿承认弘历的身中已杂有汉族血统，复多方隐讳这一层关系，于是反而使得各种揣测怀疑的附会之说得以在暗中传布开来。如果弘历之母果系汉人，那么弘历就可以被说成为“汉人之子”。但所谓“汉人之子”者，实际上是有两种不同的情况：一是父母均为汉人的纯粹汉族后裔，一是父母二人中一方为汉人的混血儿。如果弘历的身世属于后一种情况，而因清皇室坚决否认此一事实之故，久而久之，展转传述的讹言就可能把后一种情况附会成为前一种情况，连胤禛的父亲资格都被否定掉了。笔者之所以相信此一事实有其可能，是因为现在仍有很明显的证据可以证明这一点。

关于弘历之生母究竟是否汉人的问题，在没有提出笔者个人的见解之前，应先看清朝官方的记录作何叙述，然后察看这种记录是否可信，当可帮助我们深入了解事情的真相。

《清史稿·后妃传》："世宗孝圣宪皇后，钮祜禄氏，四品典仪凌柱女。后年十三，事世宗潜邸，号格格。康熙五十年八月庚午，生弘历，是为高宗。"

《清高宗实录》卷一："帝讳弘历，世宗宪皇帝第四子也。母孝圣宪皇后钮祜禄氏，原任四品典仪官加封一等承恩公凌柱之女，以康熙五十年八月十三日子时，诞生于雍和宫邸。"

这两条记载，都说弘历之母乃钮祜禄氏之女，并非汉人。只是在胤禛未即位之前，弘历生母的地位甚低，犹如富贵人家之姬妾而已。按，钮祜禄氏乃满洲著姓之一，与瓜尔佳氏、舒穆禄氏、纳喇氏、栋鄂氏、马佳氏、伊尔根觉罗氏、辉发氏等七姓并为八旗世族之最，清代后妃多出此八姓之中。倘弘历之母果系钮祜禄氏，则其家世高华，身份贵重，何至在议婚之时，不为明媒正娶的夫人、福晋，而降屈成为胤禛的一名侍妾呢？这是可疑之一。其可疑处之二，则在弘历之出生地点，究竟是否确实在"雍和宫邸"的问题上。

弘历并非诞生于雍和宫中

雍和宫，即是胤禛在皇四子时所分封的雍亲王邸第，胤禛登极后改称曰雍和宫。《清高宗实录》中明明记载弘历诞生于雍和宫中，这个问题，在后来却曾引起道光皇帝与军机大臣间的一番论难，使人不能不觉得满清皇室自始至终都在那里一手遮蔽天下人之耳目。清人王嘉桢所撰的《在野迩言》卷三，有一条记此云：

> 雍和宫，世宗之潜邸也，高宗实诞降于斯，典籍可证。嘉庆二十五年，仁宗晏驾滦阳，遗诏云："书载虞舜陟方，古天子终于狩所，盖有之矣。况滦阳行宫，每岁巡幸之地，皇考所降生，予复何憾？"枢廷诸臣未经深考，拟上，竟获重谴。

此文中所说的滦阳行宫，即热河避暑山庄，清仁宗正命于此；皇考，则指仁宗之父弘历。弘历生于雍和宫中，实录记载甚明，何以为仁宗撰遗诏的军机大臣们竟说弘历生于热河避暑山庄呢？而由当时的文献记录看来，负责撰拟遗诏的军机大臣们，并非无所据而云然。所据为何，可以看下面所引的实录史文。

《清宣宗实录》卷四，嘉庆二十五年九月庚申条记云：

> 谕内阁：七月二十五日恸遭皇考大行皇帝大故，彼时军机大臣敬拟遗诏，朕在谅闇之中，哀恸迫切，未经看出错误。及昨内阁缮呈遗诏副本，以备宫中时阅。朕恭读之下，末有皇祖降生避暑山庄之语。因请皇祖实录跪读，始知皇祖于康熙辛卯八月十三日子时诞生于雍和宫邸。复遍阅皇祖御制诗集，凡言降生于雍和宫者，三见集中。因命大学士曹振镛等传旨，令军机大臣明白回奏。据称，恭查大行皇帝御制诗初集十四卷，万万寿节率王公大臣行庆贺礼恭纪，诗注恭载，高宗纯皇帝以辛卯岁诞生于山庄都福之庭。又第六卷，万万寿节率王公大臣行庆贺礼恭纪，诗注相同。至实录未经参阅，不能深悉。等语。朕敬绎皇考诗内语意，系泛言山庄为都福之庭，并无诞降于山庄之句。当时拟注臣工，误会诗意。兹据军机大臣等称，实录未经恭阅，尚属有辞；至皇祖御制诗集久

经颁行天下，不得诿为未读，实属巧辩。

下面的文字，是将军机大臣托津、戴均元二人革退，卢荫溥、文孚二人交部严加议处，仍布告天下，以昭示错误原委，因与本文无关，不缕述。

看上面所引的实录史文，可以使我们得到一个明白的印象——弘历之出生于热河避暑山庄，很多人都知道得十分清楚，故而不但为嘉庆御制诗作注的翰林诸臣如此注诗，即为嘉庆撰拟遗诏的军机大臣亦如此措词，只是自乾隆以至道光，历代的皇帝都不肯承认此事而已。何以自乾隆以至道光的历代皇帝都不肯承认弘历诞生于热河避暑山庄，又复竭力为伪造的雍和宫之说张目，其目的何在呢？很显然的，由于胤禛当时尚是皇子身份，随驾前往热河，不可能随带嫔御，故而若是承认弘历生于热河行宫，便无异说明弘历之生母当时尚非胤禛的嫔御，而所有一切母姓高贵的谎言，亦复不攻自破了。所以由此一事，正可看出弘历之诞生于热河行宫，实与弘历生母之真正身份及其姓氏大有关系也。

冒广生所说的弘历出生秘闻

1944 年 4 月间出版的《古今文史》半月刊第四十五期，载有周黎庵所写的一则短文，介绍冒广生所说的乾隆帝出生秘闻一则，大可与上文相互参看。引述如下：

世传乾隆为海宁陈氏子，其再番南巡，乃为省亲之故，不特稗官采之为实录，即大儒如沈子培曾植，亦信以为真。其所持理由，皆不充分，无足深辩。至弘历之出生，鹤丈（即冒广生，号鹤亭）言之綦详，其说则余未之前闻。鹤丈云：乾隆生母李佳氏，盖汉人也。凡清宫人之隶汉籍者，必加“佳”字，其例甚多。胤禛在潜邸时，从猎木兰，射得一鹿，即宰而饮其血。满俗颇饮鹿血，谓可滋补。鹿血奇热，功能壮阳。而秋狩皇子不携妃从，一时躁急，不克自持。适行宫有汉宫女李氏，奇丑，遂招而幸之。次日即返京，几忘此一段故事焉。去时为冬初，翌岁重来，则秋中也，腹中一块肉已将堕地矣。康熙偶见此女，颇为震怒，盖以行宫森严，比制大内，种玉何人，必得严究。诘问之下，则四阿哥也。正在大诟下流种子之时，而李女已届坐褥，势不能任其污亵宫殿，乃指一马厩令入。此马厩盖草舍，倾斜不堪，而临御中国六十年，为上皇者又四年之十全功德大皇帝，竟诞生于此矣。

冒广生于清末曾居热河都统幕中，此说盖闻之行宫太监者。支持此说之证据有二，一是热河行宫中的此一草厩，自乾隆以至清末，历时几二百年，屹然尚在，且每年均须照例修理一次，修理之费作正项开销。历年所费，造一宫殿亦已有余，而必须年年照修不误者，正以其具有重大之历史价值也。二是乾隆帝当年数次奉其生母皇太后南巡，江南命妇，多曾得见太后颜色。据故老相传，多云太后之貌奇丑。即冒广生幼年，亦习闻其说。将这两项证据与前引嘉庆御制诗注合在一起参看，弘历之生于热河行宫马厩，当无疑问。而所谓山庄都福之庭，所指乃此。细味文义，真不禁令人哑然失笑。

蛛丝马迹，实录可证

冒广生所说的故事，即在现存的《清圣祖实录》中，亦不乏蛛丝马迹可寻。

《清圣祖实录》卷二四二，康熙四十九年五月初一日记云：

上巡幸塞外，命皇太子允礽、皇四子和硕雍亲王胤禛……随驾，自畅春园启行。……丁丑，上驻跸热河行宫。

热河避暑及木兰秋狩，本是清朝历代皇帝所经常举行的祖制。由上引实录见之，则康熙四十九年的热河之行，胤禛确为随行者之一。这一年，康熙于九月初三日自热河启驾回京，胤禛是否同行？不详。至翌年四月之末，康熙帝复循例有热河之行。由《清圣祖实录》卷二四六见之，扈从诸王之中，并无胤禛。但实录卷二四七却有一条记云：

康熙五十年七月癸丑，皇四子和硕雍亲王胤禛赴热河请安。

癸丑是七月廿六日，不久即举行秋狩。康熙在四月之末离京时未命胤禛随行，当然没有意思要他一同参加行围狩猎。然而在康熙到达热河之后三月，胤禛却由北京遄往热河，名义上虽是“请安”，事实上当然是官史的文饰之词。因为弘历之母此时正大腹便便，坐褥在即，胤禛若非为了去年的风流罪过“东窗事发”，何须在此时不早不晚地适逢其会，路远迢迢地赶到热河去请安问好呢？将冒广生所说的故事与此参看，则胤禛此行，毋宁正是康熙帝为了此事大发雷霆之怒，胤禛必须在此时赶往赔罪听训。故而所谓请安也者，实际上应当是跑去跪在那里恭听康熙帝斥骂“下流种子”的饰词。因为康熙实录修于雍正时，其时胤禛已身为皇帝。当然要为自己文过饰非；然而他又无法抹去此一番的热河之行不提，那么，不说“请安”，又当说是什么呢？

可能的推测

上面这些互相纠结的宫闱秘辛，可以为我们提供如下一些猜谜的线索：

一、当弘历出生时，弘历之母尚非胤禛之嫔御。故而冒广生所说，弘历生母系行宫宫女一事，当系事实。

二、弘历之母出身微贱，其诞生之地又在行宫马厩，为顾及颜面起见，清皇室乃伪造弘历之出生记录，既称其母为格格，又伪称其诞生之地在胤禛府邸。

三、弘历生母之身份及出生地既然都可伪造，则所谓旗人与钮祜禄氏云者，何尝又不可以任意改造？

皇帝可以随意决定一个人的贵贱——贵族帝胄，可以在削去宗籍之后贬为平民，一介平民，则可由赐姓抬旗等方法变为满洲贵族。弘历之母如果确系汉人，尽可以“母因子贵”，由雍正帝或乾隆帝赐之满姓，抬之入旗。于是，见于官修史书的弘历外家，俨然旗人，弘历生母，则居然满洲著姓钮祜禄氏之女矣。凡此措施，虽然在外表看起来已经装饰得泯然无迹，然而因为弘历诞生之地的一番论争，却使我们看出了一个极大的漏洞，可以由此为弘历出生之谜，提供一个比较正确的答案。作伪造假，终必会露出马脚，由此看来，篡改历史，其实是大可不必的。试看清皇室因不愿承认弘历之母系汉人之故，而平空出现了两百年流传不衰的谣言，几乎使人相信弘历乃是海宁陈家之子，这损失岂不更大么？

“乾隆帝出生之谜”补述

《乾隆帝出生之谜》是笔者在《人间》副刊所写的短文，发表时间约在前年冬间。其时台视的连续剧《金玉盟》正在如火如荼地上演，剧中的乾隆皇帝，不但被写成是雍正的抱养之子，而且当雍正在位时，居然屡次向雍正表示要南下寻访生身之父。唯其有这种荒唐离奇的情节，于是才能使雍正皇帝的这位“大阿哥”可以与雍正的亲生之女香格格大谈其恋爱，自然也因此而使极大多数的观众看得莫名其妙。观众之所以莫名其妙，是因为这是他们闻所未闻的“宫闱秘辛”。电视剧的编剧人能够编出如此离奇曲折的情节，又能使人窥知千载难闻的宫闱秘辛，自然使人敬仰钦佩，叹为观止。因此笔者根据史籍及掌故记载，写了《乾隆帝出生之谜》一文，说明了下述各点：

一、乾隆帝非汉人之子。所谓海宁陈阁老之子被雍正帝抱换之说，悉属子虚乌有之事。

二、传说之来，全因乾隆帝系汉人宫女所生之故。由于清政府有意掩饰乾隆帝之出生真相，乃使各种附会，因之而生。

三、乾隆帝出生于热河行宫之马厩，有文献资料及行宫旧人的传说为证。即在康熙帝的实录中，亦有痕迹可寻。

此文刊出之后，未见学术界人士对此有所异议，即《金玉盟》的编剧者亦未提出反驳，想来鄙说已能为社会大众所接受。前不久台北的大世界院线又先后两度推出了李翰祥编导的《乾隆下江南》影片，开头部分叙述乾隆皇帝的出生经过，居然采用了拙作的全部内容，可称千里知音，欣慰之至。但李大导演根据拙作所编的故事内容，却犯了几个不小心的错误，需要加以指出。

一、乾隆帝出生于热河避暑山庄，并非出生在木兰围场附近的草房农舍。

二、乾隆帝之生母系避暑山庄之汉籍宫女，并非看守围场的归旗汉人。

三、乾隆帝出生之后，即成为事实上的龙子龙孙，雍正帝既为其生身之父，自然从小便养育在雍亲王府，何至依附于生母，一直过着无人照管的穷苦生涯?

后一个问题与乾隆帝之出生秘辛无关，此处不拟深论。关于前两点，因有曲解作者原著本意之嫌，必需再在这里作一补正，以资说明。

按，笔者所撰《乾隆帝出生之谜》一文中，曾经很清楚的说明，乾隆帝系出生于热河避暑山庄行宫中的一处马厩。此马厩系一草舍，自乾隆以至清末，历时几二百年，屹然尚在，且每年均须修理一次，修理之费作正项开销，历年所费，造宫殿亦已有余，而仍必需年年照修不误者，正以其具有重大之历史价值也。此一草舍马厩究在何处?由于拙著中未曾提及，大概便是李大导演为了剧情安排的便利，而随意将它搬到木兰去的原因了。今且据《热河志》所载避暑山庄《狮子园》项下的记载，抄录一段有关资料于后：

狮子园以傍狮子岭得名，我世宗宪皇帝之藩邸，扈从赐居于此。东西宫门五楹，其南碧水回环。北岸亭三楹，题曰翠柏苍松。逾桥而南，恭悬圣祖仁皇帝赐额。前五楹，额曰芳兰砌书院。东环以回廊，中峙方亭。又东南殿三楹，额曰水情月意。后殿三楹。桥之北有正殿。有待月亭，在殿东南。前殿五楹，后殿三楹。东五楹，额曰片云舒卷，又东北三楹，为护云庄。西北七楹，额曰群山环翠。东北为草房。又东北曲径窈深，殿五楹，额曰澄怀。更内五楹，额曰松柏室。后三楹，为忘言馆。其西跨涧，为小堂三楹，曰秋水涧。斯地当园东北隅，景最幽邃。西南为妙高堂，五楹，居山峰最高处。其南为法林寺，殿三楹，有钟楼峙其旁，殿后佛楼三楹。

这一段文字，记述行宫东北隅别馆之名为狮子园者，于其中之殿阁亭台规制及名称，甚为详尽。这其中可资注意的地方是，园中有一处房屋，名为“草房”，而别无其他名称，显与其他建筑物之殿有殿名，亭有亭名，堂有堂名者不同。如果说是因为草房的规制太简陋，不足以登大雅之堂，所以并无赐以专名之必要，然则何以又要将如此简陋的一处草房记入狮子园的建筑物之内，与其他殿阁亭台同占一席地位呢？很显然的，这一草房，必非寻常的草房，或有其他的意义存在。清人管世铭所撰的《韫山堂诗集》卷十五，载有《扈跸秋狝纪事诗》三十四首，每首各有附注，中一首云：

庆善祥开华渚虹，降生犹忆旧时宫。年年讳日行香去，狮子园边感圣衷。

其下注云：

狮子园为皇上降生之地，常于宪庙忌辰驻临。

管世铭是清乾隆嘉庆间人，乾隆末年，屡以监察御史随驾热河，嘉庆三年十一月卒，距乾隆之崩只一月。

由于管世铭在乾隆一朝更事甚久，又数次扈跸秋狩，对于热河避暑山庄的故实闻见甚多，所以他的诗中才会特别提到此事。既然狮子园乃是当年雍正帝随同康熙帝临幸行宫时的赐居之处，而乾隆帝出生时即在此园，那么，《热河志》之所以要特别记载狮子园中的这处草房，显然即是为了记述此一具有历史价值的纪念地，而只是不便明言而已。这一处“草房”的规制如何?《热河志》中虽无明白记述，日人关野贞及竹岛卓一两人合撰的《热河》一书中则摄有照片一帧。足以窥见此为乾隆帝出生之地的旧日马厩，不但在二十世纪三十年代时犹且保存完好，而且房舍轩敞，构筑考究，绝非一般想象中之秽芜简陋。狮子园中的这所草房，为何在雍正帝没世二百数十年之后仍能保持完好，又复轩敞整洁如此呢?除了因为曾是乾隆帝诞生之地的理由以外，恐怕再无其他原因可以解释。热河行宫旧日宫监所云，此草房历乾隆以至清末的二百余年中，年年需斥资修理之说，至此亦可得到事实的证明了。

杂说施公案

旧小说中有所谓“公案小说”，专记古代的名臣与清官们如何为造福民生作了许多剖疑析冤，除暴安良的不平凡故事，甚受社会大众的欢迎。在这些公案小说中，最为著名而流传最广的，当然要数《包公案》、《彭公案》与《施公案》。此三部书中的主角人物不但家喻户晓，平剧中也多有扮演。包公人称包青天，其声名之盛，远过一切。《彭公案》的主角彭鹏，比起包公来虽然差了一截，但他在担任地方官时那种强直有为、清廉正直的铁汉作风，见之《清史稿·彭鹏传》，乃是凿凿有据的事实，比起包公故事之多出后人附会，似又胜过一筹。最使人虽以索解的是，清康熙时的施世纶，并不是彭鹏那样勇敢强健的正常人，他既不能亲自出马去捕盗杀贼，也不能乔装成算命先生到乡间去微行私访，察奸除暴，类似彭公案那样的施公案故事，究竟如何有发生的可能呢?

据《清史稿·施世纶传》，施世纶乃靖海侯施琅之子，以其父荫得官，初任江苏泰州知州，四年后升任扬州知府，再调江宁知府，其后即由司道而荐升卿尹，简放漕督，以迄于卒。可见他在地方上担任州县亲民之官的时间很短，不至像《施公案》小说中所说的那样，因在江都县做知县，遇到疑难案件甚多，必须有赖他亲自出马微行私访，方能查明真相，缉获真凶，为蒙冤的无辜洗清冤枉。以《施公案》与《彭公案》相比，在这一点上，就减弱了很多立足的力量。其次一点，则是施世纶的生理缺陷。

在施公案故事中，每次施公出外私访而被恶霸强梁识破其身份，以致遭遇危难时，这些恶霸强梁们总把施公叫做“施不全”。这“施不全”三字究竟作何解释，在《施公案》这部书中并无交代。从前蒋君章先生在《亲民》半月刊上撰写《施公与施公案》一文，曾说：“小说描写施公的五官四肢都有毛病，为一个行动极不便的残废人，则不知何据，实在是很不正确的。”这话极有理由。如果施公的身体残废，五官四肢都有毛病，行动又不方便，则他的这种生理特征马上就会传遍远近，不管他装扮成何种模样，只要他一走出县衙门，立刻就会被人认出这是州大老爷在微行私访哪！这种样子的微行私访，要说还有什么效果，那也就太笑话了。所以无怪蒋君章先生要对此表示不信，而由较早的《施公案传》改写而成的《施公案》，也就把这一特征在书中删去不提了。蒋君章先生说：“小说描写施公的五官四肢都有毛病”，作此描写的小说乃是早时的《施公案传》，而非后来的《施公案》，如果只看《施公案》，并不容易了解蒋君章先生此话的意义。为了明白起见，应该将《施公案传》的说法先引述一遍。

清道光年间刊行的《绣像施公案传》，全书八卷，一名《百断奇观》，记述施公在江都知县任内如何借微行私访及其聪明才智断决疑案百件，乃是后来施公案小说之张本。此书书前绘有施世纶的骑马像，面貌奇丑，脸多瘢痕。手足均作拘挛之状，其后附有赞语。云：

汝身不长，汝貌不扬，胡为邦家之柱石，而为生民之硕望？汝外恶，汝内臧，宁独德政之昭昭，而实文章之宗匠，嘻！微斯人也，几失子羽昭明之相。

味此文之语气，对施世纶全无讥嘲的意味，然则其说必定有其根据。蒋君章先生不信此说，想是认为于理难通之故。然而笔者亦曾在其他书中见到类似的记载，综合起来，可以证明此说不误。如《清稗类钞》卷六十一“容止”类中，有一条说：

> 漕督施世纶貌奇丑，人号为缺不全。初为县尹，谒上官，上官或掩口而笑。施正色曰：公以某貌丑耶？人面兽心者，可恶耳，若某则兽面人心，何害焉？

这一条记载亦说施世纶有缺不全之号，又自称兽面，不难依稀想见前述施公骑马像之实际情状。另外，则清乾隆间吴人顾公燮所撰的《消夏闲记》中更有一条，说得较此更为具体：

> 康熙年间，苏州施抚军世纶，系将军施琅之子，以功荫。貌甚奇，眼歪手瘫，足跛口偏。有张姓塑小像如生，施命其塑已，谓何法可以掩此四丑？张归家，思之再四，计无所出。适薙发趣耳，妻笑曰：如此情形，好似施相。张曰：得之矣！即以趣耳塑像，坐石上，跷一足。施大悦，荐于扬商，张由是致富。

这一条记载将漕运总督施世纶错成了江苏巡抚，自是顾公燮的误记。但其中明白说到张姓匠人为施世纶塑像，以跷足趣耳之状掩其眼歪手绻足跛口偏之相，则与前述各项记载相合，可证其确是身体有严重缺陷的残废之人。如此奇相，人所罕睹，如何还能以乔装改扮掩饰其身份，来上一手微行私访之事呢？所以，《施公案》这部书，其实不应以施世纶为主角；而平剧《落马湖》、《连环套》、《恶虎村》等剧中所写的施公，亦需要另换他人。这理由很简单，因为施世纶根本不可能有过这类故事，而有关史书也全无这方面的记载。

《施公案》这部小说之所以产生，似与当时的政治风气有其关连。《消夏闲记》中另有一条说：

> 康熙二十年，制台于清端成龙，好微服潜行，察疑狱，求民隐。然奸人造言散布以倾怨家，或反失实，属吏虽灼知而不敢言。有布衣程姓进见直言，且指目击一二事为征。公悚然曰：微子言，吾安知人心刁诈若是也？陈恪勤公彭年守吴，亦喜微行。有金狮巷富室汪姓两子，以暧昧事杀其师，贿通上下衙门，以疑案结局。惟公不可以利诱，汪遂重贿左近茶坊酒肆脚夫渡船诸人，嘱其咸称冤枉。公察之，众口如一，遂不深究。又刘家滨富家乳妪抱一小孩稍懈，小孩不见，杀死城上，剥去金珠衣物，缉凶无着。公夜出细访，遇一醉汉曰：此沈某杀也。次日拿沈审问，沈极口称冤，略加刑即释焉。孔子曰：众好必察，众恶必察，善夫！

于成龙乃康熙时之天下第一清官，服官州县时，屡以私访破奇案，事见《清史稿·于成龙传》。然而这一条记载却明白说出了私访反易为人蒙蔽，可见于成龙私访频数之情形。另外，陈鹏年的事例，亦与此仿佛。于成龙与陈鹏年，都是清朝著名的好官，他们之好为微行私访，目的当然在勤求民隐，察疑析枉。而他们之所以为民歌颂，此亦为具体的事迹。由此我们可以想象得到，当时的一般清官，大多好行此道。写入公案小说之后，这类事迹也就成了清官与好官的特征。施世纶既被选作公案小说的主角人物，当然他亦得微行私访，否则他就不成其为好官了。事实上，施世纶的微行故事，半出于假借移植，半出于撰书人的向壁虚构，可信的成分微不足道。至于他为什么能够代替于陈诸人，成了公案小说作者选定的对象，似与他的强直刚正作风有关。于成龙和陈鹏年只是清官和好官，而施世纶于清廉之外，更有强直刚正，不畏强权的伟大风格，有类于包拯与海瑞。我们知道，包拯与海瑞，都是千百年来为人讴歌的对象，由此足可看出小百姓心目中的好官是何标准。准此而言，施世纶虽是一个残废的十不全，一旦被写入了公案小说，正复无碍其微行私访与为民除害的伟大事迹。小说之所以为小说，这不是太明显的例证吗？

玉堂春故事考

玉堂春故事，在我国民间流传甚为普遍。但是我们迄今不能知道，故事中的王景龙与苏三，究竟是否真有其人？明清以来的官私载籍，都不曾有过这一故事的任何记录。所以，我们事实上不可能希望从正式的历史记录中去寻求这一故事的事迹考证。反之，各种因缘比附的妄诞之说，却能因此而大见流行。笔者不敏，打算就现有的资料，来对玉堂春故事作一番粗浅的考证。

我们虽然不能从历史记录中寻得玉堂春故事的任何记载，但是我们也还能找到，从清乾隆以来，流传在社会中的几种玉堂春故事的不同形式。将这些不同的玉堂春故事加以比较研究，参合了学理的探讨，我们也还可以对玉堂春故事的由来及其演变，作出一个大致的结论。也许，这个大致的结论并不一定可靠；然而它总是经由较为科学的方法研究产生的，比起若干毫无理论与事实足以支持的论证，总还略胜一些。这一层，也正是笔者敢于把我的粗浅意见公开出来的理由。

现在所能见到的玉堂春故事，大概只有三种不同的形式。一是清乾隆时的木刻本，《新词李调真本玉堂春全传》二十二卷，是弹调小说。二是“共和书局”的石印本，《绣像玉堂春鼓词》四卷，出版年月不详，但由石印技术的应用时间来推测，其印行的年代一定已在清代的晚年。第三种，就是京剧《玉堂春》的故事。后面将逐一加以简单的介绍。

先说《新词李调真本玉堂春全传》的大概内容，书名原称为《真本玉堂春》。

《真本玉堂春》的故事内容，在三种玉堂春故事中最为繁复曲折，登场人物也极多。王三公子上场时，首先自表身世，说他“姓王名鼎，表字顺卿，祖居南京应天府上元县三山街。父亲王炳，官拜锦衣卫，后来升到带上殿指挥。因与严嵩作对，告退还乡。母亲金氏，大兄仲卿，二兄子卿。小生排行第三，尚未联姻，还有四妹锦云。”故事发生于王炳欲向北京旧友屠隆讨回旧欠的三千两银子，因为大儿子有些书呆气，二儿子又见人脸红，只有三儿子王鼎比较乖巧，因此就派老仆王凤，跟随王鼎上京讨账。王鼎在南京有个妓女相好唐一仙，唐一仙告诉他，在京中有两个结拜姊妹，一名玉堂春，一名雪里梅，写信托他带去，请代前去一见。因此就种下王三公子与玉堂春的一段孽缘。

王鼎到京，即刻讨到银子，共计本利六千两，外赠川资五百两。王鼎带了唐一仙的信去找玉堂春，二人一见倾心，王鼎竟不作回家之想，叫王凤把行李搬到妓院中居住，更把银子尽情花费。其中有一个流落在妓院中的段四，王鼎赠他银子一百两，叫他自力去谋生。转眼之间，六千两银子花掉一半，王凤屡谏不听，就偷了五百两银子逃往山西。

那时，山西有一个名叫方争的客商，也在京中。为了仰慕玉堂春，得到雪里梅的同意，就到玉堂春房中去“闯席”，与王鼎一见如故，结为兄弟。某日，又有一个恶名彰著的坏官严世蕃，仗势硬要玉堂春接客，因此恼了方争，将严世蕃痛打一顿后逃回山西。此后不久，王鼎也因银子用罄，被鸨母用计骗他到街上去看出会，而拒绝他再进院。哀求再四，方才准许与玉堂春隔门缝话别。玉堂春放声大哭，王鼎则茫茫然不知何处是归宿之处。他到一所澡堂中去洗澡，不料衣服被偷，衣服与袋中的银子全部被人冒领去了。王鼎只好穿起偷儿留下的破衣裳走出澡堂，成为一个身无分文的穷光蛋。他想去自杀，被道人救起。那道人给他一身道衣，一两银子，从此他又变成一个靠唱歌求布施的道人了。

玉堂春自王鼎去后，不肯再接客，被老鸨毒打，遽萌死志。幸此时段四来向王鼎谢恩（段四已经成家立业），得知此情，便以劝说玉堂春为名，骗得老鸨的许可，与玉堂春见面。段四劝玉堂春应先设法帮助王鼎。计议之下，决定先由段四去找到王鼎，然后玉堂春假借烧香为名，在段四家中与王鼎相见，给了他二百两银子，叫他买一身整齐的衣服穿上，另外再买十二只新皮箱，全盛砖头石块，假装是金银财宝，仍到妓院中来。老鸨果然热烈招待，王鼎就将六只箱中的砖头石块搬出，换了玉堂春的绫罗绸缎及金银器皿等物，打算回去以后，禀准父母，为玉堂春赎身。另外六只箱子，仍然外贴封条，放在妓院中作为质押的信物。不料回到南京以后，王鼎的父亲不但不准他赎娶玉堂春，甚且将他痛打一顿，锁闭在家中不准外出。带回的箱子，也被视作赃物而锁存起来，准备日后缴官。段四本来随同王鼎一同回南京，见此情形，只好回去复命。不料中途得病，耽搁了几个月。此时，老鸨已经发现了王鼎箱子中的赝物，玉堂春也被毒打。适值方争回来，非常赞许玉堂春的情义，自动拿出三千二百两银子为她赎身，并送她前往南京。可是王鼎的父亲推说王鼎未曾回家，拒绝不见。玉堂春以为是方争在欺骗她，目的是想自己娶她，想要自杀。几经方争解释，方才答应暂时与方争一同回转山西，慢慢设法寻找王鼎。这之后，便是方争的妻子蒋氏因与邻人杨生员有奸，商议毒死方争，而嫁祸与玉堂春的故事。

玉堂春在山西被诬陷下狱，由于管狱的狱卒恰巧是王鼎逃仆王凤，因此在狱中未吃大苦。而太原府的理刑推官乔李方以前曾在京中认识玉堂春，不信她会做出这事。正当他预备实地调查时，不幸丁忧回籍。适在此时，京城的严世蕃也曾强买雪里梅作妾，雪里梅逃走，而派人将整个妓院都打烂了。鸨母与王八逃往山西，雪里梅则巧遇丁忧回籍的乔李方，被乔救回自己家内。由于这一番变故，王鼎在家中了举人来京会试，不但找不到玉堂春，就是妓院中的旧人也没有一个了。

王鼎因为得到妹妹锦云的帮助，偷出家中应试，得中举人。因此他父亲方准许他上京会试。王鼎到京，高中进士，又点翰林，只苦于不知玉堂春的下落。乔李方看了会试录，前来拜会王鼎，告诉玉堂春的不幸遭遇，王鼎深为感激。因知乔李方年方二十，尚未娶妻，就禀明父亲，将妹子锦云许配给他，结为姻亲。王鼎作翰林不久，皇帝钦点各省巡按御史，王鼎恰巧被点为山西巡按，走马上任，段四随行。到山西的第一件事，是扮作卖卜的术士，访得蒋氏与杨生员的奸情，以及他们陷害玉堂春的阴谋诡计。提问此案时，胸有成竹，从使女月香为方争执壶斟酒的情形中，问出了蒋氏暗下毒药的破绽，案情终于大明。玉堂春当堂释放，蒋氏及杨生员、月香等人，都判处极刑，得贿的县官丁才革职。这时王鼎已发现了逃仆王凤，因他有照顾玉堂春之功，从宽恕罪，更遣他送玉堂春到唐一仙处暂住，等王鼎任满回家后完婚。玉堂春到唐一仙处不久，乔李方将雪里梅也送来了。王鼎一年任满，请旨回家完婚，娶了三女。假满回京，又将妹子锦云送往京中嫁了。至于玉堂春妓院中的鸨母与王八，则在逃到山西后在太原府开了一家当店。因做生意不规矩，与人发生争吵，恰巧被王鼎于出城致祭方争归来时发现，带回衙中，罚令枷号示众，任人举发他们偷窃顾客物品的罪行，责令一一赔偿，直到无人举发为止。全书至此，方告终结。书中的故事与人物，每事每人都有最后的交代。

下面再说《玉堂春鼓词》。

《玉堂春鼓词》全书只有四卷，约三万字，全部篇幅只有《真本玉堂春》的八分之一。此书因篇幅甚少，与《真本玉堂春》相比较，故事情节与出场人物，都简单得多。大致的差异，可以参阅附表。

	真本玉堂春全传	玉堂春鼓词
王鼎的家庭	父——王炳（锦衣卫指挥）	父——王琼（致仕礼部尚书）
	兄——王仲卿	兄——无名
	王子卿	无名
	本人——王鼎，字顺卿	本人——王景龙，字顺卿
	妹——王锦云	妹——无
	仆——王凤	仆——王定
	玉堂春（无姓名）	玉堂春，名苏三
	雪里梅	无
	唐一仙	无
	方争	合为沈洪一人
	严世蕃	
	方争之妻——蒋氏	沈洪之妻——皮氏
	蒋氏之奸夫——杨生员	皮氏之奸夫——赵监生
	段四	金哥
	使女月香	无名
	害死方争的方法——酒中下毒	害死沈洪的方法——面中下毒

《玉堂春鼓词》的大意说，王景龙之父王琼罢官回南京之日，因京中账务未清，留下三儿景龙带着老仆王定，在京中讨账。半年之后，讨齐了三万两

银子。王景龙忽然想起要到街上去玩耍，在酒楼中看见了两个卖唱的妓女，一名翠红，一名翠香。问及酒保，方知她们是春院中金家的妓女，并不算好，“她家还有一个别号玉堂春，排行三，真有沉鱼落雁之容，闭月羞花之貌，乃是这京中第一个丫头。”因此引起了王景龙的向往之心，登门拜望。初见财礼，便是纹银二百两。《真本玉堂春》说，玉堂春乃是鸨母新买的妓女，接王鼎还是第一次；《玉堂春鼓词》则说，玉堂春乃是京中的名妓，定情之夕，“这一个初次才见花烛夜，那一个久偕鸳鸯百不嗔”。王景龙初次出道，被玉堂春的美色所迷，“一年有余，那三万两银子花费了一个干净”。王定要求回家，王景龙只给他二两银子作盘费。床头金尽，鸨母作色，王景龙拖赖不走，于是鸨母与王八设计，骗他前往城外姨家拜寿，到了城外，诡说出来时忘了锁门，要王景龙回去锁上。遣走了王景龙，鸨母与王八带着玉堂春避往事先租好的一处宅院。王景龙回来遍寻不见，又被一群流氓骗入芦苇丛中，剥光了衣服，最后终于流落为乞，在关王庙歇宿。金哥发现王景龙穷途落魄，通知玉堂春相会。玉堂春赠银二百两，要王景龙买些假银子装在皮箱内，回转妓院中来，老鸨果然重新挽留。玉堂春则劝王景龙回家应考，假意将箱中的银子留下作质。因此，王景龙走后，玉堂春也就可以拒绝接客了。

王景龙回家被父亲王琼责罚不许出门，专在家中攻书。不久就中了举。此时，妓院中来了一个山西的贩马客商沈洪，见玉堂春貌美，愿出三千两银子买她作妾。鸨母已知王景龙中举，猜他作了官后，必定要来将玉堂春带走，届时人财两空，不如将玉堂春卖与沈洪，尚可得银三千。因此就骗玉堂春上东岳庙烧香，一乘轿子将玉堂春直接抬往上山西的大路，交与沈洪。玉堂春欲待不依，亦已身不由己。到了山西洪洞县的沈洪家中，沈洪之妻因妒生恨，更因被沈洪冷落而与邻人赵监生发生了奸情。之后便是在面中放下毒药，企图毒死沈洪与玉堂春二人。不料沈洪一人独吃两碗面，毒发身死，于是又被皮氏指控玉堂春谋杀亲夫，一样脱不掉预设的陷阱。皮氏从中贿买县官，将玉堂春屈打成招。冤狱既成，更欲买嘱狱卒，将玉堂春害死灭口。但为县中的刑房刘志仁仗义劝阻狱卒，玉堂春方免屈死。而王景龙此时也早已中了进士，先做知府，继点山西巡按，来到洪洞县为玉堂春雪冤了。京剧中的“三堂会审”一幕，在这里已大致有了轮廓。不过，京剧中的玉堂春，这时已认出问官即是她的情人王景龙，而这里则犹不知道，在情节上较为接近《真本玉堂春》中所叙述的。

京剧《玉堂春》的故事开头，完全没有《真本玉堂春》与《玉堂春鼓词》中那些不必要的妆点，一开始就因上京赶考，在勾栏中结识妓女玉堂春（苏三)，而把故事中的主角人物直接带引了出来。王景龙先后在妓院中花费了六千多两银子，金尽被逐，流落在关王庙中行乞。后经金哥报信，玉堂春往庙中相会，赠金王景龙赴京应考。在临别时，为了勉励王景龙发奋努力，玉堂春答应他在未回来娶她以前，誓不再接他客。王景龙赴京，果然高中状元。不料鸨母已因玉堂春拒绝接客，而一怒将她卖与山西客商沈延林。玉堂春被沈延林带回山西洪洞县的原籍，沈妻皮氏不能相容，在一碗面中下毒，企图毒死玉堂春。不料被沈延林所误吃，毒发身死。因此皮氏就指控玉堂春谋杀亲夫。更因官吏受贿，玉堂春沉冤莫雪。幸而王景龙恰在此时被点山西巡按，经三堂会审后案情大白，玉堂春得到昭雪，与王景龙重获团圆。比起《真本玉堂春》鼓词中所叙述的情节，京剧《玉堂春》的故事，可说是简洁明白得多了。

将上述三种玉堂春故事的不同形式加以比较，便可以得到下列一些事实。

一、玉堂春的故事，是随着时代的晚近而愈变愈简单的。

二、最早的故事，结构最严密，人物最多。后来的故事形式，大体是由此删节而来的。

三、几经删节之后，除了故事的基本构架还能保存之外，其他属于附加上去的各种穿插点缀，都已删节无存。

四、主角人物的造型，前后变化甚大。（例如《真本玉堂春》中的王三公子，本是欢场中的斫轮老手，在后来则变成了少不更事的贵家公子。《真本玉堂春》使王三公子同时娶了三个妓女，罗曼蒂克的气氛很重。《玉堂春鼓词》则说，玉堂春本是艳名甚噪的名妓。凡此，俱不如京剧《玉堂春》所表现的恋爱故事那么显得纯洁而高贵。所以然之故，大概京剧《玉堂春》故事已经发现了旧时士大夫阶级人物不致娶妓女为妻的事实不容曲解，所以才竭力描写二人的爱情纯洁，借以争取观众的同情。）

由这几点事实，很可以使我们对玉堂春的故事发生怀疑——怀疑它是否真的是由一桩真实史事发展起来的？而且不仅此也，关于这一故事的值得怀疑之处，我们还可以列举出以下几点理由来：

一、旧时的社会习惯，婚姻重视家世、门第，一个官宦之家的贵公子，怎能有娶妓女为妻的可能？（我们应了解旧时社会习惯中，妻与妾的名分与地位，差异极大。士大夫可以纳妓女为妾，却决不可能娶之为妻。）

二、《真本玉堂春》使王三公子同时娶了三个妓女，其意识形态非常像鄙里粗浅的“十美图”、“四美图”故事，哪里会像是一桩真实的历史事迹？

三、玉堂春故事的时代背景是明代。明代的物价低廉，银子的购买力高，一两白银，通常可买米四五石。无论是怎样有钱的贵家子弟，也不可能将数千以至三万两之巨的银子任意浪费。

四、《真本玉堂春》说，王鼎先点翰林，继点巡按；《玉堂春鼓词》说，王鼎先作知府，继点巡按；京剧《玉堂春》更说，王景龙在中了状元之后才被点为巡按。这种说法，俱与明代的官制不能相合。其主要用意，分明是因为明代有巡按御史，而巡按御史有审理刑狱之权，为了要使玉堂春的冤狱能够由王三公子平反，那就不能不使他作巡按御史，又必须点往山西，如此而已。

除此之外，我们试把玉堂春故事的三种不同形式，从基本结构上加以比较，便更可发现，虽然三种不同故事形式中的人物有多寡，姓名有异同，故事有繁简，但却有一个共同的间架轮廓，大体是这样的——王三公子结识玉堂春——花尽银子——被逐、流落——玉堂春救济他——赶考、中举、做官——玉堂春被逼嫁、被陷害——赖王三公子昭雪——团圆。

从这一个基本的间架轮廓去观察三种不同的玉堂春故事形式，真可说万变不离其宗。变来变去，尽管附加上去的故事情节有怎样的繁简变化，所要表达的基本意思，则不过是那共同的一点。前面已经说过，在旧时代重视礼教的社会制度中，一个士大夫阶级的人物，没有娶妓女为妻的可能。因为娼妓在从前被视为贱业，从事于这一行业的子弟，不能应考，不能出仕。试想想看，一个科甲出身的高等知识分子，贵家子弟，他本身又是现任的职官，怎会冒大不韪去娶一个妓女为妻，致贻门第之羞呢？这一个基本的出发点既然站不住脚，王三公子与玉堂春那一套悲欢离合的故事，便很可能只是子虚乌有的事。于此，我们必须注意另一点，玉堂春故事的基本结构，原本是有其由来的。依据笔者个人的观察，它很可能与唐代的传奇小说《李娃传》有很亲密的关系。

《李娃传》，唐监察御史白行简作。故事叙述一个“常州刺史荥阳公”的公子，因进京应考，见到一个姿色绝艳的妓女，即是李娃。自此以后，他就以父亲给予他寓居京师之用的厚赀，倾囊结交。日会倡优之类，狎戏游宴，无所不至。囊中金尽，则卖骏马及家童。一年之后，资产荡尽，于是老鸨与李娃共同计谋，骗他与李娃同往北门姨家拜访。不久有人来报，老鸨得急病，李娃急回。等他回到旧宅，则早已人去楼空，阒无踪影了。他急急再到姨家去询问究竟，原来所谓姨家者，根本也就是个骗局，何尝有一个人留下呢？他自此穷困潦倒，至于为人在送殡时唱挽歌为生。他父亲来京，发现此事，大为发怒，把他痛打一顿，气绝而死。他的同事打算为他葬埋，发现心头尚有微温，抬回以浆汤灌饮，居然复活。而打伤的地方遍体溃烂，臭秽不可闻，被同事们所弃，赖行人投食，得不死。伤愈之后，流落行乞。一日大雪，饿冻之甚，误入迁居后的李娃住宅，被李娃所辨识，大为不忍，将他收留下来悉心调治，逐渐平复如初。之后，李娃复照料他的生活，斥赀买书，鼓励他重温旧业。三年之后，名登甲科，授成都府参军。恰巧他的父亲也由常州调为成都府尹，父子相见，知道这都是李娃的恩惠，于是正式命媒通婚，备礼迎娶。十年之后，李娃更贵为汧国夫人，有四子，皆为大官。

按，李娃传本是一个虚构的故事。据近人的考证，白行简之所以要撰写这篇小说，主要目的，是因为要报复当时那些高门华族对白行简等出身寒微者的歧视。(白行简出身寒微，是大诗人白居易的亲弟。白居易因被高门华族诬陷为不孝生母，以致仕途坎坷。所以白行简写此小说作为报复，用意在讥讽当时的高门华族，指斥他们的血统中亦早有卑贱如妓女者的血缘。)唐人的传奇小说，很多都是元明时杂剧戏曲的取材对象。如元稹的《莺莺传》、蒋防的《霍小玉传》、沈既济的《枕中记》、陈元祐的《离魂记》，到了元明时代，便演变而为《西厢记》、《紫钗记》、《黄粱梦》、《倩女离魂》等等杂剧了。白行简的《李娃传》，在元代被石君宝改写为《李亚仙花酒曲江池》。到了明代，又被薛近兖改写为《绣襦记》。在改写之后，故事的情节比较多一些妆点穿插。然则此后它之被人一再成为小说写作的取材对象，也正是很在情理之中的事。

试将《李娃传》与玉堂春故事加以比较，便可发现下列几点近似的地方：

一、从二人结识到男主角中举作官为止这一段，《李娃传》与玉堂春故事的基本故事结构，极其相像。

二、《真本玉堂春》中的王三公子，在被鸨母所逐之后，曾经以唱歌为生，亦与李娃传中男主角唱挽歌的情形相似。

三、《玉堂春鼓词》中，鸨母借词与王三公子同往城外探望姨妈，因此将他摆脱，所用的方式也就是《李娃传》中的那一种。《李娃传》与玉堂春故事最大的不同处，是最后的结尾。因为《李娃传》的写作目的，本在讥讽唐代的高门华族，说他们的血统中甚至也有妓女的血缘。所以特别致意于李娃在助成男主角的事业后，翩然引退，而男主角的父亲“常州刺史荥阳公”，则认为李娃既与他的家门有如此重大的恩惠，岂可再拘于门第之见，使她终生抱憾呢？所以，白行简特别强调男主角之以礼娶李娃，“命媒氏通二姓之好，备六礼以迎之，遂如秦晋之偶”。之后，“娃封汧国夫人，有四子，皆为大官，其卑者犹为太原尹。弟兄婚媾皆甲门，内外隆盛，莫与之京”。以娼妓之子而“弟兄婚媾皆甲门”，在当时是大可以惊骇流俗的故事，白行简之所以将这样的结局来作李娃的结尾，当时自有他的深意。可是，改编《李娃传》故事为小说题材的后代作者，也许不会了解这一点。所以，不论是戏剧或小说，一经改写之后，其重点便都不在此了。

有上面的这些证据，笔者相信，我们已经很有理由可以推测，玉堂春故事其实是由《李娃传》演变而来的。至于二者之间的后来发展何以并不一样？

则除了前面所举的一点理由之外，还可以举出后面的另一点理由。

我们应当注意，三种玉堂春故事之中，最早的那一种《真本玉堂春》，其本身乃是一本弹词小说。某一弹词小说专家曾说，弹词小说的构成要件有二，一是要有悲欢离合而曲折多变的复杂情节，二是要有变得出乎听众意料之外的花样，如此方能掌握住听众的心理，使他们有兴趣耐心地听下去。《李娃传》的本来故事，其内容还够不上此一条件。但是，《李娃传》的故事，在一再被人改编为戏剧之后，其原来的内容早已为人熟悉，如果在李娃的故事内容上加以重大的添改，无疑将招致听众的不满。那么，舍弃了《李娃传》的本来面目而保留其故事结构的可取之处，然后在不足的地方添写必要的情节，岂不更能发挥良好的效果吗？为此，《真本玉堂春》纵使是以《李娃传》为其基本结构，它仍然可以无限度的添加上场人物，使得整个故事变得极其庞大而复杂，从中制造许多忽紧忽慢的情节，配合上细腻生动的描写，使它成为一部极成功的弹词小说。笔者相信，这一推测，应该不会有太大的错误。

由于《真本玉堂春》将玉堂春的故事发展成为充满了悲欢离合的形式，自此以后，所有的玉堂春故事，便大致沿袭了此一基本结构。即使故事中的人物有多寡，情节有繁简，其共同的间架轮廓则完全一样。玉堂春的故事，大概是自此开始方才发展成为定型的。

在乾隆年间所刊行的《真本玉堂春》，很可能不是一朝一夕所造成的。在此之前，很可能还有故事情节相似而不够精彩的弹词脚本，此所以这种本子要加上“真本”二字以资号召。但自这种“真本”出现以后，由于其内容的完善，玉堂春的故事，才因此而发展到了顶点。《玉堂春鼓词》与京剧《玉堂春》的故事，都是由这一种本子删节而来。以三种不同的故事形式来相比较，自以京剧《玉堂春》最适于舞台演出。在若干地方，京剧《玉堂春》较之上两种《玉堂春》已经有了很合适的修改。例如，它使玉堂春的妓院设在南京与北京之间的中途，王三公子赴京的任务，也由讨账改为应考。这样，王三公子在金尽被逐，历经艰危之后，便不须折回南京，直接就可北上应试了。省了这一周折，王三公子的一家人，也就无须再在戏中露面。简洁明白，可使得演出效果紧凑而突出。其他情况，不必缕举。由于京剧《玉堂春》的演出效果良好，玉堂春的故事，因此才会深入于社会各阶层之中。

讨论至此，笔者认为，一种粗浅的结论，大致已可成立，即是说：玉堂春的故事，大致不会渊源于历史上的真人实事。因为我们不但无法在文献记录上查出它的来历，而由整个故事的演变情形看来，也很可能只是小说家与剧作家模仿了唐代传奇小说《李娃传》的故事形式，另加一番改造之后的产物。如其不然的话，故事中各个人物的姓名与其个性，就不能像这样地随意改动，因为这是写作历史故事的必需条件。

附注：曾听人说，山西洪洞县迄今尚存有玉堂春被诬下狱的全部案卷。但因此说迄未见过任何以书面文字所公开出来的具体实证，所以只能存疑。而且，由本文所记，已可知玉堂春故事中的人物，前后姓名并不一致，所谓“案卷”者，所记的究竟是哪一套姓名，也很值得怀疑。笔者以为，我们在未见到这一类具体的实证以前，对于玉堂春的考证，也只能出之于这一类的理论探讨。

“陈公茧”的故事

陈公茧，因清人陈玉璧而得名。陈玉璧是山东历城县人，乾隆初年做过贵州遵义府的知府。遵义人为了纪念他在地方上的功绩，因此就将当地出产的柞蚕茧，命名为“陈公茧”，以表示对他的去思。

贵州全省地处云贵高原的东侧，地势高峻而土壤贫瘠，俗谚用“天无三日晴，地无三里平，人无三分银”来形容贵州省的地瘠民贫，其大致情形，不难由此数语中想见一斑。但贵州全省虽称地瘠民贫，而遵义一县，独称黔中首富。清人莫友芝所作的《樗茧谱书后》说：“贵州府十二，直隶厅州四，属州县四十八，而遵义县为大，县疆域广袤三四百里，户口二十万零，赋税几敌全省半，岁科乡会人士亦居十二，乌虖盛矣。而其先广袤如故也，户口租赋十无四五也；岁科乡会如故也，人士十无二三也；何今之美，昔之陋欤？抑其所致此者，皆有所自来欤？夫遵义之地，冈峦峰阜相攒，无一里原，无五里陆，依山为田，皆如梯桄，其土瘠石瘦不可田，又不可胜计也。以二十万户人，裒然耕凿其中，我知各糊口之不给，而何有以输纳租赋，而何暇于陶冶诗书也？而后乃今知陈省庵旧守之诒泽远矣。”陈省庵即陈玉璧。莫友芝以为遵义之能够成为黔中首富，完全是由陈玉璧在遵义作知府时所遗留的惠泽，可谓饮水思源，不忘所本。而陈玉璧之所以能为遵义人民造福如此深远，则又完全得力于他所带来的“陈公茧”。

《古今图书集成·博物汇编·禽虫典》引刊本《历城县志》云：

> 山茧，野蚕所成，历之南山皆有。生椿树曰椿茧，生槲树曰槲茧，生山中曰山茧，产不同，名亦异。东人以茧紬名山蚕者为上，价侔绮锦。惜土人不习织纴，反为他邑所市也。

这里所说的“惜土人不习织纴，反为他邑所市”，当已不是清代时的情形。因为在陈玉璧作遵义知府的时代里，他原籍济南府历城县的柞蚕养殖事业已经颇为发达，对于缫丝及织绸业方面的技术已甚为进步，“山东府绸”的大名驰誉远近，颇足以与苏浙的丝绸争一日之短长了。至于将山东的柞蚕移殖到贵州的遵义，又使遵义所出产的府绸在品质上足以媲美山东，从而为遵义当地带来了财富与繁荣，这当然是陈玉璧所手创的功绩。其中所经历的艰难困苦，诚然非一言所能概括。古人服官，常有福国利民，弘济苍生的伟大襟怀。而地方长吏最为亲民，在昔时常被称为父母官。父母之爱护子女，无所不至。极而形之，则曰：“父母惟其疾之忧”。所谓“视民如伤”，亦即是此意。陈玉璧以山东人服官遵义，目睹遵义之地瘠民贫，于是多方设法从事柞蚕之移殖与推广，由此为遵义奠定了数百年的富饶之基，他的这种胸襟与抱负，岂但在今时罕见其匹，即在古时，亦可说是屈指可数的。

在没有说到陈玉璧本人以前，应当先一述他的上代家世，以见陈玉璧之能够作为一个贤父母官，与他的家范门风，是不是有相当的关系。

道光《济南府志》卷五十三人物志：“陈玉璧，有功子，以父荫除贵州遵义知府。”同卷另有《陈有功传》，云：

陈有功，历城人。父凤茂，山东抚标千总。有功由行伍，康熙十八年从征闽寇，戮力行间者三年。念族兄国兴年老，以所得功劄赠之，国兴得授武清游击。有功归，仍以行伍隶抚标，又隶登镇，而为总兵岳升龙所器。三十二年，授莱州营把总，擢德州千总，以解囚道逸褫职。会升龙由天津征噶尔丹，奏请有功自随。从大军至四十一台，凯旋。升龙迁四川提督，有功随往。三十六年，授松潘把总，历千总，迁龙安营守备。奉檄征打箭炉，奋勇争先，率兵由张谷寨赴滤水，西取大冈，数战皆捷。四十一年，迁永宁协标右营游击，擢山西偏关参将。未行，连迁浙江乐清副将，福建汀州镇总兵官。三月三迁，感奋立碑，自述生平不欺人，历险阻不变节。雍正五年卒，赠都督同知。子玉琦，福建千总。次玉琳，重庆副将。次玉衡，汀州千总。次玉璺。

由《济南府志·陈有功本传》所记的陈有功事迹，陈玉璺之父有功，也可算得上是一个性情中的人物。试看他因征闽力战有功而可以由行伍洊升至游击时，竟因顾念族兄国兴年老无官，而自愿将所得功劄相赠，致国兴得以官至游击，而自己仍为列兵。清代的武官职制，参将相当于今日的团长，游击相当于独立营长，领兵八百至一千，地位不可说不高。然而陈有功只因怜念兄老之故，而自愿以百战所得的官职甘心相赠，这种襟怀气魄，就不是常人所能及。而且他在不做官再去当兵以后，仍然勤恳奉公，奋勉不懈，再踬再起，终于再度由小兵历升至总兵官。

清代的总兵官，号称专阃大将，地位仅次于提督，乃是武职中的崇阶。陈有功以列兵升至大将，已不寻常，何况他过去又曾有过赠官族兄之事，然后再由列兵起家而至大将，更可知他之能够以功名自见，确有其不可及之处，绝非侥幸所致。

由他的传记资料可见，他的操守与志节，迥非寻常。他的慷慨大度，重义忘利，然诺不欺，以及历险阻而不改其操履的各种美德，必然会在他的儿子们身上发生良好而深远的影响。如陈玉璧，即是显著的例证。

道光《济南府志·陈玉璧传》说，玉璧以父荫除授贵州遵义知府，这其间有一点小错误。由道光《遵义府志》所记可知，玉璧最初只是由荫生授职光禄寺署正，出为江西赣州府同知。至乾隆三年，始升授遵义知府。清代制度，高级文武官员死后因功赠官，得荫其一子。陈有功的三子俱为武职，可知玉璧之得荫生，应当是在雍正五年陈有功身死以后的事。

由雍正五年到乾隆三年，中间已隔了十一年之久。至乾隆八年，陈玉璧即以贵州道的升任职务休致归里，想来当时他必定已年在六十以上了。然则他之由赣州府同知升来遵义，亦必定已逾知命之年。中国古时的官吏，少年科第，每常不谙地方疾苦；唯老于世故者始能留心民瘼，注意为地方兴利除弊。看陈玉璧的传记资料，知道他在这些方面甚为关切。可知他虽以荫生得官，仍能在勤于吏治外，多读经世有用之书，以期效法古代贤吏，多为地方人民造福谋利。

道光《济南府志》说他在出任遵义知府之后，“剔奸厘弊，百废俱兴，凡不便于民者悉罢之。行阡陌，谕父老，教以种植”。像这样地不辞辛劳，实地与基层接触，以求了解地方人民之疾苦，这种作为，就不像是出身于膏粱文绮的贵胄公子。其后他更以自己的金钱设法到山东原籍去购运蚕种，聘请富有经验的蚕户及织工，到遵义来教导人民养殖柞蚕；更在一再失败之后仍毫不气馁，继续努力，终底成功。这一份但求济世利民的热忱，着实使人感动。追溯本源，陈玉璧固不可及，其父有功以一介武夫而能善于教督，卒使其子能成为数百年中难得一见的贤明长吏，尤其难能可贵。

陈玉璧以山东柞蚕移植于遵义的大概情形，略见于遵义郡人郑子尹所撰的《樗茧谱》一书，转引如下：

乾隆七年春，太守省庵陈公，始以山东槲茧蚕于遵义。公，山东历城人，名玉璧，字韫璞，由荫生补光禄寺署正，出同知江西赣州，乾隆三年来守遵义。日夕思所以利民，事无大小具举，民歌乐之。郡故多槲树，以不中屋材，薪炭而外，无所于取。公循行往来见之，曰：“此青莱间树也，吾得以富吾民矣。”四年冬，遣人归历城售山蚕种，兼以蚕师来。至沅湘间，蛹出，不克就，公志益力。六年冬，复遣归售种，且以织师来，期岁前到，蛹得不出。明年，布子于郡治侧西小邱上，春茧大获。公遂遍谕村里，教以放养缫织之法，令转相教告。授以种，给以工作之赀，经纬之具，民争趋若取异宝。八年秋，会报民间所获茧至八百万。自是吾郡善养蚕，迄今几百年矣。纺织之声相闻，槲林之阴迷道路。邻叟村媪相遇，唯絮话春丝几何，秋丝几何，子弟养织之善否。而土著裨贩，走都会十十五五，骈比而立贻，遵绸之名，竟与吴绫蜀锦，争价于中州远徼界绝不邻之区。秦晋之商，闽粤之贾，又时以蚕成来，埽鬻捆载以去，与桑丝相搀杂，以为绉越纨缚之属。遵义视全黔为独饶，皆先太守之大造于吾郡也。

这一段文字虽然约略说出了陈玉璧在遵义所遗留的建设规模，然而对于陈玉璧之辛苦经营，以底于成的详细情况，仍嫌交待欠明。因为养殖柞蚕与养殖家蚕不同。家蚕育于室内，所需要的是采办桑叶，以时喂饲，勤除粪秽，注意寒暖，使蚕无疾病，到成长以后依时结茧，大功即告底成。但柞蚕则与此全然不同。因为柞蚕须放饲于山间树上，槲树的高度即须便于人的放饲，植树之地，亦须谨避红砂火石的砾石地带，否则当树上槲叶食尽之时，蚕必四面缘树而下，如逢日晒地热，蚕必将因热而死。所以，在植树及依时修砍剪伐之外兼须择地。凡此，俱可在《樗茧谱》一书中详悉其种种。

《樗茧谱》说："蚕恶湿喜燥，山阳耐日，其蚕美大，茧成亦如之。唯秋蚕宜山之阴者，为可避秋阳之烈。相地之法，泥为上，挟沙次之。红沙火石地为下。槲种二三年，及伐而蘖者，曰火芽，亦曰头芽，育子蚕宜。经蚕者曰二芽，再蚕者曰三芽，壮蚕食之。老而乔者用作茧。凡相树，高毋过一丈。已高，则苦剪移与下茧。"蛾生卵于筐，"蚕出卵，针大而黑，即以槲嫩枝置筐沿，听自上。移之火芽地，架树桠，听散食"。蚕食叶尽，皆附空枝，须剪枝移之他树，架于树桠，蚕自能上树食叶，一树尽则再移他树。"蚕四眠。上树约七日则眠。又约七日二眠，又约七日三眠，又约十日大眠。其起也，食益力，唯勤移为功。茧成，次第候其韧摘之。已高，梯之，凳之，筐载而归之厂。"自出卵上树以至茧成摘归，养育之事已毕。但在养育的过程中，不但因剪枝移树而需花费极大的照料之力，而蚕养于树，成为各种野生禽虫的天然食物。为了防护其安全及避免其病害，于是就要比饲育家蚕支付出更多的人力。《樗蚕谱》说：

> 害蚕，鸟一也。将曙及薄晚，力防之。时其来，惊之以蚕铳。蟾蜍能吸其卑枝者。唯蛇升木，野猪拔树，兹二害特酷，若山蚱蜢，马蜂，枇杷虫之属，唯秋茧受其害。

古时人对蚕的病害了解不多，以为足以为蚕害的禽虫之类不过如上数种，倘能勤于防护，便可减少蚕的损害。殊不知在上述种种害蚕的禽虫之外，尚有各种寄生蜂及寄生蝇所造成的寄生性蚕病，以及各种细菌与原生动物寄生所造成的传染性蚕病，足以造成蚕的微粒子病、脓病、僵病、寄食病等等，古人不能明了其致病之因，每谓其僵死是由于受寒，微粒子斑病是由于火热，并无适当的防治之法。所以虽然防护居守至为勤劳辛苦，仍不能防止蚕之因病死亡。遵义的柞蚕养殖事业到了清末以后日见式微，除了各种人为因素之外，对于各种病害不知防治之法，亦为其主要原因之一。所以我们在郑子尹所撰《樗茧谱》中，只能看到前人殷勤致力于栽树、择地、移枝、居守等各种技术性知识的讲求传授，而对于如何防止蚕病，只知注意控制烘卵时的火候，此外别无了解。由此可知，遵义的柞蚕养殖事业，虽因清人陈玉璧的倡导而得到蓬勃的开展，至于应该如何继续努力以求其昌大发扬，则尚有赖于今人。

养育柞蚕的辛劳既远过于家蚕，遵义地方的人民又对此从无经验，为了教导他们如何养育柞蚕，及如何缫丝织绸，陈玉璧在这方面耗费的精力，着实不少。道光十七年莫友芝注译《樗茧谱》一书，曾说：

> 尝闻乡老言，陈公之遣人归售山蚕种者，凡三往返。其再也。既于治侧西小邱获春茧，分之附郭之民为秋种。秋阳烈，民不知避，成茧十无一二。次年烘种，乡人又不谙薪蒸之宜，火候之微烈，蚕未茧，皆病发，竟断种。复遣人之历城，候茧成多致之。事事亲酌之，白其利病，蚕则大熟，乃遣蚕师四人，分教四乡。收茧既多，又于城东三里许白田坝，诛茅筑庐，命织师二人，教民缫煮络导牵织之事。公余亲往视之，有不解，口讲指划，虽风雨不倦。今遗址尚存。邑之人过其地，莫不思念其德，流连不能去。

这一段话写出了陈玉璧当年为了教导遵义人民如何养蚕织绸，振兴实业，繁荣地方，是如何地以全副精神贯注其中。这种精神，方才配得上被称为是真正的“爱民如子”。莫友芝续说：

乾隆八年，蚕师织师之徒，能蚕织者各数十人，皆能自教其乡里。而陈公即以冬间致政归，挽送者出贵州境不绝，莫不泣下也。

陈玉璧自乾隆四年开始策划在遵义发展柞蚕养殖事业起，到乾隆八年，业已整整四年。他所悬想的计划，此时已得到具体的成功。虽然他在乾隆八年时便因致政归里而不能再对遵义人民有更进一步的教导，而成规具在，基础已奠，自此以后，遵义人民只要知道珍惜爱护这一份辛勤建立起来的基业，自不难席其成规，而坐享其利。由后来的事实演变看，遵义全境的柞蚕养殖事业，在数十年之间，日盛一日，黔北的丝绸业隐然成为西南巨擘，而遵义遂成为全黔之首富。陈玉璧的惠政，真可说是遗泽深远了。

莫友芝《樗茧谱书后》曾说：

夫子之言曰：富之教之。又曰：不患寡而患不均，不患贫而患不安。遵义尽县而山则难均，难均则多贫，多贫则难安，难安则民皆思去而至于寡，此理势之必然者。而遵义自有蚕茧以来，寡者日以众，贫者日以富，数十万户，罔不含哺鼓腹，怡然于槲阴丝灶之间，而其秀者亦得所凭借以优游乎文林义府，争闲雅都丽，以与吴越齐秦人士相轩轾。均无贫，和无寡，既富乃可加教，意在斯乎？

莫友芝的话，套用一句现代的术语，就是，“发展工商业一方面可以促进社会繁荣，一方面亦可以养育较多的人口”。这一道理，在古代农业社会时未曾为人所普遍了解，陈玉璧首先留意及此，结果乃为遵义人民造福无穷。道光十六年，满洲人德亨由仁怀知县调署遵义，初到之时，看见全县耕地寥寥而人口多至二十余万，私意或以为当地人民必定穷困不堪。及至日久，留心体察，方知遵义全县号称素封的殷富之家，比比皆是，即是最下户之贫无立锥者，亦皆有其衣食之道，而不至有冻馁之虞。其道云何？盖即从事于养蚕及丝织事业之故。他在《槲茧谱》前的序文中说：

> 夫自三代以还，井田制坏，而农各私其畎亩，商各私其垄断，其富者宁弃于地而不以予人，其贫者至求并日之一食而不可得，可胜叹哉！而遵义自有槲茧来，犹不至于是者，何也？槲之生也不必膏腴，虽荦确之区皆可植。茧之成也不必其自为，虽行道之人皆有功。以无用之地，植有用之材，即以无业之人，而纳以不费之业，佣之者受小赀，主之者享大利，所谓交易而退，各得其所者也。蚕事毕，丝事起，煮缲道织，需人愈多，虽有暗聋跛躄断者，亦各得尽所能以餬其口，而贸迁子本之获，更可不必言矣。

这一段话，充分说明了发展工商业足以繁荣地方经济的道理。而遵义地方的工商业基础，则实奠定于当地的柞蚕养殖业及丝织业上面。遵义人民感戴陈玉璧为他们所带来的恩泽，因立祠为祀。据《续遵义府志》云：“陈公祠，祀知府陈玉璧，一在凤朝关蚕神庙内，一在双荐山山麓。”蚕神即古来相传之“马头娘”，其祭期在六月十五日。但遵义陈公祠的祭祀日期亦是六月十五日。清人平翰所作的《播州竹枝词》云：

> 六月十五日赛蚕神，当年太守济南陈。做官何事不做好，儿千女万尽曾孙。

据此可知，当年的遵义知府陈玉璧，在后来直被视为与蚕神等列，年年祭祀报赛，无非是崇功报德之意。作宦他乡，只因有功地方，便可被当地人民视为神祇一般地歌功颂德，祭祀不衰，这固然可见中国人民的禀性忠厚，亦可知道“贤吏”仍是大有可为的。

陈玉璧在遵义的作为，从最浅显的方面看，大约有两种良好的影响。其一当然是他为遵义地方所带来的生活富足及社会繁荣；其二，则是他以地方官而为地方造福，为后来的人留下了良好的楷模。所谓见贤则思齐，有此典型在前，后来者亦必会自知努力奋勉，以期步武前徽，不堕官声。从道光《遵义府志》等书中，类此的事例就不下三数。

道光《遵义府志》卷十六“农桑”引《正安州志》云：

> 正安向无织纴之业，乾隆十三年，吏目徐阶平自浙江购蚕种来州，教民饲法。当春夏之交，以纸糊周密，深房遍悬茧种于窗棂之上。因州地寒，中设柴燎，日加微炙，历数日而蚕种皆出。然后配以雌雄，卧以筐箔，五食三眠，累累成茧。茧质较大于江浙，惟经烟薰，故其色黄。初州地少桑，阶平教饲柘叶，后家皆桑，始尽以桑饲。其茧色美质精，不下中府之产，而价昂于山丝。缫丝昔皆以手洴澼，故质粗而织毛。今则遍张机杼，渐成花样，售丝售紬，远通商贾矣。

正安州为遵义府的属邑之一，亦为黔北贫瘠之区。徐阶平以吏目卑官而能教民蚕桑，繁荣地方，他的建树，不逊于陈玉璧。而他的惠政既在陈玉璧之后，或者便是因陈玉璧的事迹而得到启发的。《遵义府志》同卷又载有道光十九年遵义知府黄乐之劝民改饲家蚕的告示，其中说：

> 伊古以来，尽以桑蚕作茧，盖取诸室而有余，不类橡茧，需时资于山而后成也。资于山非男工不可，取诸室则妇孺能为，其劳逸不辨而自明矣。本府莅任兹土，每思家茧之成速于山茧，家丝之价倍于山丝，果能行此，是子孙世世之业，其利岂有穷乎？

因此他悬定赏格，劝民种桑，以为推广家蚕养育事业的基础。他所颁布的赏格是，如农民种桑成活至百株者，由县报验属实，即赏给一两重银牌一面，花红一副。此项奖额，以数递增。成活至一千株者，即赏二两重银牌五面，花红一副。由《遵义府志》的记载，可知黄乐之的劝桑告示，在两年之间曾经三度颁发。虽因遵义的土地贫瘠，利于槲而不利于桑，以致黄知府的劝导并无成效，遵义的蚕业亦仍以柞蚕为主。但黄知府之能够留心地方建设，谆谆以改善人民生活为念，无疑亦是因陈玉璧的芳徽在前，欲思效法而来的。

《樗茧谱》前有学政程恩泽所撰一序，其中说：

黔郡州十三，富郡二，曰黎平，曰遵义。黎平以木，遵义以茧。茧不以桑以橡，然非创于遵义人也，乾隆间陈君实教之。于是食茧利凡数十年，春秋茧成，歌舞祠陈君如生。道光三年冬，泽试遵义旋，过橡林间，风策策然，叶鳞鳞然。记所历郡皆有橡，不以茧。今过平越都匀，土益沃宜橡，因叹曰：“处处有橡，处处可茧也。独遵义乎？”过镇远，见方伯吴、廉访宋颁令甲劝民种橡，词恳恳著街亭。时夕阳烂如，驻马读之。过思南，遻万校官世超，鞾劄出，则方伯廉访督使巡上下游，购橡子，教播种，期三年成，食茧利。嗟乎，居尊官亲民，为谋百世利，思深哉！可谓君子儒矣。

观此，则可知在陈玉璧、徐阶平、黄乐之之外，当时的贵州布政使吴君及按察使宋君，亦曾打算在贵州普遍推广柞蚕养育事业，以期使贵州全省都能由贫穷而跻于富足。虽然由后来的事实看，贵州的柞蚕业，始终只局限于遵义一府，而他们的这一番努力，总还是值得嘉许的。

由前面所引述的事实可以知道，要在地方上推广一种新的事业而望能有成功，并不是一件容易事。像吴布政及宋廉访欲在贵州全省普遍推行柞蚕业而终于不能成功，便是显著的事例。然则陈玉璧的成功，看来就更不简单。

若不是他能在数年之间再接再厉，不惮烦劳，而始终持之有恒，又加以亲身讲授，谆谆督教，使全境士民乐于接受其教诲，则他的一番努力，势不免要在一再遭受挫折之后终于失败。由陈玉璧的成功经验，可知地方长吏空有造福地方的宏愿是不够的；在理想之外，还须继之以不懈的努力。陈玉璧在后来能够成为遵义地方千千万万人民的祷颂对象，于此益足以显示其不平凡的意义。

遵义的柞蚕事业，在前清的嘉庆道光年间，最称极盛。当时遵义府绸及鸡皮绸之类丝织品的销售价值，每年可达白银一千万两左右。而自清光绪以后，蚕业日趋衰落，民国以来，更是每况愈下。在民国初年，遵义出产的丝织品还能值到银圆五百万元左右，到了民国十一年以后，遽跌至只值五十万元；民国二十一年以后更跌到只值十万元左右。蚕业之一蹶不振，连带地影响了当地的社会经济，以致农村凋敝，人民困穷，回溯当年的全盛时代，有若天渊之别。遵义蚕业衰落的原因颇多，在清光绪以前，其原因有二，一是病虫害的流行，二是丝织业的墨守成规，不知改进，以致生产萎缩，行销困难。在民国以后，则是由于军阀割据及赋敛繁重。加以鸦片流行，罂粟遍地，而兵匪蹂躏，旱荒屡屡，民不聊生，自只好任令槲林荒废，生产日减。抗战以后，政府为了振兴遵义的蚕业，曾多方谋求对策，如改善蚕种，防治病虫害，及改良缫丝及织绸的技术及设备，著著并行，蚕业已渐有起色。然而欲望恢复至前清嘉道时之全盛境况，还需要更大的努力。我国古代以来，前人所辛勤创立起来的事业，每每因后人的荒怠而日见衰败。遵义的蚕业亦不免蹈此陋习，诚可慨叹。追溯陈玉璧当年荜路蓝缕的开创之功，益使人神往无似。

清人程恩泽的《春海诗集》中，有一首《橡茧歌》，描写当年遵义地方二十余万人民辛勤从事蚕业而得家给人足的富饶光景，很可以当作遵义蚕业沧桑史中的文献资料看。迻录于后，以作为本文的结束。

冬十一月来播州，扑头黄叶风飕飕。是何嘉卉繁且稠，云此可媲桑之柔。美荫卷缘春细细，弥山弥泽弥瓯窭。不烦山奴玉斧修，无事红女青桂钩。叶以为箔枝为蜩，结茅承种悬曲檬。蠕蠕孑孑纷相蹂，天教寝食得自由。自起自眠登树头，暖日出曝雨则偻。蚀厥新甲弃厥痁，神从打鼓小姑求。宛窳夫人跪树欧，愿生脂卮无生鸠。为殴花豹殴栗留，竹柝行昼宵乃休。何如小幡长其斿，娟娟风露春复秋。两番割茧十倍收，茧熟圆如金弹投。娥飞大如蝴蝶侔，杼声万家丝万抽。蚕娘乐逸机娘愁，流黄缣素充画楼。可怜龙马不上鞧，其他乃封千户侯。我来长林采其刘，知是栎斗其实梂。斗可染皂实可溲，高士拾之狙公留。不材之木值千牛，却顾材木翻包羞。黔中土瘠民臞脙，何不广植上下游。计其赢羡裨先畴，终岁乃无旱涝忧。有暭其道夏喝瘳，有依其土丝衣纻。积铢累寸成长裘，衣被直遍西南陬。

原诗前有题记，知此诗作于道光二年，正当遵义蚕业之全盛时期。由“美荫卷缘春细细，弥山弥泽弥瓯窭”及“杼声万家丝万抽，流黄缣素充画楼”等句，使我们仿佛看见了当年遵义全境遍地槲林，油绿一片，及万家机杼，茧绸充斥的繁盛光景，宛然一幅太平图。这正是陈玉璧当年所辛苦缔造的成绩，然而那已是一去不可复返的了。

附记：此文中所引用的文献，对槲树所用的名称殊不一致。有称“槲”，有称“橡”，有称“樗”，其实皆是同一物。

林公井考辨

所谓“林公井”，据说，是清朝名臣林则徐谪戍新疆时所留下的一项“发明”。

已故的名作家高拜石先生，前此曾在中副写过《记新疆之林公井》一文，说到林则徐当年谪戍新疆期间，曾经“周历天山南北，以坎井法浚水源，大漠广野，顿成沃衍，疆人称之为林公井”。又林竞所撰的《西北丛编》，亦有“坎井创于林文忠公则徐”之说，据云：“公察吐鲁番地苦热，缺水，又不雨，乃熟勘地形，发明坎井之法。今吐鲁番棉花葡萄生产最多，富甲各处，皆公之赐也。现在各县亦有仿行之者，皆因地理关系，不能用，唯哈密及库车二县有已经营成功者。”其他书籍中类此的记载尚多，唯无此二者之明白确定，又未经林崇墉先生在他所著的《林则徐传》中转引，故不赘。

按，我国人对于历史上有名人物的故事传述，大多好以夸张的方式从事增饰附丽，以致有很多传说都经不起事实的考验，“林公井”的传说，大概亦属于此类。因为，根据中外学者的调查研究，坎井并非林则徐所发明，其最早使用于新疆的时间，亦不在林则徐谪戍新疆时。我们的掌故家及游记作家，专好以耳食之谈形诸文字，无疑要对这种传说之形成担负一些推波助澜之责任的。

瑞典的大探险家斯坦因在1907年至1908年探险中亚时，曾经到过新疆的吐鲁番盆地。他在1912年所发表的一篇论文中，曾对新疆坎井的来源有所论列，说：

> 一般看法，都认为坎井是在一个世纪以前才出现的制度，而且它是由伊朗传入的。有一个事实可以证明这种看法：中国旧文献中关于吐鲁番的记载非常之多，内容也极详尽，可是其中从未见有关于坎井的记载。

由二十世纪初叶上推一个世纪，其时间为十八世纪之末及十九世纪之初，亦即清高宗乾隆五十余年至清仁宗的嘉庆初年，此时林则徐甫经出世不久，尚在幼年时代，如何能够从事这种坎井的“发明“工作呢？在斯坦因初次探险新疆期间，美国的著名地理学家亨廷敦亦曾在同一时间中到过新疆的吐鲁番。在他所撰的书中，有一段论及坎井起源的文字，说：

> 我的最聪明的一个报告者鲁克沁伯克，和同一地方的一个回教毛拉，都对我说，坎井是约在1780年由波斯或脱兰斯加斯皮亚传来的。在这时代以前，人民灌溉是靠地表水和井水的。

公元1780年，即是清高宗的乾隆四十五年，当时林则徐尚未出生，当然更不可能与坎井的“发明“有关了。现在所值得注意的是：斯坦因和亨廷敦二人虽然都说坎井是由伊朗或脱兰斯加斯皮亚传入新疆，他们的说法是否可信呢？要回答这个问题，最好先能了解坎井的产生条件与其地理环境。

地下泉源

高拜石《新疆之林公井》文中，记林则徐在南疆的托克逊教民开凿坎井的情形说：

> 托克逊居天山之麓，群峰周匝，左环右抱。境内虽经年不雪不雨，气候奇燥，惟四周重山，积雪甚厚，山麓地多沙质，每当冰雪溶化，出口不远，则潜入地为伏泉，故地下蕴藏水量极富，如掘地成泉，随处可获水源。乃倡凿井之议，并授以凿井之法，使托克逊人于山阳之麓雪水流湛之处，穿地成泉，径五尺许，深十余丈，以凿至见水为度，铺以羊毡，以止渗漏。每隔五六丈，又如法开一井，井井相连，中通之以渠。其在山麓之井，称第一井，井位较深，其他各井则依次递减，俾第一井之水可流入第二井，第二井之水再顺流其他各井。顺泉开掘，或数十井，或百余井，直至低地可耕之处，资灌溉焉。疆人名之曰坎拉井，又以此种凿法为林公所自倡，并称为林公井。

这一段文字之所以值得引叙，是因为他一方面虽然指出开凿坎井的地理条件是需要四周有高山积雪而地有伏泉，二方面却对坎井开凿的实际情形并不十分了解，只知道“井井相连，中通之以渠”，却不知道这地底泉源是基于何种原理而可以资灌溉的。就实际情形而言，所谓坎井，纯粹是沙漠沃洲的产物。因为既是沃洲，则地下必有泉源，否则即使四周有高山积雪，溶雪之水流至山麓，亦将因地属沙质而渗入沙层不见，草木且不能生，如何可借凿井之法引出地底泉水来资灌溉之用呢？如是沙漠沃洲，地底必有不透水的岩层可以蓄水，将这些地层中的蓄水以地下暗渠的方式设法导引至地面，如此方可供灌溉之用。其方法的要点，首在辨别何处地层中有较丰富的泉源可资引用，其次则在开凿地底沟渠以导水，至于附属于此暗渠上的井，不过是开凿暗渠时便利工作需要的出入通道而已，初不借此井通泉。其凿法亦不是不借引用地下泉源的南方人士（如林则徐）所能懂得的。

1943年，台北“中央”大学理科研究所出版过一本地理学专著，名曰《新疆吐鲁番盆地》。其中有一段专论吐鲁番的坎井，说：

盆地中央平原之水源，均为来自山间之雪水，沿途消耗于蒸发与渗透者甚钜，其能流至平原边缘者极少。由于水量不敷农业耕种之用，于是乃有坎井之发明。坎井最多之地区，皆在平原边缘。其掘法，在中央平原或山脚砾石带内，约离田园二十公里处，选一地面坡度最大之线，先在地下掘一纵沟，长数十公尺，其坡度务较地面坡度为小，使一头露出地面，一头乃可深入地下。然后再在沟上凿一垂直之竖井，使与沟通。自此渐掘渐进，地下每掘沟一段，地上即凿井一口。井与井间之距离，视水草地之地位与沟渠之长短而定。普通每三公里即有一井，井井相连。最后地形愈高，掘沟愈远，挖井亦愈深。当地下之沟渠到达不透水之地下水层时，所蓄地下水即可由暗渠导出，直达地面之渠口，然后浮流而为明渠，可用以灌溉矣。下游之井浅，上游之井深，渠水引出，人皆以为由下而上，不知其故，其实则因地下暗渠之坡度小于地面坡度之故。

直井横渠

又释坎井之名称云：

所谓坎井，乃直井与横渠之合称。直井四周，堆有砾石，状如馒头，周围长可一里。其口平时关闭，非至清理渠中淤泥时不开。横渠长短不一，最长者十四公里，上有七井；短者三公里，上亦有二井。渠内宽大，可容两人来往。水流下注，淤泥沉积极厚，每届春日，必须清除淤泥一次。

看了这些记载，当可知道，所谓坎井也者，其实是沙漠沃洲用来导引山边地层中蓄水的地底暗渠，称之为“井”，实在容易引起误解。人们由沙漠边缘的绿洲推想到山边地层之下必有蓄水，又由此更进一步，设想出这一套开凿暗渠导引岩层中蓄水的方法来从事灌溉，其间所经历的摸索与尝试过程，必定极为绵长。因为开凿暗渠及坎井的技术比较困难，费用亦极昂贵，如果可用明渠代替，人们决不会舍易就难。但一则沃洲土质易崩，地面开渠易于坍坏，地底暗渠则由于拱力的关系而无此弊；二则沙漠气候干燥，渠水经行地面，蒸发量太大，使用暗渠则可减少蒸发；三则山上雪水在流至山麓时即有大部分渗入地下。地表层的可用水量不大，不如开凿暗渠可得丰富水源。有此三种原因，所以人们最后终能体会出暗渠之妙用，又终于能懂得开凿暗渠的原理与方法。然而这毕竟需要长时间的摸索研究，不是朝夕可几之事。伊朗的文明远始于西纪之前，其地亦多沙漠干旱，由长时间的研究摸索而设计出这一套坎井引水之法，很合乎坎井的发展条件。新疆在清代中叶以前既然一直都没有这套导水方法，而新疆与中亚诸国间的接触往还又一直都非常频繁密切，那么新疆之由伊朗或脱兰斯加斯皮亚传入此一技术，便是极有可能之事。反过来看，林则徐生长南方，当地的雨量充足，农作物的灌溉从来不需引用地下水源，他在未到新疆之前，并没有利用地下水的旧经验可资利用，纵使他具有天赋才智，又如何能在短时间内完全了解沙漠地区的特殊地理条件，设计出这一套完整的勘察地形、开凿暗渠、导引地下岩层蓄水的方法与技术，来从事水利灌溉呢？更因新疆的维吾尔语称坎井为“卡日兹”，其来源由于波斯语中的 Kariz 或 Karez，所以，斯坦因与亨廷敦以为新疆的坎井系由西方传入之说，事实上正是极为可能的。

不可思议

根据《新疆吐鲁番盆地》一书的调查记录，吐鲁番盆地内共有坎井一百二十四道，灌田十五万七千余亩。其中百分之九十以上都在吐鲁番及鄯善二县境内，在托克逊境内的只有九道，灌田二万一千余亩。此一记载，可以纠正高拜石《新疆之林公井》一文所说，林则徐在托克逊创开坎井，“垦田三万七千余顷”之谬，因为其间的差距在一百五十倍以上。今人林崇墉所撰的《林则徐传》，颇不主坎井创于林则徐之说。书中所引《林则徐日记》，说到林则徐在由迪化至吐鲁番时，“见沿途多土坑，询其名曰卡井，能引水横流者。自南而北，渐行渐高，水从土中穿穴而行，诚不可思议之事”。由这一段记述亦可证明，当林则徐到新疆时，当地早已有了“卡井”即“坎井”的水利设施，林则徐所做的，不过只是推广其用，以广及于托克逊等地而已。当地人民为了纪念林则徐的推广之功，称此井为“林公井”，殊不可附会成为林则徐的发明。于此，笔者深为赞成《林则徐传》作者林崇墉先生的写作态度。但因林书对于坎井的实际情形不免亦有很多不正确的传述，所以亦很希望借此补正林书之不足。

林书的书前，附有一幅“坎井图”，大概即由林竞的《西北丛编》转引而来。由此图所见，地下水由地层中引出至地面的路线是由下而上的。且其斜度甚大，看来确有“不可思议”之感。但《新疆吐鲁番盆地》一书已经明白指出，坎井中的水，并非由下而上，实在是因为地下暗渠的坡度小于地面坡度，观者若粗心不察，便会误以为地下水由下而上，于是才会画成一幅如此不可思议的“坎井图”。其正确的情形，《新疆吐鲁番盆地》一书中有附图，暗渠自开凿之点直通至地下蓄水层，其坡度一直是平缓地由下而上，地下水由蓄水岩层中流出时，即循此暗渠从高向下。此亦可以改正林书附图的错误。附述于此，以为本文之殿。

曾国藩一生得力于考运

清末名臣曾国藩有一名言，曰：“不信书，信运气，公之言，告万世。”稍知曾国藩一生行谊者多知他一生的运气极好，此断非几千字的短文所能概括，因此这里只能谈谈对他一生具有重大影响的“考运”。

科举时代的考试，比现在还要多得多。由童生变为秀才，得先经过县试、府试与院试，三试得捷，方能侥幸博得一个秀才头衔。由秀才变为举人得通过各省的乡试，由举人变为进士则须通过会试与殿试，由进士变翰林还须经过朝考。翰林身份在清代最称高贵清华，而清代翰林官的俸禄极为菲薄，一百多两银子一年的俸给，绝对维持不了最起码的京中生活，因此必须寄望官俸以外的额外收入——放差——学差与考差。放学差即是点充各省之学政，专司取进各省之秀才，每至一府一县主持“院试”，照例有一定数目的“棚规”银子可得。三年任满，少说也有一二万两白花花的银子，足可供京中生活十年柴米所需。放考差即是点充各省乡试的正副主考官，虽无棚规却有当地大小官吏所致赠的“程仪”，大省四千五千，小省二千三千，数目也不能算少。但放学差与放考差均须经过考试，其名谓之“考试差”，因为事关翰林的生活福利，因此极为各人所重视。除此之外，则事关升迁的翰林大考，其影响力尤其重大，更为翰林官所重视。

清以满族入据中原。京中大小衙门的额设员缺有一半为满人所占，其名谓之“满缺”。满缺占了一半之后，剩下一半的汉缺由具有任用资格的举人与进士分占，由于缺少人多，考取进士到部中候补的主事司官，往往十年八年都补不上实缺，更遑论考绩升迁。所以，科举考试的最理想出路是点翰林，因为翰林有不定期举行的大考制度，其升迁论考试成绩而不论年资。在翰林大考中居于前列的，可以躐等升迁，快速无比。清朝历史上很多有名人物，都是经由这种方式超等升迁，在短短十几年中就由小官而位至通显；若是经由普通升迁的管道。十几年间还升不到中级官的地位哩。以曾国藩的一生遭际来看，他在考试中得到的便宜太大，也可以说他的考运是十分不错的。

曾国藩六岁入学，十四岁开始应童试，先后考过七次，直到二十三岁那一年方才考中秀才，时为道光十三年。在这一段时间里，他的考运似乎并不顺利。原因是他在此之前的学业尚无根基，当然不可能在考场中侥幸得利。但在他考中秀才之后，一切都很顺利了。道光十四年应湖南乡试，得中为第三十六名举人。翌年应会试不售，再过三年再应会试，得中第三甲第四十二名进士。进士点翰林最重二甲，三甲进士本来很难入选。但他的朝考成绩极好，考居第一等第三名，因此得被点为庶吉士，入翰林院教习三年，期满考列二等第十九名，授职翰林院检讨，正式成为翰林官。这几次考试对他的一生影响极大，他此后几年中的超格升迁，完全得力于翰林大考的优异成绩。但如他没有翰林身份，即无资格参加翰林大考，又何来超格升迁的机会呢?

清朝的翰林大考制度十分奇妙，考列高等者固然可以逾格的升擢，考列劣等者亦难逃降罚黜革的命运，一切全以考试成绩优劣而定，十分公平。曾国藩在道光廿三年首应翰林大考，考列二等第一名，总名次居于第六，即刻由七品的检讨升为五品的侍讲。道光廿七年又逢大考，名列二等第四，此时他已由五品的侍讲升为四品的侍讲学士，至此再升为秩居二品的内阁学士兼礼部侍郎衔，俨然卿贰大臣。七年之前，他还只是一个七品的翰林院检讨，七年之中超升五等，成为政府中的高级官吏，这种转变的影响太大。因为七品的翰林院检讨根本无足轻重，而二品的侍郎则可出任政府要职，当方面之任。其时适当太平天国之乱方兴未艾，曾国藩若非在此时已升至二品的侍郎，就没有资格受皇帝的任命，在湖南编练湘军，担任平乱的主要角色。至于在翰林大考之外的“试差”考试，他的考运也不算太差。总计在三次考试中曾有一次得隽，被点派为四川乡试的正主考，得获宦囊不少，尽足以应付京中的清苦生活了。

曾国藩在道光十八年中进士，到道光二十九年就正式升授为礼部右侍郎之职，自白衣举人至卿贰大臣之间的时间，不过只有十一年而已，其宦途可谓顺利。所以然之故，无非因为他在若干具有关键性影响的考试中都能有很好的成绩，所以能一帆风顺，在短短十一年之间就位至卿贰大臣，直接担负起大责重任。就此一点而言，曾国藩的考运，在他一生命运中的影响实在举足轻重。考运亦是一生命运的一部分，曾国藩一生相信命运，与此当有相当关系罢！

大家史说

人物与掌故丛谈·下

苏同炳／著

紫禁城出版社

目　录

光绪帝之死

清朝的德宗——光绪皇帝载湉，该算得是历史上最苦命的皇帝之一了。他并非亡国之君，照理应安享天家的富贵尊荣，福禄寿考。然而，他从五岁时被慈禧太后选立作皇帝之后，就始终受这个厉害老妇人的挟制。终其一生，根本没有自由意志可言。戊戌变法，他很想效法日本的明治天皇，把老大腐朽的帝国带来自强维新的机运。但因得罪了慈禧及一班守旧派王公大臣之故，变法运动的首脑人物或杀或逃，他自己也被慈禧太后囚禁于瀛台，有好几次并且差点被慈禧所谋杀。光绪三十四年，他三十九岁。那年十月，慈禧病重，眼看被囚禁的皇帝即将苦尽甘来，重见天日。然而，就在慈禧即将咽气的前一天，这位苦命的光绪帝却先慈禧而“崩驾”了。皇帝与皇太后在前后两天之间去世，何况慈禧在病重时还曾怒气冲冲地说过“我不能先尔死”的话，因此，对光绪帝之猝然崩驾，便有颇多传闻，以为光绪实系慈禧所毒死云云。真相如何，由于宫闱事秘，莫能详知。不过，由许多蛛丝马迹所显示，传说之来，亦相当有其事实根据，固不可全以揣测附会视之。

《清稗类钞·宫闱类》“孝钦后谋废德宗”一条说，自戊戌政变后，慈禧恶光绪甚，端郡王载漪遂生觊觎之心，谄事慈禧之总管太监李莲英，欲李莲英在慈禧前陷害光绪。李莲英不忍，而太监冯某者豺狼成性，愿为效力，于慈禧前多方进谗，遂有立载漪之子溥儁为“大阿哥”及谋废光绪之事。《清朝野史大观》卷一“溥儁之立”一条记此事，更说，赞成此谋者，以徐桐、刚毅、赵舒翘、杨崇伊诸人为主。这一段史事，亦见于王照所撰的《方家园园杂咏纪事诗》，其第四首云：

扬言不豫盖弥彰，和缓邻医竞荐良。更有谠言寒逆胆，恶声中外口难防。

原诗并有注释，云：

戊戌八月变后，太后即拟废立，宣言上病将不起，令太医捏造脉案，遍示内外各官署，并送东交民巷各国使馆。各使侦知其意，会议荐西医入诊，拒之不可。荣禄兼掌外务，自知弄巧成拙。又尝以私意阴示刘忠诚公（即刘坤一），忠诚覆书曰：“君臣之义已定，中外之口难防。坤一为国谋者以此，为公谋者亦以此。”荣禄悚然变计，于是密谏太后，得暂不动。

慈禧欲废光绪及密谋置之死地的计划，虽因外国公使的干涉及刘坤一等一班重要疆吏的反对而作罢，但慈禧自此痛恨外人，欲借义和团驱除洋人，于是又有以后的拳匪之乱及八国联军之役。

撇开这一段后事不谈，慈禧在戊戌政变之后为了谋废光绪而事先宣言光绪病重，行将不起，又令太医捏造脉案，遍示内外各官署及东交民巷各国使馆，由这种方式，可知慈禧如果确有谋杀光绪之意，在外表上必可做到全无痕迹；而光绪若被慈禧害死或毒死，既有脉案宣布在先，任谁也提不出确证可以证明光绪并非因病致死的了。光绪三十四十月二十一日，光绪帝以“病死”闻。在此以前，既有慈禧太后“我不能先尔死”的怒语，在此以后所流传的有关光绪帝患病情形的资料记载，又复显示甚多的矛盾及疑窦，因此，对于光绪皇帝之猝然崩驾，便不能不令人致以极大的怀疑——怀疑他此番之死，也许便同戊戌政变以后一样地出于慈禧的密谋，乃是一种有计划的谋杀行为。

为了叙述便利，及使读者对于光绪病死以前的情形可有一个大致的了解起见，笔者需要将有关资料在下面先加引叙，然后再逐件讨论其真实性。

恽毓鼎撰《崇陵传信录》，叙光绪晏驾情形说：

德宗天表静穆，广颡丰下，于法当寿。颖悟好学。有以圣学叩翁师傅（同龢）者，则以“鲁钝”对，盖知太后忌之，不敢质言也。上素俭，衣皆经浣濯缝纫。声色狗马之好，泊如也。畏太后甚。上本口吃，遇责问，益战栗不能发语。归自西安，尤养晦不问事，寄位而已。左右侍阉，俱易以长信心腹。上枯坐无聊，日盘辟一室。戊申秋，突传圣躬不豫，征京外名医杂治之。请脉时，上以双手仰置御案，默不出一言，别纸书病状陈案间。或有所问，辄大怒。入诊者佥云，六脉平和，无病也。七月二十一日，有大星从西北来，掠屋檐过，其声如雷，尾长数十丈，光烁烁照庭宇，至东南而陨。都市喧传紫微星堕，群讶其不祥。十月初十日，上率百僚晨贺太后万寿。侍班官先集于薰风门外，上步行自南海来。入德昌门，门罅未阖，侍班官窥见，上正扶阉肩，以两足起落作势，舒筋骨为跪拜计。须臾，忽奉懿旨：皇帝卧病在床，免率百官行礼，辍侍班。上闻之，大恸。时太后病泻数日矣。有谮上者，谓帝闻太后病，有喜色。太后怒曰：“我不能先尔死。”十六日，尚书溥良自东陵复命，直隶提学使傅增湘陛辞，太后就上于瀛台，犹召二臣入见，数语而退。太后神殊惫，上颜色黯澹。十八日，庆王奕劻奉太后命往普陀峪视寿宫，二十一日始返命，或曰有意出之。十九日，禁门增兵卫，稽出入，伺察非常。诸阉出东华门净发，昌言“驾崩矣”。次日，寂无闻。午后，宫中传醇王监国之谕。二十一日，皇后始省上于寝宫，不知何时气绝矣。哭而出，奔告太后，长叹而已。以吉祥轿舁帝尸出西苑门，入西华门，皇后被发，群阉执香哭随之。甫至乾清宫，有侍阉驰告太后病危，皇后率诸阉踉跄回西苑。李莲英睹帝尸委殿中，意良不忍，语小阉曰：“盍先殓乎?”乃草草举而纳诸梓宫。时礼臣持殓祭仪注入东华门，门者拒不纳。迨回部具文书来，乃入乾清门，则殓事久毕矣。

这一段记述中有可注意者三点：第一，光绪于三十四年秋间传说有病，征京外名医杂治，其实光绪无病。第二，慈禧于十月初十寿诞时已不适，光绪往朝贺，慈禧借口光绪有病，谕令免朝。第三，十月十九日，太监群出东华门净发，昌言光绪已死，其实光绪系死于十月二十一日。二十日，宫中传出醇王监国之谕。二十一日。隆裕后往省光绪，始知光绪已死。同日，慈禧亦死。前述三点，第一点本可不必重视，因慈禧在戊戌政变后又复实行“训政”，素来所恃的借口即是光绪帝体弱多病。故即使光绪无病，慈禧亦仍召医为光绪治病，以尽其表面文章。到了这一年十月，适逢光绪崩驾，于是，这年七月间的病状，乃特别引起注意。

至于二、三两点，慈禧因患病以至死亡，在慈禧未死之前三日，太监已传出光绪崩驾之说，其中关系，大可注意。这是一项重大的疑窦，足以使人怀疑光绪之死系出于慈禧及诸太监的预先安排，否则何以在光绪未死之前，诸阉即敢昌言驾崩，一若预知光绪必不可能苟延旦夕者然。

《清稗类钞·宫闱类》“两宫先后升遐”一条亦说：“光绪戊申十月十九

日，迎醇王载沣之子入宫，时孝钦后已病笃，尚召至床前。明日，德宗宾天，枢臣草遗诏，孝钦扶病披阅。又明日，孝钦上仙。盖两宫升遐相去仅二（一）日耳。”慈禧在光绪未死之前即为其选立嗣君，又决定以隆裕为皇太后，载沣为监国摄政王，在如此的安排之下，光绪已不可能不死。光绪死于非命之说，其原因在此。而反观当时医者所传的光绪病况，则光绪之死，其可疑之处乃更多。

高拜石所撰《古春风楼琐记》，有《谁是毒杀光绪帝的凶手》一篇，其中引述光绪三十四年时为光绪治病的医生杜钟骏所作的《德宗请脉记》，记述光绪于此年七月患病以至十月二十日崩驾的经过情形甚详。根据《德宗请脉记》的记载，杜钟骏于七月中初次为光绪诊病时，光绪确系有病，且其病在“积虚已久”，“非二百剂不能见效”。遂以“二至丸”及“归芍六君汤”为主，拟方呈进。至八月间入值，一太监向杜钟骏夸赞医理甚好，说：“太医开的方子，万岁爷往往不吃，你的方子可吃了三剂。”其后光绪的病情渐变，由腹胀而变为便溏、遗精及腰酸脚软。由于所用医生多至六人，寒凉杂进，攻补并用，杜钟骏的意见未被重视，故而病情日见沉重。至十月初十日，慈禧太后万寿，御仪鸾殿受贺。翌日，慈禧召见军机大臣，曾有“皇帝的病，越来越坏，头班用的药，完全没有效果”的话。至十月十六日，光绪犹召见臣下。十七日夜间，内务府忽派人传知皇帝病重，催医诊脉。急至内务府，周景焘已诊毕退出，谓皇帝病重。杜钟骏由内务府大臣增崇领至瀛台，为光绪诊脉，退出后至军机处开方，脉案中有“实实虚虚，恐有猝脱”语。内务府大臣继禄谓如此写法恐有不妥，杜钟骏云：“不照这样写，原无不可，若变出非常，实难负此责任，理应事先声明。”旋由继禄回明军机大臣，醇亲王顾谓张之洞曰：“脉案不必写，我们知道就好。”至十九日夜，宫中电话频传，促内务府预备皇帝宾天仪式。二十日，由早晨候至中午，始有太监二人来传诊脉。至光绪所住之瀛台，光绪方合眼静卧，按脉时瞿然惊寤，口耳鼻一时俱动，似为肝风之象。回至军机处，杜对内务府大臣奎俊、继禄、增崇等人说："皇帝一定不能度过今晚，不必开方了"。奎俊等坚持须开方，遂写"危在旦夕，拟生脉散"等语而退。其日申时，光绪即告上宾，云云。高拜石所引的杜钟骏撰《德宗请脉记》，笔者未见原书。据高翁所说，此书印刷精美，每版十一行，每行十七字，遇皇太后及皇上等字样均抬头书写，可见下笔时尚在清室逊位前，全书之印行则在清亡之后，"其史料价值较高"。高翁以此书为清亡以前所写，清亡以后所印，其说容或可信，但若以此书系由曾为光绪诊病之杜钟骏所写，其史料价值即因此而"较高"，笔者之意，窃以为不然。谓予不信，可参看与杜钟骏同为光绪诊脉之另一医生周景濂（即杜钟骏所说的周景焘）对当时情形的叙述，并比对其同异，当可知道杜钟骏所记为光绪诊病情形，其中有若干可资采信的价值。

谷虚撰《清宫琐记》中一段云：

> 太后以帝疾，召医诊视。向例：诸医入内时，预先集议，应用何项方药，亦必先为拟出，以期诊视大略相同，初不计方药对症否也。太医周景濂君与予最善，常侍帝。据云：帝原无大症，诸医皆以平和剂进之。且云：在宫中最惨之役，即景帝崩时（景帝即光绪之谥）。当景帝未崩前数日，予即得景帝驾崩之耗，其所宣布之日期，实非确期也。据云，在宫侍帝疾时，共有六人，死其二，其余诸医，日仅得一食，因饿失血者又凡三人，请假亦不得出。当景帝宾天之日，晨，内监召太医入，只周君与陈君二人膝行而进。帝在东床卧，以手召周医而前，瞠目指口者四。盖此时内监只有一人，而宫中器物，皆被宫人偷窃殆尽，只余一玉鼎。

周知帝欲得饮食，然无处寻觅。且周君已两日未食，吐血皆纳诸袖中，彷徨无以为计。旋复见帝转侧吐血盈床，跪近视之，无少声息。近午，醇亲王到，问帝状，周医以“当是驾崩”对。醇王取怀镜接近帝嘴，见无嘘气，即匆匆去。旋报皇后至，两医匿于阶下，闻哭声。旋有内监十余人到，人声渐杂，周君及陈君始得出宫。迨出宫外，见街市卖食物者，即就地而食曰：“此是天堂也。”而街市贸易如常，并未闻有人谈及帝崩消息，始知其事尚在秘密也。

《清宫琐记》的作者谷虚，前清时曾供差于内务府，所知宫廷掌故甚多。据他本人所说，这些掌故，“或由目睹，或由传闻，类皆事实，非如外间捕风捉影妄逞奇谈者可比。清廷改革后，市上所售《清廷稗史》及《清后秽史》等书，皆情节离奇，谬妄特甚，于事实皆大相违背。盖其传皆臆度之词，并无其事，不胜其纠正”。《清宫琐记》之作，亦无非作者就事实所见闻者，缀拾数则，以辨明俗传之谬妄而已。《清宫琐记》的作者以他本人所见所闻的宫中琐事笔述为文，如果其中没有蓄意篡改史事的捏造臆逞，则其所记述，理应可信。试将此文所记的光绪死前情状与杜钟骏所记比较，便可知道其中显然有颇多不同的地方。

据《德宗请脉记》一书所说，杜钟骏为光绪治病，最初所见的情形是：“左边尺脉弱，右边关脉弦。左尺弱为先天肾水不足，右关弦为后天脾土不调”，故其症属于“积虚已久”，“非二百剂不能见效”。按此说与前引《崇陵传信录》所记，显有不符。《崇陵传信录》的作者恽毓鼎，在光绪崩驾时充任“起居注官”，地位接近皇帝，对光绪的患病情形知之最稔。他既说三十四年秋间所传光绪不豫之说，“入诊者佥云六脉平和无病”，又说，每逢皇太后替光绪召来的医者入宫诊病，光绪辄以预先写好的一纸病情置于案上，令医者自看，“或有所问，辄大怒”，其意显然因无病而徒为医者所烦扰，不耐之极，故而有触辄发，若“指为虚损，则尤怒”也。

此说与《清宫琐记》所说亦同，足见光绪此时实无大病。而杜钟骏却说光绪积虚已久，需以二至丸及归芍六君汤为主，调脾补肾，非二百剂不能见效云。杜钟骏在当时若果为此说，光绪何以并不动怒，此为可疑者一。杜钟骏既说，此方需服二百剂方能见效，但其后所记宫中太监夸他脉理甚好所说的话，杜所开的方子，光绪总共只吃了三帖，然则杜钟骏在书中所记，光绪初则笑云“你说得对”，继又命“照此开方，不必更动”云云，显然又不能与事实兼顾了。此为可疑之二。

复次，则皇帝有病时召医入诊，诸医例采会诊方式，公拟脉案，由太医院院使写妥呈进，从无分班调换，诸方杂进之事。关于这方面的事例，《翁同龢日记》中记述同治帝“出天花”时太医院院使李德立逐日率同诸医入诊及处方的情形甚悉，何致有以皇帝的性命为儿戏，攻补并用，凉热互投的情形？《清宫琐记》说，“向例诸医入内时，预先集议，应用何项方药，亦必先为拟出，以期诊视大略相同，初不计方药对症否也”，正时这种官僚主义式的诊疗写照。如照杜钟骏所记，在光绪患病时，即使没有太医院院使从中主持，亦决不应有诸方并进，各不相谋的情形。此为可疑之三。有这三项疑点，杜钟骏所撰的《德宗请脉记》，是否涉有捏造史实及自我标榜之嫌，已经大有可疑。而且杜钟骏所记的情形，光绪在十月十一日慈禧寿诞之后，已有“皇帝的病，越来越坏”之说，至十月十七日，更因虚极而有“猝脱”之虞，至二十日入视，口耳鼻一时皆动，似为肝风之象，其病显已危在旦夕。这些记载，如果皆属实在，则光绪确系因病致死，自无可疑。但这里显然也存在两项极大的疑窦：第一，杜钟骏在光绪将死之时果曾入宫诊视光绪之病否？第二，所说光绪因肝风而致危在旦夕，果系事实否？于此，我们除了以《清宫琐记》所引周景濂的叙述与此互相比对外，更可引征另一项相似的记述，来进一步澄清上述的疑点。

简又文于1936年搜集到一项广东番禺人屈桂庭所口述的文字记录，追记他在光绪三十四年充任北洋医学堂医官时，因庆王奕劻介绍，入宫为光绪看病的情形，登载于这一年所出版的《逸经》杂志，引叙如下：

> 戊申九月初，因庆亲王奕劻奏荐，张之洞袁世凯世续合词保举，遂于九月十四日清晨至颐和园，由庆王引导，获觐慈禧光绪于园中之正大光明殿。是日，帝南面坐，太后旁坐。行礼毕，太后问余如何诊法？余答：按照西医规矩，须宽衣听察。太后许之，乃如法施诊。按状，帝患遗泄，头疼发热，胃口不进，面色苍白，脉弱脊痛，肺似有痨，但因未验，无法断定。余开方后，注意病人饮食，光绪虽不轻服中医方药，而颇能从余言，故病有起色。无何，冬风起，帝与太后同返三海，余亦每晨改到南海之勤政殿，照常诊病。十月十八日，余到瀛台诊病，见帝正患腹痛，在床乱滚，见余至，呼曰："肚子疼的了不得！"时中医俱去，左右只余内侍一二人，宫中因太后病重，乱如散沙。余此时诊帝病状，心跳，面黑，神衰，舌黄焦，便结，夜不能睡。各症虽无异状，而最可怪者，莫若腹痛，盖此与前病固绝少关联者。余格于情势，只得告内侍时以暖水熨热腹部而已。此为余进宫诊病之最后一次，其后闻庆王入议继位，未几又闻帝与太后俱崩。

屈桂庭以西医身份入宫为光绪诊病，其所得待遇当然不能与中医相提并论。而由屈桂庭所述，我们对于光绪的患病情形，大致可以得到如下各项概念：

一、光绪的病，自九月间始渐见严重，诊断似为肺结核，但未能确定。

二、在此以前，光绪并不轻服中药。然则虽屡经中医诊视，光绪亦付之等闲。其实际情况，不过是身体虚弱，面色苍白，胃口不佳，头疼发热等轻微病征。自服西药及注意饮食，病渐转好。但至十月十八日往诊时，光绪突患严重的腹痛，且与前病绝少关联，究竟因何致此，无从知悉。大概光绪之致命，即以此。

三、十月十八日屈桂庭在宫中所见，因太后病重之故，宫中乱如散沙，在光绪左右侍病者，只太监一二人。此与周景濂于二十一日入宫所见，光绪卧处只内监一人，室中器物皆被偷尽，只余一玉鼎，光绪饥困之极，欲得饮食而口不能言，唯能瞠目指口之情状，若合符节。由此情状，我们不难想见，光绪当最后病重弥留时，殆已多时不能得到饮食，左右给事之人，无不视光绪如缀旒，各自营私，置光绪于不顾。杜钟骏说，十月二十日将午时，他与周景焘、施焕、吕用宾四人入宫为光绪诊病，甫按脉，光绪瞿然惊寤，口耳鼻一时俱动，此乃肝风之象，断已不治，不肯处方。只因军机大臣坚持要开方，乃写“危在旦夕，拟生脉散”诸语而出。以杜钟骏所说情形与屈桂庭周景濂所说情况相比，显然可以察觉彼此之间的差异。因为由屈、周二人所说可知，光绪之致死，一为极奇怪之腹痛，一为此后的饥饿无食，而杜钟骏乃指为致命的“肝风”，岂不显然互异？此其一。其二，周景濂说，光绪临死时，只他与陈姓医者二人同入诊病，其中并无杜钟骏。况周景濂所说宫中情形，颇能与屈桂庭所说相合，而杜钟骏所说则异是。由此可知，杜钟骏所写，其真实性大有可疑。

高拜石所撰《谁是毒杀光绪帝的凶手》一文，其主要论点，乃是依据了逊清废帝溥仪的回忆录中所说，“光绪非慈禧所毒杀，系袁世凯所为”云云，又参证屈桂庭及周景濂（焘）所见的情形，确定光绪之死，实系由于中毒。溥仪指光绪之死系由于袁世凯所毒，其说亦颇有踪迹可寻。王照（小航）《方家园杂咏纪事诗》第十八首云：

> 不容并立势昭昭，阎乐凶谋奉赵高。幸有老奴营救急，暂时收却笑中刀。

原诗注云：

> 上虽久知韬晦，而英锐之气，往往不能自抑。王士珍之补副都统也。上曰："你这要与旗人共事了，他们都糊涂哇！"袁世凯之留京议订宪法也，上冷语曰："你的心事，我全知道。"袁不敢对。八字空言，耐人寻味，适足渐成勾结逆党之决心。凡此等等，实太后所阴喜也。崔玉贵既知太后一日不在则其生命一日不保，而内外上下抱此危惧与之同情者，又指不胜屈。上宫中旧阉，被太后历年杖杀及他调者已略尽，左右近侍皆玉贵徒弟。玉贵恒对其徒弟叹息曰："老佛爷活一天我活一天。"其徒有孙敬福者，曰："师父不用愁，我一个人给他抵偿就结了。"他，指皇上也。孙敬福绰号孙小胖子，侍太后最得宠。一日，皇上宫中忽得太后恩旨，命孙小胖来侍，意甚殷勤，旋有他阉于共宿时窥见其身藏利刃，互相密告，皆大惧，谓一旦有变，同被死罪，乃共于要路伺李莲英至，环跪曰："我等皆活不了，求大总管救命。"莲英问何事，以小胖子藏刀告之。莲英乃托外间风闻，向玉贵揭破，请其速查。于是小胖不敢动。……旋闻太后调回小胖，而李莲英屡因他事被责，心知太后忌之，遂以老病乞假家居，而宫中势力，崔更统一矣。

据这一段记载，可知当光绪三十三年时，袁世凯因忌光绪英明，深恐慈禧死后光绪亲政，他自己或不免被杀，乃勾结宫中的“二总管”崔玉贵密谋图害，于是乃有孙小胖自告奋勇，欲为光绪“抵偿”之事。这一行刺密谋，虽经李莲英之揭破而中止，然李莲英亦因此深为慈禧所恶，告病家居，宫中势力为崔玉贵一人所独统。关于李莲英其人，王小航的诗中颇多褒辞。《方家园杂咏纪事诗》第十三首：

炎凉世态不堪论，蔑主惟知太后尊。丙夜垂裳恭待旦，膝前呜咽老黄门。

原诗注云：

庚子乱后二宫回銮，至保定，太后寝殿铺陈华美，供给周备，李莲英室次之，皇上寝殿极冷落。宫监及内务府诸人趋奉太后事毕，各散去饮博休息。李莲英伺太后已睡，潜至皇上寝宫，小阉无一在者，上一人对灯兀坐。莲英跪安毕，问曰：“主子为何这时还不睡？”上曰：“你看看这屋里，教我怎么睡？”莲英环视之，时正隆冬，宫中除硬胎之坐褥椅垫靠枕外无他物。莲英跪抱皇上之腿痛哭曰：“奴才们罪该万死也。”莲英出，旋抱衾枕至，曰：“今夜已深，不能再传他们，这是他们为奴才所设被褥，请主子将就用之，奴才罪上加罪，已无法也。”上还京后，每追念西巡之苦，曰：“若无李俺答，我活不到今天。”俺答，满语奶妈，盖指李莲英也。由此可知，李莲英在庚子之乱二宫西狩时，对光绪之调护甚为周到，并不如一般稗史所说，惯倚慈禧之势欺压光绪。

《清宫琐记》说，“市上所售《清廷稗史》及《清后秽史》等书，皆情节离奇，谬妄特甚，于事实皆大相违背”，关于李莲英的记述，其情形亦正与此相类。故《清宫琐记》中一则说李莲英并不逢慈禧之恶，一则谓其“性颇豪迈，遇事亦能持平论断”，其“机变颖悟，公正不苟，盖亦有足多者”。这样的李莲英，当然不会招光绪之怨，更不致恐惧其亲政后或将为自己带来杀身之祸。所以，与袁世凯勾结谋逆者，当是另一个恶迹昭彰的太监，崔玉贵。

《方家园杂咏纪事诗》第六首云：

壁衣牵出难相活，井底胭脂海底怨。南内他年弹泪处，姗姗望断帐虚怨。

注云：

外兵逼京，太后将奔，先命诸阉掷珍妃于井中。诸阉皆不敢行，二总管崔玉贵曰：“都是松小子晦，我去!”于是玉贵拉珍妃赴井口。珍妃跪地，求一见老佛爷之面而死，玉贵曰：“靡那些说的!”一脚踢之入井，又下以石。辛丑回銮后，上始知之，惟悬妃之旧帐于密室，不时徘徊帐前饮泣而已。

李莲英不敢逢慈禧之恶，崔玉贵则敢悍然为之，其因此而能得慈禧之宠，自在意中。前引《方家园杂咏纪事诗》第十三首续有注云：

自戊戌以后，太后宫中，即二总管崔玉贵独揽大权。因莲英出语谨慎，不敢附和逆谋，故太后疑忌之，以资格仍居人总管之名。

由于慈禧宫中的亲信大太监已是崔玉贵而非李莲英，故袁世凯勾结慈禧亲信的对象，亦以崔玉贵为主。前诗另有附记，云：“袁世凯于京中事先未明了，继合肥督直，专以杨士骧为导师。保定筹备行宫，亦杨所指挥。杨宦京久，酒食征逐，习闻市井之谈，以李莲英为主人翁。故行宫中太后褥垫，皆以黄缎狐皮褥，他物称是，莲英室亦然，普后宫皆无之，以是为深媚太后也，莲英鄙之。至甲辰年，世凯尚遣候补道唐小山者入京，先见莲英的妹婿白寿山，后见莲英，言欲奏保寿山为保定所练旗军之帮办大臣。寿山不过一内务府郎中，貌堂堂，不甚识字，人却谨朴，力辞之。唐向莲英求其劝白寿山同意，莲英曰：'归告宫保，寿山不敢遵命，乃我教之也，万勿再罗嗦。'至是世凯始恍然于莲英之无他志，遂改用专媚崔玉贵，卒成大事。”所谓“卒成大事”，无非借崔玉贵以结宠于慈禧，使能久典新军，广植党羽，盘踞内外，终于渐移清祚也。袁既志在篡逆，光绪自为其眼中之钉。何况崔玉贵亦自知结怨于光绪已深，万万不能容其复出。二人同心，而光绪帝之地位乃岌岌可危矣。

《方家园杂咏纪事诗》第十九首云：

> 袁崔晨夕通消息，线索新加小德张。莫赤匪狐同利害，可怜忐忑肃亲王。

注云：

> 袁世凯入军机，每日与太后宫进奉赏赐使命来，交错于道。崔玉贵更往为小德张介绍于袁。小德张，隆裕宫之太监首领也。三十四年夏秋之交，太后病即笃，又令太医日以皇上脉案示中外，开方进药，上从来未饮一口，已视为习惯之具文。当日江侍御春霖向李侍御浚言曰：“皇上知防毒，彼辈无能为。”岂料彼辈之用意，不在方药中置毒也。

其下接述睿亲王溥伟议于太后病笃时一得光绪旨意，即率兵入宫保护，而苦于难得光绪旨意，不敢冒险，以与本文无大关联，不具引。

由此可知，慈禧之所以要在光绪三十四年夏秋间即广召医者为光绪治病，即因此时慈禧自身亦感不适，为预先布置杀害光绪之计划，故借此表示光绪多病，以为光绪一旦身死时有所借口。然则光绪必须与慈禧同死，本在慈禧与其左右亲信及袁世凯等人的计划之中，初不必顾及光绪是否有病也。据屈桂庭所说，光绪在三十四年九月间病遗泄及衰弱，且有肺结核之征象，即使果真，在一个月之中亦不至猝然恶化至无可救治，何况其间又因调治得宜而“病有起色”呢。由这些地方看来，光绪之于十月二十一日在慈禧死前一天崩驾，必非由于疾病，其原因很可能是出于慈禧之授意，及崔玉贵、袁世凯暨小德张一伙人的阴谋毒害。

逊清的废帝溥仪写过一本回忆录，其中曾经有一部分说到光绪之死是由于袁世凯所下的毒。这部分资料，高拜石在他所撰的《古春风楼琐记》中亦曾引用，转引如下：

我……还听见一个叫李长安的老太监说起光绪之死的疑案。照他说，光绪在死前一天还是好好的，只是因为用了一剂药就坏了。后来才知道，这剂药是袁世凯使人送来的。按照常例，皇帝得病，每天太医开的药方，都要分抄给内务府大臣们每人一份；如果是重病，还要抄给每位军机大臣一份。据内务府某大臣的后人告诉我，光绪死前不过是一般的感冒，他看过那些药方，脉案极为平常。加之有人前一天还看他像好人一样，站在屋里说话。所以当人们听到光绪病重的消息时，都很惊异。更奇怪的是，病重的消息传出不过两个时辰，就听说已经晏驾了。总之，光绪是死得很可疑的。

溥仪的这一段话，其间不无疑窦。因为他既说皇帝生病时连药方都要抄给内务府大臣看，何致贸贸然随便服用外间送来的方药？何况袁世凯在“戊戌政变”时出卖光绪，素为光绪所憎恨，即使他愿意服用外间送入的方药，也决不顾服用袁世凯送来的方药。这是第一点可疑之处。第二点，所谓老太监李长安，未必即是宫中有地位的管事太监。因为照前面所已曾引用的那些资料，都曾说到宫中喧传光绪崩驾时，光绪其实尚未死亡，所传出的崩驾消息全是有关方面的故意安排。李长安不知此中机关，足可知道此人对光绪崩驾前后的情形知道得并不清楚，只是辗转传述，以讹传讹而已。

但话虽如此说，既然清宫中曾有袁世凯进药毒死光绪的传说，则袁世凯在这件密谋中就不能摆脱干系。前引《方家园杂咏纪事诗》“袁崔晨夕通消息，线索新加小德张”云云，虽未点明袁世凯曾与崔玉贵、小德张等同谋毒害光绪，亦几已呼之欲出；所不敢明白点明者，或者因为在王照写此诗时，袁世凯已做了民国的大总统，或是袁虽死而袁之嫡系北洋派尚在执掌政权，为了投鼠忌器而不敢明白揭穿吧！至此，我们可以看看《方家园杂咏纪事诗》中的另一首，以便了解袁世凯在此一阴谋中是否确有干系。

《方家园杂咏纪事诗》第二十首：

疽成附骨最难医，竖据膏肓孰达之？方信武乡非过虑，曾忧肘腋伏枭姬。

注云：

隆裕自甲午以前即不礼皇上，虽年节亦无虚文，十五六年中从未改行。上崩之数日前，隆裕忽以侍疾之名来守寝宫，令瑾妃避去。是时崔玉贵反佯为事外人，告假出宫，以避物议。小德张之名尚微，人不注意也。上暴崩后，隆裕仍守床畔，顷刻不离，虽太后大渐亦不顾，直至奉移乾清宫大殓后，始离去。赴太后宫，太后已不能语，承嗣兼祧之事，问诸他人始知之。隆裕对于皇上，盖如是之忠也。自上崩至奉移大殓，亲王大臣以至介弟，无一人揭视圣容者，以后在旁故也。君臣大礼，盖如是之肃也。吾闻南斋翰林谭组庵、内伶教师田际云皆言，大变之前二日，尚见皇上步游水滨，意态活泼，证以他友所闻，亦大概如是。昔穆宗之以疡崩也，尚杀内监五人。此则元公负扆，休休有容，粉饰太平，足光史册，虽有南董，无所用其直矣。此五千年未有之奇冤，遂为五千年国体之结局。

又曰：

隆裕不过赵穿耳，史所应诛者，盾也。唐韦氏毒弑中宗，事亦秘密，而相王父子明正其罪以示天下，盖为君为兄，报雠情切，必不忍揜恶以粉饰太平，况以介弟而兼执政者哉？清末王公大臣概皆麻木不仁，识见迂谬，一切用假面具以欺饰天下耳目，天理灭绝。虽不遇国民革命，亦无不亡之理。

此诗直以光绪的皇后隆裕为直接毒害光绪之人，其说殊骇人听闻。隆裕如是直接毒杀光绪之人，其可能原因大致有二。第一，隆裕素来是慈禧所最亲信之人，慈禧如立意要杀害光绪，使隆裕担任执行，非不可能。第二，隆裕因光绪宠爱瑾、珍二妃而致冷落春宫，中怀妒恨，其由来已久。王照《方家园杂咏纪事诗》附记云：“庚子团匪弥漫之日，守西陵贝子奕谟，告逃难至西陵之齐令辰曰：‘我有两语赅括十年之事——因夫妻反目而母子不和，因母子不和而载漪谋篡。’谟贝子，成皇（宣宗）之胞侄也。”这一段话说明了隆裕与光绪之间的仇恨，尚且是导致慈禧与光绪不和的主要原因。隆裕既要仰仗慈禧的势力来报复光绪，则在慈禧决意要毒杀光绪之时，由隆裕以皇后的身份来从事此一阴谋，可不致引起外间的物议，自是最适当的人选。王照的诗是否可靠，需要先加查证一番，当光绪“病重”时，隆裕后是否确实在光绪所寝处的瀛台？这个问题，在现在看来，似乎颇有难以解答之感。

高拜石所撰《古春风楼琐记》“主张禅政之隆裕后”，有一段如下的记载：

光绪帝病笃时，慈禧亦已日薄崦嵫，惟尚能主张迎醇王载沣之子溥仪入宫，立为大阿哥，承继同治帝。庆王奕劻跪请于诏书中加“兼祧皇帝”一语，慈禧不应，面有怒容。隆裕正惶急无计，奕劻冒着斥辱，跪请至再。慈禧眼睛向两边一瞧，见隆裕悲戚不胜，心下软了，便说：“得啦，照你们办吧！”

照这段文字的记载，当慈禧召见军机大臣议立嗣君时，隆裕后似是在场的一人。但此说究竟出自何书，甚有疑问。因为由《清稗类钞》所记当时的情形看来，其中并无隆裕后参加的记录可寻也。

《清稗类钞・宫闱类》“宣统帝入嗣”一条说：

光绪戊申，两宫病笃。十月某日午，召枢臣世续、张之洞、那桐入，奕劻适谒东陵。孝钦后询诸臣择近支王子入宫读书事，诸臣莫敢言。世续奏曰：“太后拟选储为社稷万世计，此周文武之用心，甚盛甚盛。惟今内忧外患交乘洊至，奴才不敏，窃以为宜选择年长者。”孝钦拍床怒詈曰：“此何等重事，而若敢妄言！”张之洞曰：“世续承太后垂询，臣亦据愚虑约言之，立储自宜承宸断。”孝钦默然良久，徐言：“载沣子溥仪尚可，但年稚耳，须教之，尔等议所可者。”之洞曰：“载沣懿亲贤者，使摄政，当无误。”引国初睿亲王辅导事证之。孝钦曰：“得之矣。”趣拟诏。之洞谓：“奕劻东陵即旋，请翌晨进呈。”孝钦促即下诏。次晨，奕劻轻舆抵宫门，诸人达孝钦意，奕劻攒眉曰：“方今国家多难，选储似宜年长者。”诸人邀奕劻入对自陈之。既见，孝钦索阅草诏毕，云：“趣下诏，布天下。”奕劻未敢言。

按，奕劻奉太后命往谒东陵，系十月十八日之事，至二十一日始返。据恽毓鼎《崇陵传信录》所记，乃慈禧“有意出之”。这一段记事既说，慈禧召军机诸大臣议立嗣君乃在奕劻回京之前一日，则当是十月二十日之事。十月二十日，光绪之病已危笃，《清稗类钞》记慈禧召见军机商立嗣君，其中并无隆裕后，想来隆裕必非参与者之一。这有两点理由可以作证，第一，慈禧欲立溥仪为嗣君，系承继穆宗同治帝者。果尔，则光绪且无血食，隆裕为光绪之后，自不便使之与闻。第二，皇太后及皇帝召见军机大臣商议重要军国大事，并无皇后与议之前例。由这两点理由，可知十月二十日议立溥仪时，隆裕并不在慈禧之侧。至于二十一日奕劻进见慈禧时亦无隆裕在侧，则可由另一条记事中证之。

《清朝野史大观》卷一《清宫遗闻》，“奕劻力请宣统兼祧德宗”一条说：“光绪戊申夏间，德宗已寝疾，诏征国内名医，其疾时盛时退。至九月间，而孝钦亦骤患痢疾。后体素坚实，初尚不以为意，久益委顿，乃命奕劻察视菩陀峪吉地。菩陀峪者，后预备陵地也。奕劻去京师之二日，忽传德宗疾大渐。遂传旨令奕劻返，定大计，立溥仪为大阿哥，以载沣监国，摄行政事。传闻是日奕劻返京，后命草诏，立溥仪为大阿哥，承继穆宗。奕劻请于诏书中加‘兼祧皇帝’一语，后不应，有怒容。奕劻跪请至再，乃颔之。遂于诏书中加‘承继穆宗，并兼祧大行皇帝”一语。隆裕太后深德奕劻，故后虽载沣载泽极力挤之不能动，则隆裕拥卫之力也。”隆裕后何以要“深德奕劻”？此是由于若非奕劻之力请，宣统就不能兼祧光绪。宣统若不兼祧光绪而直接承继同治，则隆裕在名义上只是宣统的叔母，既不能在光绪死后被尊为皇太后，亦不能如慈禧一样地以皇太后的身份垂帘听政及钳制摄政王。凡此措施，似均为慈禧之事先安排，其用意一则在绝光绪之血胤，以泄其生平之恨，二则在笼络载沣，使不致为乃兄光绪报仇。慈禧既不欲隆裕成为皇太后，自不能使隆裕在侧预闻此事。况《清朝野史大观》中的此一条，亦无隆裕在侧之语。所以，高拜石说，当时“慈禧眼睛向两边一瞧，见隆裕悲戚不胜，心下软了……”似属想象之辞。关于这些方面的记载，《方家园杂咏纪事诗》说，“上暴崩后，隆裕仍守床畔，顷刻不离，虽太后大渐亦不顾，直至奉移乾清宫大殓后始离去。赴太后宫，太后已不能语。承嗣兼祧之事，问诸他人始知之”。由“问诸他人”而“深德奕劻”，亦可知隆裕在十月二十日及二十一日均不在太后宫，与前述各事颇能吻合，然则隆裕在光绪死前有可能以“侍疾”之名守于光绪之侧，揆之事实，正颇有迹象可寻。

《清稗类钞·庵寺类》，“李莲英未获谴之故”一条说：“光绪戊申，德宗大渐，隆裕后欲视之，恐蹈孝哲后（同治之皇后）覆辙，彷徨无计。李莲英进曰：‘皇帝疾甚，皇后何不视之？’隆裕曰：‘无老佛爷旨。’李曰：‘此何时？皇后速往，老佛爷见责，奴才任之。’后始得与德宗诀，孝钦后寻亦崩。隆裕本恶李，以此深德之，故未获大谴，乃令为某宫小花园总管，及死，赏银二千两。”这一条记载说明，在光绪病重时，隆裕确曾前往探视。但不知是《清宫琐记》中的医生周景濂所说，乃是在十月二十一日近午光绪将死之时，抑是《方家园杂咏纪事诗》所说，是在“上崩之数日前”即来守护？不详。推测文气，当以前一种情况为是。但要说隆裕在光绪病重时将去而不敢去，赖李莲英为之作主而方敢前去，似亦未必。因为《方家园杂咏纪事诗》中就曾说，“隆裕自甲午以前即不礼皇上，虽年节亦无虚文，十五六年中，从未改行”，足见二人的感情早已势同水火。在光绪，已是毫无作用的傀儡皇帝，隆裕对之根本不须有丝毫惧惮；在隆裕，则慈禧的势力正如日中天，隆裕以侄女而兼儿媳的地位曲意承欢，正可安享富贵尊荣，乃何必顾计此恩断义绝之名义丈夫？所以，隆裕之来探视光绪病情，应只有一种可能，即是为了确定光绪已崩与否，然后向慈禧报告。此是隆裕之来，在光绪将死时之可能情况。若光绪病重而犹未至死，必须借手隆裕为之了断，则此或当出于慈禧之指授，正不必李莲英代为作主也。李莲英在慈禧死后未获大谴，其原因不在隆裕之感恩，而在于李莲英平生不敢恃势作恶。谷虚撰《清宫琐记》，已说“世人谓其卖官鬻爵，贪赃枉法，未免有过当处”。王照亦说李莲英之能久得慈禧之宠信，是由于他之恭谨小心，说见《方家园杂咏纪事诗》的附记，引述如下：

> 醇贤王之掌海军衙门也，太后提用筹备海军之积款以大兴土木，王不敢违。及王赴烟台阅海军，懿旨赐乘杏黄轿。王不敢乘，而心益加惕，力请派李莲英偕往。出京后，每见文武官员，皆命莲英随见，王意在避本身擅权之嫌也。而莲英怵于安德海之祸，布靴布衣，每日手执王之长杆烟筒，大皮烟荷包，侍立装烟。退则入王之夹室中，不见一人。时直鲁两省卑鄙官员，欲乘机逢迎大总管者，皆大失所望。王之左右与莲英，皆一介不取而归。王大赞赏之。此一事，足以见一主一奴皆据恭谨为磐石之固。

上文所说的“醇贤王”，即光绪之生父醇贤亲王奕譞。奕譞与李莲英都借恭谨结慈禧之宠，慈禧亦借此以测知二人之谨畏小心，然则李莲英当不是世传的专擅跋扈之人。何况前引《方家园杂咏纪事诗》，已屡有光绪赖李莲英多方保护之事，然则在慈禧与光绪先后宾天之后，李莲英之安然无罪，正是势所必然之事。若以为李莲英在慈禧死后未蒙严谴之故，只是由于他在慈禧病重时曾指点隆裕往视光绪，未免有同野人之谈。

《古春风楼琐记》说：“当慈禧医药罔效，大家都感到不妙时，宫内宫外，却急坏了两个人，同声叫苦起来。一个是经手谮害珍妃并经手推下宫井的李莲英，一个自然是戊戌告密致帝幽囚了十余年的袁世凯。这两人是光绪极端忿恨的，一旦困龙复起，他两人就是各有十个脑袋，也别想活下去。”高拜石先生以为李莲英是和袁世凯一样地为光绪所深切忿恨之人，其说似有未谛。而且谮害珍妃者是隆裕，推珍妃落井致死者是“二总管”崔玉贵，事迹具在，亦不需李莲英为之顶缸也。高拜石先生所说，当慈禧病重，宫内宫外急坏了两个人，如照当时情况推测，此两个人，一个当然是袁世凯。另一个人，则应是崔玉贵。

前引《方家园杂咏纪事诗》，已曾说光绪三十三年时崔玉贵曾因此而授意其徒孙小胖子伺机杀光绪，当光绪三十四年十月间慈禧病重，崔玉贵为求自救而再度图谋对光绪弑逆，自然极有可能。高拜石先生误崔玉贵为李莲英，这其间的错误就太大了。

《方家园杂咏纪事诗》第十九首说，“袁崔晨夕通消息，线索新加小德张。”袁世凯与崔玉贵在慈禧病重时频通消息，这正符合了高拜石先生所说“宫内宫外急坏了两个人”的情况。崔玉贵与袁世凯在这种情况下频通消息，所讨论的是什么呢？以他们的共同利害推想，当与如何对付光绪一事有重大关联。当袁世凯与崔玉贵为如何对付光绪而频通消息之时，当然其间又加多了一个隆裕后宫中的管事太监小德张。袁崔的谋逆计划发展至此，遂与隆裕后发生了连带关系。如照《方家园杂咏纪事诗》所说，光绪之暴崩，便是因隆裕后守于光绪寝殿之故。照高拜石《古春风楼琐记》所说，则袁世凯在此时曾经在某一外国医生处买到一种毒性奇烈的毒药，无色无味，服下使人致死后亦不会七孔流血。此药由袁世凯交付与杨士琦，又由杨士琦转交李莲英。李莲英起初不敢，经不起杨士琦的吓唬，终于硬起头皮横着心，将此毒药分做两三次匀放在送往瀛台的汤水中。光绪之因吐血腹痛而致死，即以此。按，高拜石先生指李莲英受袁世凯之指使而毒杀光绪，其说固属近似揣想，但若以光绪死前的各种迹象看来，其死因亦很可能属于中毒。所成问题的只是：此毒系由何人下手？以及与袁世凯有无关系，这两点关键而已。

光绪死于三十四年十月廿一日。据恽毓鼎之《崇陵传信录》，在十九日那天，“诸阉出东华门净发，昌言驾崩”。在此一天，屈桂庭在瀛台为光绪诊病，见光绪“正患腹痛，在床乱滚”。光绪之腹痛，屈桂庭已说“与前病极少关联”，只因“格于情势”，既不便深问，亦无适当之治疗对策。此腹痛，很可能即由于中毒，亦即致光绪于死之主要原因。所以到了第二天，宫中太监对此事有所见闻者，都知光绪必死无疑，群出东华门净发以待服丧，并“昌言驾崩”了。事实上，光绪在中毒腹痛之后，还拖了三天才死，此不知是否由于所误服的毒药分量不足，还是毒性不剧之故。

总之，当十月廿一日周景濂入宫看病时，仍然看到光绪转侧吐血，饥疲困饿，至于“瞠目指口”，欲索食而不得。然则自十月十八日中毒腹痛以后，宫中诸人，皆弃光绪于不顾，即饮食汤水，亦无人进奉，一任光绪痛楚饥困，以至于死。如此情状，固不能仅委于“太后病重”，宫中“乱如散沙”之一项单纯原因。

如照《清稗类钞》所说，隆裕于光绪病重，固亦甚为担心，只因未得慈禧旨意，不敢自己作主，直到李莲英替她拿了主意，方才前往探视，如此说法，事实上显有矛盾。因为照《崇陵传信录》所说，隆裕至光绪寝宫时，光绪已“不知何时气绝矣”；《清宫琐记》亦说隆裕之至瀛台已在光绪驾崩之后。但在十月十九日诸阉“昌言驾崩”时，有关光绪病危或病死的消息，必已传遍宫中，隆裕于此必有所闻，何以必须迟至廿一日方去探视，又必须迟至廿一日方有李莲英代为作主呢？由此可知，《清稗类钞》所引此事的记载并不完全正确，而隆裕在廿一日前往光绪寝宫，很可能已是最后一次。在廿一日以前，光绪因误服毒药而致“病重”，隆裕与光绪虽无情意，但既有皇后名分，又兼负有慈禧之特别指授，自不妨借探病为名，前往看视。因探病而使其管事太监小德张尽驱光绪宫中的给事太监，又设法断绝其饮食以加速光绪之死，便极有可能。

《方家园杂咏纪事诗》第十九首注云：“三十四年夏秋之交，太后病即笃。又令太医日以皇上脉案示中外，开方进药，上从来未饮一口，已视为习惯之具文。当日江侍御春霖向李侍御浚言曰：‘皇上知防毒，彼辈无能为。’岂料彼辈之用意，不在于方药中置毒哉?”这段话的用意，非常明白。所指“彼辈”，盖即慈禧以下必欲置光绪于死的一班后党人物，甚至包括隆裕在内；所谓“不在于方药中置毒”，则于食物中置毒也。这一段注语，基于《袁崔晨夕通消息，线索新加小德张》一诗之下，其中的主谋人物，亦几已呼之欲出。很显然地，崔玉贵、袁世凯倘欲谋害光绪，若能得到隆裕之赞助，在行事方面必可得到更多的方便。

《方家园杂咏纪事诗》撰成于民国十六年丁卯，其时逊清废帝溥仪虽已被驱逐出宫，而“民国总统”袁世凯仍有残余势力，至少，北洋系的政治势力尚可使王照在撰写文字时必须有所顾忌。因之，出现在《方家园杂咏纪事诗》中的清宫秘辛，于慈禧及隆裕尚可公然指摘，于袁世凯，便只好隐约其辞的了。《方家园杂咏纪事诗》第二十首注云：“上暴崩后，隆裕仍守床畔，顷刻不离，虽太后大渐亦不顾，直至奉移乾清宫大殓后始离去。”又云：“自上崩至奉移大殓，亲王大臣以至介弟，无一人揭视圣容者，因后在旁故也。”这两段话，分明指出，隆裕之所以要在光绪身死之后守尸不去，直至移乾清宫大殓为止，其目的盖在防止他人之揭视光绪遗容。果尔，则光绪之系因毒致死，其迹象便更明显了。

李剑农著《中国近百年政治史》说："西太后确是十月廿二日因病而死的，光绪帝死的确实日子和他的死因，颇有疑问。一说实于二十一日以病终，一说则谓死于西太后之手，甚至亦有谓袁世凯亦参与其密谋的。"李书并引恽毓鼎的《崇陵传信录》为证，认为其中的"可疑之点显然"。高拜石《古春风楼琐记》，则直以袁世凯指使李莲英下毒为言。按：高说恐有欠妥之处，照笔者之见，仍以《方家园杂咏纪事诗》及其注文所述，最近乎事实。此不仅由于《方家园杂咏纪事诗》所述宫闱故事最合乎史实，与《崇陵传信录》及《清宫琐记》等史料价值较高的记载互相对比，彼此之间亦最能吻合。此外，笔者尚可在《方家园杂咏纪事诗》中举出右列各条纪事，以证明此书所记的清末史事，确实要比《清朝野史大观》及《清稗类钞》之类杂抄诸书而全无取舍之"野史"，其可信价值要高得多。

《清稗类钞·宫闱类》，"孝钦谋废德宗"一条云："光绪戊戌政变后，论者皆谓立大阿哥溥儁事，徐桐预其谋。然徐之不召见者近十年，己亥十月，忽入直，孝钦后赐食，特撤御筵银鱼火锅赏之。食讫入谢，慰劳备至。语及穆宗时事，因垂泣曰：'皇帝不能生育，穆宗不可无后。'徐曰：'皇上能否生育，宫壶事，臣不能知。'孝钦复曰：'穆宗终不可无后。'徐乱以他语，孝钦默然，遂退。某日将夕，内监传语：'太后有旨，令中堂至菊儿胡同荣相宅，有大事会议。'徐至，则崇绮已在。语及废立，徐曰：'老臣不敢与闻。'荣曰：'我亦如是。'徐立呼舆归，入门，气愤愤，顿足撕朝珠立断，曰：'崇文山荒谬之至！荒谬之至！'家人莫测其故，不敢问也。越数日，薄暮，其门生御史杨崇伊往谒，辞以将睡。杨告以有大事，坚请见。坐甫定，呈折稿，盖请废立也。徐阅甫半，曰：'我劝君不可如此荒唐。'端茶呼送客。杨出门，车后载毡被，徐家人尾之，问向定王府大街去矣。'”这一则记事，以为光绪二十四年“戊戌政变”后慈禧谋废光绪而立溥儁一事，系出于崇绮（文山）及杨崇伊二人之阿谀怂恿，而徐桐始终反对，荣禄亦不赞成。而据王照在《方家园杂咏纪事诗》中所记，则徐桐与崇绮等人实沆瀣一气，只荣禄一人不敢赞成而已。二者之间差异如此，自不可不辨。

《方家园杂咏纪事诗》第五：“恨他夷狄笑无君，故煽狂徒起恶氛。眉赤巾黄朝玉座，盈廷鼓舞色欣欣。”此言义和团之起，由于洋人反对慈禧欲废光绪，故慈禧欲借义和团以报复洋人也。诗下有注，云：

> 荣禄已屈于正义，而前此与谋之徐桐刚毅等，仍与崇绮载漪阴划进行之策，内外布置已就，于是徐桐崇绮拟就内外大臣联名吁请废立奏稿，先密请太后一阅。太后可之，谕曰：“你两人须先同荣禄商定。”是时，荣禄总统董马张聂袁五军，势最大也。二人往见荣，口称：“奉太后旨意，以此稿示尔。”荣相接稿，甫阅折由，以手捧腹大叫曰：“啊呀！这肚子到底不容啊！适才我正在茅厕，泻痢未终，闻二公来有要事，提裤急出，今乃疼不可忍。”言毕踉跄奔入，良久不出。天正严寒，二人纳稿于袖，移座围垆。荣相之入，乃寻樊云门（增祥）议答法也。及出，曰：“适才未看明何事，今请一看。”复接稿阅数行，急卷而纳诸垆中，以铜筋拨之，焰腾起，口中呼曰：“我不敢看哪！”徐桐大怒曰：“此稿太后阅过，奉懿旨命尔阅看，何敢如此？”荣相曰：“我知太后不愿作此事。”二人言：实出太后之意，荣相曰：“我即入见，果系太后之意，我一人认罪。”二人怏怏而去。荣相见太后，痛哭叩头言：“各国皆称皇上为明主，非臣等口辩所能解释。倘行此事，老佛爷的官司输了。老佛爷辛苦数十年，完全名誉，各国尊仰，今冒此大险，万万不值。倘招起大变，奴才

死不足惜，所心痛者，我的圣明皇太后耳。”言毕，叩头作响，大哭不止。太后惧而意回，劝令勿哭，另作计划，于是改命新皇帝溥儁暂屈为大阿哥，入宫养育，承嗣穆宗，称今上曰皇叔。徐、刚、漪、崇辈稔知太后久已褫魄于洋人，非先制洋不能振太后之气，于是急煽拳匪，不数月而燎原势成。

这一段文字，直指徐桐与崇绮载漪等同是谋废光绪及促成拳匪之乱的罪魁祸首，《清稗类钞》所引某野史的记载，反为徐桐洗刷，可谓别有用心。关于这方面的记载，可以恽毓鼎《崇陵传信录》中的文字互相参看，当可知道，《清稗类钞》与《方家园杂咏纪事诗》二者所记，究竟孰为可信。

《崇陵传信录》：

己亥，上春秋二十有九矣。时承恩公崇绮久废在私第，大学士徐桐觊政地綦切，尚书启秀在枢廷，与徐殊洽，咸思邀定策功。而大学士荣禄居次辅，虽在亲王下，最为孝钦所亲信，言无不从，大权实归之。三公者，日夕密谋，相约造荣第，说以伊霍之事。崇徐密具疏草，要荣署名，同奏永宁宫。十一月二十八日，启朝退，先诣荣，达二公意，荣大惊，佯依违其词，速启去，戒阍者毋纳客。二公至，阍者辞焉。次日朝罢，荣相请独对，问太后曰：“传闻将有废立事，信乎？”太后曰：“无有也，事果可行乎？”荣曰：“太后行之，谁敢谓其不可者？顾上罪不明，外国公使将起而干涉，此不可不慎也。”太后曰：“事且露，奈何？”荣曰：“无妨也，上春秋已盛，无皇子，不如择宗室近支子，建为大阿哥，为上嗣，兼祧穆宗，育之宫中，徐承大统，则此举为有名矣。”太后沉吟久之，曰：“汝言是也。”

恽毓鼎所记，亦以徐桐为首谋废立之人，与《方家园杂咏纪事诗》所记相符。虽恽记荣禄对此事的反应措置与王记有异，但对于赞成与不赞成的双方，彼此并无歧异。由此可证，《清稗类钞》所引的某一野史，不过旨在为徐桐洗刷其恶名，其言固不足采信。

以上所述，为笔者所要举出的第一项例证，证明《方家园杂咏纪事诗》所记清代史事，其可信价值甚高。至于第二项例证，则可以珍妃之死事为证。

《清稗类钞》宫闱类《孝钦后逼死珍妃》一条，谓庚子西狩时，孝钦赐珍妃死，“或云投井死，或云内监乘乱缚妃投入井，有所主使而归狱于孝钦耳”。《方家园杂咏纪事诗》谓慈禧命诸阉掷珍妃于井中，诸阉皆不敢行，独崔玉贵悍然任之，此事恽毓鼎之《崇陵传信录》中亦曾记之，云：“七月二十日，英军陷京师，翌日，联军继之，两宫黎明仓皇乘民车出德胜门。太后御夏衣，挽便髻，上御青绸衫，皇后及大阿哥随行，妃嫔罕从者。濒行，太后命崔阉自三所出珍妃，推堕井中。”崔阉即崔玉贵，王记与恽记相同，可知其系事实。《清稗类钞》所谓“有所主使而归狱于孝钦”云云，全不可信。

至于第三项例证，乃是关于光绪之父醇贤亲王奕譞的。

《方家园杂咏纪事诗》第一：“甘棠遗荫犹知爱，柳下遗邱尚禁樵。濮国大王天子父，南山莫保一侏稿。”注云：“黜二妃后，景皇失爱于太后，更甚于前。内务府大臣有英年者，兼步军总兵，素讲堪舆。尝为太后择定普陀峪万年吉地，急谋升官，乘间献媚于太后曰：‘醇贤王园寝有古白果树一株，高十余丈，荫数亩，形如翠盖，罩墓上，按地理非帝陵不能当。况白果白字加于王字之上，明是皇字，于大宗不利，应请旨速伐此树。’太后曰：‘我即此命尔等伐之，不必告他。’他，即上也。内务府诸臣虽领懿旨，未敢轻动，同往奏闻于上。上不允，并严敕曰：‘尔等谁敢伐此树者，请先砍我头。’诸臣又求太后，太后坚执益烈，相持月余。一日，上退朝，闻内侍言，太后于黎明带内务府人往贤王园寝矣。上亟命驾出城，奔至红山口，于舆中号啕大哭，往时到此即遥见亭亭如盖之白果树，今已无之也。连哭二十里，至园，太后已去，树身倒卧，数百人方斫其根，周环十数丈挖成大池，以千余袋石灰沃水灌其根，虑其复生芽孽也。诸臣奏曰：'太后亲执斧先斫三下，始令诸人伐之，故不敢违也。'上无语，步行绕墓三匝，顿足拭泪而归。伐树诸人，皆先期雇订山下村人。且运送石灰千包，以及伐树应用之支架杉杆等物，皆非先日筹备不能集事。宫府内外，伙通一气，使上不得豫闻。此光绪二十二年事也。"按此事亦见于《翁同龢日记》光绪二十三年四月二十三日，云：

> 醇贤亲王园寝有银杏一株，金元时物，懿旨锯去，使明堂开展。树大七丈半，群蛇所窟。

《翁同龢日记》记此事在光绪二十三年之四月廿三日，《方家园杂咏纪事诗》以为此是光绪二十二年事，王记或有错误。但《翁同龢日记》中既有醇贤王园寝银杏树被慈禧下令锯去之事，银杏即白果，其树龄已逾五六百年，则其高自有可能达十数丈，《方家园杂咏纪事诗》所说，慈禧因此树关系醇贤王墓之风水而必欲斫去，自系事实。但据《满清野史》所收《述庵秘录》所说，此树乃在醇王府中，其砍下亦在醇王未死之前，为慈禧亲向醇王提出者。当砍树时，"未半，树崩出飞蛇数十，其一堕后前，后惊，罢酒，乘舆还宫"。野史之无稽，由此可见。《方家园杂咏纪事诗》之信而有征，亦由此可知。

由上面所举的三项例证，已很可证明，王照所撰的《方家园杂咏纪事诗》，其中所记，多是与清末宫廷掌故有关的信史，其可信程度甚高。基于此一理由，此书所收诸诗，其十九、廿两首指袁世凯及隆裕后为毒杀光绪之两大凶手，其说当亦可信。按，恽毓鼎撰《崇陵传信录》，其前有序，以为宣统继立之后，醇亲王载沣监国，载沣既为光绪之亲弟，尝目睹光绪在世时备受慈禧虐待禁锢之苦，今既掌握政权，理应继志述事，为光绪报仇雪恨。然而自溥仪继立以至辛亥四月，“荏苒三年，东海逋臣，交章荐之而不召，西市沉冤，遗孤言之而不雪，毓鼎知其无意于先帝矣。”载沣不仅无意继述光绪未竟之志业，更有甚者，且坐视隆裕毒杀光绪之仇于不问，此即王照所谓，“元公负扆，休休有容，粉饰太平，足光史册，虽有南董，无所用其直矣”。载沣为何甘居隆裕之下，坐视光绪之含冤被杀而不问？这诚然是极端可疑的一大疑窦。此一疑窦，直接关系到光绪被毒传说的可信与否，不可不究明其中真相。至于此事的关键，由《方家园杂咏纪事诗》见之，则仍是出于慈禧太后之操纵提挈也。

《方家园杂咏纪事诗》第十七首下有注云：

荣禄女早有艳名，太后常召之入宫，认为养女。某亲王先已订婚，系勋旧将军希元之女，太后勒令退婚，改订荣女。某王之太侧福晋入宫哭求太后曰：“我之儿妇已向我磕过头，毫无过失，何忍退婚，教人家孩子怎么了？”太后坚执不许，希公女闻而仰药死。某亲王既被此牢宠，惟视太后为圣明，日见亲任。太后用以抵制庆王，亦如任崔玉贵以抵制李莲英。盖凡老臣老奴，皆务妥慎，对于干犯礼义之端，不敢有一字唯诺，故太后皆防其制肘而豫制之也。若某亲王之童騃，则可玩之于股掌之上。慈禧慈禧，可谓知人也已，革命之元勋，岂孙、黄哉？

这里所说的“某亲王”，原书的作者未敢显指其名，显然是有所顾忌。然而对于明了清末宫廷掌故的，仍然是一看便知，不致因此而错认他人的。高拜石《古春风楼琐记》“主张禅政之隆裕后”中有一段云：“载沣福晋即荣禄之女，所称为八奶奶的，艳闻素著。”《满清野史》三编《慈禧及光绪宾天记》

中亦有一段说:“太后闻诸人议后,发言曰:‘以前我将荣禄之女说与醇王为福晋,即定意所生长子,立为嗣君,以为荣禄一生忠诚之报。荣禄当庚子年防护使馆,极力维持,国家不亡,实彼之力,故今年三月,又加殊恩与荣禄之妻。今既立醇王之子,即封醇王为监国摄政王,此职较从前之议政王名分尤高也。’醇王闻太后之言,叩头辞称,深恐不称其职。即时下两谕,一以醇亲王载沣为监国摄政王,以谕命将醇王之子溥仪入宫抚养。”

《慈禧及光绪宾天记》的内容颇多舛谬,但这里引叙慈禧所说的那一段话,则颇能得其真情。盖慈禧之所以笼络醇王载沣者,一是以素有美人之称的荣禄之女给载沣为妻,一是以载沣与荣禄之女所生之溥仪继光绪为帝,使载沣成为帝父摄政王。如此双重殊恩,宜乎载沣要将乃兄光绪之生仇死恨一概置诸脑后,唯慈禧之言是听是从也。此固是慈禧笼络有术,亦载沣之妻耳提面命之功。慈禧在载沣这一方面放置了如此有用的一着棋子,在后来果然收到操纵如意之效,诚然可谓老谋深算。然则载沣所以由光绪之亲弟一变而成极端尊信慈禧之后党,在光绪死后亦不复为其报仇雪恨,亦就毫不足奇了。

明白了这一层关系之后,我们亦就可以知道,光绪死后虽以载沣执政,朝局仍不致有变动的原因何在。然则纵使载沣对光绪之暴死闻见綦详,亦必将装聋作哑,视若无睹的。光绪一生处于慈禧播弄之下,即其妻其弟,亦皆成为慈禧之死党,宜乎其沉冤莫雪了。此当然是慈禧的厉害精明,亦相对地显出了载沣的愚黯昏庸。王照说:“清末之王公大臣概皆麻木不仁”,“一切用假面具以欺饰天下耳目,天理灭绝。虽不遇国民革命,亦无不亡之理”。看了载沣以光绪亲弟而甘为慈禧所收买,只要于己有利,便置乃兄之深仇大恨于不顾的情形,觉得王照的话真说得不错。

将光绪死前死后的种种事实及历史背景逐一琢磨明白之后,我们当可了解，光绪是因慈禧将死而被隆裕、崔玉贵、袁世凯等一干人险谋毒死，其迹象甚为明显，不止于“可疑之处显然”而已。其中的主谋人物，甚至很可能即是慈禧本人。只是宫闱事秘，迄今我们所能做到的，亦只能将这件疑案的来龙去脉查理清楚，对于光绪所服何毒，以及毒由何人所下，何时所下，这些详细的内情，已经无法知道。历代以来，正不知有多少宫廷秘密被隐埋在沉沉宫禁之内，永远无法为后人所知晓。有关光绪之死的详细情形，看来亦将成为悬而不决的疑案，永远付之“存疑”了。只是，在现存的各种史料中，所谓《德宗请脉记》一书，所指示我们的事实，与毒死之说颇有不同，其书之真伪如何，似应一辨，因再在此补充数点。

署名杜钟骏所撰的《德宗请脉记》一书，其大概内容，已在本文前半部分略予引述，其大致的说法，以为光绪在十月十七日时病已沉重，杜钟骏于诊病后退至内务府拟方，方中即有“实实虚虚，恐有猝脱”之语。翌日再诊，毫无转机。至第四日，亦即十月二十日，他与周景濂、施焕、吕用宾等四人同入，光绪已有肝风之象。他以为光绪不能度过今晚，所开药方，亦为“危在旦夕，拟生脉散”。果然光绪即于此日的申时病死。倘使《德宗请脉记》一书所记的内容果属实在，那么，我们当可知道，光绪确系因病身死，前述各种被毒致死的传说，势将全盘推翻。这是两种全然不能调和的说法，不容混为一谈。但高拜石撰《谁是毒杀光绪帝的凶手》一文，却以此书的“史料价值甚高”，在详细征引之外，将它与毒害诸说列于同等地位，而不自觉其矛盾歧异，诚然可怪之至。

比较《德宗请脉记》与诸书之间的同异，我们当可得出如下各点概念：

一、只有《德宗请脉记》一书，说光绪系因病不治身死。此外则《清宫琐记》引周景濂之说，指出光绪死前久已困于饥饿，其状甚惨；屈桂庭则指出光绪在死前曾患与其病情毫无关连之腹痛，在床乱滚。倘杜钟骏所说属实，则周景濂与屈桂庭所说便全属捏造，二说不能并存。

二、周景濂于十月廿一日入宫诊病，同时入宫者只另一陈姓医人，并无杜钟骏在内。《清宫琐记》一文，刊于《东方杂志》第九卷第十二期，1913 年 6 月 1 日出版。此文所引周景濂关于光绪死状的记述，因系原作者得之于周景濂的口述，其传述时间当然要较撰文时间为早。如果周景濂的话出于捏造，则其动机当是为了要否定杜钟骏所说，所以才要在杜说之外另创一说，所以才需要在当日入宫诊病诸人中故意将杜钟骏之名除去；若如不然，则其动机当与排斥杜钟骏无关了。《德宗请脉记》一书于何时印行？因笔者未见原书，不详。但由高拜石文中所述看来，其书“印刷精美”，必非仓猝出版，亦必非印于清亡以前（高拜石语）。但在辛亥革命以后，全国扰攘甚久，杜钟骏如非由于特别的需要及曾有特别的支援，他要到什么时候才能以从容暇豫的心情将此书以非常精美的形式印行传世呢？周景濂又在什么时候看到此书呢？又当光绪暴卒之后，对于光绪死于阴谋毒害之说即已逐渐流行。杜钟骏持相反之说，其印行此书的动机究是出于辨正史实，抑是在为涉嫌诸人洗刷谤诬呢？如是为了辨正史实，则书中未见有辨辟之文，反倒是后一动机，较有可能。

三、光绪死于三十四年之十月廿一日，诸书皆无异辞。杜钟骏独以为是十月二十日，显然亦有另创一说，以示与诸书不同的用意。但其说显属不足凭信。

民国以后，袁世凯以大总统而行使军事独裁统治，全国在其独裁支配之下，历时数年，最后且由总统变为皇帝，充分显示其政治野心。如前所述，在毒害光绪的阴谋事件中，袁世凯亦是涉嫌的主谋之一。照常情推测，做了民国大总统以至洪宪皇帝的袁世凯，必不愿蒙此污名。为了洗刷此一污名起见，他必须有所措处。但是“防民之口，甚于防川”，做了坏事而要想杜绝悠悠之口，事实上很难办得到。比较妥当的办法，莫如设法传播一些与流传完全不同的说法，使得真赝杂出，是非混淆，纵使当时有人知道其说出于虚构，但在过了若干年之后，事实真相逐渐模糊，正反面的两种说法难以判断其正误，此事便成了疑案，对于袁世凯的罪名，也就无法肯定了。由于《德宗请脉记》一书所记的光绪死因与其他各说不同，又只有此书所指光绪确因“肝风”及虚脱致死，可以否定光绪死于阴谋毒害并为袁世凯及相关诸人洗谤，照笔者个人的想法，此书很可能是出于伪造，其目的在以假的史料混淆史实，借以涂饰阴谋毒害光绪诸人的恶名。至于杜钟骏之伪造此书，则很可能是由于袁世凯之指授。此因在涉嫌诸人中，当民国初年时只袁世凯为有势力的大人物，其力量足以包庇及协助伪造，其伪造的终极目标亦直接与袁有益也。

走笔至此，关于光绪帝在光绪三十四年十月廿一日“暴崩”的疑案，大致已可勾绘出一个具体的轮廓。光绪究竟因何致死，在此不难看出其大致的端倪。

附　录

2008年11月3日台湾《中国时报》A－11综合新闻版刊有“清西陵文物管理处”关于化验光绪遗首所得结果，证明光绪死于中毒之新闻一则可证光绪死于中毒之说不谬。今将原文转载于后，以供参考。

经科学验证，命运坎坷的清光绪皇帝突然驾崩，係急性胃肠性砒霜中毒而亡。凶手则待进一步研究确认。

“光绪死因”长久来众说纷纭。清西陵文物管理处负责人说，光绪的坟墓

（西陵崇陵）曾被打开，清理封闭之后，留下若干头发、遗骨和衣物，均由该处保存。

为解开“光绪死因”的历史谜案，2003 年起，该处和中国原子能科学研究院、北京市公安局法医检验鉴定中心，组成“清光绪帝死因”专题研究课题组，并列入国家清史编纂委员会的《国家清史纂修工程重大学术问题研究专项课题》。

《中新社》昨称，专家从光绪的头发入手，以“中子活化”、“X 射线萤光分析”“原子萤光光度”等科学方法，透过对比和模拟实验，并对光绪的头发、遗骨、衣服和崇陵内外环境样品，进行反覆检测，证实光绪的头发截段和衣物上，含有剧毒的三氧化二砷（即砒霜）。

据国家清史编纂委员会主任戴逸教授等十三位专家联合撰写的《清光绪帝死因研究工作报告》指出，一般人口服砒霜六十至二百毫克就会中毒身亡，光绪尸体沾染在部分衣物和头发上的砒霜总量则高达二百零一毫克，说明光绪摄入体内的砒霜总量明显大于致死量。

除此，专家发现光绪胃腹部衣物上的砷，系其含毒尸体腐败后直接侵蚀遗留所致，而其衣领部位及头发上的大量砷，则由其腐败尸体溢流侵蚀所致。

中国原子能科学研究院专家王珂表示，此次光绪死因的确证，是用现代科学技术和侦察思维，解决历史悬案的成功尝试，研究结果将对中国史学界产生重大影响。今年 11 月 14 日，是光绪去世一百周年，如今虽然解开了他的死因之谜，但毒死他的凶手是谁？尚待进一步研究论证。

清代科举考试摭谈

白衣卿相来自科举

在没有进入正题以前，先说两段与本文有关系的故事。它们的主角，一个是骆成骧，一个是邓廷桢。

骆成骧是四川资中县人，家境贫穷，父亲在乡间开肉店维生。他少年时在成都尊经书院攻读，博学能文，甚得山长王闿运的赏识。与他同学交好的四川射洪县人谢泰来，亦同他一样是“寒门下士”。由于家境贫穷而生活困苦，即使每个月把书院的“膏火银”努力省下来帮补家用，还是经常捉襟见肘。谢泰来被这种长时期的贫穷生活逼得快要疯了，有一天便撰了一句上联，拿来要骆成骧对下联。他写的是：“至贫无非讨口”。四川话称乞食为“讨口”，那意思是穷到如此地步，已经同乞丐差不多了，何必还要活受洋罪，不如干脆去讨饭算啦！但骆成骧的看法与此不同。他想了一想，对了一句下联是：“不死总要出头”。意思是现在确实是十分穷困艰难，但是一个人不能没有志气，只要能坚决撑持到底，总有出头之日。果然是皇天不负苦心人，骆成骧在不久之后便中了举人，北上会试之日，还一鸣惊人，高中了光绪二十一年乙未科的状元。从此奋起云路，飞黄腾达，不负他当年所说“不死总要出头”的那句话。

邓廷桢是南京人，清仁宗嘉庆六年辛酉科的进士。他早年的生活亦很贫困，在未曾考中举人进士以前，连考秀才都很不顺利，屡试屡踬，始终只是老童生，穷困潦倒，失意之极。由于前途黯淡，生活又十分艰难，几次三番都想丢下书本另外改行，但终于还是努力撑持下去。为了策励自己奋勉上进，他自撰一联以资警惕，云：

满盘打算，绝无半点生机，饿死不如读死。

仔细思想，仍有一条出路，文通即是运通。

一个人即使在面临穷饿死亡的重要关头时，还能够打定主意，一心读书上进，不因任何艰难困苦而变易其志节，当然会得到成功。果然，他的困境终于得到突破，不但考取秀才，并且在乡、会试得捷后被点为翰林。在翰林院读书数年后外放知府，陈臬开藩，从此扶摇直上，居然一直做到两广及闽浙等省总督。回顾他当年欲求青一衿而不可得的日子，真不啻有天壤之别。

骆成骧与邓廷桢的故事，亦正是唐宋明清以来无数个寒门下士从读书应试中得到“发迹”的“样板”事例。所谓“十载窗下无人问，一朝成名天下知”，在古代的封建社会中，亦只有中国古代的读书人可以经由此一方式脱胎换骨，由白衣而至公卿，在外国从无此事。外国史家十分推崇中国古代的这种考试措施，以为是凝聚政治向心力与维系社会安定的最佳制度，其原因亦在此。时至今日，则大专联考及高中联考所秉持的，亦正是这一制度中所包涵的公开、公正与公平的精神，数十年来始终能得社会大众的广泛支持，其主要原因亦全在这里。

防弊措施严密周详

古代科举考试的设计，历经千百年来的演变，其内容极为严密周详，其中有很多部分，迄今仍保持在现代考试制度之中。

科举考试中的“功名”分为三等：进士、举人、秀才。进士最高，秀才最低。进士之中名次最高的，则分别被称为状元、榜眼与探花。

秀才的来源是童生。童生是尚未得到功名的最低级考生。童生考秀才，要经过县试、府试与院试。取中秀才后考举人，又要先经过学政的科、岁二试，及格者方能参加全省性的乡试。秀才的取进名额，视各地府、州、县学的大小而有多寡之不同。文风鼎盛的江浙等省大县，一年取中的秀才可以多至四十名；偏僻省分文风欠盛的小县，一年取中的名额就很可能只有十几个人了。各省的乡试每三年举行一次，江浙等“大省”一年额中举人八九十名，黔、桂、甘肃等省只得其半数。以取中举人的名额与全省的秀才应试人数相比，每一百人只能取中一人，其录取率比之今日的大专联考，难易情形差了几十倍之多。由举人考进士虽然比较容易，但一万多个应试的举人只能录取三百多个进士，其录取率亦只有三十分之一而已。唯其因为录取太难，所以应考的秀才或举人无不希望能用最简捷有效的办法达到取中之目的，于是乎不但人人要在方法和技巧方面争一日之短长，遇到有可乘之机，更是千方百计地蹈暇乘隙，以图为自己得到便宜。千百年来的科举考试制度，之所以有无数样的防弊措施，亦就是因为考试舞弊的花样实在太多，逼得非采取各种防范对策不可的缘故。

在各种考试舞弊之中，最早出现的是人情请托，所用的防弊措施则是糊名法与誊录法，其出现时间是在宋朝时。

五代时人王定保所撰的《唐摭言》说，唐代试进士，最初只以吏部考功员外郎主持。唐玄宗开元二十四年，员外郎李昂任性而刚愎，引起应试举子的责难，政府以“郎官望轻”，方改由礼部侍郎主持。但唐朝的官制，侍郎亦只有四品，如果说员外郎只相当于今日的副司长，则侍郎亦只不过相当于次长而已，依然不是国家的重要官吏。如以明清时代会试例由大学士出任总裁，殿试更由皇帝亲自临轩策士的郑重情形相比，唐朝的进士考试就显得太轻率了。

由于吏部员外郎或礼部侍郎的官秩太低，因此在决定进士或状元人选时，常不免为人情所包围。上司同寅，权门势要，乃至于亲朋好友，都是受人请托关说的对象。大抵在考试之前，先借达官贵人或亲朋好友的介绍，将举子的名字通达于主司，然后由本人持所作诗文投献，谓之“求知己”，隔数日再投，谓之“温卷”，之后便是直接前来晋谒求见，谋求座主门生的关系了。在这种情形之下，无人介绍，或缺乏达官权要为之誉扬举荐的应试举人，即使学富五车，亦很难得到取录的机会。唐人李肇的《国史补》说，唐代进士，多以造请权要为得中之关节。刘轲的《牛羊日历》亦说，“轻薄奔走，扬鞭驰骛，以关节之紧慢为甲乙。”所指即此。不过，当时所谓之“关节”，乃是以人情来打通关隘要害的一种手段，并非后代作弊通消息用的文字关节，这里面的区别是必须辨认清楚的。

借人情请托在进士考试中得售，当然不足以副为国求才之目的，而且也谈不到公平竞争的精神。所以要有后来的革新。

陈彭年创糊名之法

现代的考试，试卷上的考生姓名，大都用卷角弥封之法严加封固，考生在做完试卷之后，将浮粘在卷面上的名条撕去，阅卷者就无从知道考生是谁。这种办法，足以防止阅卷者与考生间的人情关照。溯其起源，即是宋代所创始的“糊名”法。

据《宋史·陈彭年传》及《王旦传》所说，陈彭年性轻薄，好嘲咏，赴进士试多次，均为考官宋白所黜落，直到宋太宗雍熙二年方及第。到了真宗景德四年，陈彭年出任“知贡举”的典试官。当时的应试举人，每一科都有一万数千人之多，由于取进的名额太少，落第举子常常击鼓告状，陈诉主试官取录不公。陈彭年为了表示他的大公无私态度，就奏准皇帝，在试场条例中加入了弥封姓名的糊名之法，使得阅卷的考官无法以个人爱憎为取舍之标准。这一办法后来一直沿用不改，直到现在，除了学校中的成绩考试不用糊名考之外，恐怕没有什么考试不用到这糊名之法的吧！

糊名法虽然可以使阅卷的考试官无法知悉考生的姓名，但如果能认识考生的笔迹，一样可以知道试卷出于何人之手。于是乃有更进一步的“誊录法”。宋人吴曾所撰的《能改斋漫录》说：

> 糊名考校之律虽号至公，然未绝其弊。其后袁州人李夷宾上言，请别加誊录。因著为令，而后识字画之弊绝。

照明清以来的科场条例规定，乡试与会试的考生试卷，在交到“收掌所”后，必须由誊录生照样誊录一遍，然后将誊卷送交考试官核阅，原卷另外存箱锁藏，以备取中时作核对之用。考生的原卷用墨笔书写，称为“墨卷”；誊录用红色笔，称为“朱卷”；至于考官的批语，规定须用蓝笔书写。经由这样的区别，原卷是否有误，以及誊录生是否作弊，考官是否有帮助考生之嫌，都可以一查而知，防弊的效果显然很好。在这种情况之下，如果再有作弊的可能，就只有夹带与传递之法了。于是乎又有“搜检”与“锁院”的防弊之法。

怀疑既多搜检自严

《清稗类钞》卷二十一《考试类》有一条说：

> 康熙时，凡应京兆试者，拟四书题，十得五六。经文后场，秘藏砚烛中携入。雍正时稍变陋习，而题拘忌讳，拟者亦十得四五。乾隆甲子，顺天乡试严禁怀挟，特命舒赫德、哈特哈二人监视，辫根股道，无不搜及，二三场散去者千余人。

预拟试题，犹如现代的模拟考试。其原因是由于科举考试中的八股时文限定以四书五经为考试范围，而经书中可供出题的内容永远只有这一些，则在未考以前预拟考试题目而事先勤加练习，当然可以增加录取的机会。倘使对于做过的文章无法默诵记忆，还可以将它们写成小抄，以备带入场中去全文照抄。怀挟既多，其防范之法，只有在入场之前严加搜检，凡是一切可以私藏挟带的地方，尽皆严搜无遗，于是乎就有了上文所说的，连“辫根股道”都毫不放松的情形了。照《清稗类钞》卷二十一《考试类》中的另一条记载，清代自顺治康熙以来，为了严防会试士子将夹带的小抄藏于皮衣毡衣的夹层之中，规定在进入试场之时，皮衣必须去面，毡衣必须去里，直到乾隆以后方才停止此项例禁。至于解衣倒履，更是科场条例中所明白规定，无敢违背者。这种搜检方法，实在是对应试士子的人格侮辱，但在政府当局看来，却又是应试士子之咎由自取，其过错不在政府。究竟孰是孰非，倒也很难说得清楚。

闱场生活竟如何

明清时代，专供乡会试考试之用的“贡院”，关防严密，试院围墙皆遍插荆棘，以防止偷越，故而试院又可称为“棘院”。应试士子在应试之日点名领卷入场，完毕后即将贡院大门封锁，非有特别重要事故不得开启，以防止传递交通之弊，这就是下面所要说到的“锁院”。

明清时代的乡会试，每次各试三场，每一场的试期三天——第一天点名、领卷、入场，第二天考试，第三天纳卷出场。因为是锁院应试之故，公家照例供应膳食，但如考生自备食物，亦可。这种种规制当然与现在的考试大不一样。唯其如此，当时的闱场生活，亦就非今人所能想象。清人缪艮写过一篇七言长排的《浙江乡闱诗》，很可以参看。诗云：

> 闱场磨人不自由，英雄便向股中求。一分科举三分幸，九日场期万种愁。负凳提篮浑似丐，过堂唱号真如囚。袜穿帽破浑身旧，襟解怀开遍体搜。监军问姓亲标写，同号通名暂应酬。天只一条疑是线，地无三尺尚余沟。文光未向阶前吐，臭气先从号底收。

看旧时的贡院图当可知道，明清时代的贡院，士子点名入场之后，先须认清本人被指定的“号舍”字号，此后三场九天中的吃喝拉睡以及撰写应试文章，一切都在这里。所谓号舍，只是一行一行鳞次栉比的无数小屋，总数可以多到九千、一万以上，每一行各以千字文编号，自一号以至三十号四十号不等。这些小屋子，宽约三尺，深约四尺，高不过六尺，三面有墙而一面无门，虽然可供坐卧起立，其实却十分隘陋。由于房屋盖得太密，所以“天只一线”而“地无三尺”。最糟糕的是场中并无厕所，只在每一行的最末处安设两个便桶，以供这一行舍三四十个考生解决大小便问题之用。如果不幸而坐的是这一行的最末一号——底号，则便桶就在贴近之处，秋日骄阳把桶中的臭秽之物晒得气味扬溢，这坐在贴邻与附近号舍中的几个人如何忍受得过？至于上文中所说到的负凳提篮，无非是自己携入场中备用的笔墨砚台、衣被铺盖、蜡烛灯台，与夫饼糕菜肴等。如果嫌考场中供给的膳食太恶劣而必须自行烹调，那就还得带上烹煮用的器具如铜铫、瓦罐、风炉、木炭等等。这在清人沈廷桂所写的一篇《贡院赋》中，也有具体的钩绘，可以参看。赋云：

八股立，三场设，秀才集，贡院塞。覆压九千余号，不见天日。行台北构而西折，直督文场，两位主司，各谨关防。头炮警众，三炮开阁，听点传呼，争先捷足。各抱考具，铺陈紧缚，挨挨焉，挤挤焉，凳脚篮头，猝不知为何人跌落。浑身雨淋，宛若游龙，受卷疾趋，翩若惊鸿，天地玄黄，各就西东。号口烦响，人声烘烘，号底近厕，秽气微微，一日之内，一号之间，而香臭不齐。他州外府，士子文人，摇舟驾舻，共来相寻，三进三出，为考先生。明星荧荧，燃蜡烛也；绿云扰扰，挂门帘也；沟水波赋，弃炭屑也；烟斜雾横，焚艾把也；雷霆乍惊，更鼓起也；一科一到，备尝诸艰，苍头白发而望命焉，有不得中者五六十年。墨卷之收藏，试策之经营，经书之精英，几世几年，取掠其人，倚叠如山，一旦不能记，带来其间。火腿八片，瓜姜一碟，弃掷迤逦，监军视之，亦不甚惜。嗟乎！士子之食，圣天子之所赐也，岂既并若人半谋于家，奈何糜粥如浆糊，淡水皆泥沙？使履跻而来，苦于南亩之农夫，悬足而睡，困于机上之工女。……风炉堆积，高于九十之城郭；文字咿唔，烦于市人之言语。

这一篇纯粹仿照《阿房宫赋》的《贡院赋》，文字并不高明，而滑稽突梯，十分可笑。由此更能使我们了解许多贡院生活的琐碎，乃是一切官文书及私家载记中所看不到的。如将此文与《浙江乡闱诗》的后半段互相参看，更可收彼此发明之功效。

《浙江乡闱诗》：

高挂门帘墙对面，平悬卷袋壁横头。尘封急欲寻苕帚，瓦漏还须盖网油。敲紧竹钉排雁翅，浓薰艾把避蜒蚰。粉墙靠背衣裳白，脚板悬空露水稠。梦扰不宁听鼻息，夜夜假寐数更筹。若逢久雨泥相拌，偶遇狂风烛易流。传题静候鸡三唱，待旦还看月一钩。瓦罐互争声扰扰，汤烟初沸响飕飕。煤锅煮粥乌云集，咸水煎汤绿晕浮。毛竹削成双筷子，饭团结住燥咽喉。分来鲞鱼全无味，做到文章便有忧。

抄了许多文字，所显示的无非是闱中生活之烦恼太多，饮食不便，而最使人不耐者大概又无过于床板太短，“悬足而睡”则困顿不堪，两脚平伸却又无处可搁，则因床铺兼作书桌用的木板长只四尺，无论如何不方便于睡觉之故。古代的皇帝号称优礼士人，看这些前来应试的考生所享受的是何种待遇，便可知道，古人所谓“三场辛苦磨成鬼，二字功名误煞人”也者，并非欺人之谈。

苦中作乐者亦自有人

照《浙江乡闱诗》及《贡院赋》中所描写的光景，读书人要想从科举考试中讨出路，所经历的艰难困苦还真不少。受不了闱场生活中的煎熬折磨，不必等到金榜题名，说不定就已经魂归离恨天了。但是话虽如此说，在另外的记载中，却也可以看到，颇有某一些人是专门把下场应试当作观光游览性质来戏耍一番的。如《儿女英雄传》第三十四回，叙安公子应顺天乡试，在考场中的情形，即与上文所说的大异其趣。此书中说：

这个当儿，这号进来的人就多了，也有抢号板的，也有乱坐次的，还有诸事不作，找人去的，人来找的，甚至有聚在一起乱吃的、酣饮的；便是那极安静的，也脱不了旗人习气，喊两句高腔，不就对面墙上贴几个灯虎儿，等人来打。公子看了这般人，心中纳闷，只说我倒不解他们，是干功名来了？是顽儿来了？

安龙媒看不懂下场应试的旗籍大爷究竟是来做什么？在清人高照煦所撰的《闲谈笔记》中却可以寻得解答，乃是来“趁热闹”的。《闲谈笔记》中的所说如此：

胞弟晓峰，同治癸酉应顺天乡试。尝言辇毂之下，而场闱中较我陕狂悖反甚。第三场亦于十六日早始开门，然中秋一夕，文场比战场尤杂乱，丝竹金革，即大锣大鼓亦有携带入场者。月明之下，登屋高呼，各招其旧相识，无论东西场号舍远近，闻声响应，栅门尽行踏坏，各携所带来乐器，群分类聚，西班南班，纷然开场，多于号舍顶上作会，所唱有远胜于优伶者。到恰好处，更有多人叫好，齐声呼唱，屋瓦皆震。甫黎明，场门即大开，交卷者异常拥挤，甚至有去至公堂尚远，忙不及待，以卷裹砖石遥掷之者。盖缘每乡试人辄逾万，大小公馆恶少多以监生下场，平日并不读书，徒趁热闹而已。

在北京城里应顺天乡试的上万考生中，居然多的是并不读书的“公馆恶少”及旗下大爷，自无怪他们要以下场应试为趁热闹的好玩之事，不但酣饮歌呼，干脆连锣鼓乐器亦早有准备。而试场的搜检虽严，居然没有禁止携带锣鼓乐器及禁止在场内唱戏的条文，亦可说是清代科举史上的一大趣谈。

轶闻掌故可发一噱

科举考试时代，有所谓“中秀才靠文章，中举人靠好命”之说，究竟有没有这回事，很值得推敲研究。

童生考秀才，其取舍之权操于学政。而学政按临时，所考的只是当地一县，取进的名额充其量不过三四十人，即使考生多到七八百人，也不过只有乡、会试考生的十分之一。何况学政阅卷，照例带有幕友，慢慢推敲决定，场外纵有遗珠之憾，其入选之卷，必定是出类拔萃之作。所以，“中秀才靠文章”之说，是可以相信的。至于秀才考举人，或由举人考进士，情形就大不一样了。

由秀才考举人，或由举人考进士，其试卷须经由朱笔誊录。誊录过的考卷，往往书法拙劣而字迹不易辨认，看起来就很吃力了；再加上所用的又是红笔，灯下阅卷，更费目力。考官的精力有限，一天看数十本卷子，已是头昏目眩，而每一考生的三场诗文有十四篇之多，在十余天之中，每一个房官每天须看数百卷，合而计之，其总数便有数千卷，岂有不因精神困倦而致颠倒错乱之理？据清人何刚德所撰的《春明梦录》说，他作赣州知府时曾主持府试五次，在初看二三十篇时尚能字斟句酌，到看过五六十篇时，已经头昏眼花，字已不认得，题目亦记不得。以此为例，足证乡会试场中主考与房官之因目迷五色而无法明确判定试卷之优劣，正是必然之理。然则中举人须靠好命之说，当然就有他的道理了。《春明梦录》中记有两则乡会试阅卷的掌故，大可发人一噱，录之如下：

尝闻有满中堂充会试总裁，临场不耐看卷，只将荐卷排作一圈形，置鼻烟壶其中，将壶一转，头向何卷，即中何卷。虽属谬举，然倚老卖老，任意作剧，类此者当亦不少。

由这一条，可以知道"论命不论文"之说，还真有这样的真人实事。这是第一则故事。

闻房考阅卷，亦非逐卷批点，不过如走马看花，择其阅目者取而荐之，其余落卷，则预拟一空泛批语，如"欠警策"、"未见出色"之类贴之，并于文内补点数语，此卷便算毕命。其有落卷批出疵病者，皆由荐后不中，或拟荐未荐之卷重新加批，非初阅卷时便如此精细也。更有房考性懒，将补批补点之事委诸家丁，而家丁亦有倩友人冒充者。房考多年力精壮之人，何至如此荒谬？实因时间匆促，势逼使然也。

由此一条，更可以证明前说之不谬。

何刚德以翰林而外放知府，生平未曾充任过学政主考等官，也许有人会怀疑他所说的只是耳食之谈，并不一定可靠。但是他曾举出一件事实为证，可以使人相信他所说的话实有相当根据，未可以耳食之谈视之也。他所说的故事，是这样的：

某科有一举子落第，取落卷一看，内批"火腿一只"四字。后查房考系熟人，携卷与之理论。房考仓卒答曰："大错了！此系向供给所取物之条，他们如何误贴在卷上？"举子乃大闹曰："好，好，你们作房考，只知需索火腿，将我卷不看，交与他们贴批。他们何人？明明是你家丁也！”房考曰：“我为的与你是熟人，所以说老实话，你何必打起官话来？”举子曰：“我三年辛苦，文章不能劳你一顾，说什么熟人？”房考曰：“若打官司，我们交情，你当不忍。若论赔偿，此事如何赔得起？我是穷翰林，你所深知，我厩中只有一骡，你牵去便是。”举子曰：“罢了。”遂牵骡而去。此亦考官坐罚之一重公案也。

三年一度的国家抡才大典，想不到竟有如此形同儿戏的故事，真可使迷信科举考试的后世之人为之诧异不止。清光绪时的浙中名士李慈铭，中举人后屡试进士不第。每落榜一次，就在日记中痛骂“主司不公，考官无眼”一次。照上面的情形看来，李慈铭会试落第，还算是很公平的。因为他每次会试的试卷都经过考官的细阅细批，并没有碰过这种“火腿一只”的考官哩！

清代殿试掌故杂谈

偶然在台湾《联合报》副刊上看到名记者李嘉先生所写的《紫禁城与故宫博物院》一文，其中谈到清代科举考试中的殿试往事，觉得现代人对于仅仅只隔一百多年的典故竟如此陌生，实在不胜感慨，所以打算在这里为之补充说明一番。

李先生的大文中说，他的祖父应慈禧太后六十万寿的恩科考试，殿试已取中第三名的探花。但当时慈禧为了迎合民心，指定要选江南名士张謇为状元，所以阅卷大臣只好临时抽换试卷，使张謇由在后的名次变为第一，他祖父则由第三名跌至第八名，“未蒙京中赐第，却即时外放肥缺，年未三十，任山东文登县知事”云云。后面的一段话看来颇为费解，需要另加推敲；至于张謇之出于慈禧选拔，以及试卷名次临时变动等之情形，由现有的资料看来，李嘉先生所说，与事实实在相去太远。

清代科举考试的最后一试，称为“殿试”，照例在保和殿举行，考试完毕之后，由皇帝钦派的阅卷大臣共同决定名次，第一甲第一名俗称状元，二、三名俗称榜眼、探花，其人选即在此一考试中决定。但名义上虽是由阅卷大臣共同决定名次，而浸假到了后来，却是依阅卷大臣之排名次序来决定取中者之排名次序。此即是说，阅卷大臣排名居于第一者，有取中状元之权利，排名第二者可以取中榜眼，排名第三者可以取中探花，排名第四以后者，就只有取中二甲一、二、三、四各名的权利了。

光绪二十年甲午科殿试张謇中状元，其试卷并非出于阅卷大臣位居第一的张之万推荐，而是因为常熟相国翁同龢的力争所得。其事具见于王伯恭所撰之《蜷庐随笔》，可以参看。引述如下：

> 殿试之制，新进士对策已毕，交收卷官封送阅卷八大臣阅之。光绪甲午所派收卷有黄修撰思永，比张季直交卷时，黄以旧识，迎而受之。张交卷出，黄展阅其卷，乃中有空白一字，殆挖补错误，后遂忘填者，黄取怀中笔墨为之补书。此收卷诸公例携笔墨，以备成全修改者，由来久矣。张卷又抬头错误，恩字误作单抬，黄复为于恩字上补一圣字。补成后送翁叔平相国阅定，盖知张为翁所极赏之门生也。以此遂能大魁天下。使此卷不遇黄君成全，则置三甲末矣。甲午阅卷，张子青居首，次为麟芝庵，次为李兰孙，翁叔平居第四，志伯愚则第八也。向来八大臣阅卷，各以其人之次序定甲第之次序，所谓共同阅定者，虚语耳。是科翁师傅得张季直卷，必欲置第一，张子青不许，几欲忿争，麟芝庵曰："吾序次第二，榜眼卷吾决不让，状元吾亦不争。"高阳相国助翁公与南皮相争，谓："吾所阅定之沈卫一卷，通场所无。今亦愿让状元与张，幸公俯从。"南皮无可如何，乃勉如翁意，其所定之状元，改作探花，以麟公不让榜眼也。

上文所说的南皮相国张子青，即张之万，时官东阁大学士兼军机大臣，在阅卷八大臣中官阶最高，故序次第一；以下依次为协办大学士麟书（芝庵）、李鸿藻（高阳相国）及翁同龢（叔平）。翁同龢为张謇争状元，固然由于张謇是江南名士，亦因翁同龢自恃为皇帝之师傅，声势可以压得过张之万，所以才敢据此相争，否则亦无法以列序第四之人取中张謇为状元。

这是张謇中状元的故事，在《南通张季直年谱》中也叙述甚详，可信为当时事实。然则慈禧特意要取中张謇为状元，以及因此而更动取中之名次云云，显然与事实并不相符。

清朝制度，殿试传胪之日，三鼎甲即于是日授职——状元授职翰林院修撰，秩从六品；榜眼、探花授职翰林院编修，秩正七品，其余未授职之新科进士，尚须于传胪后五日再经过一次“朝考”的选拔，以决定其出路。朝考列入一等者，二甲进士均取中为庶吉士入庶常馆教习，三甲进士则朝考名次在前者可改庶吉士，在后者无改为庶吉士之希望，其出路大致如朝考未能入选之二甲进士一样，以“部属”与“知县”二途分用。但不论是“部属”或“知县”，在清朝末年，由于宦途壅滞之故，补官极为困难，“榜下即授知县”之说，实属未之前闻。不信可看下文所引述的资料。

何刚德所撰《客座偶谈》卷二中，有一条关于清末进士补官困难的记载，说：

> 外省知县，非一二十年不能补缺，教职亦然。光绪以来，其拥挤更不可问。即如进士分发知县，名曰“即用”，亦非一二十年不能补缺。故时人有以“即用”改为“积用”之谑，因县缺只有一千九百，而历科所积之人才十倍于此，其势固不能不穷也。主事一途，光绪年间，非二十年不能补缺。捐班者补缺无期，与此并无影响。余十四年而得补缺者，因在吏都，较疏通也。

何刚德在光绪年间中进士，分部候补，十四年而始补为文选司主事，又若干年方由员外郎升为郎中，其宦途之甘苦经验出于其本人实际经验，所言自属可信。由何刚德所说，新科进士如是“以部属、知县用”而成为分发各省候补的“即用知县”，非一二十年不能得缺，则李嘉先生的令祖父必须在何种况之下方可得到知县实缺？以当时的实际情形来说，补缺最快的途径是“老虎班”知县，其资格必须是因庶吉士教馆考试不及格而改为“遇缺即选”的最优先人物，此外别无希望。

陈恒庆所撰《谏书稀巷笔记》中有关于“老虎班”的记述，说：“亦有寒士得庶吉士，自计不能耐清贫，散馆时故意错一字，出一韵，甘居三等之尾。归部铨选知县，谓之老虎班，得缺至速”。清代的翰林院庶吉士，入庶常馆教习三年，期满后有“散馆”考试，考列一二等者，二甲进士授翰林院编修，三甲进士授翰林院检讨，此后就是正式的“翰林”了。考列三等之前者改官部属，三等之尾者改官知县，由于他们有“以知县即选”的优先权利，足以压倒一切选班，所以乃有“老虎班”之称。

《凌霄一士随笔》中有一段关于老虎班知县的掌故，说：“光绪乙未散馆，老虎班知县特多。其中尽管写作俱佳者，志在出宰百里，故意污卷或涂改添注等，唯恐不获，为御史所纠，谓其以知县可多得钱，居心如此，焉能勉为循吏？当降为候补班，或降诸四等，归班铨选，借儆效尤”。

由这些记述可以知道，在清代末年，考中进士而不能居鼎甲，又希望尽快获得知县实缺，以便贪污发财的最快捷径，就是先点庶吉士而后在散馆考试中故意考列三等之尾，以“老虎班”的身份归吏部“以知县即选”，就马上可以达到目的。但即使如此，苦心经营，在经过一番折腾之后，距离其考中进士之年，亦已在三年之后，决不可能“即时外放肥缺”，榜下即授为实缺之知县。所以，李嘉先生的话，虽然可以在制度方面加以查证，其实其意义仍然颇为费解。如果李先生愿意赐教，很希望能多了解一些。

古代书籍的演变

中国的木刻印书，最早的历史可以上溯到唐代末年。《柳玭家训》序中就说，唐僖宗中和三年，蜀中已多雕版印刷之字书小学及阴阳杂占等书。至五代时冯道奏请刻印九经，流传天下，于是木刻印书遂盛行于世。台湾图书馆所举行的北平图书馆善本书展览，虽然没有五代以前的最早木刻本，但既能搜集到七十五种宋刻本，四种金刻本，一百卅余种元刻本，以及二千余种明刻本，则中国雕版印刷史上历时最长为数最多的印刷实物，可说已全部包含在这一次的展出中了。如果将这些书籍的印刷技术、包装方法、内容优劣等项逐一加以分析讲解，等于便是对参观的观众兼作了一次中国雕版印刷史的学术讲演。复因同时有实物可以对照参证，一定会使观众格外感到有兴味。可惜主办单位当时并未注意到这一点，以致多数观众只是抱着欣赏名贵古物的好奇心，走马看花地巡礼一番，无异入宝山而空回。按，火药、罗盘、造纸与印刷术，是我国古代文明的四大重要发明。书籍的演变历史，即是印刷技术发展的里程碑。在看过善本书展览之后，再来了解一下我国古代书籍演变的历史，或者可使大家对善本书更能得到一些具体深入的了解。所遗憾的是笔者并非此道的专家，肤浅之谈，聊备一格而已。

纸的发明始于汉代。在纸没有被发明之前，书籍当然还没有纸可供利用。《论衡·量知篇》云：“截竹为筒，剖以为牒，加笔墨之迹，乃成文字。大者为经，小者为传记。”又云：“断木为椠，析之为板，力加刮削，乃成奏牍。”这说明了在未有纸的发明之前，供古人书写所用的是竹简与木牍。（当然简亦可以木制，如考古家在居延所发现的汉简，即是木质的。）简与牍，乃是竹木之单片者。如欲书写较多的文字，则需要联编多片，加以贯串，其名称谓之“策”或“册”。贾公彦《仪礼疏》谓：“简据一片而言，策是联编之称。”孔颖达《左传疏》亦说：“单据一片，谓之为简；连编诸简，乃名为策。”编简为策的方法，《说文》谓“中有二编”，意即中间用上下两行绳索加以编串。篆文的册字，写如“𠕁”，其形状即是数根并列的简片，由上下两根绳索编联在一起。居延汉简中有《广地南部候兵物册》，共七十七简，以麻绳两道上下编连，状如竹帘。这是世界上现存的最古老的古书形式。由此亦可知道，古代以竹木书写的书册，其大致形式是怎样的。

以竹简编成的书册，在存放时必须要加以卷曲，所以古人写书以“卷”为单位。汉代以后，纸已经被发明而且被应用了。最早以纸书写的书籍，亦是一卷卷地卷起来，其名称谓之“卷子”。如加装裱，添装轴头，则又称为“卷轴”。明清以后，虽然我们已看不见这种形式的书籍，但皇帝颁授的诰命，与装裱后的名人书画之类，仍然使用这种卷轴的形式，可以说即是古代卷子的遗留。

以纸卷成卷，读时必须先加舒展。但卷太长则舒展不便，所以《后汉书·桓谭传》云：“谭著书，号曰新编，光武读之，敕言卷大，令皆别为上下。”日人岛田翰作《书籍装潢考》，引《尚书故实》，谓古卷子“率以一丈二尺为轴”。卷子之制，至唐宋时书册既兴之后，已渐废。但宋初亦尚有沿用此制者。如《宋史·贾黄中传》谓："黄中方五岁，父玭每旦令正立，展书卷比之，谓之等身书，课令诵读。"宋代初年，雕版印刷术已大行于世，书籍多使用装钉法保存，而同时仍有古式的"卷子"存在，可知道这一制度在当时犹未尽废。

"卷子"虽至宋初犹有沿用者，但在唐代末年，已有另一种折叠式的书本出现，其名称谓之"叶子本"。欧阳修《归田录》卷二云："唐人藏书皆作卷轴，其后有叶子，其制似今策子。凡文字有备检用者，卷轴难数卷舒，故以叶子写之。如吴彩鸾《唐韵》、李郃《彩选》之类是也。"手抄本之转变为雕版印刷，最初是由字书小学阴阳杂占等实用书开始的。据此所云，则卷子之转变为折叠式的叶子本，亦是由实用书开始的。殊途而同归，书籍演变的历史亦颇为有趣。元人王祯的《农书》目录下附说云："五代后唐明宗长兴二年，诏九经版行于世，俱作集册。"集册，即是折叠成叶子，集而成册之意。据此云云，则自有叶子本以来，最早的雕版印书，便是以这种方式装钉的。

叶子本的折叠法，是将整张的长纸，往复叠成同样大小的许多页，读时可以一叶叶地上下翻动，"辗转至末，仍合为一卷"，犹如今寺庙中所用的佛经经卷，又如明清档案中所见的奏折。这一次在台湾图书馆展出的北平图书馆善本书，其中就有四种叶子本式的书，一为宋刻本的《大唐西域记》，其他三种均为佛经经卷。岛田翰《书籍装潢考》谓，折叠式的叶子本，另有一种名为旋风叶，"两折一张标纸，檗黏其首尾于标纸，其翻风之状，宛转如旋风"。岛田所说的标纸，即护叶。不知道上举四种折叠式的叶子本书，只是普通的叶子本呢，抑或是加有护叶的"旋风叶"？由于参观时只能从玻璃柜中看到展开的书叶，其黏合之处情形如何，不得而知，所以殊无从推测。

折叠式的叶子本，要比卷轴更接近于书本的形式。直到现在，装裱精美的字画碑帖，仍多有采用这种形式装钉的。其页面平整，形式雅致，与边上经过线装或黏糊的书册相比，各有其优劣之处。

元人吾邱衍《闲居录》云：“古书皆卷轴，以卷舒之难，因而为折。久而折断，复为簿帙。原其初则本于竹简绢素。”寥寥数语，对于古今以来书籍制度之演变，已概括无余。但“簿帙”并非单指线装书而言。由叶子本之变为线装书，中间还经过另一个阶段——蝴蝶装。

台湾“中央”图书馆由美运回的善本书，其中有颇多的蝴蝶装。所谓蝴蝶装的书册，每页的版面与线装书并无二致——中为书缝，左右文字各一版。所不同的是，线装书的装钉处在书页的页边，而蝴蝶装的装钉处在书缝。《明史·艺文志》云：“秘书图籍，皆宋元所遗，无不精美。装用倒折，四周外向，虫鼠不能伤。”所指即是这种蝴蝶装。其装钉法是将每一张书页向里反折，折缝处黏在另一张护叶上。数十页黏成一叠，数叠合装一册，不用线钉，而黏结甚牢。自宋朝以至元明，以这种方式装钉的书籍甚多，而以宋版书为最多。

蝴蝶装与线装书的优劣比较如何？宋张邦基的《墨庄漫录》卷四说：“王洙原叔内翰尝云，作书册黏叶为上，岁久脱烂，寻其次第，足可抄录。屡得逸书，以此获全。若缝缋岁久断绝，即难次序。初得董氏《繁露》数册，错乱颠倒，伏读岁余，寻绎缀次，方稍完复，乃缝缋之弊也。”这说明了宋代的书籍并非没有用线装钉的，只是装钉的技术欠佳，反不若蝴蝶装之黏贴牢固。而由“缝缋岁久断绝，即难次序”二语看来，宋代的书籍，很可能并不在每一页上注明页次。因此在一旦线断之后，便页页分散，不复再能次第了。蝴蝶装何以“岁久脱烂”之后尚有次第可寻？这是由于古时所用的黏糊制作甚为考究，调制时配入各种防腐防蠹的药料，足可经久不坏。即使整本书的装钉脱烂，总黏在护叶上成为一叠叠的各页，必不全脱，寻绎次第，尚不难使其复原。比之线装书之一旦线断即页页不相连属的情形，自然要好得多了。

照以上所说的情形看来，蝴蝶装并不优于线装。只要能改进线装的装钉技术，又在每一页上加注页次，上述缺点，便可以得到弥补。明清以后的线装书，每本书中加有纸捻，穿钉极为牢固，即使外面的钉书线断烂，书册仍能保持完整。而且每页的中缝都已刻印卷次页次，即使断散，亦不难查明次第。有了这种改进之后，蝴蝶装便不是线装的敌手了。试看现有的蝴蝶装书册，除了觉得它的形式别致之外，翻阅既不方便，重装亦极麻烦，比较起来，还是线装书较为进步。

蝴蝶装的书，通常都以为只限于宋版书；看了台湾图书馆的善本书展览之后，便可知道元明版亦有蝴蝶装。不但宋刻元、明印本的四史等书沿用蝴蝶装，即是纯属明刻的《御制大诰续集》等书亦仍用蝴蝶装。何以蝴蝶装自宋代创始以来，到明初犹有沿用的？这个道理，大概亦如宋人之沿用汉时的书卷，及今人之沿用折叠式的叶子本一样，或则由于个人的喜爱，或则由于习惯并未尽革的缘故吧！

书之称为善本，即系由不善之本对比而来。不善之本即劣本，其中以明以后之刻本占最多数。

叶德辉《书林清话》卷七，引郎瑛《七修类稿》云：明刻《林和靖集》，不但字多错谬，而且以意为去取，刊落甚多。又引《四库全书总目提要》云，明刻宋人阮阅撰《诗话总龟》，改窜原书而羼杂已注，以致体例芜杂，内容割裂。此外，明人刻书，又好将古书改头换面，或删节更名，或擅自添改，诸如此类，不一而足。遂使前代古书，一经翻刻之后，便致面目全非。幸而宋元善本，后世犹有存者，藏书家以宋元善本校正明刻本之错谬，庶几犹能还古书之本来面目。这是藏书家重视宋元善本的理由。除此之外，宋版书尚有其另外的优点，为后世刻本之所不能及者。

高濂《燕闲清赏笺》论藏书云："藏书以宋刻为善。宋人之书，纸坚刻软，字画如写，格用单边，兼多讳字，用墨稀薄，虽着水湿燥无湮迹。开卷一种书香，自生异味。"又叶德辉《书林清话》卷二云："北宋蜀刻经史及官刻监本诸书，其字皆颜柳体，其人皆能书之人。其时家塾书坊虽不能一致，大都笔法整齐，气味古朴。"这些话纯从美学的观点赞美宋刻本的纸墨俱佳，刻写古雅，姑不论宋刻本校勘认真，字不差谬，即此而言，其优点固已较明刻本多多了。但明刻本的一般流弊虽然不免落于草率恶劣，而由于明代刻印书籍的数量众多，其中颇亦不乏佳品。叶德辉《书林清话》卷五，就曾列举明刻本中之精品，其数目不下百种之多。在这一次展出的善本书中，明万历刻本《齐云山志》及《具茨先生文集》二种，不但书法秀美，刻工极精，即墨色亦极佳，纸张亦白洁坚厚，印成之书，宛如出之名书法家所手抄，秀丽典雅，令人徘徊流连而不忍去。照此看来，明刻本亦并非没有善本。只是不善之本多于善本，以致一般藏书家不免偏爱宋元旧椠而已。

将历朝以来的刻本罗列在一起供人参观，从外表上加以比较，可以另外使人得到一种印象——旧时的古书，很多是字体甚大而外表甚为伟观的"大书"。这种"大书"，清代刻本中是没有的。而且即使是普通的书，古书的字体，亦要比清代刻本为大，除了以特殊目的而刻印的"巾箱本"例外。何以前代的古书字体特大，而愈到近代，书的字体愈小？这一点，应当与眼镜的使用有关。

近代人用以矫正近视或远视的眼镜，古人名之为叆叇。《洞天清录》云："叆叇，老人不辨细书，以此掩目则明。元人小说言，叆叇出西域。"眼镜于何时传入中国？待考。据《清稗类钞》所说，则这种玻璃或水晶制成的东西，于明时始由西域传入中国。但即使眼镜在明朝时已有传入中国，直到清朝初叶，眼镜仍是极希罕而珍贵的东西。大多数人既没有眼镜可用，那么，书的字体当然只有尽量的刻得大些，一则不损目力，二则便于老年人的观看。清朝中叶以后，东西洋交通日益发达，眼镜的使用日益普遍，于是，印书的字体亦不妨刻得小些。直到近世，简直是愈来愈小。以现在的习惯来看宋元各朝字大径寸的古书，简直会令人想不通从前人的眼力何以如此不济。这当然并不全由从前人的眼力不济，一则较大的字体本来最适合于观看，二则当时的物力廉宜，书本刻印得大些，并不就贵了多少钱，亦无须在这上面打算。这些问题，倒正是现代人所不易想通的哩！

由海源阁藏书说到善本书

沧苇遵王士礼居，艺芸精舍四家书。一齐归入东昌府，深锁嫏嬛饱蠹鱼。

上面的这首诗，见于《老残游记》第八章。据《老残游记》第七、八两章的记述，老残之所以写此诗，乃是由于他性耽古书，闻人有古版好书，不惮千里走访。当时他在山东济南府，听说东昌城内的柳小惠，其父前在江南任漕运总督，积书甚多，曾刻《纳书楹书目》，所收均宋元旧椠。为了希望一开眼界，乃由济南仆仆风尘，远道来到东昌城寻访。不料到了东昌以后，当地一家书肆的掌柜告诉他说："柳家是俺这里的第一个大人家，怎样不知道呢？只是这柳小惠大人早已去世，他们少爷叫柳凤仪，是两榜，在户部做主事的。听说他家里书很多，用大木箱装着，只怕有好几百箱，堆在大楼上，永远没有人去看他。他有个近房叫柳三爷，是个秀才，常到我们这来坐的。我问他：'家里那些书，是什么宝贝，可讲给我们听听。'他说：'也未尝见过怎么样子。'"因此老残才知柳家的书不但外人见不着，就是他族中人亦不能见。为之闷闷不乐，在旅店墙上写下前面所引的一首绝诗，废然而返。刘鹗所撰的《老残游记》，书中叙事，多有所本。即如这一段访书故事，亦确有所指。只是其主人翁并非姓柳，又其书亦并非如老残所说锁在大箱子里任饱蠹鱼之腹。《老残游记》有关这一段故事，乃一时愤激之语，并不全然符合事实。

《老残游记》中所写的东昌府柳家藏书，其实乃是清代末年驰誉全国的杨氏海源阁。所谓《纳书楹书目》，则杨氏所刊《楹书隅录》也。傅增湘撰《海源阁藏书纪要》云：

> 吾国近百年来藏书大家，以“南瞿北杨”并称雄于海内，以其收藏闳富，古书授受源流，咸以端绪。若陆氏之皕宋楼，丁氏之八千卷楼，乃新造之邦，殊未足相提并论也。杨氏收书，始于致堂河督；其子勰卿太史继之，其孙凤阿舍人又继之。致堂于道光季年在南中所得，多为汪阆源之物。汪氏得之于黄荛圃。黄氏所得，多为清初毛、钱、徐、季诸家所藏。至勰卿凤阿所收，咸在京师。值咸同间怡府书散，其时朱子清潘伯寅翁叔平争相购致，而勰卿亦颇得精秘之本。然怡府旧藏，亦由徐、季而来。其流传之绪，大率如此。

按，傅增湘亦民国初年有名的藏书家，其藏书处名“双鉴楼”，收宋元刊本甚多，其所述海源阁藏书之渊源，直可说是清代以来海内藏书家的一叶沧桑小史。“致堂”即杨以增，道光二年进士，曾官江南河道总督。“勰卿”即其子绍和，即是《老残游记》中所说的“柳小惠”。“凤阿”则绍和之子保彝，亦即《老残游记》中所说的“柳凤仪”。小说中的人物每多影射真人，此不足奇。所值得指出的是，杨氏海源阁所收藏的图书保管极为完善周密。阁为十二间的大楼，楼上贮宋元精本，楼下为充宋本、充元本、明版书，清初精刻本及殿板本手抄本等，总数在二十万卷以上。保彝无子，以族人敬夫为嗣。保彝死时，遗命其妻妾善保其书，否则他日无相见于地下。故保彝死后，其书由妻妾掌管，虽亲戚族人不能一睹。夏日晒书，必锁院门，妻妾更迭为守，极为严慎。所谓“深锁嫏嬛饱蠹鱼”之说，实属无稽。清代末年，太仓名士姚鹏图官山东，巡抚与之善，畀以显职，不受，愿为聊城知县，期得纵观海源阁藏书。三年秩满，竟不得入海源阁一步。历城解元徐金铭，求为杨氏童子师，教保彝嗣子敬夫，意亦在求观阁藏秘籍。岁终，亦以无所得见而去。民国以来，学人如胡适之先生，因治墨学，欲一见海源阁藏明蓝印铜活字本《墨子》及吴宽手抄三卷本《墨子》两种，以与今本《墨子》相校，知一人独往不能见，特组观光团前往参观，仍为杨家所拒。其收藏之严密如此，刘鹗住东昌三日，自然不得其门而入。这种情形，谓之禁锢太甚则可，指为徒饱蠹鱼，就未免过甚其辞了。

清代初年，钱谦益的绛云楼藏书最富。曹溶《绛云楼书目题词》，说钱谦益的藏书太偏性，第一是所收藏必须是宋元版本，近人刻本不取；第二是好自矜啬，虽片纸不肯借出。故顺治七年绛云楼不慎失火，所藏宋元精椠及海内外孤本，皆付之一烬。虽其旧宅在东城者，所藏书尚无恙，但比之绛云楼所损失的，已只不过数分之一了。谦益死前，以其藏书赠族人钱曾（即钱遵王）。在绛云楼藏书之后，海内藏书家称毛晋之汲古阁、钱曾之述古堂、徐乾学之传是楼及扬州之季振宜。此四家之书，后来分别归于内廷之天禄琳琅，怡亲王府之乐善堂，与苏州黄丕烈之“百宋一廛”。故而清代中叶之私家藏书，以黄丕烈（即黄荛圃）之名最盛。

丕烈既老而贫，不能自保其书，乃以所藏归汪士钟（即汪阆源）。汪氏之书于咸丰道光间散出，大致为杨以增所购得。傅增湘所谓“致堂于道光季年在南中所得，多为汪阆源之物。汪氏得之于黄荛圃。黄氏所得，多为清初毛钱徐季诸家所藏”，盖即指此而言。其授受源流，颇有脉落可寻。《老残游记》

所谓："沧苇遵王士礼居，艺芸精舍四家书，一齐归入东昌府……"云云，所指亦是这一段故实。

"沧苇"即季振宜，"遵王"即钱曾，"士礼居"乃黄荛圃之斋名，"艺芸精舍"则汪士钟之藏书处也。四家之书，至于"一齐归入东昌府"，海源阁收藏之富，当可想见。但老残诗中尚未指出海源阁藏书之另一重要来源，即傅增湘所说的"怡府"是。

所谓"怡府"，即怡亲王府。陆心源《宋刊婺州九经跋》云：

> 怡贤亲王，为圣祖仁皇帝之子，其藏书之所，曰乐善堂，大楼九楹，积书皆满。绛云未火以前，其宋元精本，大半为毛子晋钱遵王所得。毛、钱两家散出，半归徐乾学季沧苇。徐季之书，由何义门介绍，归于怡府。乾隆中，四库馆开，天下藏书家皆进呈，惟怡府之书未进，其中世所罕见者甚多。如施注苏诗全本有二，此外可知矣。

在同治帝即位以后，怡亲王端华因附和肃顺被诛，怡府的乐善堂藏书又流落人间。以增之子绍和时官京师，与潘祖荫（伯寅）、翁同龢（叔平）等争相购致，于是昔日由毛钱徐季诸家散出后归于怡府乐善堂的藏书，又有一大部分归入了海源阁。王献唐撰《海源阁藏书之过去现在》一文，曾说："清代私家藏书，初以江浙为中心，辗转流播，终不出江浙境外。迨聊城杨致堂，始得百宋一廛之精本辇载而东，情势乃稍稍变矣。"又说："近人多以杨书珍本率出百宋一廛，余以目验所及，知其得于乐善堂者，正不亚于艺芸精舍。"百宋一廛与乐善堂两大藏书中心的精品既已大半归于海源阁，于是，海源阁就成了新的藏书中心。自清末以来，国内藏书家之最著名者，共推"南瞿北杨"。"南瞿"是指常熟瞿氏的"铁琴铜剑楼"，"北杨"即指海源阁。瞿氏藏书的历史约有两百年，所购藏者亦以汪士钟艺芸精舍散出之书为多。海源阁的历史虽然比较短浅，但若以藏品之富而言，则南瞿之藏实不及北杨。

杨以增之孙保彝，字凤阿，同治九年举人。凤阿晚年乏嗣，以族人敬夫为继。因恐身死之后族人争产，危及三世藏书，因援苏州潘氏攀古楼之例，于宣统元年九月具呈山东地方当局咨部存案，将海源阁所藏书籍及金石古器等项一律作为祖祠公产，由地方当局出示保护，外人不得干预。据杨保彝在呈文后所附书目的开示，海源阁藏书内的宋元版善本书计四百六十四部，一万一千三百二十八卷；明清以后的普通版本书籍共计三千二百三十六部，二十万八千三百卷有奇。此数内所开列的“善本书”虽然不过只有一万一千余卷，但因所指均系宋元旧椠及精校本、精抄本等，并未计入明代及清初的精刻本在内。事实上，明代及清初的刻本，今皆已视为善本。然则海源阁所藏的“善本”，其实要比常熟瞿氏铁琴铜剑楼所藏远为丰富。所可惜的是，铁琴铜剑楼的藏书在抗战前犹完善无缺，海源阁的藏书则在1931年时就已散佚殆尽。积三世之收藏始有此成绩的海源阁藏书，竟不免与古来的有名藏书家一样地归于灰飞烟散，说来诚然是很可惋惜的。

海源阁藏书之最早受损，是由于咸丰时的捻军窜扰。杨绍和撰《楹书隅录》卷一《跋宋本毛诗》条云：

> 辛酉皖捻扰及，齐鲁之交，烽火亘千里，所过之处，悉成焦土。二月初，犯肥城西境，踞余华跗庄陶南山馆一昼夜。自分珍藏图籍，必已尽付劫灰。及寇捻退，收拾烬余，幸犹十存五六。而宋元旧椠，所焚独多，且经部尤甚。此本只存卷十八至末三卷，监本只卷首至十一而已。呜呼，岂真大美忌完，理同如是乎？

“辛酉”即咸丰十一年，这一年捻军由皖侵鲁，华跗庄陶南山庄之杨氏别业为捻所踞者一昼夜，当时海源阁藏书多贮于此。使捻军非即速退去，则海源阁藏书的损失必不止十之三四。杨以增在世时，曾以所得宋刊本《毛诗》三礼(《周礼》、《仪礼》、《礼记》) 及《史记》、前后《汉书》、《三国志》等书八部别贮一室，名之为“四经四史之斋”。经捻乱之后，四经四史斋竟不能恢复旧观。虽然杨绍和后来又在京师陆续购得乐善堂散出的珍本书籍甚多，但咸丰十一年所失去的甚多宋元刊本，毕竟是难以弥补的损失。经此乱后，海源阁藏书移置东昌城内，特建一楼贮之，扃藏严密，自清末以至民国初年，一直平安无事。但到了 1929 年以后，山东时局不靖，匪乱时作，东昌府之首邑聊城县，亦即杨氏海源阁的所在地，三次遭匪侵陷，大批书籍被劫，于是海源阁乃真正遭到了劫运。

海源阁藏书虽收藏完善，但在民国初年张宗昌任山东督军时，却有欲将海源阁藏书收归公有之说。时杨保彝已逝世，嗣子杨敬夫恐藏书不能保守，乃选择阁藏善本，以汽车运往天津私宅存放，借免遭山东当局之收夺。不料收归公有之说尚未见诸施行，1929 年 5 月，平津各报，却以“土匪占据聊城，海源阁藏书被劫”闻。经教育厅调查，当时土匪虽占聊城，尚未损及杨氏藏书。同年 7 月，土匪王金发复陷聊城，其司令部即设于杨氏宅内。王金发所带之“书记官”及“参谋”樊天民、杨道南等，均为前清秀才，颇知书籍版本。既据有杨氏旧宅，遂将海源阁所藏善本书及金石书画等，择其尤者，捆载而去。同年 11 月匪退之后，山东省立图书馆馆长王献唐奉省令前往实地调查海源阁藏书受损情形。王氏于调查后曾撰《海源阁藏书之过去现在》一文，对于海源阁藏书在 1929 年秋间遇匪劫受损的情形，有极明确的记述，摘录一部分如下：

> 余抵海源阁时，见其书籍零落，积尘逾寸。宋本《史记》，残余一册，宋本《咸淳临安志》，残余两册，均散置地上，与乱纸相杂。字画碑

帖，仅余轴木夹板，中心多被撕去。藏砚数十方，只存砚盒，所有砚石均无一幸免。杨致堂画像一幅，撕裂如麻，投置几下，黄荛圃手校宋本《蔡中郎集》，为海源阁原本，第四册后页亦以拭抹鸦片烟签涂污满纸。以镇库之珍籍损坏如此，可谓痛心。其家人并谓：匪徒每以阁上书籍炊火，旧书不燃烧，愤言："谁谓宋版书可贵？此均以毛头纸印之，并不爇火也。"至此次损失之书，均为海源阁旧藏，其后宅三室，均未波及。检视阁上现存书籍，尚有宋元善本及荛翁精校之书。以《楹书隅录》衡之，均为下乘。其最精之本，闻在匪乱之前，多被杨敬夫取去，存于津门寓所及其戚属之处。其运出日期及寄存地点，吾亦不必一一详述。但欲使海内人士知陶南精帙尚存天壤，非尽为匪徒焚毁劫夺以去也。

王献唐说，海源阁的精本已被杨敬夫运往天津，阁中善本在匪乱之后尚未全部损失，这只不过是民国十八年十一月间的情形。至这年冬间与翌年春间，省政府于海源阁图书遭劫的善后处置办法尚未拟妥，聊城附近的土匪又复占据聊城。土匪去后，又有招抚改编的军队入城，此去彼来，络续不绝。昔时人曾以"贼匪如梳，官军如篦"来形容"官军"之劫掳尤甚于土匪，在海源阁图书遭劫一事而言，其情形正为如此。因为海源阁藏书之一再被匪劫，所遭受的都不过是些盲目的破坏与劫掳；自有招安改编的"军队"进入聊城城中之后，海源阁藏书方始受到有计划的搜劫破坏。迨民国十九年大局底定，该处土匪次第肃清，地方秩序完全恢复，然而海源阁藏书中的珍本秘笈，为学术界所重视的文化宝藏，业已扫地无余。其间原因，显然是因为土匪侵据尚有顾忌，"军队"则尽可从容搜括，全无其他顾虑。于是，海源阁藏书乃真正遭到了不复的劫运。

关于民国十八、九年匪据聊城以后的海源阁图书受损情形，王献唐在民国二十年续撰有调查报告一篇，题名《海源阁藏书之损失与善后处置》，其中所记，较前一文尤为触目惊心。亦摘引一部分如下：

在土匪占据聊城时，日常以杨氏书籍出售，购者随意予价，略不计较。有时割裂包物煮饭，或带出作枕头使用。但仍不及百分之一，以杨氏藏书过多故也。及王冠军以其新收编之军队入城，素稔杨氏藏书美富，价值又昂，即从天津请一书籍古玩专家号称“九爷”者来聊，尽检善本及一切有价值之书籍碑帖字画，囊括而北。同时以“窝匪”名义穷搜城内外居民，凡私家书帖古玩，亦为之一网打尽。并闻杨氏宋本《咸淳临安志》八册半箧，为土匪带入民家枕头。后以王军搜查，恐遭连累，即将《临安志》火焚，并将书箧劈碎煮饭。要之，海源阁藏书当以此次为过去唯一之浩劫矣。所谓“九爷”者，居聊城月余，始终不露姓名，但知为天津籍，身长清癯，唇有黑须而已。迨王冠军军队开移河北，其籍贯为保定，即将所攫物品运至其家保藏。王氏旋以染病身故，其如夫人时出存书出售，当地文奎堂书肆得之最多。既而北平书贾闻之，蜂集保定，又为文友堂购去数种。……杨氏以家藏书籍损失，又恐日后或再有不幸之事，继续发现，即于本年十二月十四十五两日，将劫余残损书籍，装置五十余箱，以大车运往济南商埠自置之宅房中保藏，由家中雇工经手，仓卒入箱，并未查检，以致凌乱无次，且皆“九爷”不屑下顾之普通版本。然现在海源阁内已无片纸只字之保留矣。

王献唐所记，尚未能详细说明海源阁藏书之实在损失情况。若1931年5月1日刊于《申报》的通讯一则，于此颇有详细记述，可以参看。摘录一段如下：

海源阁……十余年来，变乱相继。杨敬夫移居津门，留庶母二人料理家务。巨匪王冠军第一次陷城，海源阁幸保无恙。第二次，千金子率众占据杨宅，楼下的帖片、册叶、字画，损失大半。古砚二百余方，刻有名人题字，叙述砚之流传，共有拓片四厚册，连同所拓之片一概遗失。当时千金子正接洽投诚，对杨氏藏书特别保重，严令匪众不得擅入书屋，故损失甚微。匪众去后，县政府公安局教育局建设局财政局会同点验，列单寄津通知杨敬夫。未几，教育厅长何思源派王献唐点验登记，各加封条，拟收归政府保管。当时杨敬夫未得政府措置之消息，以为匪众既去，未加注意。十九年春，匪势复亟，海源阁仍为千金子所据，复禁令重颁，不准擅动藏书。匪多衔恨其御下之严，至遭暗杀。匪以千金子重视废纸，乃以零乱古籍泄愤。楼下之充宋、充元、明版，清初版，殿本，手抄本。焚烧撕扯，揩器做枕，无不以书代之。阁后之帖片贮藏室，帖片堆积数尺。因连月一雨，房顶冲塌，帖片尽成黑泥，无只字完整。当时王冠军之司令部设县政府，与县长王克昌协议劫取宋元精版书籍。由王克昌甄别鉴定，将上精本装八大箱，抬入县府。王克昌得珍品若干，余均为王冠军所有。嗣王冠军挂彩自戕，其书不知流落何人之手。事后杨敬夫派其管事邓华亭点验收集，计经部损失十之七，史部损失十之四，子部损失十之四，集部损失十之三，宋元版完全损失，以孤本高丽板韵学书最有价值。所剩者为充宋充元明清版手钞本等，已多数不全，共装七大车，运赴济南。后院损失古墨二十箱，一块未剩；字帖片四十三箱，除被劫去者外，余悉为雨冲毁。康熙乾隆道光三朝瓷器四十箱，完全损失。

《申报》所报导的海源阁藏书损失情况，较之王献唐的文章远为具体。而且王文中所不便明白指陈的若干隐秘，在《申报》的报导中也颇可使人了解其大致端倪。如王献唐所指为由王冠军请来鉴别阁中善本及古玩的“九爷”，事实上大概即是与王冠军通同劫取阁藏的“县长”王克昌。因王献唐曾说此“九爷”是天津籍，而王克昌恰亦是天津人；又《申报》的记事更明白指出，阁中的宋元精本，即由王克昌负责甄别鉴定，并与王冠军彼此朋分也。海源阁所收藏的宋元善本，原有四百六十余部，除其中的一百三十余种已由杨敬夫在较早以前运往天津外，其余未及运去的三百三十余种，便在此次匪乱中全部失去，损失之重，不言可知。

王献唐说：“自杨氏书籍散失以来，北平书贾来往济南聊城间者，几络绎于道不绝。”“在最近半年中，济南不时发现海源阁藏书，计先后所见，共得九种。一为黄荛圃校《穆天子传》，及顾千里校《说文系传》。一为黄荛圃朱秋崖等合校《封氏闻见记》及吴枚庵手抄黄荛圃手校《江淮异人传》，明本《武夷新集》，明本《许白云集》，刘武仲兄弟合作字册，均为本馆先后购藏。又黄荛圃校《林和靖集》，《绍兴十八年同年小录》，《吕衡州集》，均详《楹书隅录》，议价未成，即为一北平书贾连其他数种以重价捷足购去。”王献唐在济南发见的海源阁九种，不过是海源阁所失善本书的三十余分之一，虽然其中已有一部分仍由山东省立图书馆购归公有，而其余的绝大部分终于不知浮沉何处。据一九四四年时王献唐在重庆告知《老残游记考证》一文的作者蒋逸雪说，海源阁被劫损失的书籍，在保定的多归北平图书馆购存，在济南的多为山东省立图书馆购存云。话虽如此，我们毕竟不能知道，已被购回存储于上述两所公立图书馆中的海源阁藏书，与所损失的数目究竟是何比例，因之也就无法明了真正遭到毁损遗失的珍本书籍究有若干。

书重旧版，自昔已然，这并非是由于旧版书的古董价值，而是由于他们在学术文化上的校勘价值。清人顾千里撰《韩非子识误序》云："宋椠之误，由于未尝校改，故误之迹往往可寻也。"黄丕烈《武林旧事六卷跋》亦说："校勘群籍，始知书旧一日则其佳处犹在，不致为庸妄人删润，归于文从字顺，故旧刻为佳也。"古代书籍，每经一次翻刻，必多一次错误。这种错误可归结为两种情形。一为无心之错，如鲁讹为鱼，亥变为豕，其原因乃出于匠人的误写误刻。一是刊书人的逞意臆改，以古书中所不能了解的文字为错误，任意改窜，使归于"文从字顺"，于是愈改愈错，驯至面目全非。后一种情形，以明代的刻本最为常见，所以前人有"明人好改古书"及"明人好刻古书而古书亡"的话，即是指此而言。顾炎武《日知录》卷十八《改书》一条说：

> 万历间人多好改窜古书。……不知其人，不论其世，而辄改其文。谬种流传，至今未已。

黄廷鉴《第六弦溪文钞》卷一《校书说》云："妄改之病，唐宋以前谨守师法，未闻有此，其端肇自明人，而盛于启、祯之代。凡汉魏丛书以及稗海说海秘笈中诸书，皆割裂分并，句删字易，无一完善，古书面目全失，此载籍之一大厄也。"要知明人改书对古书所生的影响如何，可以杨慎所举出的《世说新语》一书为例，以见其一斑。

杨慎《丹铅续录》卷三，《世说误字》条云：

> 古书转刻转谬，盖病于浅者妄改耳。如近日吴中刻《世说》，"右军清真"，谓清致而真率也。李太白用其语为诗，"右军本清真"，是其证也。近乃妄改为"清贵"。"兼有诸人之差"，谓各得诸人之参差，近乃妄改作"美"。"声鸣转急"，改"鸣"作"气"。"义学"改作"学义"。皆

大失古人语意。聊举一二，他不能尽。

清代的校勘学最为发达，便是由于清代的学者懂得利用古今刻本的同异，以古刻本校出今刻本的谬误，阐明古书原意，裨益于后人的研究工作甚大。如清代的王念孙以明正统刻本的《道藏》为底本，校出通行本《淮南子》的错误九百余条，逐一为之订正。其后顾千里更借汪士钟艺芸精舍所藏的宋刊本《淮南子》与明正统道藏本复校，又校出王念孙所未曾发现的许多伪误，王引之极称其心细识精，具见于王念孙《读书杂志》中的《淮南子杂志》。以此为例，可知书重旧本，并不就是藏书家的陋癖。清代乾嘉时的藏书大家黄荛圃及吴兔床二人，以藏书家而兼校书家，甚为士林所艳称。虽然其他各藏书家未必即能在学术研究方面有何具体成绩，但若以保存古籍的观点而言，他们在这方面所作的贡献，仍不无微劳可纪。所可惜的是，这些藏书家大多仅以拥秘笈为重，如果不能广事刊刻流传，则一旦遭遇劫火，便很可能使仅存的孤本秘笈从此永绝人间。远之如钱谦益绛云楼之火，烧掉他毕生积聚的许多宋元旧椠及人间孤本，钱谦益至自称之为江左书史图籍之一劫；近之如聊城杨氏海源阁之大批善本书籍遭兵匪劫失，其中所损失的宋元刊本及清人精校本手稿本，亦不在少数。由此可知，保存国粹，并不以收藏谨密为已尽保管之能事，如不能及时刊印流传以供人研究之用，一旦遭逢劫运，便将是学术文化上永远不能弥补的损失。

清人黄廷鉴《第六弦溪文钞》卷四，《张海鹏行状》云：

家世皆好藏书，多宋元旧刻。君治经之暇，以剞劂古书为己任。刊《学津讨原》、《墨海金壶》、《借月山房汇钞》，又辑《金帚篇》，工始而君捐馆矣。居恒常语人曰：藏书不如读书，读书不如刻书。读书只以为己，刻书可以泽人。上以寿作者之精神，下以惠后学之沾溉，其道不更广耶？

张海鹏是清嘉庆道光间人，所刻印的《学津讨原》、《墨海金壶》及《借月山房汇钞》，多收宋元以前人的著作，且多为罕见的秘笈，由于张海鹏的刊布，遂得流传于世。然而，张海鹏的抱负，并不可责之于每一个藏书家。因为在他们的心目中，这些珍本秘笈的价值连城，不但在收藏方面可以夸诩一世，其学术上的价值更只可为个人独得之秘，不肯示人。在这种情形之下，借人阅看已自不肯，更何能公开刊布以嘉惠士林。自清代以来，便有不少珍贵图籍在藏书家的这种错误心理下造成了不可弥补的损失，说来诚可遗憾。

清人曹溶曾撰有《古书流通约》，意欲敦请海内藏书家各出所藏秘本互相传抄，借资流通保存。其中说：

> 自宋以来书目十有余种，灿然可观。按实求之，其书十不存四五，非尽久远散佚也，不善藏者护惜所有，以独得为可矜，以公诸世为失策也。故入常人之手犹有传观之望，一归藏书家，无不绨锦为衣，栴檀作室，扃钥以为常。有问焉，则答无有，举世曾不得寓目，虽使人致疑于散佚，不足怪矣。近来雕板盛行，烟煤塞眼，挟赀入贾肆，可立致数万卷。于中求未见籍，如采玉深崖，旦夕莫觊。当念古人竭一生心力，辛苦成书，大不易事，渺渺千百岁，崎岖兵劫攘夺之余，仅而获免，可称至幸。又幸而遇赏音者，知蓄之珍之，谓当绣梓通行，否亦广诸好事，何计不出此，使单行之本，寄箧笥为命，稍不致慎，形踪永绝，只以空名挂目录中。自非与古人深仇重怨，不应若尔。

藏书家以秘笈自重，当然不是与古人有深仇重怨。但其最后终使所藏秘笈永绝人间，实在不是保爱古书之道。此所以《老残游记》的作者刘鹗要以“深锁嫏嬛饱蠹鱼”为慨，而曹溶之类知事明理的藏书家要呼吁流通古书了。然而自清代以来，大部分的珍本善本均集中于少数的大藏书家之手，空有呼吁，无济于事。要希望那些珍本秘笈不至“寄箧笥为命”，至少还要再过若干年以后。

清代末年，国内最著名的藏书家与前又稍不同。“南瞿北杨”之外，又有新兴的湖州陆氏及杭州丁氏。这是由于洪杨大乱，许多世家旧族不能保有其书，丁陆二家在此时注意收购，遂蔚然而称藏书大家。陆氏所收宋版书最多，因建“皕宋楼”及“十万卷楼”贮之。“皕宋楼”的含义，是表示此楼所藏宋版书多至二百部之意。十万卷楼则夸所收宋版以外图籍数量之富。总其所有，逾二十万卷，不逊于聊城海源阁。丁氏藏书，称“八千卷楼”。其数量虽远不及归安陆氏，然“八千卷楼”与“后八千卷楼”及“小八千卷楼”所藏，亦将及十万卷。皕宋楼及十万卷楼的藏书，后来于光绪三十二年时全部为日本三菱财团以重价购去，作为日本静嘉堂文库的主要藏书。消息传出，国内文化界相顾失惊，许多耆年笃学之士，惋惜这大批文籍永无归还之日，至为之泫然出涕。董康为《皕宋楼藏书源流考》作题跋，说，皕宋楼藏书之“异域言归，反不如台城之炬绛云之烬，魂魄犹长守故国也，为太息者累日”。从前日本藏书，只知宝重隋唐钞本，而所藏典籍则以经子二部为主，史集二部极少。自皕宋楼及十万卷楼之书归日后，日本学者欣然色喜，以为从此可以弥补日本图书之缺憾，“然则此举也，虽曰于国有光可矣”。日本购得我国藏书以后的欣喜情形如此，而反观我国，则聊城海源阁的丰富宝藏竟于民国十八、九年因迭遭兵匪劫掳而损失殆尽，真可为文献零落之厄放声一哭。兵匪无知，犹有可说，彼身为“司令”与“县长”之王冠军与王克昌，居然以血手破坏海源阁三世之积，真国家民族之罪人矣。

王献唐撰《海源阁藏书之损失与善后处置》一文，曾说：

自宋历清，藏书家之载在典册者，无虑百余人。然有一家能藏至二百年不散佚者乎？无有也。有一家能藏至五世不散佚者乎？亦无有也。即如杨氏之书，亦非原来自有。一部分得于汪阆源，而汪又得之黄荛圃，黄又得之毛子晋钱遵王季沧苇徐健庵，其余一部分则得于乐善堂，而乐善之书，亦得于钱遵王徐健庵。设或毛钱季徐诸家之书不散，杨氏又从何得之？盖聚而必散，事理之常。即使永远不散，人生如白驹过隙，只身而来，只身而去，不能有一册一页带去也，又何必不于生前使人人共沾其利益？又曷必使身后不肖子孙鬻钱当薪，社会指而目之，以为口实？钱牧斋毕身藏书不肯借人，绛云一炬，片纸无存。陆刚甫楼称皕宋，秘籍盈箧，墓木未拱，已为日人以十万元购去，士林痛惜，至今不绝。从此收藏方面，深望海源阁主人力矫前人之覆辙者也。

王献唐以聚散无常勉各藏书家当以珍秘图籍公开供人研究，其出发点极为正大光明。清代初年，黄虞稷与周在浚二人欲征刻唐宋以来的秘本图籍，海盐姚叔祥就曾说："今藏书家知秘惜为藏，不知传布为藏。何则？秘惜则缃橐中自有不可知之秦劫，传布则毫楮间自有递相传之神理。此二子欲刻藏书，真善藏之法也。"姚叔祥以刻印流传为最好的藏书方法，其言极有真理。近年以来，台湾图书馆先后以珍藏的宋元明清历朝善本编为各种丛书影印行世，使得在从前被秘藏的珍贵图书，得以化身千万，遍布人间，万难全数毁灭，足证印书为最好的藏书法之说，真是颠扑不破之真理。但台湾的公私藏书仍多善本，如果都能像台湾图书馆那样地广事传布，那就永不会再有秦火之劫。由海源阁藏书的往事鉴之，这确是藏书家所值得深加警惕的。

关于《永乐大典》

前写《陈梦雷与古今图书集成》，曾经约略提及我国唐宋以来几部著名类书的大概情形。《古今图书集成》虽是清代类书之翘楚，但若就篇幅的数量言，明代所修的《永乐大典》，较此要超出一倍以上。此书的存佚情形及其价值，亦颇不乏可谈之处，因再在此一述。

《明太宗实录》卷二十一，载有明成祖永乐元年七月戊子令翰林学士解缙等编辑类书的谕旨，可视为纂修《永乐大典》一书的缘起。谕云：

> 天下古今事物散载诸书，篇帙浩穰，不易检阅。朕欲悉采各书所载事物类聚之，而统之以韵，庶几考索之便，如探囊取物尔。尝观《韵府》、《回溪》二书，事虽有统，而采摘不广，记载太略。尔等其如朕意，凡书契以来经史子集百家之书，至于天文地志阴阳医卜僧道技艺之言，备辑为一书，毋厌浩繁。

成祖此谕中所提到的“《韵府》、《回溪》二书”，即宋人钱讽所编的《回溪史韵》与元人阴幼遇所编的《韵府群玉》。前者四十九卷，后者二十卷，皆是在解释字义以外，兼载掌故，而依韵目编排，以便检索，其性质略似今日所通用的辞典之类。所不同的是，辞典的编纂系按部首，以上各书则按韵目，故是一种韵书而兼辞典的工具书。明成祖病《回溪史韵》与《韵府群玉》等书所收内容不广，谕令解缙等另编一书，要悉采“书契以来经史子集百家之书，至于天文地志阴阳医卜僧道技艺之言”，几乎已将天下古今的事物包罗殆尽。如此一来，便使《永乐大典》的编纂方法虽然亦如韵书，其规模则庞大无伦，略如其后来的面目。

解缙等人奉谕编集新的类书，集一百四十七人之力，在一年以后初步完成编集工作，于永乐二年十一月奏进，赐名曰《文献大成》。既而成祖阅书，以为尚未符合他悉采“书契以来经史子集百家……”的目标，命重新再修，而以姚广孝、刘季篪、解缙等总其事。又经费时四年，集二千余人之力，于永乐六年十二月纂成，抄缮进呈，其书二万二千九百余卷，赐名曰《永乐大典》。至此，编书工作方告一段落。明成祖为此书作序，极称其“包举宇宙之广大，统会古今之异同。巨细精粗，网罗无遗”。《永乐大典》之能够成为中国古今以来类书中的巨擘，便是由于明成祖的求博求大愿望而来的。

《永乐大典》在编纂之初，本来计划将古今以来经史百家之书悉按其内容，以洪武正韵为纲，以韵统字，以字系事，借便检阅参考。例如卷六百六十二的“痈”字下，先释字义，然后将有关“痈”字的一切辞类均顺序排列，并注明其出处，抄录其本文。在“颈痈”之下有“胃脘痈”、“发背痈”、“肠痈”等，均属于医疗方面的知识；又有“邓通唶痈”、“为父吮痈”、“击佛致痈”、“哭捧母痈”等条，均属于历史故实。所谓“凡天文地理、人伦国统、道德政治、制度名物，以至奇闻异见、廋词逸事，悉皆随字收载”，即指此而言。

《永乐大典》之编纂，“以韵统字，以字系事”，本是当初所定的纂修规则，但其后则并不能严格遵守。《四库全书总目提要》说，此书“或以一字一句分韵，或析取一篇，以篇名分韵，或全录一书，以书名分韵，与卷首凡例多不相应，殊乖编纂之体。疑其始亦如韵府之体，但每条备具始末，比韵府加详，今每韵前所载事韵，其初稿也。继以急以成书，遂不暇随条采掇，而分隶以篇名。既而求竣益迫，更不暇逐篇分析，而分隶以书名。故参差无绪，至于如此。”以整篇的文章入韵编纂，如大典卷六百二十三“农”字韵的“进农书”一条下，收入《吕和叔文集》中的《代文武百寮进农书表》，《柳宗元文集》的《进农书状》，《文苑英华》中侯喜所撰的《中和节百辟献农书赋》等等，犹可说是随韵分编，与体例不至大乖；但如卷一万一千七百七十“曾”字韵下全收宋人曾布所撰的《曾公遗录》三卷，卷四百八十五至八十六“忠”字韵下全收绣像绘图本《忠经》一书，卷三千一百四十三“陈”字韵下全收元人陈宜子所撰《陈了翁年谱》一卷，卷八千三百三十九“兵”字韵下全收宋人陈规汤涛所撰的《守城录》四卷，如此这般地不暇分析，以整部书《随韵分编》，则不但有乖编纂体例，且亦不便查检，其性质实已近似丛书，而不是类书应有的规制了。

《四库全书总目提》要推测其体例混乱的原因是由于成书仓促之故，颇能得其实情。至于另一项原因，则是由于所收书籍太多，所以才有后来的限于时间而仓促成书之弊。清人刘统勋谓，《永乐大典》“但夸捃拾之繁，未协编摩之式”，颇为笃论。然而，亦正由于此一原因，遂使《永乐大典》中保存了宋元以来的甚多孤本秘籍，清代以来的学者，只要稍为留心发掘，便可得到甚多瑰宝。《永乐大典》之为人重视，其最大原因亦在于此。

《永乐大典》纂成之后，全书二万二千九百余卷，分装一万一千九十五册。书高五〇点五公分，宽三〇点四公分，朱丝栏界。每面八行，每行除题标及条目用大字单行缮写外，余均用小字双行缮写。录文用黑色，文前所加的书名、篇名及著者姓名用朱色，红黑相间，甚为精致美观。加以书式高大，纸质洁白而坚厚，一种古色古香之味，触手即生。此书原只一部，贮于宫中的文渊阁。明世宗嘉靖三十六年，宫中失火，奉天门、午门、三殿及文渊阁等悉遭焚毁。世宗闻变，夤夜降旨命速搬出《永乐大典》。此书得不毁，世宗之力。世宗平时对此书甚为宝爱，遇有疑难，常登阁检书，按韵索览。至此，乃以为此书只此一部，形同人间孤本，难免遭受意外损失，似应另录一部，分贮他所，以防不虞。于是，在嘉靖四十一年开始，《永乐大典》乃有录副之举。自嘉靖四十一年始事起，选用各色儒生一百余人专门从事抄缮，计历时五年，至穆宗隆庆元年四月，录副的工作方告完成。副本抄完之后，《永乐大典》的正本仍贮于文渊阁，副本则贮于皇史宬，金匮石室，锁扃甚固。终明代之世，除了皇帝偶一翻检之外，外人无从得见。明神宗万历间，南京国子监祭酒陆可教曾建议将《永乐大典》刊刻流传。但因书多至二万余卷，刊印不易，所以终于未能实现。此书之所以在后来不免散佚，即由于此。

明崇祯十七年李自成破北京，贮于文渊阁中的《永乐大典》正本因文渊阁被毁而付之一炬。至于贮于皇史宬中的《永乐大典》副本，虽然锁扃严密，但因每年夏间均须将书取出晒晾，在一锁一启之间，便不免发生偷盗损失。明人张岱所撰的《陶庵梦忆》，卷六“韵山”一条曾说：

> 胡仪部青莲携其尊人所出中秘书名《永乐大典》者，与韵山政相类，大帙三十余本，一韵中之一字犹不尽焉。

张岱是明末时人，其时他已看到胡青莲所藏其父某人所偷出的《永乐大典》三十余本，然则由其他人所偷出的《永乐大典》，其数量当更不止此。清入关以后，皇史宬所藏的《永乐大典》副本移贮于翰林院。乾隆三十七年，安徽学政朱筠奏请择《永乐大典》中收录完整的古书分别缮写，以备著录，而免散亡，事下军机大臣查覆，谓："此书移贮之初，本多缺失，现存在库者共九千余本"。据此云云，可知《永乐大典》的副本自由皇史宬移贮于翰林院，其数目已由原来的一万一千九十五册减少为九千余册，所失少的约计有一千余册之多。这些书在未经乾隆时馆阁诸臣的检阅之前便已失少，其中的内容若何，当然已无法知道。《永乐大典》的正本既毁，这些缺少的副本便构成了无可补救的损失。追源祸始，当然是由于明代时典藏与管理之人监守自盗而生的结果。在整部书中零星偷出数册以至数十册，充其量不过具备古董价值而已。然而一部完整的《永乐大典》因此而告残缺不全，以致其中所保存的古书亦因此而永远散失，这岂但是"大典"之厄，亦是古书之厄。这些偷书者的愚行，实在令人痛恨。

安徽学政朱筠奏请择取《永乐大典》中收录完整的古书分别抄缮，以备著录，这是由于朱筠以前在翰林院供职时曾经翻阅大典，知道其中所收"古书之全，而世不恒觏者，辄具在焉"。按，《永乐大典》在纂成时的卷数多至二万二千以上，虽然我们现在已不能知道此书在纂修时所采用的书籍共有若干，但即使就此书的总卷数及明成祖的纂修宗旨而言，我们当可知道，凡是在明成祖永乐初年所见存的各种经史子集，必定已包举无遗。自古以来，古书的散亡情形极为惊人，距古愈远，能够存留下来的古书愈少。明成祖永乐初年，距今已有五百余年。在五百年前传世之书，到现在又少了许多。《永乐大典》所采集的既是当时传世之书，其中必然有许多是今时所无之书。基于此一原则，不管《永乐大典》收录的方式是整书收入或分篇分段收入，只要不殚花费较多的时间从事辑录排比，便不难使已佚的古书重新出现。自乾隆中叶四库全书馆开馆以来，一直到民国初年，学者们抱持着这一信心向《永乐大典》的存书中从事钻研，一直都有很好的成绩。所以，尽管《永乐大典》

的编纂方式颇为后人所诟病，它在保存佚书这方面所发挥的功能，却是一直为人称道的。

《永乐大典》的辑佚工作，当以清雍正间全祖望观大典书籍时为发轫之始。全氏《鲒埼亭集外编》卷十七有《钞永乐大典记》，云：

> 圣祖仁皇帝实录成，词臣摒当皇史宬书架，则（永乐大典）副本在焉，因移贮翰林院，然终无过而问之者。前侍郎临川李公（即李绂）在书局，始借观之，于是，予亦得寓目焉。其例乃用洪武四声韵分部，以一字为纲，即取十三经廿一史诸子百家，无不类而列之。所谓因韵以统字，因字以系事者也。而皆直取全文，未尝擅减片语。夫偶举一事，即欲贯穿前古后今书籍，斯原属事势所必不能。而大典辑釆并包，不遗余力，虽其间不无汗漫陵杂之失，然神魄亦大矣。若一切所引书，皆出文渊阁储藏本，自万历重修书目，已仅有十之一，继之以流寇之火，益不可问。闻康熙间崑山徐尚书健庵（即徐乾学）以修《一统志》言于朝，请权发阁中书资考校，寥寥无几，则是书之存，乃斯文未丧一硕果也。因与公定为课，取所流传于世者概置之，即近世所无而不关大义者亦不录，但钞其所欲见而不得者，而别其例之大者为五。其一为经。诸解经之集大成者，莫如房审权之易，卫湜王与之二礼，此外莫有仿之者。今使取大典所有，稍为和齐而斟酌，则诸经皆可成也。其一为史。自唐以后六史，篇目虽多，文献不足。今采其稗野之作，金石之记，皆足以资考索。其一为志乘。宋元图经旧本，近日存者寥寥，明中叶以后所编，则皆未见古人之书而妄为之。今求之大典，厘然具在。其一为氏族。世家系表而后，莫若夹漈通略，然亦得其大概而已，未若此书之赅备也。其一为艺文。东莱文集，不及南渡，遗集之散亡，大典得十九焉。其余

偏端细目，信手荟萃，或可补人间之缺本，或可以正后世之伪书，则信乎取精多而用物宏，不可谓非宇宙间之鸿宝也。会逢今上纂修三礼，予始语总裁桐城方公，钞其三礼之不传者，惜乎其阙失几二千册。而吾辈力不能多畜写官，自从事于是书，每日夜漏三下而寝，可尽二十卷。而以所签分令四人钞之，或至浃旬未毕。则欲卒业于此，非易事也。然以是书之沈屈，忽得人读之，不必问其卒业与否，要足为之吐气。嗟乎，温公《通鉴》之成，能读之至竟者，只王益柔一人，其余未及一卷，即欠伸思睡，况大典百倍于此，其庋阁也固宜。今吾辈锐欲竟之，而力不我副，是则不能不心以为忧者也。

由全祖望所记，可以知道几点事实：

第一，《永乐大典》纂修时所用的书籍，皆是文渊阁的藏书，自明成祖永乐至明神宗万历约二百年间，所失少的已有十分之九，至明末李自成破北京，而残存者愈少。即此一端而言，可知《永乐大典》所收的书籍。其中绝大部分现在都已失传。

第二，据全祖望的意见，《永乐大典》中所保存的古代佚书，以稗史野记、金石文字、宋元图经、氏族源流及前人文集等项最为可贵。当时他与李绂虽亦曾择要抄录，而因费用无出，且耗时太多，而未能遂愿。全祖望后来外放为知县，此事因此亦就中止。

据缪荃孙所撰《永乐大典考》，全祖望当时从《永乐大典》中所辑得的佚书，计有宋田氏的《学易蹊经》二十卷、高氏《春秋义宗》一百五十卷、王安石《周官新义》六十卷及曹放斋《诗说》、《刘公是文钞》、《唐说斋文钞》、史真隐《尚书周礼论语解》、《二袁先生文钞》、元人窦苹的《酒耘先生会谱》、明永乐间所修《宁波府志》等书。其后法式善亦从《永乐大典》中抄录唐人文集甚多，以与通行本相比较，多有增益。杭世骏撰《续礼记集说》，所采宋元人学说，亦大半自永乐大典中辑录而来。

至乾隆间开四库全书馆纂修《四库全书》，安徽学政朱筠奏请从大典中辑录古书，以备著录，事经军机大臣等议覆可行，并由乾隆降谕派遣翰林院编修检讨等官三十余人专门从事校勘，于是《永乐大典》的辑佚工作始大规模展开。但因乾隆帝的谕旨中，有所谓："除本系现在通行，及虽属古书，而词意无关典要者，不必再行采录外，其有实在流传已少，其书足以启牖后学，广益多辞者，即将书名摘出，撮取著书大旨，叙列目录进呈，俟朕裁定，汇付剞劂。其中有书无可采，而其名未可尽没者，只须注出简明略节，以佐流传考订之用，不必将全部付梓"。以此翰林院中负责校勘《永乐大典》各官，为求采取藏事，往往只将大典中成篇录入而辑录容易的各书加以贯串排比，其零碎分散的断言片语，大多弃之不顾。当时从大典中辑出的佚书，计经部六十六种，史部四十一种，子部一百〇三种，集部一百七十五种，共计三百八十五种，四千九百四十六卷。另存目者一百二十九种，六百十六卷。乍看起来，所辑得的数量已自不少，但若比之大典中的原有宝藏，又不过只是数十分之一而已。

在乾隆年间大规模从事《永乐大典》辑佚工作中所辑出的古代逸书，现在还可以举出最著名的几种为例。经部方面，有宋人黄伦所撰的《尚书精义》五十卷，宋人李如圭所撰的《仪礼集释》三十卷，晋杜预所撰《春秋释例》十五卷，唐人史微所撰《周易口訣义》六卷，宋程大昌所撰《易原》八卷，宋毛晃所撰《禹贡指南》四卷，宋司马光所撰《切韵指掌图》二卷。史部方面，有宋薛居正所撰《旧五代史》一百五十卷，宋李焘所撰《续资治通鉴长编》五百二十卷，宋李心传所撰《建炎以来系年要录》二百卷，宋路振所撰

《九国志》十二卷，元郝经所撰《续后汉书》九十卷，以及宋《嘉泰吴兴志》二十卷，宋《嘉定镇江志》二十二卷，元《至顺镇江志》二十一卷，宋陈振孙撰《直斋书录解题》二十二卷。子部方面，有元人王桢所撰《农书》二十二卷，晋刘徽撰《海岛算经》一卷，北周甄鸾撰《五经算术》二卷，元李冶撰《益古演段》三卷，梁元帝撰《金楼子》六卷，唐林宝撰《元和姓纂》十八卷。集部方面，有宋宋祁《景文集》六十二卷，宋刘敞《公是集》五十四卷，刘攽《彭城集》四十卷，王珪《华阳集》六十卷，元姚燧《牧庵文集》三十六卷，金王寂《拙轩集》六卷，宋张戒《岁寒堂诗话》二卷，宋周密《浩然斋雅谈》三卷。但因《永乐大典》中所有古代逸书实在太多，在四库全书馆所已辑录的以外，只要稍加涉猎，仍不难有极大的收获。如清人徐松即曾在四库馆臣辑录之后，从大典中辑出《宋会要》五百卷、《宋中兴礼书》及《续中兴礼书》一百五十卷、《大元马政记》一卷。文廷式亦从大典中辑出《大元官制杂见》一卷、《元高丽纪事》一卷、《大元仓库记》一卷、《大元毡罽工物记》一卷、《元代画塑记》一卷。即是到了近代，罗振玉还曾从大典中录出《宋吏部条法》的残本二卷。足见大典中宝藏之多，真是触目皆是。至于近代人之所以不能从大典辑出大批逸书，其原因并非由于大典中的宝藏已尽，而是由于乾隆时所尚存在的《永乐大典》九千余册，经过历朝以来兵燹劫火，其数量愈来愈少之故。

台北世界书局于1961年间搜辑海内外的《永乐大典》残本付之影印流传，其数量共计只七百四十二卷，仅及大典原书百分之三。四库全书馆辑书不尽，而大典原书又复散亡殆尽，存留在大典中未及辑出的大量古代逸书，从此亦同归澌灭。全祖望以为此书乃“斯文未丧”之仅存硕果，今则此一硕果亦已消失于茫茫宇宙之中，使全祖望复生于今日，必将有斯文道丧之兴叹也。

存在于乾隆时的《永乐大典》残书九千余册，何以在后来会逐渐散失殆尽？这仍然可以与此书以前的亡失情形相提并论，其原因不外两点，第一是窃盗，第二是战祸。

清人缪荃孙所撰《永乐大典考》云：

> 光绪乙亥（元年），重修翰林院衙门，度置此书，不及五千册。严究馆人，交刑部毙于狱，而书无着。余丙子（光绪二年）入翰林，询之清秘堂前辈，云尚有三千余册。请观之，则群睨而笑，以为若庶常，习散馆诗赋耳，何观此不急之务为？且官书焉能借？迨丙戌（光绪十二年），志伯愚侍读锐，始导之入敬一亭观书，并允借阅。……前后阅过九百余册，而余丁内艰矣。……癸巳（光绪十九年）起复，询之，则剩六百余册。

照缪荃孙所说，可知《永乐大典》由乾隆三十八年交翰林院官辑逸时算起，在历时九十四年之后，到了光绪二年，此书的总数，已由九千余册减少至三千余册，所失少的数目凡六千余册。自光绪二年至十九年的十八年间，更由三千余册减至六百余册，所失少的数目凡二千数百册。此书由明入清，在一百余年间，所失少的数目不过一千数百册，而自乾隆三十八年至光绪十九年，相隔的时间亦不过一百余年，所失少的数目竟多至九千册，则此书在清时散亡之速，实在可说是极为惊人的了。常熟秉衡居士《荷香馆琐言》记此书在翰林院被窃情形说：

> （永乐大典）原书本万余册，陆续散出。光绪乙亥检此书，不及五千册，至癸巳，仅存六百余册。相传翰林入院时，使扑预携衣一包，出

> 时尽穿其衣，而包书以出，人不觉也。又密迩各国使馆，闻每大典一册，外人辄以银十两购之。馆人秘密盗售，不可究诘，致散亡益速。

此云翰林院官员偷书，刘声木《苌楚斋笔记》记之尤详。云：

> 其偷书之法，早间入院带一包袱，包一棉马褂，约如《永乐大典》两本大小。晚间出院，将马褂穿于身上，偷《永乐大典》两本，仍包入包袱内，如早间带来样式。典守者见其早挟一包入，晚复挟一包出，大小如一，不虞其将马褂加穿于身，偷去《永乐大典》两本，包于包袱内而出。

翰林官偷书，并非人人能为之。因为缪荃孙就曾经说过："翰林院内有宝善亭三间，内贮多书，凡书之出入，毕办事八翰林主之，其他编检无权也。"由此说来，则偷书之人，无非此负责典藏之"办事八翰林"。大典在明代时为典藏之人"监守自盗"，以致失少一千余册，此犹不过是携回赏玩；而清代典守翰林之偷书，既有外国使馆高价收购，其动机遂不堪问。何况上行则下效，馆中吏役，又何尝不可乘机偷盗售卖，以为渔利之资呢？《永乐大典》在乾隆三十八年以后的一百余年间竟失少九千册之多，其主要原因正在此。叶德辉《书林清话》卷八云："《永乐大典》有百余本，在萍乡文芸阁学士廷式家。文故后，其家出以求售，吾曾见之，皆入声韵，白纸八行，朱丝格钞书，面为黄绢裱纸，盖文在翰林院窃出者也。"文廷式所窃的《永乐大典》一百余册，在他本人颇曾资为利用，以供辑录逸书之用，他人之偷书，其情形则不可知。举此一例，可知大典在清代遭偷窃损失之情形为何如。

清人王颂蔚《题丁松生文澜归书图》有云："迩来横海肆楼船，汉廷未暇修儒术。颇闻守藏史不慎，文德官书半放失。"丁松生是浙江杭州人，杭州在同治时两遭太平军侵陷，所藏文澜阁《四库全书》散亡殆尽，赖丁松生之力搜集抄补，得以复完，故王颂蔚题诗称之。诗中所云“迩来横海肆楼船”，盖指咸丰十年英法联军攻破北京之事。

据说英法联军入北京时，因翰林院与使馆相近，馆中所藏书籍，被英法两国士兵任意破坏弃裂，以致《永乐大典》颇有损失。此说之真实情形如何，不得而知。而光绪二十六年八国联军之役，则翰林院所藏《永乐大典》残书，确曾遭受重大损失。蒋芷侪《都门识小录》云：

> 庚子拳乱后，四库藏书，残佚过半。都人传言，英法德日四国运去者不少。又言洋兵入城时，曾取该书之厚二寸长尺许者以代砖，支垫军用等物。武进刘葆真太史拾得数册，阅之皆《永乐大典》也，此真斯文扫地矣。

又王小隐《梦天余话》云：

> 庚子拳匪之乱，红巾满京华……译学馆总办刘可毅太史，于乱兵马槽下拾得《永乐大典》数十册。

翰林院所藏《永乐大典》残书，至光绪十九年时本已只剩六百余册，自经此次大乱之损失，存者更鲜。所以到了清代末年，学部将此书发交京师图书馆庋藏时，其所有总数，已止有六十册。六十册与一万一千九十五册的比数悬殊，可知此书损失数量之大。至二十世纪六十年代间，世界书局努力搜集此书的海内外存本，以影印方式辑印流传，致使我们目前所能见到的《永乐大典》存书，尚有七百四十二卷，较之劫后残存，已不啻增加了五六倍之多，亦可称是不幸中之大幸了。

由台北世界书局辑录影印的《永乐大典》残本七百四十二卷，虽然其数量已只及大典原书的百分之三，然而其中的零金碎玉，仍有不少。民国以来，张菊生、赵万里等人还屡屡从中辑出前人所未录的逸书及逸篇。其后罗振玉并曾以日本人富冈君抝所藏一册大典残本中残存的宋《吏部条法》二卷，辑入他自己所编的《吉石盦丛书》，作为辑逸书之一种。现在经世界书局的广泛搜集，此一《吏部条法》的残卷已增至九卷之多，备载于大典卷一四六二〇至一四六二九的“部”字韵各本内，足可补罗振玉采辑之不及，裨益于宋代考选制度之研究考证非浅。又第四九二三卷至四九四〇卷玄字韵各本，收录元人胡次和所撰的《太玄经集注》及陈仁子所辑的《太玄经辑注》，乃是过去未有流传的注本，可供研究扬雄思想及《太玄经》的参考之用。又第一三一九四卷中《字韵》本所收宋元间人吴攒所撰的《种艺必用》与张福所撰的《种艺必用补遗》二书，乃是我国古代农学书籍中的两部重要著作，在研究农学发展史上有甚大的参考价值。原书久已失传，今却保存于大典残本之中，不可谓非大典仅存的宝藏之一。除此之外，大典所存残本，在校勘学上仍可发挥甚大的价值，举最重要的一例来说，便是宋人李焘所撰的《续资治通鉴长编》。

李焘所撰的《续资治通鉴长编》，原书久佚。清康熙间，徐乾学始从泰兴季氏得到藏本一部，只一百七十五卷。记事始于宋太祖建隆元年，迄于英宗治平间。其后四库全书馆从大典中辑录佚书，始从大典中辑出记事至哲宗元符间的五百二十卷本。但此书虽经收入《四库全书》，外间仍无传本，学者无从得见。嘉庆二十四年，常熟张金吾设法从《四库全书》藏本中传抄此书一部，用活字版排印流传。然而四库本不能无缮写之误，传抄益增鲁鱼豕亥，再加上活字版本的校印不精，遂使此书的通行本错讹百出。到了光绪五年，谭钟麟为浙江巡抚，借用文澜阁《四库全书》本校勘张本，付浙江书局重新刊刻印本。负责从事校勘工作的黄儆季等人，除以四库本与张本对勘外，并大发《宋史》有关文籍从事考核，校出四库本的错误甚多。但浙本的校勘虽精，因为未曾用大典原本校勘之故，其中的部分错误，仍然未能校出。今世界书局影印的大典残本各“宋”字韵残卷，收有《续资治通鉴长编》的尚有九卷之多。试取与浙本对比，便可看出其中的错误正复不少。如浙本卷十四，宋太祖开宝六年三月癸未，李崇矩责授左卫大将军，其下注云：“然亦不知何事也。”大典卷一二三〇六此条下注云：“然亦不知坐何事也。”两相比较，可知浙本落一“坐”字，遂致文义不完。又，浙本卷二六三，宋神宗熙宁八年闰四月壬辰朔，邝延路灾伤岁饥，“知延州赵高舍流民以空营”条，大典卷一二五〇六此条，作“知延州赵卨”。按《宋史》卷三三二有《赵卨传》，熙宁间以龙图阁直学士知延州，可知浙本之“赵高”，实系“赵卨”之误。又，浙本卷二六三，熙宁八年闰四月甲午，诏宋昌言具析妄塞訾家口事条，“侯叔献请勿闭”句下，落去“既从叔献请不闭”七字，而大典卷一二五〇六第十二页同句下有之，可知浙本与四库本均有脱误。类此的例子，也可以从其他的大典辑逸书中找到类似的例证，不枚举。即此而言，大典的残本虽所余无多，其可供校勘及辑佚的功用仍复不少。假使大典的原书尚能保存至今日，其所能发挥的这两方面功效，正不知要多出多少倍之上哩。

清人文廷式所撰的《纯常子枝语》卷三云：

> 《永乐大典》今存于翰林院者仅八百余册，余乙酉丁亥在京时，志伯愚锐詹事方协办院事，曾借读三百余册，其可采之书，唯宋元地志为最夥，惜未募写官，不能尽录。唯集《经世大典》得六七卷，又抄其诗文及说部之冷僻者得千余纸，为《知过轩随录》而已。他时当补读所未竟者，宋元文献，犹可捃撦百一也。

文廷式书中所说的“乙酉丁亥间”，即光绪十一年至十三年，其时文供职翰林院，故得借读《永乐大典》三百余册。自此以后至庚子拳乱，大典散亡殆尽，再无人能有机会读到如此众多的大典残本。所以，文廷式读大典后所作读书札记，极足珍贵。

《纯常子枝语》虽说，他从大典中所抄得的资料千余纸，已集为《知过轩随录》，但近年来由文华印书馆辑印的《文廷式全集》，其名为《知过轩随录》者，并无大典逸文之记载；倒是另一卷名为《永乐大典辑佚书》者，收有甚多辑佚文字，不知是否文华印书馆编印《文廷式全集》时所改。由《永乐大典辑佚书》的内容所见，文廷式当年从大典残书中抄得的资料颇不少。如大典一〇一二〇所收唐人《交州记》一卷，即已由文廷式全部辑出。又大典卷六〇四〇所收李迂仲黄实夫的《诗集解》，卷一三〇八六所收《太平图经志》、《宜春志》、《垫江志》，卷一三一三七、六三三九、一三一三四各卷所收《江州志》，卷一四一二五、一三四五〇、三一三八、一二〇一五、一〇三六各卷所收赵希循的《会心录》，均是失佚之书。以上各书既早已散佚，大典原书又已亡失，文廷式所辑存的逸文，乃成为仅有的文字。只是，文廷式所辑的大典逸文，其原书亦有今日尚能见到的。如他由大典卷一〇一三六所辑出的宋人撰《经史百家制度》一书，大典原书即在世界书局的影印本中。又如由大典卷一〇一一六、一四三八一、一〇一一五各卷中所录出的宋元人诗文，一三一三五、一一八八八、一二〇一六各卷中录出的唐宋故实多条，其原书亦在世界书局影印本中。

从前人初从文廷式的《纯常子枝语》中看到他曾抄有大典逸文千余纸集为《知过轩随录》的话，以为文廷式的《知过轩随录》必有甚多大典逸文。观乎此，可知文廷式所辑录的资料，未必能使大典原书的损失得到较多的弥补。《文廷式全集》的编者曾说，文廷式的遗稿尚有很多因为缺乏连贯性而未能整理付印，不知其中尚有这方面的资料否？果尔，则文廷式在大典中录出的逸文，尚须作另一番估量，未可轻下结论也。

由上面的叙述可以知道，《永乐大典》一书的最大价值，是在书中所收录的甚多前代佚书。由于大典的宝藏辑录未尽，所以，不管前人所作的辑佚工作做得如何周详完备，大典原书的亡失，总是我国学术文化上无可弥补的损失；更何况前人在这方面所做的辑录工作不实不尽，实在不能使我们感到满意。台北世界书局所辑印的大典残本，虽然已有七百四十二卷之多，但若比之此书的亡失数量，又不啻是小巫之见大巫。但愿自清代以来陆续被盗窃损失的大典原书，今日尚存于世，在若干时日之后，尚可经由出版家的努力搜寻而重新与我们见面。否则的话，此一巨著的损失，便将是永远无可弥补的了。

禁烟节谈往

——探讨中英鸦片战争史上的一项秘辛

林崇墉先生所撰的《林则徐传》中，曾有如下一段话，说：

> 从来谈论鸦片战争历史的人，常把当时中国的当事人分为两派，即主战派与议和派，或所谓强硬派与妥协派，而以（林）文忠代表主战派或强硬派，以琦善代表议和派或妥协派。事实上，在那前后各阶段里，或战或和，或强硬或妥协，主要是系于道光皇帝个人意念的转变，内外大臣只能在委婉进言中发生少许影响力量；而在最前线的负责大员，虽然身负重任，手里却没有全权，事事必须奉承意旨或随时请示。

这一段话，论述中英两国因鸦片问题而发生战争时，中国方面的和战决策，全系于当时在位皇帝的个人意念，其说甚谛。但若谓当时朝中并无和战二派之分，则亦未确，只是此和战二派并无决定和战之权而已。我们知道，当林则徐最初被派到广东去查办鸦片问题时，皇帝对他的支持，乃是绝对信任。不仅如此，道光帝除了绝对支持林则徐的强硬政策外，还曾屡次颁谕褒奖，勉励他务必贯彻始终，以期收一劳永逸之功。但是当英国海军由沿海北犯，进逼天津之时，皇帝的态度忽然转变了。其时所颁的谕旨，将沿海绎骚、糜饷劳师的责任一概推到了林则徐的头上，说："此皆林则徐等办理不善之所致"。因此将林则徐革去两广总督之职，另派琦善前往署理。等到琦善一到广东，就尽反林则徐之所为，主战也就变成议和了。既然和战的关键都系于道光帝个人意念的转变，那么，又是什么样的影响力量造成皇帝作下此种一百八十度式的转变的呢？这是鸦片战争史上的一个重要问题，可是过去似乎并未有人提及。即是前述林著的《林则徐传》中，也不曾涉及，很值得加以注意。

为了希望了解当时究竟是谁对道光帝的和战决策发生了如此截然不同的转变影响，笔者曾经试拟如下四种假设情况，假定当时的事实很有可能循此范式发展。要知道笔者所拟的假设情况是否能够成立，后文自当列举证据说明。现在先将笔者所拟的假设情况开列如下：

假设一：道光帝之所以最初完全赞同林则徐的强硬措施，是因为他对林则徐有充分的信心。及后其态度突作一百八十度的剧变，当系由于有人蓄意破坏，造作谤言，动摇了皇帝对林则徐的一贯信心所致。

假设二：当时的清朝皇帝，自有其特殊的情报传递系统。造作谣言之人，巧妙地利用了这一情报传递系统，使得所造的谤言得以上达皇帝的"天听"，因此使道光帝相信了。

假设三：造作谤言的人，一是敌对方面的英国，二是在鸦片贩卖中得到大利的中国"洋商"。这两方面的人勾结起来设计陷害，先是散布谣言，次则以兵船胁迫，软硬兼施，终于使皇帝中了他们的反间之计。

假设四：当英舰北上天津，道光帝派大学士琦善前往接受其请愿文件时，琦善曾接受英人的巨额贿赂，答应与英人合作逐去林则徐，所以琦善也成了助虐的帮凶。

假如以上四种假设情况都能一一成立，那么我们当然也可以因此而获致一项结论，即是：英国人所设计的谣言与贿赂，正是使道光皇帝的和战决策发生截然不同变化的主要影响力量。

上面所举的假设和结论，乍看颇似想入非非而骇人听闻；但若以现有的史料看来，则笔者的上述假设与结论，又似乎都很有成立的可能。谓予不信，且看下文。

道光帝对林则徐的态度前后有异

林则徐以钦差大臣的身份到广东来查办鸦片烟，一开始就以雷厉风行的铁腕，采取了各种强硬措施。如命令各国商人悉数交出所带鸦片，不从者即派兵围困其商船，断绝其接济，必使其俯首就范而后已。鸦片既焚，为防止以后再有运入，则又规定由各国领事出具切结，声明以后绝不再偷运鸦片，如敢故违，船货充公，犯者正法。由于英国领事义律拒绝出结，并拦阻英国商船之愿意遵办者不令入广州贸易，于是林则徐又以停止贸易关系作为加施压力的手段。双方僵持不下，终于酿成战祸。由《筹办夷务始末》及《林文忠公政书》所载史料可以看出，当时的道光帝，对于林则徐的这些措施，不但从未反对，而且屡以积极性的鼓励文字加以支持。如林则徐在虎门焚烧鸦片以后所上奏报，皇帝批曰：可称大快人心一事。

此年十一月初九日，因义律不肯具结而仍图贩售鸦片，林则徐奏陈遵旨不准英人交易，俾知儆惧一折，皇帝批曰：

该夷反复无常，早已洞见，曾经降旨饬令绝其贸易，一概驱逐出境。

> 现据奏称，该夷具禀乞恩，业经严行批驳，所办甚是。

以上即是后来成为林则徐革职理由的两项罪状——烧其鸦片及绝其贸易，其实则当时均曾由皇帝亲自认可。除此之外，则道光帝对于林则徐的积极鼓励尚多。如“朕不虑卿等孟浪，但诫卿等不可畏葸”及“林则徐等既经朕谆谕，谅必计出万全，一劳永逸，断不致轻率偾事，亦不致畏葸无能也”等，均是。正由于皇帝所表示的态度如此果断积极，所以林则徐才敢下定决心要与英人周旋到底。然而在道光二十年七月英人北犯定海之后，皇帝的态度已显然有了变化。道光帝在得悉定海为英人攻陷之后，曾经颁谕派往浙江前线督师的钦差大臣伊里布说：

> 此次英吉利沿海内犯，攻陷定海，现已调兵云集，自可即日翦除。惟致寇根由，传闻各异。有云绝其贸易，有云烧其鸦片，究竟启衅实情，未能确切。著伊里布于到浙后密行查访，或拿获夷匪讯取生供，或侦探贼情得其实据，务得确实，据实具奏。

这所谓“致寇根由，传闻各异”，显然是对林则徐前此所奏报的种种情形，都已发生了疑问之意。为了要探究真相，皇帝竟命伊里布从敌俘口中去寻求了解，这种作法，当然会使林则徐蒙受极大的不利。因为英国人自始至终都恨极了林则徐的强硬作梗，以致他们的鸦片贸易遭到巨大的损害。仇口之言，对林则徐怎会有公正而客观的批评？道光帝之所以出此下策，无非显示他对林则徐所奏报的种种情形不能信任，所以要从另外的角度去寻求佐证。道光帝对于林则徐，一直深信不疑，至此忽然有所转变，究竟是何原因，这就是值得注意的问题。

皇帝有他的秘密情报来源

中英鸦片战争的主角之一，当时指挥英国海军对中国作战的义律大佐，在他所写的一本《英军在华作战记》中说，当道光十九年九月廿八日，两国水师在穿鼻洋面发生海战时，中国方面的战船受损甚重，而林则徐反而讳败为胜，向道光帝假报胜捷，以致水师提督关天培得赐“法福灵阿巴图鲁”的名号。“但是不久之后，真实的情报到了北京，皇帝表面上虽不承认，但显然对林的报告是怀疑了。因为不久林被撤职，以降四级录用。”这里说出了一件可注意的事实，即是道光帝对于广东方面的情形，除了听取林则徐的奏报之外，另外尚有其秘密的情报来源，可以用来与林则徐的报告互相比看。下面的事实，就可作为此话的证明。

林则徐奏报穿鼻水战之捷，曾说水师提督关天培船上的大炮最为得力，首先打中英船吐密号的船头，使之不能转动，船上夷人纷纷落水，游击麦廷章的船随发二炮，击破该船后楼，以致吐密号帆斜旗落，狼狈败逃。假如道光帝对此一奏报不生怀疑，他应该知道，中国人的大炮一样能够打中夷船，使之狼狈而逃。然而在一本名为《软塵私议》的书中，道光帝却不相信中国大炮能够打中英船。书中说：

> 此次练立人召对两面，头一次询：“汝在嘉定，距吴淞若干里？”对：“四十余里。”问：“吴淞打仗情形，汝知之否？”对：“炮声相闻，故知之。”问：“牛鉴奏，陈化成打坏夷船数只，自是撒谎。我们之炮安能打坏夷船？”对：“断不敢欺皇上，实在陈化成起先打的是胜仗。

上文所说的陈化成，是江南的水师提督；牛鉴，则是当时的两江总督。

鸦片战争之役，英舰进攻吴淞炮台，陈化成据台力守，击伤英舰多艘，其后乃因孤军无援而败，此是当时的实在情形，但道光帝在召对嘉定知县练立人时，却对牛鉴奏报陈化成击伤英舰的战况表示不信，显然便与传说中的林则徐谎报胜捷有关。由此可证，道光十九年九月廿八日的穿鼻洋面海战，皇帝必曾从他自己的情报系统中，得到与林则徐所报不同的战况报告，否则他当没有理由怀疑林则徐的奏报不确。他在英舰北犯之后，所以要密谕伊里布搜集英国战俘的口供，显然亦是要借此印证他所得到的秘密情报究竟是否确实。皇帝所得到的不同情报是什么呢？这可以参看下面所引的资料。

清姚正甫撰《洋烟记闻》云：

闻制军（指林则徐）革职，不解其故。众人皆以制军为是，俱为琦相（即琦善）所误。余思众好众恶，孔子云必察，此事未知其确，不敢信也。乙巳年，余抵粤，欲访其事，问陈棠溪仪部，名其焜，丙戌进士，番禺人，曰："林制军禁烟事，可详闻乎？"棠溪曰："林制军未到时，夷人甚畏敬。制军一到，其意在凌辱洋商，虐侮夷人，即命兵将夷馆看守，如本地人在夷馆者，概行驱逐。夷人一切不便，苦不胜言。而谓林大人不要钱，是好官，忍而不言。迨烟烧后，命英国出结，业已皆允，事可了矣。而制军忽下一令，不论何国带土，即办英夷之罪。英夷语首府曰：'一国管一国，不能管他国；他国带土，我国焉能知之？奈何即办我罪乎？以后谁带土办谁，土自不敢带矣。若不办本人而办旁人，第恐带者仍带，不带者亦思带矣。况天朝行事，公正平允，为诸国观法，岂可行断无此理之事也？大人明察，祈转禀是望。'首府上禀，而制军以为非办英夷不可，故英夷不能出结。此已了，所以未了也。前有尖沙嘴命案，尚未办结，制军决计翻案，要英夷抵命，而英夷不允，因更不能了矣。

诸国亟思贸易，又虑货不上行，恐受风潮，而制军不了，无可奈何，彼此商议，往津门叩阍。制军知之，而不了如故。诸国又与首府再三商议，义律人尚明白，顾全大局，亦谓广人曰：‘此事须各位托人向林大人说，以速了为主。如迟迟不了，我必回去治罪。治罪不过我一人之事，放他人来，恐不如我易说话也，事必决裂矣。’绅士亦与首府商，首府筹一策，谓英夷曰：‘大人盛怒，一时难言。欲了此事，以后尔国不能出名，只可附在花旗名下交易。’诸国皆劝英夷，英夷允之，众皆以为事可了矣。岂意首府上详，制军大怒，尽行批驳，且曰：‘三日之内将义律逐出虎门。’义律一闻此言，大怒，即差夷使往告首府曰：‘三日听信。’第三日，义律欲令开炮攻城，闻林制军有奉旨革职之信，英夷始息。是以人不知其短也。”……制军亦本朝中兴一大名臣也，而无如不能知己知彼，又不能责己恕人，任性使气，酿此成衅。

这一段话，叙述林则徐在中英两国为鸦片贸易问题所进行的交涉中，因任性使气而致酿衅召祸，言人之所不曾言，极似中英鸦片战争史上的一大秘辛。但如细按事实，则林则徐何尝曾有强迫义律必须对各国船只私带鸦片入境负其全部刑责之事？而义律之所以不肯遵令具结保证不再私带鸦片入境，一方面因被林则徐烧掉两万多箱鸦片的赔偿问题未能解决，二方面亦因英国在孟加拉等地所积存的鸦片为数极巨，如不能行销中国，其损失更将重于被焚毁的两万多箱鸦片。所以始终即以搪塞推拖的办法相敷衍，以冀事能转圜，如果不能，则不惜以兵戎相见，务必要达到其贩售鸦片之目的。所以，上面的这段话，实在另有其真正的意义。

英国人恶意造作谤言

林则徐到广东来查禁鸦片，雷厉风行，所采用的手段极为强硬而剧烈。这在我们现在看来，固然觉得他那种大刀阔斧般的做法极其大快人心，其实则当时所得到的反应并非全然如此。因为当时中国人所受的鸦片毒害虽深，而在贩运鸦片的行为上，却有甚多的中国人获得极大的利益。第一是从事鸦片贸易的洋商，第二是负责偷运鸦片入境的私枭与船户，第三则是包庇鸦片走私的不肖官弁。英国海军义律大佐所撰《英军在华作战记》中说：

> 有许多人以为，鸦片走私船装上鸦片之后，于深夜间偷运，这是错误的。事实是，这些走私船不但于光天化日之下进行贸易，并且他们就在巡缉官船的前边进行，并且一直运到广州。对于不明瞭中国行动和性质的人看来，最奇怪的是，中国官员的船只，也常用作走私鸦片之用。

按此书所说，林则徐最初以钦差大臣到广东来查禁鸦片时，身为两广总督的邓廷桢，他本人就是由包庇鸦片走私而发大财的头号贪官。当时曾有人作诗讥刺他，说：

> 铁船争传节钺临，月钱三万六千金。江湖盗贼收王镇，锦绣妻孥羡蒋钦。自诩得名兼得利，须知能纵始能擒。至今翻覆波澜处，孽海茫茫怨毒深。

所谓“月钱三万六千金”，据说是邓廷桢以兵船四只专供运输鸦片之用，每月可得银三万六千两。此事的真实性如何固不可知，而当时的广东大小官吏，曾有极多人从鸦片的走私贸易中得贿获利，当是事实。早在道光十六年，太常寺卿许乃济奏请撤销鸦片烟禁时，他的奏折中就曾说到：

> 或谓有司查禁不力，致令鸦片来者日多。然法令者，胥役棍徒之所借以为利，法愈峻则胥役之贿赂愈丰，棍徒之计谋愈巧。道光元年，两广督臣阮元严办澳门屯户叶恒树，夷商无可托足，因自贩于零丁洋。其地在蛟门以外，水路四通，有大船七八只终岁停泊，收贮鸦片，谓之趸船。有省城包买户，名曰窑口。有来往护艇，名曰快蟹，亦曰扒龙，炮械毕具。亡命数十辈，运桨如飞。所过关卡，均有重贿。

邓廷桢包庇私运，是林则徐未到广东以前的事。及林则徐立法严禁，则英国商人勾结中国奸商走私偷运，就一如后者所说的情形。虽悬有严刑厉禁，只不过形踪更为诡秘，偷漏比较困难而已，欲求彻底禁绝，殆不可能。所以然之故，则因从事此项非法贸易的人太多，借此朋分图利之人更多，纵有严刑峻法，仍不能绝对收效。所以，林则徐的查禁愈严，所引致这些人的反对不满之心，亦必愈甚。他们与英国人的利益一致，为求得到贩售鸦片的利益，都希望能将林则徐陷入重罪，即不能置之死地，亦希望他能被皇帝革职他调。在这种情形之下，他们很可能与英国人合作，造作一些恶言中伤的蜚言谤语，动摇道光皇帝对林则徐的信心，以使林则徐不能安于其位。由姚正甫《洋烟记闻》一文中所能看到的，便正是这一类用心险恶的谤言。其中所说到的“绅士”，应当即是从事外国贸易的洋商十三行之类的主持之人。这种恶意中伤的谣言，如果能透过皇帝的秘密情报系统传入皇帝耳中，道光帝对林则徐的信心，当然会因此而大打折扣的。

洋商畏惧林则徐的证据

清人文廷式所撰的《知过轩随录》，有一条说："林文忠之再起也，伍崇曜以数万金必欲毒之。不能得，乃贿通其家人，以极毒之药，研末入之蜡烛中。文忠阅公牍每至四更，毒烟浸淫，入于脏腑，遂不十日而毙。"

这段话说到林则徐之死因，系由于伍崇曜之置毒烛中，其时间已是道光三十年十月太平天国起事以后之时。在此以前，林则徐早已因病告老乡居，至此始奉旨授为钦差大臣，驰驿前往广西剿办太平天国革命，行至中途，遽卒于潮州府属之普宁行馆，年六十六岁。据施鸿保《闽杂记》一书所说，林则徐之死，是由于患痢。据文廷式所说，则是由于中毒。痢疾不能迅速致人于死，中毒之说，实有可能。按，伍崇曜是广东十三行洋商中的第一首富，曾经独资刊刻《粤雅堂丛书》，甚有名气。他的财富，全由从事外国贸易而来，鸦片生意当然更是最大的利源。他因畏惧林则徐再度出山而设法买通林家的家人，在蜡烛中置毒，以致林则徐因此而死，其用心之险毒，言之可惊。即此一事，可知广东洋商对林则徐之畏惧，及因此而生的憎恨心理，其程度为如何。既然他们对林则徐极其畏惧而且憎恨，他们就有可能接受英国人的指使，为之散布谣言，恶意中伤。其后来之毒死林则徐，正为此事的有力旁证。

英国人的反间计与贿赂阴谋

《鸦片战争文状汇编》引《平夷录》卷三，《广东军务记》云：

今英夷之为粤患也，其为厉有自来，其所积有由渐，盖自道光十八年首严烟禁，制军邓乃徒塞其流也。上因特命大臣林则徐为钦差，隆以节制关防，专办夷务，实属清源之意。到任以后，声色不动，首制逆夷，使其狡狯无所逞，猖獗无所施，然后愿将鸦片二万余箱全行缴出，虽威逼稍过，若使成终成始，自有可观者焉。惜乎，英夷反间之谲计得行，而贿赂之阴谋有济也。

这一段话的后面二句，甚可注意。因为它指出了英国人在遭受到林则徐的严重压制与打击之后，所采取的办法，是一方面以反间之计破坏道光帝对林则徐的信任，二方面以贿赂收买之法拉拢亲英分子为己之用，如此双管齐下，卒将林则徐排挤去位，然后方能进退如意，操纵自便。所谓反间之说，自然是指散播流言及北上天津递书请愿，并借此对林大肆攻讦，使道光帝对林则徐的信心发生一百八十度式的剧变之意。至于贿赂收买的阴谋，今亦有事实可以指证，使我们相信此书所说，并非无的放矢。

英国人由广东沿海北上递书请愿，道光帝派去办理交涉的，是满洲的文华殿大学士兼直隶总督琦善。由于琦善奏覆皇帝说，英人投递字禀，不过声诉冤曲，并无桀骜不驯情形，业经饬令返棹南还，遂使道光帝对琦善的外交能力发生了错误的估计。而琦善更在此时趁机进言，攻讦林则徐办事鲁莽决裂，主张应对英人改采安抚。于是，皇帝命琦善改任两广总督，代替林则徐负责对英交涉。从此以后，琦善就一反林则徐的备战措施，力主和议，反而使英国人的态度更为跋扈嚣张。其后和议失败，皇帝因英国人的要索无餍而发怒，降谕将琦善革职抄家，在他家中所抄出的外国“番银”，竟有一千万之多！林则徐被谴，只不过革职而已；琦善受谴，在革职之外还须抄家，而且在他家中居然抄出如许巨款，这其中所显示的意义是什么呢？英国人的行贿对象，至此已经极其明白可知的了。

在清朝乾隆嘉庆年间逐渐流入中国的外国银元，社会上习称为“番银”，其行用的范围以东南沿海及各通商口岸较为普遍，其在中国北方及内地省分，则通用的货币仍以银两为主，番银甚为罕见。琦善久居北方，他的俸禄收入全是银两，这多达一千万元的洋银，其来源如何？极堪注意。李文清公遗书中载有李棠阶写给他老师祁春溥的一封信，中云：

> 粤人思林少穆如父母，而官乃恶之如仇，其人可知。故第一失著在易林为琦，堕逆夷术中，遂致著著失手，不可追挽。

这是生在当时之人对林则徐被处革职一事的看法。既然林则徐革职之后代以琦善，正是英国人所希望达到之目的，那么，林之去与琦善之来，当然也都正是英国人所计划安排之事了。因此我们很可以这样说，林则徐之被革去两广总督一职，实出于英国人的构陷，及中国洋商与琦善之合作，只是不知情的皇帝被其利用而已。在当时的情况之下，谁能够左右道光皇帝的意旨，谁就能够控制当时的和战情势。英国人靠了他们的鸦片与巨额金钱的贿赂，居然能够发挥此一作用，一方面固然使我们领教他们的手段厉害，另一方面也可使我们警惕自己的软弱无能。中英鸦片战争期间的某些政治秘辛，至此仿佛如见，说起来实在是很可使人感慨的。

财神爷

财神进门来，四季广招财。

日进千乡宝，时招万里财。

几年前台湾的仲子先生大作《过年》，其中有这么几句唱词。据说湖南民间在正月初一“开财门”时，照例会有人来“送财神”；来人嘴里所唱的，便是这些讨彩头的话。由湖南的风俗联想到其他各省，每逢新年，家家户户也都有“接财神”这一套。所不同的，只是接的时间有早晚。这种风俗究竟由何而起？所接的财神，又究竟是何等样的神祇？仔细想起来，倒也是一个值得探究的问题。

我们民间的许多习俗，有许多只是前代流传下来的行事习惯，行之既久，人们通常只知其然而不知其所以然。财神爷的缘起，大致亦复如此。

古书中颇不乏有神佑赐财的故事，但所予的却并不是今人所熟悉的财神。《后汉书·阴识传》：“宣帝时有阴子方者，至孝有仁恩。腊日晨炊而灶神形见，子方再拜受庆，家有黄羊，因以祀之。自是以后，暴至巨富。”《搜神记》：“周擥啧者，贫而好道。夫妇夜耕困息卧，梦天公过而哀之，敕外有以给与。司命按籍云：此人相贫，限不过此，惟有张车子应赐钱千万，车子未生，请以借之。天公曰：善。曙觉言之，于是夫妇戮力，尽力治生，所为辄得，赀至千万。先时，有张妪者常往周家佣赁，野合有身，月满当孕，便遣出外，驻车屋下，产得儿。主人往视，哀其孤寒，作糜粥食之，问当名汝儿作何？妪曰：今在车屋下而生，梦天告之，名为车子。周乃悟曰：吾昔梦从天界钱，外白以张车子钱贷我，必是子也，财当归之矣。自是居日衰减，车子长大，富于周家。"这两则记载，说明了古时人所相信的，有能力赐人财富的神祇，乃是"天公"与"司命"之神（灶神亦称东厨司命）。而后一则记载，更可知道古人相信"富贵有命"之说。命中无财，则求神何用？所以古代典籍中看不见有求神赐财的记载。

《搜神记》："魏郡张奋者，家本巨富，忽衰老财散，遂卖宅与陈应。应入居，举家病疾，转卖邻人阿文。文先独持大刀，暮入北堂中梁上。至三更竟，忽有一人，长丈余，高冠黄衣，升堂呼曰：细腰。细腰应喏。曰：室中何以有生人气也？答曰：无之。便去。须臾有一高冠青衣者，次之又有一高冠白衣者，问答并如前。及将曙，文乃下堂中，如向法呼之，问曰：黄衣者为谁？曰：金也，在堂西壁下。青衣者为谁？曰：钱也，在堂前井边五步。白衣者为谁？曰：银也，在墙东北角柱下。汝复为谁？曰：我杵也，今在灶下。及晓，文按次掘之，得金银五百斤，钱十万贯，仍取杵焚之。由此大富，宅遂清宁。"这一故事说明了魏晋时人相信，钱财的本身便是通灵之物，或隐，或现，足以左右其人的贫富。由于这种观念，当时人深信只要能够得到这个通灵的金神、银神或钱神，便可发财致富，当然其间还没有"财神爷"的观念。

《广古今五行记》："北齐后主武平初，王氏与同邑人李家为婚，载酒宴会，行不过三里，日乃渐暗，见南五十步外有赤物大如升，若流星曳影。其妻遂下车载拜，张裙引之，便入裙下。还家观之，乃金也，遂盛于库柜，每至良辰，恒以香火祈恩。后四方异货毕集其家，田蚕每年百倍，家遂大富。”《稽神录》：“江南陈浚尚书自言，其诸父在乡里，性疏简，喜宾客。尝有二道士，一黄衣，一白衣，诣其家求舍。舍之厅事。夜分，闻二客床坏，訇然有声，久之若无人者。秉烛视之，见白衣人卧于壁，乃银人也，黄衣人不复见矣。自是丰富。”这些神话，是前一类钱神思想的延伸，其时间一直可以下引到五代及宋初。检查这一时代的载籍，依然还看不见今时的财神爷踪迹。

今时的财神爷，其出现的时间约在明清二代。《清嘉录》说，苏州财神庙，即旧日的上方祠，祀陈黄门侍郎冯先希之五子，在明代称为五显灵顺庙，香火甚盛。康熙间，汤斌巡抚江苏，毁祠，祀者有禁，于是改其神名为“路头神”，亦曰“财神”。每年正月初五，相传为路头神诞辰，击锣鸣爆，牲醴毕陈，以争先为利市，谓之接路头，亦曰接财神。《天咫偶闻》说，北京庆宁门外财神庙，报赛最盛，正月初二及九月十七日，倾城往祀，庙貌巍焕，甲于京师。张江裁《北平岁时志》引清嘉庆时俞梦蛟所撰《春明杂说》中的《五哥庙记》说，五哥庙即是后来俗称的财神庙，庙中塑五神列坐，皆擐甲持兵，“即南方之五通神也”。如此说来，北京与苏州二地香火最盛的财神庙，原来所祀的即是南方的五通神。五通神既非金银之神，亦非钱神，何以会有财神之称？实在令人百思不得其解。

笔者的家乡杭州，亦有财神庙，地点在城内吴山。每年正月初五，倾城往祀，香火鼎盛。庙中所塑的财神，略如福禄寿三星中的“禄星”。头戴幞头，身著锦袍玉带，方面大耳，五绺长须，并非《清嘉录》及《春明杂说》中的五通神。庙中楹联甚多，中一联云：“果然冷面寡情，这才是守钱奴，倒要与他几个；若使扶危济困，竟成了耗财鬼，休要想我分文”。由这一对楹联，不禁使人联想到另一则求富的故事。《檐曝偶谈》：“东阳陈同甫尝与客言，有一士邻于富家，贫而屡空，每羡其邻之乐，且日衣冠谒而请焉。富翁告之曰：致富不易也，子归斋三日而后告子。如言复谒，乃命待于屏间，设高几纳师资之贽，揖而进曰：大凡为富之道，当先去其五贼。五贼不除，富不可致。请问其名，曰：即今之所谓仁义礼智信是也。士胡卢而退。”要想求财致富，便须戕贼人性中的伦常道义，即使真能发财，恐怕也决不是常人所愿。杭州财神庙中的楹联，实在深寓讽刺。

关于祈求财神保佑发财的笑话，《春明杂说》中尚有如下一段记载：“有陈姓者，屡祷于神，经岁无所得，而诚不杀。夜梦五哥语之曰：求富之诚，遍京国莫子若矣，倘不为子谋，人将疑予之无灵，且笑子之愚也。子试于某日赴庙，必遂所欲。如期而往，徘徊顾盼，至日中，有群妇入庙，拜毕，坠钗于地。陈曰：此神之贶我也。私拾而归，售之，核一年祷祝之费，微有羡焉。嗟乎，举世孰不愿图利以致富，倘尽祷于神而可得，则天下皆丰衣足食，无啼饥号寒者矣。语曰，富贵在天，五哥何神而能主之乎？乘人之遗，使拾之以塞责，伎俩可知矣。而鹿鹿终年，一无所拾者何限，又将何以为情耶？余羡五哥享无功之祀，而又悯世人求富之愚也，故记之。”话虽如此说，一般人的心理，总觉得财神爷既是掌管财帛利源的天上神祇，基于不求降福，但求免灾的心理，财神爷也还是得罪不起的。财神爷之所以不可不接，与“送财神”之所以不可得罪，此之谓欤？

灶王爷掌故

腊月廿三日祭灶，这是我国民间千百年来相沿的习俗。相传灶王爷照例要在十二月廿四日上天奏事，所以家家户户都要为灶王爷备办纸马及胶牙饧之类，恭送灶王升天。纸马供灶王爷用，胶牙饧的作用则有似贿赂，希望他在吃过之后说不响嘴，“婢子斗争君莫闻，猫犬触秽君莫嗔，送君醉饱登天门。杓长杓短勿复云，乞取利市归来分”（宋范成大送灶词）。其行事虽迹涉荒唐，然而久已习焉不察，成为民间习俗中不可缺少的一个头目了。

二十世纪的科学昌明，凡是现代的人，大概都希望了解：灶王爷究竟是什么神祇？他究竟由何而来？那么，我们且从历史文献上的记载，来对这一问题作一探索吧！

按，祀灶之说，当以《礼记》所记为最早。《礼记》祭法云：“王为群姓立七祀，曰司命，曰中霤，曰国门，曰国行，曰泰厉，曰户，曰灶。王自为立七祀。诸侯为国立五祀，曰司命，曰中霤，曰国门，曰国行，曰公厉。诸侯自为立五祀。大夫立三祀，曰族厉，曰门，曰行。适士立二祀，曰门，曰行。庶士庶人立一祀，或立户，或立灶。”周代的七祀，后代省为五祀，《白虎通》云：“五祀者何谓也，谓门户井灶中霤也。所以祀何？人所处出入，所饮食，故为神而祭之。”在五祀与七祀中，都有灶神。《通典》引郑注云：“祭灶，祀老妇人，古之始炊者也。”据此，则古代的灶神，应当是始创炊爨熟食的老妇，与后代的“灶王爷”并不一样。

《庄子·达生篇》云：“灶神，其状如美女，著赤衣，名髻。”《荆楚岁时记》云：“灶神又名苏吉利。”《魏书·管辂传》云：“王基家贱妇人，生一儿，坠地即走入灶中。辂云：直宋无忌之妖，将之入灶也。”《史记》封禅书索隐引《白泽图解》释宋无忌之名，说是：“火之精名宋无忌。”是则灶神又名宋无忌。这一类传说，使灶神有了名字，比之《礼记》所说的要进步得多了。其中的“吉利”与“无忌”，字音均与“髻”字相近，很可能是由同一传说衍变而来的。

《杂五行书》云：“灶君名禅。”《酉阳杂俎》云：“灶神名隗，状如美女。又姓张，名单，字子郭。夫人字卿忌。有六女，皆名察洽。常以月晦日上天，白人罪状。”禅与单字同音，似乎也可能是出于同一传说。

由《庄子·达生篇》等书所说，灶神很像是一个女性，但又不像。而《酉阳杂俎》既然说灶神有妻有女，则灶神又分明是男性了。由最古传说中的老妇人转变到性征不明，最后确定其为男性，其间的变化，不能说不大。这大概与古代社会之由母系社会转变为父系社会有关。民国以来，民间所印制的灶王纸马图，上面并排印着灶君夫妇的神像，灶神的形状，是方面大耳，五绺长须，威仪俨然。不但是男性之神，而且极像是有地位的帝王模样了。

称灶神名“髻”，或“吉利”、“无忌”，其渊源及涵义为何？均已无从知道。至于称灶神名单的说法，则近代的民俗学家，已经为我们寻得了解答的线索。予向君所作的《释傩》一文，根据了古印文上的证据，指出古印文中的“单”字，实在即是后代的“傩”字。因此，灶神名单，当与后代的傩礼有关。

所谓“傩”，即是逐疫。古人迷信疾病起于疫鬼作祟，一年之中，必定要举行若干次的傩礼。《后汉书·礼仪志》记述傩礼的举行，乃是在黑夜里明火执仗，由巫人扮成的力士与神兽，喧呼跳叫，把想象中的疫鬼逐出门外，然后将火炬投入水中。而根据前人的笔记，灶神与傩礼之间，确实存在着极亲密的关系，固不仅是前述的一点证据而已。

清人顾录所作的《清嘉录》，有“十二月跳灶王”一条，略云：

> 月朔，乞儿三五人为一队，扮灶公灶婆，各执竹枝，噪于门庭以乞钱，至二十四日止，谓之跳灶王。案李廓《镜听词》：“匣中取镜辞灶王”，是称灶神为灶王，唐时已然。又李绰《秦中岁时记》：“岁除日迎傩，皆作鬼神状：内二老儿，为傩公傩母。”家雪亭《土风录》谓即今之灶公灶婆。蔡铁翁诗：“索钱翁媪总成双。”褚人穫《坚瓠集》云：“今吴中以腊月一日迎傩，至二十四日止，丐者为之，谓之跳灶王。”《崑新合志》又谓之保平安，户各舍米，升合不等。旧俗盖于二十四日，是日必祀灶，有若娱灶神。然后以一日不能遍，改而先期，今遂以月朔始矣。如《元长志》载：“十二月初一日，观傩于市，二十四日止。”惟《江震志》并载：“二十四日，丐者涂抹变形，装成男女鬼判，嗷跳驱傩，索市利物，谓之跳灶王。

这一段记载不但说明了灶王爷与傩礼的关系，也连带地使我们了解，后世的民间，实在已将灶王爷视为可以驱除疫鬼的神祇了。灶神何以能具有这么广大的法力，这似乎又与“司命”之说有关。

由《礼记》祭法中所述的“七祀”可以知道，所谓司命之神，本是七祀中的一种神祇。但后来则已将司命之神与灶神相混合，称为“东厨司命”。

《辇下岁时记》云："都人至年夜请僧道看经，备酒果送神，贴灶马于灶上，以酒糟抹于灶门之上，谓之醉司命。"此书所记的是唐时的社会情况，然则灶神兼为司命之神，至少在唐时已经成为民间的普遍信仰了。

根据郑玄对七祀的注释，七祀之神，都只是些灵鬼。"此非大神，所祈报大事者也。小神居人之间，司察小过，作谴告者尔。"这是说司命之神与灶神，本来都专以"司察小过"向上天奏报为职事的。这就无怪乎后世要有"媚灶"之说了。但何以后世但有"媚灶"而没有媚其他之神，则其原因可能有二。第一，郑注云："今时民家，或春秋祠司命行神山神，门户灶在旁，是必春祠司命秋祠厉也。或者合而祀之。"既然合而祀之，就可能对七祀之神发生混淆。第二，《礼记》说，庶人只立一祀，"或立户，或立灶"。他们对灶神的认识特别亲切，自然要对灶神特别重视。由于这二点原因，很可能地，就使社会民间逐渐把七祀之神当作一神。即或不是如此，也很可能把司命之神与灶神牵混在一起。因为，在后世官方所举行的五祀之中，也是没有"司命之神"的。

"媚灶"之说，起源甚早。《论语·八佾》篇中，就记有王孙贾请教孔子，"于其媚于奥，宁媚于灶，何谓也?"的话。到了后代，七祀或五祀之神多被遗忘，唯独灶神，因为"亲民"之故而权威日增。唐李廓《镜听词》："匣中取镜辞灶王，罗衣掩尽明月光。"是称灶神为灶王。唐罗隐《送灶诗》："一盏清茶一缕烟，灶君皇帝上青天。"则又称灶君为皇帝了。宋明以后，更出现了一种《灶王府君真经》，说是：

> 灶王爷司东厨一家之主，一家人凡作事看的分明。谁行善谁作恶观察虚实，每月里三十日上奏天庭。

由此可知，后世民间对灶王爷的信仰，已相信他是实际上的一家之主，人人必须敬重。以这种认识为出发点，自然必须奉事唯谨。为了平日多行不善，深恐他真的上奏天庭，于是，胶牙饧之类的传说，又不知怎样地流传起来了。其实则倘使灶王爷果真有如许神通，他就不致愚笨得受人愚弄。这又是民间传说所自相矛盾的地方。

《东京梦华录》已经有胶牙饧的名称，可见这种传说在宋代已很流传。明清以后，每年祀灶之日，必定购此一物。人们习焉不察，反以为这是祀灶的必需品了。唐人陆龟蒙曾经作过一篇《祀灶解》，力辟媚灶之非，说：

> 苟行君子之道，以谨养老，以慈抚幼，寒同而饱均，丧有哀，祭有敬，不忘礼以约己，不忘乐以和心，暗室不欺，屋漏不愧，虽岁不一祀，灶其诬我乎？苟为小人之道，尽反君子之行，父子兄弟夫妇，人执一爨以自糊口，专利以饰诈，崇奸而树非，虽一岁百祀，其之私我乎？

以媚灶为文过饰罪之计，本来荒唐可笑，更何况灶王爷的传说，又是如此夸诞难信呢？所以，陆龟蒙的态度，倒是值得我们赞许的。

古傩礼的遗留

“傩”的意思是逐疫。由论语中的“乡人傩”，汉魏隋唐各朝史书中的“傩”之礼，以至于各地志书中所记宋明以来的傩事遗留，可以看出古代专为驱祟逐疫而在腊月中举行的傩礼，虽历数千年仍有遗迹可寻。近代民俗中，关于除夕的种种风俗，亦大致由此衍生出来。所以，欲知除夕民俗中的各种风俗渊源所自，应当首先从“傩”说起。

历代史书记述古代傩礼最为详尽的，当推《续汉书·礼仪志》。现在将它引叙在后面。

先腊前一日，大傩，谓之逐疫。其仪选中黄门子弟年十岁以上，十二岁以下百二十人为侲子，皆赤帻皁制，执大鼗。方相氏黄金四目，蒙熊皮，玄衣朱裳，执戈扬盾。十二兽有衣毛角，中黄门行之，冗从仆射将之，以逐恶鬼于禁中。夜漏上水，朝臣会侍中、尚书、御史、谒者、虎贲、羽林、郎将、执事者皆赤帻、陛卫乘舆御前殿。黄门令奏曰：“侲子备，请逐疫。”于是中黄门倡，侲子和曰：“甲作食殁，胇胃食虎，雄伯食魅，腾简食不祥，揽诸食咎，伯奇食梦，强梁祖明共食磔死寄生，委随食观，错断食巨，究奇腾根共食蛊。凡使十二神追恶凶，赫女躯，拉女干节，解女肉，抽女肺肠。女不急去，后者为粮。”因作方相与十二兽儛，欢呼周遍，前后省三过，持炬火送疫出端门。门外騶骑传炬出宫，五营将士传火弃雒水中。

这段文字生动地描写出古代宫廷中举行逐疫大典的实际过程。其中的角色，有黄金四目的方相氏，赤帻执鼗的侲子队，及由人假扮的十二兽神，其名字分别称为“甲作”、“胇胃”、“强梁”、“祖明”等。这些扮神扮兽的逐疫大军，在喧阗的锣鼓声中，扮弄出各种逐鬼吓鬼的姿态，在宫廷中巡行三过。叫噪欢呼，其真实情况一定非常热闹可观。《说文》释“侲”字的意义是“狂也”，可以想见侲子队伍在这里所担任的工作，大概便是狂热而激烈的战斗动作。张衡的《东京赋》中也曾叙述大傩的情况，说：

尔乃卒岁大傩，殴除群厉。巫觋操茢，侲子万童，丹首玄制。桃弧棘矢，所发无臬，飞砾雨散，刚瘅必毙。煌火驰而星流，逐赤疫于四裔。

桃弧、棘矢、砾石，都是用来攻击凶鬼的武器，更有专食凶鬼的十二神兽，于是那些凶恶的邪鬼，便在假想中被逐疫大军所击败，在“赫女（即汝）躯，拉女干节，解女肉，抽女肺肠”的恫吓之下，狼狈不堪地遁逃奔窜了。

《续汉书·礼仪志》与《东京赋》中所叙述的逐疫大典，所用来驱逐恶鬼的主要凭借，乃是那些被赋有神奇力量的假神假兽。自从古代的迷信思想逐渐减退之后，傩礼的形式虽然保留未变，人们对它的看法，实际上却已是娱乐性重于其本来的性质了。《隋书·礼仪志》就说，每逢举行大傩之礼，皇帝常服御殿，由一品以下六品以上的臣僚陪列，共观“方相与十二兽儛戏，喧呼周遍，前后鼓噪出殿。”《南部新书》更说宋代傩礼的情况是：“除日，太常卿领官属千人，至晚入内。至夜，于寝殿前傩。然蜡炬，燎沉檀，荧煌如昼，上与亲王、妃以下观之。”古代的傩礼，至此已逐渐变成娱乐观赏的“傩戏”，其性质上的转变，不能不说是很大的了。

《乾淳岁时记》说：“腊月市井迎傩，锣鼓遍至人家乞求利市。”《熙朝乐事》说：“十二月廿四日，丐者涂抹变形，装成鬼判，叫跳驱傩，索乞利物。”这说明自南宋以至明代，驱傩已经成为一种象征性的行动，几乎专为乞丐的讨索利市财物之用的了。清代纂修的各地志书，所记亦大略相同。如江苏《松江府志》说：“十二月朔日傩于街市，饰为鬼神，揭竹枝鸣锣跃舞，至二十四日止，丐者为之。”浙江《杭州府志》说：“祀灶前数日，丐者貌灶君灶母，装钟道仗剑作擒鬼状，鸣锣跳跃，求乞财物，亦古逐疫之意。”又浙江《严州府志》：“腊月二十四日夜，设果送灶，傩戏于街。”扮鬼神作傩戏，其寓意在逐疫，近代民俗通行在除夕以前举行大扫除，谓之“掸尘”，用意在祓除不祥，大概便是由这种意义衍生出来。而《中华全国风俗志》所记的广东赤溪民俗，则更说：

> 正月乡间复有舞狮之戏，锣鼓阗咽，魅面及执矛盾者随之，超距刺击，与舞狮相间。

按古代傩礼中本有神兽及执戈盾的力士，如此说来，则舞狮之戏，分明亦是由傩戏中演变出来的了。此外，则除夕燃灯、放爆、守岁等民俗，大致亦与傩礼有关。

古代的爆竹，是以竹爇于火中，使发生劈劈拍拍的爆裂声，据说可以惊走恶鬼。各地志书，多有这种意义的解释。如陕西《岐山县志》说：“爆竹辟鬼。”河北《房山县志》说：“放爆竹扫除瘟疫。”《庆河县志》说：“爆竹驱疫。”过年时何来如许恶鬼需要驱除？这显然是古代大傩逐疫思想的遗留了。而由爇竹发声变成现在的爆仗，不过是制作技巧上的进步，于原意并无变更。

各地民俗，多通行在除夕晚上大张灯火。福建《寿宁县志》谓之“照年”，建宁县志与浙江温州府志谓之“照岁”，山东博兴县志谓之“照厅”。浙江桐乡县风俗，除夕晚上通行在门前置炉燃薪，谓之“送年火”；山东海丰县则通行在门前燎火呼噪，谓之“叫明”。按，《续汉书·礼仪志》所说的傩礼，就是在明火执炬的情形下呼噪着进行的，而后代帝皇在宫庭中观傩戏，又都在殿内殿外遍燃蜡炬，照耀通明，然则驱祟逐疫，本来就需要以大张灯火来助威。傩礼虽废，这一项习惯则被始终不变地保存下来了。至于“守岁”之举，其目的显然是为了避免被逐出去的恶鬼，趁着黑暗又偷溜回来，所以要在除夕晚上燃灯坐待，通宵不眠，以为戒备。

驱鬼逐疫，在现在看来，已经是非常原始迷信的思想了。古人们很早也已不相信这一套，但因旧习相沿，一时不能完全扬弃。经过千百年来逐渐递嬗演变的结果，“傩礼”的形式虽然早已不存在，但是有关傩礼的行事规定，却因娱乐性的目的而在不知不觉中保存下来，说起来倒也未始不是很有趣的往事呢。

满汉席与满汉全席

1997 年 11 月的 2、3 两日，香港国宾酒楼为日本第六电视台办了一桌价值十万港币的“满汉全席”，一时成为海内外的热门新闻。据港电报导，这一桌满汉全席动员了二十二名厨师，烹制了七十余道名菜，从 11 月 2 日的中午开始吃起，直吃到第二天的晚间十一点钟，方在吃完压轴戏的“鹿鸣筵”后宣告散席。看了报上所列举出来的菜谱，有所谓“紫带围腰”、“梦笔生花”、“月影灵芝”、“袖掩金簪”等等，真是匪夷所思的奢侈浪费。据说其中所包含的山珍海味，有熊掌、驼峰、鹿尾、龙肠等等，所用餐具，全是镀金仿古的特制品，其享受比拟于清代的帝王云云。见诸报端的新闻标题，是：“满汉全席，极欲穷奢；丝竹齐奏，水陆并进”。由于其食品之豪侈与费用之高昂，很容易使人得出一个错误的印象，以为中国人如此讲究吃食，无怪要被外国人讥笑为只懂得享受的民族。但是，是不是清代以来的所谓满汉全席，便是如此穷奢极侈地糜费无度的呢？这正是一个亟待澄清的问题。

国宾酒楼所办的满汉全席，包括有金花宴、鹿鸣宴、玉堂宴等名目，全是皇帝时代的遗物。清代虽无金花玉堂等宴，却有恩荣宴与鹿鸣宴。这些筵宴中有没有前述各种镂金砌玉般的菜品？大可研究比较一番。

清时，皇帝常常赐宴王公贵族与朝中官员。最常举行的，是每逢新年及万寿（皇帝生日），皇帝照例要在太和殿赐宴，参加者包括王公大臣、文武官员及外国前来进贡朝贺的使节。此时即由光禄寺按照参加筵宴的人数备办筵席，名为“太和殿筵宴”。其次则是皇帝亲诣太学时所举行的“临雍宴”，新科进士揭晓以后所举行的“恩荣宴”，皇帝御经筵讲书时所举行的“经筵宴”等。虽然每一筵宴都因性质不同而使参与筵宴的人员有所区别，但因都是出自皇帝钦赐的筵宴之故，在理论上应视为同一性质。看看这些钦赐筵宴的肴馔内容，便可知道出自皇家的满、汉筵席，是否亦是具备山珍海味，极尽奢侈糜费之能事。

皇帝赐宴臣下，照例由光禄寺备办筵宴。《光禄寺则例》中载有各等满、汉席的内容及肴品。满席自一等至六等，共分六种；汉席则自头、二、三等外，尚有上、中、下席，亦分六种。所不同的是，满席自第一等至第六等，定有明白的等差；汉席则上等其实只是头等以下二等以上，中席只是二等以下三等以上，下席则居三等之次，如此而已。

看《光禄寺则例》所载的各等满席内容，使人恍然了悟清代之所谓满席，大概即是清宫中所称的“饽饽桌子”，因为其中所包括的没有一样是属于汉式筵席中的菜馔，而尽是各种各样的糕点饼饵与果品。试将头等满席所列的内容录载如下：

四色玉露霜四盘，每盘四十八个，每个重一两二钱五分。

四色馅白皮方酥四盘，每盘四十八个，每个重一两一钱。

四色白皮厚夹馅四盘。（数量及每个重量同上）

白蜜印子一盘，计四十八个，每个重一两四钱。

鸡蛋印子一盘，计四十八个，每个重一两三钱。

黄白点子二盘，每盘三十个，每个重一两八钱。

松饼二盘，每盘五十个，每个重一两。

中心合图例饽饽六盘，每盘二十五个，每个重二两。

中心小饽饽二碗，每碗二十个，每个重九钱。

红白馓枝三盘，每盘八斤八两。

干果子十二盘（龙眼、荔枝、干葡萄等，每盘十两）。

鲜果六盘（苹果、樱桃、梨、葡萄等时果）。

砖盐一碟（计重六钱）。

满席的用途主要用于祭奠。皇帝赐宴，只有太和殿筵宴时用到满席。又因为只是二三人一席之故，无论如何吃不了这么多东西，所以只用品种减至一半的“四等”满席，另加每席羊肉一方，酒一斤。满席只适于供应满人，赏赐汉官，并不合适。所以，临雍宴、恩荣宴、经筵宴，用的都是汉席。

汉席之所以既有头、二、三等又有上、中、下席之分，可能是因为原来所规定的头、二、三等酒席的馔品过于奢侈，所以才每种减杀其品类，而另制订为上席、中席与下席。上席供应王公大臣，中席供应一般官员及新科进士，下席不常用。以新科进士赐宴所用的恩荣宴为例，礼部堂官及读卷大臣用上席，每一人一席，菜品如下：

宝装一座，用面粉二斤半制成宝装花一攒。

大锭八个，小锭二十个。（面粉、香油、白糖制成）

大馒头二个，小馒头二十个。

包子一盘，蒸饼一盘，米糕二盘。

羊肉二盘，每盘一斤。

东坡肉一碗（十二两）。

木耳肉一碗，盐煎肉一碗，白菜肉一碗。(各八两)

肉圆一碗，方子肉一碗，海带肉一碗，炒肉一碗（猪肉八两六两不等）。

桃仁一盘，红枣一盘，柿饼一盘，栗子一盘，鲜葡萄一盘（每盘八两）。

酱瓜一碟，酱茄一碟，酱苤蓝一碟，十香菜一碟（各五钱）。

猪肉一方，三斤。

羊肉一方，十四斤。

鱼一尾，一斤。

中席的菜品较此略少，即使新科进士每二人一席，看来仍是份量太多，无论如何吃不完。但若要论到菜品，则不过是鱼肉果饵而已，鸡鸭尚且不见，更何来山珍海味？虽然旧制的头等汉席也有鲍鱼、海参、鹿筋之类，但每席只用二两，而且是与猪肉同煮，实在也算不上怎么阔绰。新科进士的恩荣宴，也有被称为鹿鸣宴的。但国宾酒楼满汉全席中的鹿鸣宴，却比这个不知道奢侈多少倍了。

清代皇帝钦赐筵宴中的满席，主要内容只是糕饼果品，汉席始有菜肴。以满席与汉席并合为满汉席，不但质量更为丰富，且能兼具二者之长，确实是一般筵席所未见的。一般所说满汉全席，大概便是指菜品极多而不胜其吃而言，与国宾酒楼之纯以奢靡华丽相尚，似乎各不相谋。是否国宾酒楼式的满汉全席另外有其起源？这个问题就需要另外研究了。

谎说成真的女扮男装故事

我国成语中有所谓“三人成虎”、“曾参杀人”的话，意思是说，任何一种谰言谎语，如果辗转传播的次数多了，就会被人误信为事实。对于近来电视剧中一再出现的女扮男装故事，稽之史实，大概亦可作如是观。

在没有涉及本题之前，笔者先在后面引叙两条有关女扮男装的历史故事。其一是南北朝时南齐女子娄逞的故事，元人林坤所撰的《诚斋杂记》卷二说：

齐娄逞，乃东阳女子，变服为丈夫。能弈，又解文义，仕至扬州从事。后事发，始作妇人服，语曰：“有如此技，还作老妪。”

另一个是五代时前蜀女子黄崇嘏的故事，某不知名人所撰的《玉溪编事》说：

王蜀相周庠者，初在邛南幕中，留司府事。时临邛县送失火人黄崇嘏，才下狱，便贡诗一章曰：“偶离幽隐住临邛，行止坚贞比涧松。何事政清如水镜，绊他野鹤向深笼。”周览诗召见，称乡贡进士，年三十许，祇对详敏。即命释放。后数日献歌，周极奇之，召于学院，与诸生侄相伴，善棋琴，妙书画。翌日，荐摄府司户参军，颇有三语之称，胥吏畏服，案牍丽明。周既重其英聪，又美其风采，在任将逾一载，遂欲以女妻之。崇嘏又袖封状谢，仍贡诗一篇，曰："一辞拾翠碧江湄，贫守蓬茅但赋诗。自服蓝衫居郡掾，永抛鸾镜画蛾眉，立身卓尔青松操，挺志铿然白璧姿。幕府若容为坦腹，愿天速变为男儿。"周览诗，惊骇不已。遂召见诘问，乃黄使君之女，幼失覆荫，惟与老妪同居，原未从人。周益仰贞洁，郡内咸皆叹异。旋乞罢归临邛之旧隐，竟莫知所在。

历史上所谓女扮男装，而又能在男人社会中出仕作官的故事，自古迄今，可资征信者只此二人。除此以外，虽然也有木兰代父从军，历时十二年而人不知为女子的故事，但因其出身背景是北魏时代鲜卑民族尚武勇敢的家庭，而从军又为统治者独有的权利与义务，木兰代父，系在无可诿卸的情形下不得已而出此，与汉人女子之女扮为男，情形并不相同。至于明朝末年，秦良玉以女土司的身份提兵勤王，亦是由于边方夷人的特殊风俗使然，与木兰从军的故事相似，都不能与后来的弹词小说所写，汉人女子乔扮为男，先中状元，再作宰相的情形相提并论。

娄逞与黄崇嘏之改扮为男，大概基于一种相同社会背景：生当乱世，地方不宁，孑然一身居处乡陬，而家无男丁，为了全身远害之计而不得已出此下策，虽然有违常情，却仍能得到人们的同情与原谅。更有一项先决条件是：战乱之时，政权的更迭不常，政府的户籍记载散乱不全，以女人冒充为男人，不大容易被发觉。若在平时，便无此可能。再有另一项社会因素是：宋明以后，汉族女子普遍有缠足之风，三寸金莲，弱不禁风，贵家千金，连行路都需要有人扶持，如何可能穿起男人的靴子，像男人那样昂首阔步呢？所以，女扮男装的故事虽有娄逞黄崇嘏之前例，在战乱之时有可能，在承平之世则不可能；在唐五代以前汉族女子缠足之风未通行前有可能，在宋明以后已通行缠足之风时则不可能。凡此，不但可以常情判断，亦有事实上的根据。

中国古代的赋役制度，在明神宗万历年间，曾有一项划时代的重要改革。在此以前，人民对政府应尽的义务有二，一是服行徭役，二是完纳田赋。田赋的则例虽轻，而徭役的负担则甚重。在旧时的徭役制度下，政府机构中的一切差役，如衙门的吏役，驿站的夫役，里甲的民壮弓兵，以至伺应官府需要的茶水油烛，驿站制度下的车船马骡与铺陈杂物，官吏出巡时所需的廪给支应，全是规定由人民义务出办的徭役项目。由于徭役的负担太重，所以旧时的制度规定每十年编审户籍一次，视境内民户的丁口增减及贫富消长情形，酌定各家所应分担的徭役项目。当时苦累最重的徭役，一是在县衙中祇应官府茶水油烛的“库子”，二是在驿站中轮应差使的马夫与船夫，三是领解钱粮上京完纳的粮长。这几项差使一旦被派上，一两年之内，就可使中产之家倾荡无余。为了逃避徭役的苦累，一般所用的方法，不外是贿买官吏造假，与隐匿不报实在人丁数目。因此，中国历史上的人口数目永远不能翔实可靠，而大部分的情形是以多报少。政府为了能确实掌握人口资料以期能切实推行徭役制度，又不得不三令五申，要求各级机关杜绝隐匿虚假。在现存的文献资料中，我们就可看到当时政府的这一意向。

民国时刊行的《贵池先哲遗书》，其中有一种名曰《杏花村志》，书中收有贵池县杏花村郎家所保存，明太祖洪武初年所颁的“户牒”格式。这一户牒，上面不但载明户主郎礼卿一家的男女人丁数目及姓名年龄等项资料，也载明他家的房屋田产。户牒前面，附有皇帝的圣旨内容，说：

洪武三年十一月二十六日钦奉圣旨：说与户部知道，如今天下太平了也，止是户口不明白。俚教中书省置下天下户口的勘合文簿户牒，那有司官将他所管的应有百姓，都教入官附名字，一一写着他家人口多少。

我这大军，如今不出征了，都教去各州县里下着，绕地里共点户比勘合。比着的，便是好百姓；比不着的，便拿来做军。比到其间有司官隐蔽了的，将那有司官吏处斩。百姓每自躲避了的，依律置罪，便拿来做军。

看了上面所奉的圣旨，隐匿人丁，官吏的罪名是处斩，百姓的罪名是充军，这处罚不可说不重！清朝也有充军之罪，但那不过是流放到几千里路之外而已。明朝行卫所制度，其意义就大不相同了。在卫所制度之下，军官与兵丁都是世袭的。军官的世袭由于功荫，兵丁的世袭则大都由于俘虏及罪犯——犯了充军罪的人，不但其本人终身为军，身死之后，还需拘佥其余丁男一人继充，世世为军，永远不能脱免。所以明朝的老百姓如果一旦被罚充军，子孙都将世受其累，其处罚之重，不过比杀头略好而已。明太祖为什么要用这么严峻的罚则来防止人民隐匿丁口？一言以蔽之，无非当时的徭役太重，人人都存有规避逃漏之心，所以必需以重法防止而已。在这种情形之下，家中生了女儿，恐怕不致会有人去报充为男丁的吧！因为这不但与当时人民企图逃漏丁徭的心理不合，也从未见此前例的。

但是，生女如不报为男丁，则此女长大之后，必不能读书应举。因为学童报名科举时，县衙门里也需要根据户籍资料审核其人的姓名年籍，然后方能决定准驳。科举考试中的第一道关卡既不能通过，此后当然更加不能做秀才、中举人。如果希望中状元，那更是白日作梦了。然而《再生缘》里的孟丽君与《笔生花》中的姜德华，却偏偏有这样的故事。不但如此，她们还以女扮男装的身份在朝服官，一直做到当朝的宰相，这事情可真太奇怪了。

自从明神宗时代的宰相张居正实行了一条鞭法之后，不论是徭役或田赋，老百姓都只需按照折算成的银子数目，把银子缴到官里，就一切无事。从此以后，衙门里的吏役、驿站中的马夫船夫等等，都成了官雇的专门执役之人，各种廪给、设备与供应，也都由公家经费中开支，老百姓不再受徭役之累，无异出之于水火而登之于衽席，真乃是莫大的善政！可是，事情隔了一两百年之后，渐渐地，后世之人就不能再懂得从前人所遭受的徭役之痛苦了！他们只晓得丁赋合一之后的“钱粮”，比古时的赋额多了许多，却不知道其中所多的便是代替徭役的免役银。而因报户口不必再有隐瞒不实的必要，人们也不容易理解，何以从前的人连家中的人丁都不敢据实申报？在这种情形之下，他们或她们，当然会以为将女作男，乃是无所谓的事情，于是乃出现了《再生缘》与《笔生花》这样荒谬的弹词小说。

《再生缘》的作者，是清道光年间的苏州才女陈端生。此书以孟丽君为主角，她本是皇甫少华的未过门妻子。皇甫少华被奸人刘奎璧所害，逃往山中学道，奎璧谋娶孟丽君，其婢映雪代她出嫁，孟丽君自己，则改名为郦君玉，先中状元，后做宰相。皇甫少华改名应试，也中了状元，主试官正是孟丽君所改扮的郦君玉宰相。后来皇甫少华平寇有功，娶了刘奎璧之妹燕玉为妻，孟丽君则始终不肯认他为夫。最后因她的乔装改扮为多情的皇帝所识破，欲逼娶为妃，幸赖皇太后的救护，方得在奏明始末之后与甫皇少华团圆，未另治以欺君之大罪。至于咸丰时淮阴才女邱心如所作的另一部弹词小说《笔生花》，整个故事所受《再生缘》的影响很大。故事中的主角姜德华，更宛似孟丽君的化身，亦曾在一场变故中投水自杀，被救起之后，便改扮男装，入京应试，也是先中状元，再做丞相。其后，她与未婚夫文少霞在历经了许多波折之后得到团圆，其故事结局也与《再生缘》仿佛。这两部弹词小说，行世以来，最受闺阁中人的欢迎。民国以后，且被改写成章回小说，改编成电影故事，以多种方式流传于社会民间，其结果是使孟丽君式的女扮男装故事深入人心，以为当时确实有这类的故事与人物，其实则全为这两书的作者所愚弄了。

根据近人陈寅恪先生的考证，陈端生所以要写《再生缘》这样一部书，完全是因为她的一生遭遇充满了人生的坎坷苦辛。而她自幼聪慧明敏，文才远胜于她的叔伯与兄弟。她自己以为，以她的才学，如果也能像男人一样入考场应科举，必可轻易取功名，致富贵。果真如此，她就不必因为丈夫的科场舞弊得罪充军而终身苦累了。由于她之自嗟薄命，因此她虚构了孟丽君这样一个人物与全部故事，要想以孟丽君的中状元，做宰相，来一洗她不能如男子一般扬眉吐气的不平之鸣！但是，陈端生的文才虽美，她可并不懂得，自宋元以来，在女人盛行缠足风气与徭役苦累的两种情形之下，女人根本不可能冒充男子去应试出仕。何况当时的社会风气已经极端保守，在礼教的束缚与旧道德的熏陶下，一般妇女，也不会有娄逞与黄崇嘏那样的大胆行为。孟丽君的故事虽美，毕竟只是陈端生的幻想人物而已。但谁又知道，孟丽君的故事，正好写出了旧时女子被压抑的不平心理。于是，在《再生缘》之外，又有了后起的《笔生花》，在孟丽君之后，又出现了另一个为女子扬眉吐气的姜德华。

《笔生花》的每一回开头处，都有关于作者邱心如自己的话。由这些话，我们可以知道她自己是“多病慵妆闲宝镜”的多病之人，她的家庭过着“疗贫无计质金钗”的清苦生活。她的丈夫，“虽则幼习儒生业，怎奈是学浅才疏事不谐。到而今，潦倒平生徒碌碌，止落得，牛衣对泣叹声偕”。由于良人无能而家境苦贫，她的心情，当然痛苦。但若论到她的才学，实际上却又远胜乃夫，只是“读尽父书无所用，不能鹏翅展飞翔”而已。旧时的女子因男女身份不同而致有才无所用之处，在这些地方充分显露无遗。在这种情形之下，陈端生所作的《再生缘》与书中的主角孟丽君，给了她灵感上的启示。于是，她也借小说自况，写下了这部《笔生花》弹词，以倾吐她有才不遇的凄楚情怀。此书的后半，写姜德华的乔装改扮为人识破，不得不仍还女子初服之时的悲愤心情说："欲修奏折无心绪，铺下黄笺笔懒挥。砚匣一推身立起，绣袍一展倒罗帏。心辗转，意敲推，想前思后无限悲。咳，好恼恨人也！老父既产我英才，为什么，不作男儿作女孩？这一向，费尽辛勤成事业，又谁知，依然富贵弃尘埃！枉枉的，才高北斗成何用？枉枉的，位列三台被所排。"

古代时在礼教思想束缚之下，无数才智女子的不平之鸣，以及女子权利被无情剥夺的真实写照，在这一段话中表露无遗。虽然《笔生花》的作者是假借了故事中的姜德华说出这段话，其实正是作者邱心如所希望表白的心声。假如古代的女子真可以女扮男装的方式任意做她们心中想做的事，社会上的男女之分，就不会这样界限分明了。了解到这种情况之后，我们应当可以知道，《再生缘》中的孟丽君与《笔生花》中的姜德华，其实只是古代女子心向往之的梦幻世界。她们的梦幻虽然美丽，在当时却永无实现的可能，以与今日女权高张的情况相比，何啻有天渊之别。

不知道是由于什么原因，电影公司老板与电视剧制作人所看中的，不是此一意义所反映的古代妇女思想，却是虚诞不真的女扮男装故事。今年七月十八日出版的《电视综合周刊》，就有小卒先生的一段"幕前人语"，说：

> 自从《孝女心》以后，中视总认为女状元式的连续剧是赚钱的最好题材，这真不知是什么逻辑！而这一阵子电视界对于女扮男装在朝为臣的故事又特别感兴趣，本来对女红妆为臣的故事还偷偷摸摸，现在中视干脆光明正大让"女巡按"方无双出现，也算是向前踏了一大步吧！既然古代女性出来为官的那么多，而且又都做得那么好，看来古人所有的女子无才便是德，以及大门不出，二门不迈的观念，是以讹传讹的了。

由此可见，通过了电影、电视等艺术媒介的广大传播力量，人们看多了这类型式的故事，逐渐因不能分辨其中的是非黑白而变得观念模糊起来。久而久之，他们逐渐习惯于接受女扮男装的观念，以为是司空见惯而不足为奇的事。相反地，对于古时人所说的“男女授受不亲”及“三从四德”之类的旧道德观念，倒反而怀疑其并不实在了。

“三人成虎”及“曾参杀人”的讹言传播效应，在这里看到了很明显的实证。谎说成真的结果，是女扮男装的故事更向前踏出了一大步，变成了古代的女人可以公然以女人的身份在朝为官，这真是电视剧作者的思想大突破！如此说来，古代社会对于女性，不但从来没有不平等的待遇，更说不到生活与思想上的桎梏，然则近一百年来中国女性为争取平等权利而发的血泪呼声，岂不都成了无中生有的妄言了么？因电视而使人对我国传统的历史文化发生怀疑，这样的结果，又岂不太可怕吗？

新年赐福福满身

新年新岁，到处可见色彩鲜明的春联、楹帖与斗方，千门万户，焕然一新，充满了新春的新气象。春联的起源，早就有人写过考据文章。而在春联楹帖之外，现在人家的门首，又都通行多贴上一张红纸大字的“福”字斗方，这个典故究竟由何而来，似乎还不曾有人谈过。时值新年，将这个问题在此提出一说，也可算是新年新岁的掌故点缀吧！

陈鸿年所撰的《故都风物》一书，叙北京人家过年时所贴的春联条对，曾说，一般住户人家门口所贴的门对儿，横披上都有个“福”字。这与《燕市货声》一书所述，“街门对，屋门对，买横皮，饶福字”的卖春联情况，正相符合，可知这成了民国以来的新年民俗之一，由来已久了。但如考之明代以来的稗史笔记，从未听说在春联之外还加贴一张“福”字斗方的。然则这一项迎春接福的习惯，也许还是起源于清代的事哩！恰好，清代宫廷的年中行事，就正有“年终赐福”这一项。两相对照，这两种习惯就显得十分巧合了。

清礼亲王昭梿所撰的《啸亭续录》卷一《赐福字》一条说：

定制，列圣于嘉平朔谒阐福寺归，开笔书福字笺以迓新禧，凡内廷王公大臣皆遍赐之。翌日，上御乾清宫西暖阁，召赐福字之臣入，跪御案前，上亲挥宸翰，其人自捧之出，以志宠也。其内廷翰林及乾清门侍卫，皆赐双钩福字，盖御笔勒石者也。

《啸亭杂录》在清代的掌故类书籍中算得上是一本详赡可信的书，但这条记载看起来似乎颇有错误。因为他在前文既说，清代的历朝皇帝，每年十二月初一日诣谒阐福寺回宫之后，就开笔书写福字，以迓新禧，“凡内廷王公大臣皆遍赐之”，如何在次日又需要宣召受赐诸人入乾清宫，由皇帝再亲自书赐一次呢？又何况阐福寺之建，乃是乾隆十一年的事呢？所以，这其间的情况，显然还需要再参考其他方面的记载，方能有更明确的了解。下面且看《清稗类钞》卷十《恩遇类》中“福字备赏”一条的有关记载如何。

康熙间，圣祖御书大福字赐编修查慎行。盖年例于嘉平朔日开笔书福，王公大臣内直侍从，皆得预赐。世宗每遇书福之辰，颁及直省将军督抚。朱批谕旨于各省奏到恭谢颁赐福字之折，时加训勉。高宗自乾隆甲辰以后，每岁遂为常例。开笔之日，御重华宫，书第一福字，揭之乾清宫正殿。所用笔，镌正书四字，曰：“赐福苍生”，相传为圣祖御用留贻。管髹漆，色黝，字填以金。每开笔时御用一次，即珍弆檀箧。各宫殿御园等处所用福字，亦亲书分贴。书福之笺，质以绢，傅以丹砂，绘以金云龙。宫廷所贴用者，岁由江苏按照尺度制进；颁赐笺，则南省方物所陈也。自乾隆丙寅建阐福寺，壬申以后，每岁腊月朔日先诣寺拈香，回宫书福。开笔时，爇香致敬，用朱漆雕云龙盘一，中盛古铜八吉祥炉、古铜香盘二，握管薰于炉上，始濡染挥翰。其预颁赐者，皇子以及内廷行走宗藩，并在廷诸臣工，则命分进名牌，简派亲书以赐。其各省将军督抚，则令折使赍回。新疆将军、参赞、办事大臣，并付驿驰给。

看了上面的这段记述，可以使我们明了以下各点：

一、清代皇帝年终亲书福字，颁赐王公大臣及入值内廷的翰林侍从，大概始于清圣祖的康熙朝。

二、到了世宗雍正朝，将颁赐的对象扩大到各省的督抚大吏及驻防的将军。

三、清高宗乾隆帝承袭世宗的遗制，使此项规制成为定例。尤其是在阐福寺建成以后，更将开笔书福的时间定为每年的十二月初一日。

四、开笔之日所写的福字，第一张贴于乾清宫正殿，其余分贴大内的其他各宫殿园苑。至于书赐王公大臣及入值侍从，大概是第二天以后的事。

五、书写福字所用的笔，名为“赐福苍生”笔，乃康熙时所御用而传至乾隆的，甚见珍贵。以上所述，如以下文所引的资料加以参证，则又可以得到一些修正与补充。

清人沈初所撰的《西清笔记》说：

> 除夕前一两日，御书福字赏王公大臣，南书房诸臣多得与。上御乾清宫西暖阁，展长几列笔砚，诸臣以次进。上南向，拂笺执笔，一人进，跪几旁，俟上书毕起，随侍臣捧笺出，一人复进跪。笔工擘棕作大笔，今无能者。上所用笔，犹是康熙间孙枝发家所造也。

又，清人赵慎畛所撰《榆巢杂识》说：

> 江西甘庄恪公汝来，以吏部主事蒙宪皇帝特擢广西太平府知府，十二月二十七日请训。是日，上亲赐九卿福字，随同九卿传进，以次赐毕，呼甘进案前，连书二福字，谕令带赐粤西总督提督各一，又书一福字赐甘。甘奏云：“外吏小臣，何敢蒙赐宸翰。”上大笑曰：“怎么说是小臣？

做官只论好歹，不问大小。尔若做得好，即日就是大官了。”又谆谆训诲，并询家世。赏貂皮、松花砚，又赏甘父母宁绸各一联，并谕吏部撰给四品诰封，给假回里省亲。

按，《西清笔记》作于乾隆六十年乙卯，作者沈初仕至户部尚书，军机大臣，所记宫廷掌故，理应可信。但照沈初所说，皇帝年终颁赐福字，在他入值内廷以后还在除夕之前一二日举行，与甘汝来陛辞请训，恰逢清世宗亲赐九卿御书福字的十二月廿七日时间相符。然则《清稗类钞》所说的，也就有了问题。大概皇帝御书福字颁赐王公大臣，在康熙雍正两朝都是在十二月廿七、八日举行的。而“开笔书福”的典故虽在十二月初一举行，所写的只是内廷所用福字斗方，并非在开笔之后接着就颁赐王公大臣，否则的话，沈初与甘汝来的闻见，何致如此大不相侔呢？至于御赐福字在颁赐时的仪节规制，前文所记，尚未尽详备，又可于《翁同龢日记》中考见之。

翁同龢在同治、光绪两朝先后被选派为教导幼年皇帝读书的“师傅”，初为翰林，后来乃屡升为侍郎、尚书及协办大学士，历年所受赐的福字甚多。由《翁同龢日记》中见之，同治年间所颁赐的福字，多出于慈禧太后的手笔，并没有入宫跪领，等候御书的那一套。《西清笔记》所说，受赐诸臣以次进跪，候皇帝亲书面领的特殊恩宠，在光绪十八年德宗已二十四岁方才恢复举行。这年十二月初一日，《翁同龢日记》中所记的情形如次：

是日，上至颐年殿面赐臣工福字。辰初到苑门，须臾驾至，诸臣站班，复在六项六所候麟、徐二中堂，孙、松两同事。奏事官三催，乃亟入，在听起处坐。少顷，联步入德昌后门，至丰泽园东西厢分坐。辰正一刻，乐作，内监带入，序立西阶下。皇太后南向坐，上南面立，前设案，笔墨具。群臣以次历阶升，候于户外。受赐者入户，上垫跪，候上挥翰。至末数笔，即连叩头，讫，福字从身上搭过，谓之满身都是福也。

又光绪十九年十二月初一日记云：

上貂褂紫袍，卷右袖，就方案南向立，笔墨具。受赐者北面跪，俟书至福字右口字，即连叩六头，末叩伏俟，将福字从身上过，乃起。

又，光绪二十年十二月初一日记云：

皇太后皇上御养心殿东间，因大风天寒，未御正殿。恭邸率余等四人入殿碰头，退出排班，于门外东向六叩头谢赏饽，然后以次入门跪受福。臣于上书福字一画毕，即连六叩首，恰值末笔，俯伏候过起，极从容。

这三条记载告诉了我们如下一些事实：

一、在清代末年时，皇帝御书福字分赐王公大臣的规制，已改在每年的十二月初一日举行。

二、由于翁的日记并无记载，不知清代初年所定，每年十二月初一日开笔书福的旧时规制是否仍然保持？皇帝在这一天还到阐福寺拈香否？所用的笔，是否还是那枝有历史意义的赐福苍生之笔？

三、受赐福字的王公大臣，在等候皇帝写到福字的右半边时，就要连续六叩首谢恩。如果最末的一叩首恰值末笔，则最见从容。

四、福字写毕，受赐之人仍须跪俟字方从身上搭过，名为“满身都是福”。

皇帝御书福字亲赐王公大臣，当然寓有“赐福”之意。在君主专制时代，爵禄名位之授受予夺，悉出自皇帝的意旨，如能亲蒙皇帝赐福，这个受赐之人当然就有福了。推此义而广之，天下苍生之所以得享安宁福禄，亦何尝不是由于皇帝的恩泽广被？所以乾隆六十年十二月初一日清高宗援例开笔书福时，就曾说过："明年为嗣皇帝嘉庆元年，亦应书福颁赐天下。自此岁承天恩，以敷锡寰宇，诚国庆也。"由于此一意义的推广，于是，不但当时的王公大臣及封疆大吏得邀皇帝赐福，即是普天臣民，亦同时均邀恩赐了。于是，一般人家的大门口，也都多了这一福字斗方。

郭则沄《十朝诗乘》卷五说：

> 仁宗每岁书福，有诗。又以元旦子刻御养心殿东暖阁，案设金瓯玉烛，用万年管，濡朱墨，各书吉语数字。后来所谓春条者，昉此。

按，所谓春条，即是新年时用红纸所写的吉福语。如"抬头见喜"、"吉星高照"、"宜人新春"、"诸事遂心"、"阖府欢乐"、"百福骈臻"之类。春条昉于清代，既有明白的证据可寻，那么，福字斗方的来源，当然也出于清代皇帝"赐福天下"的典故无疑。至于现时的一般习俗，又通行将福字斗方倒转过来张贴，以取"福到"之义，其起源究竟何自，则就不是这篇小文所能考明的了。

公主与驸马

公主是皇帝的女儿，驸马是公主的丈夫，这是谁都知道的事。驸马尚主，在很多人的观念中，或许以为是平步青云的无上幸福，从此一跤跌进青云里，就好似有享受不尽的荣华富贵了。究其实际，何尝如此？

刘宋皇朝时，临川长公主当择夫，选及江敩。敩上表逊辞，由其中所说到的事实，便可知道，“驸马爷”这一最高贵而又最卑屈的职业，是如何地使人难于消受。原表的文字甚长，选录一段如下：

> 自晋氏以来，配尚王姬者，虽累经美胄，亟有名才，至如王敦慑气，桓温敛威，真长佯愚以求免，子敬炙诉以违诏。王偃无仲都之质，而倮露于北阶；何瑀阙龙工之姿，而投躯于深井。谢庄殆自同于矇室，殷冲几不免于强钼。数人者非无才意，而势屈于崇贵，事陷于闻览，吞悲茹气，无所逃诉。制勒甚于仆隶，防闲过于婢妾。……伤理害义，难以具闻。夫螽斯之德，实致克昌；专妒之行，有妨繁衍，是以尚主之门，往往绝嗣，驸马之身，通离衅咎。以臣凡弱，何以克堪？必将毁族沦门，岂伊身眚？

上文所说到的王敦与桓温，都是东晋时专恣跋扈的奸雄，只因他们的妻子乃是身份高贵的公主，遂不免使他们为之奸雄气短，而威势顿敛。至于王偃与何瑀，前者曾被他的妻子吴兴公主倮体缚于庭树，“时天夜雪，噤冻久之”。后者虽与他的妻子豫章公主颇为恩爱，然而一当公主盛怒之时，他竟然只好自投井中，以为求免之计。

南北朝时代的公主们如此惯于仗势凌人，驸马丈夫的地位有如仆隶婢妾，这样的待遇，是否还能使人视尚主为无上的艳福，实在大有疑问。至于后汉时顺帝之姑阴城公主，贵骄淫乱，与嬖人处帷中，而召驸马班始入内，使伏床下，可见南北朝以前的风气，也并不一定能好到那里去。

唐朝的公主，比南北朝时代骄淫奢佚的情形虽然略好，但当时仍有“娶妇得公主，平地生公府”之说。原因是公主的身份尊贵，与翁姑及丈夫的地位不相配称，虽然是嫁作人妻，依然别府居住，翁姑与丈夫反倒要以朝廷的礼法听候召唤参见，无异在自己家中设立一座官衙，实在很不是滋味。所以稍有资望地位的名门大族，都不愿结婚帝室，以免自取烦恼。

唐宣宗时，万寿公主嫁起居郎郑颢为妻。值郑颢之弟郑颛得病危急，皇帝使人前去打听，万寿公主是否前去看夫弟之病？使者回报说：公主方在慈恩寺内看戏场。皇帝因此发怒，说：“我怪士大夫不欲与我为亲，良有以也。”这也可以使我们知道，皇帝的女儿们总是自以为身份尊贵，而不肯遵守礼法。这种情形，要到宋、明以后，方才渐渐改观。

宋朝的制度，驸马选尚公主之后，就将他在家族中的辈分提升一级，使他与父亲伯叔成为同辈，如此就可免得公主“屈尊”以事翁姑了。明朝的制度，则选尚公主不限于勋戚贵族。凡年在十四五岁之间的官民子弟，只要容貌端正而身家清白，都可在礼部张榜选婚时报名应选。既然这是自愿应选而并无强迫指婚的情形存在，公主与驸马理应琴瑟和谐，婚姻美满的了。但是这里面却又出现了新的问题，很不是我们现代的人所能了解的。

明朝的公主出嫁，照例由宫中指派一名老宫女为之掌家，谓之管家婆。

此管家婆禀承宫庭之命，权威极重，不但执掌公主府中的一切大小事务，即是公主的言行举动，亦在管制之列。驸马与公主同住一府，驸马住外舍而公主居内寝，公主宣召驸马，须先禀白管家婆。因此，驸马如果希望与公主讲伉俪之好，便需先送红包给管家婆，其数目往往达到万金之巨。即在平时，驸马若无红包孝敬，管家婆一样也会干涉阻挠。这在沈德符所撰的《野获编》中，便有很具体的记录可证。

明穆宗之女永宁公主，下嫁驸马梁邦瑞。因管家婆索银太多，驸马家无力应付，梁邦瑞因此抑郁而死，公主亦始终以处女而寡居终身。神宗之女寿阳公主下嫁冉兴让后，燕好已久。某一晚，公主宣召驸马入内，适逢管家婆梁盈女与她的相好太监赵进朝饮酒方酣，不及禀白，盈女大怒，乘醉痛打驸马，驱之令出，公主劝解，亦同遭詈骂。翌日，公主入诉母妃。不料梁盈女先发制人，已在母妃面前说了公主驸马的许多坏话，更捏造许多不堪听闻的秽言丑行，于是，母妃不肯听信公主的陈诉。冉兴让自己上疏陈奏，刚进朝门，就被赵进朝和他的同党太监数十人拦住，痛打一顿，只好狼狈逃回。事发之后，梁盈女奉旨取回另差，赵进朝等人则并无处分。管家婆的权威如此，公主与驸马究竟有什么恩爱与幸福可言，也就是很大的问题了。

徐珂所撰的《清稗类钞》，记述清代公主与驸马的情形，与此略同，只是其管家婆不至如明朝之专横跋扈而已。

看历史上公主与驸马的生活与遭遇，颇使人觉得，公主的权威与尊严固然是后不如昔，驸马却始终只是最尊贵也最卑屈的职业。情况如此，古时究竟会有几个志行高洁而具有独立自主人格的读书人，愿意期待公主抛来的彩球打中自己呢？

按院大人

《玉面丹心》中的主角刘天鸣，他的官职是巡按御史，通称为按院大人。巡按御史的制度，在清代初年就被废除了。因此，现代人对当时的很多情况都已不甚了解。出现在《玉面丹心》中的故事情节，难免会有不合之处。

巡按御史的制度创自明代。明制，十三省各遣监察御史按行巡历，称为巡按。他的本职是都察院中的监察御史，秩正七品，大小只如一个知县的前程，巡按只是临时派遣的差使，一年差满，便须更代。但巡按的品秩虽卑，他的权柄却大得吓人。他的补服上绣的是獬豸，象征其执法无私的精神；他手中拿的是斧，象征其至高无上的权威。所以虽然没有什么尚方宝剑，一样可以“代天巡狩”的身份诛锄豪强，罢黜不职，平反冤抑，剖决疑杆，比巡抚都御史的声威还要赫奕。

巡抚虽是一省的最高长官，但因他的品秩已高，为了顾及自己的前程，他也不能轻易得罪这个有资格“上天奏好事，下界保平安”的七品巡按。这样，巡按的威势，有时甚且凌驾巡抚都御史之上了。明世宗嘉靖时，胡世宁疏论巡按御史的权柄太重，就曾说：

> 相见之际，知府以下长跪不起，布政以下列班随行。甚者，答应之

际皆俯首至膝，名曰拱手，而实屈伏如拜跪。至于审刑议事，考核官吏之际，与夺轻重，皆惟巡按出言，而藩臬唯唯承命，不得稍致商榷矣。一有刚正不阿，可否其间者，岂惟巡按恶之，众皆疾之。或阴注以数字之考语，或明摘其一事之过失，而勒退之矣。

正德与嘉靖，前后相接。嘉靖时的巡按御史，可以慑使知府长跪而藩臬俯首，稍为早些时的正德年间，应当不会有强项不屈而与巡按拱揖抗礼的知县罢！

明朝的宪纲规定，巡按到任，只许带书吏一名，与其余的门丁厨役人等，俱不许随便请假换班，以防传递消息，走漏机密。因为关防太严，巡按与他所带的人，都与外界隔离，生活十分枯燥无味。沈德符的《野获编》，有“男色”一条，说，天下只有和尚、囚犯和巡按御史这三种人最好同性恋，为的是没有机会接近女人，所以只好搞搞同性恋爱。正统元年，浙江巡按王琏差满回京，想把他在杭州所爱上的一个少年门丁带回京去，其人不肯，而王琏恃势强追，结果被浙江按察司佥事商贤告了一状，逮下法司惩治，就是明显的案例。

刘天鸣的书僮小琪儿，貌美而能干，是刘天鸣的得力臂膀，在《玉面丹心》里的戏很多，但她实际上是改扮男装的女人。这就有了两个问题：巡按御史不准随带妇女，假如刘天鸣明知小琪儿是女人而仍使她改扮男装，随带同行，是否犯了欺罔朝廷及藐视宪纲之罪？又假如小琪儿真是男人，如此美貌的“玉面书僮”，又怎能使人相信他不是刘天鸣的龙阳君？违法罔上与有玷清誉，都是对“玉面御史”的讥刺，这样的安排，似乎也太有问题。

沈德符的《野获编》中，还有另一些关于巡按御史的有趣掌故，亦可在此附带一说。

第一、是巡按御史巡历所到之处，所用的食器必是他自带的银碗银箸。银器有辨毒的功能，如果地方官供应的食物中有毒，碗筷必呈黑色。这是巡按御史为了顾及自己结怨太多，避免在食物中遭人毒手的安全措施，在《野获编》中所谈到的实事，就有好几件。

第二、是巡按御史每日升堂理事的仪注行事，与电视剧中所常见的“堂威”并不一样。这可以抄一段文字来作证：

> 乔御史名廷栋，山西蔚州人，起家进士，由大行拜西台，巡方三省，积资十年，其风采议论不可知，但闻其居家最可笑。每晨起，具衣冠升堂轩高坐，命仆隶呼唱开门，并搜索内室，喧叫而出，报曰：“无弊”，然后家僮辈以次伏谒，或诉争斗事，为剖决答断讫，而后如仪掩门，退入内室，每日皆然。尝闻宦情浓者多矣，然未有如此公者。

所谓“宦情浓”，就是“官瘾大”。乔廷栋已经不做官而仍在家中大过其官瘾，诚然十分可笑。但他在家中所摆的官派，实际上却正是他做巡按御史时日日所行的排场，只因十分够味，所以即使退休在家，仍要每日如式泡制一番，以资陶醉。

这虽然只是一个笑话，所保存的资料价值却十分可贵——由此使我们知道，明代巡按御史每日升堂理事时的仪注行事，原来是这样的。

女巡按

台视播映《玉面丹心》连续剧时，笔者曾撰写《按院大人》一文，就明代巡按御史的行事体统及旧闻轶事等略作介绍。今中视公司亦推出《女巡按》，故事背景仍是明代的巡按御史，与《玉面丹心》颇有相似之处。而因剧中的巡按御史方无双乃是女人，于是就发生了女人可不可以作巡按的问题。这篇短文，所要谈的也是这一点。

二十世纪是女权高涨的时代，无论是总理、部长、教授、议员，只要是才能出众之人，不分男女，一样可充任。以今日女人地位之高，反过头来看看一个世纪以前的中国妇女，何啻云泥之隔。一个世纪以前的中国社会，女人的地位如何？这可以先看一段陈东原《中国妇女生活史》中所说的话。

> 宗法社会中有一最特殊而最不平等的观念，便是妇人非“子”。子是滋生长养之意，是男子的专称，是能够传宗接代的。妇人，是伏于他人的；夫人，是扶助他人的，自己没有独立性。由于这种观念，所以女子无人格，只能依男子而成人格。所谓“阴卑不得自专，就阳而成之。”（《白虎通·嫁娶篇》）女人一生的最高标准是嫁人。故妇人无名，系男子之姓为名；妇人无谥，因夫之爵以为谥。未嫁从父，既嫁从夫，夫死从

子。务使其就束缚，不反抗，又制成种种风俗、道德、教条、信仰，以压抑之，训练之。由于这种结果，使女子能力益弱，地位益卑。男尊女卑的观念，遂铁桶一般的铸就了。

古代的社会，就是男子为中心的宗法社会。宗法社会中女子无地位，最明显的事实是女子无继承权。一个家庭中必须以男性为继嗣。有女无子，则必须从同族中过继一人为子嗣，亲生之女，反同陌路。继承财产的情形如此，继承官爵的情形亦如此。

封建时代的爵位可以世袭。官职虽然不如爵位一般地可以世袭，但亦有荫子的制度——父亲做了高官，可以荫一子为官。明代的规制，三品以上的高官考满绩优，就可享受这一恩遇。但荫子亦有两途。一是入国子监读书，即使不曾考中秀才，亦可以监生的资格去考举人；二是出仕，由政府直接授予官职。以明朝后期的情形来说，大概是入监读书的人数居多。若是出仕，则不过是末秩微员而已。但即使如此，也只有男性子嗣能有这种继承权，女儿是谈不上的。

沈德符《野获编》中，有一段关于荫子的典故，说：

> 自弘（治）正（德）以后，大僚任子，授各衙门幕职，得遍升宗人府、五都督府经历。若官及经历，则五品竟升知府矣。盖以郎官应列宿，不欲轻畀也。今皆从都事、太仆丞转副郎，又有太仆丞转五府经历始得员外，从未有直拜主事者。以主事为二甲初授官，故靳之也。以余所见。如常熟瞿汝稷冏卿，故宗伯文懿公长君，文采品格，冠冕一时，初授詹事府录事，凡十余年而始得部郎，积资以至出守。今日则有赵琦美寺丞，故少宰文毅公长子，伉直有父风，并博洽一时少俪。初授南京都察院照磨，今已十五年，始进太仆寺丞，视曹郎如登天也。

上文所说到的“曹郎”、“部郎”、“郎官”，都指六部的郎中、员外、主事而言。郎中五品；员外又称副郎，从五品；主事则六品。大僚们的儿子由荫子得官，最初所得的不过是录事、照磨之类的九品小官，积资十余年，方能升至七品的太仆寺丞，而“视曹郎如登天”，当不难想见由这一途径出身的人，不但升迁极慢，而且很难升任一般所视为“清望华要”之官。翰林有清望，郎官列为华要；至于御史，则所需要的任用资格，又不一样。

明代的监察御史来源有二，一为考选，一为行取。所谓考选，乃是在具有进士举人出身资格的行人、博士中视其廉能勤慎、堪任风宪者，俟考绩年满后择优选拔。所谓行取，则是外省的知县与推官考绩最优之人，调入都察院中学习考核期满，然后正式除授为御史的意思。人员的选拔如此慎重，新进小臣，自然不能滥竽此职。而《明会典》中更有规定，御史派差，分为三等，巡按列为大差，巡盐、巡漕、提学等列为中差，巡仓、巡城列为小差。“必中差始畀按差，必满差始请代差，必挨次始得拟差”，宪度森严，不可搀越。根据这种种规定，不由科举正途出身的人，望得御史，已是极难，如要即刻派为巡按，更是无此可能。《女巡按》中的方无双，一是女人，二由荫子得官，三是立授巡按，代天巡狩。依照明代的政治制度及社会风俗，真不知道这位女巡按是合上了哪一条，方能由皇帝作此史无前例之决定的？

从《三门街》说起

由于电视剧本的缺乏，很多通俗小说先后被改编成电视剧本，搬上了荧幕。不久前由台湾华视播出的连续剧《三门街》，亦此之类。

大抵的通俗小说，虽然也假托于历史上的某一朝代与若干真有其人的历史人物，其实对此一朝代的历史与其典章文物、社会背景等等全无认识，即使是所假托的那些历史人物，亦复全不了解其平生事迹及性格言行。所以，出现在通俗小说中的历史故事与其行事方式，常常极为可笑。假若这些小说未被电视公司的编剧先生们所垂青，他们的读者，始终只限于一些知识水准较低的下层社会民众，不会发生太大的影响。但一旦改编成为电视连续剧而长期在荧幕上与观众见面以后，情形就大不一样了。第一，电视的观众人数以百万计，如果内容通俗而富于趣味，其收看人数更多，所发生的影响，较之原来的通俗小说大过千百倍。第二，好看电视的观众大多不暇分辨电视故事的内容，久而久之，则所播演的故事就被观众当作真实的历史而深留脑际了。因此而造成的不良后果，当非兼负社会教育责任的电视公司当局所乐见。非常不幸，就笔者所见，华视公司制作的连续剧《三门街》，正有这种情形。

三门街的故事，将发生的时代假托在明武宗时，其中的明武宗与太监刘瑾，俱是真实而且有名的人物。故事叙述明武宗耽于逸乐，常私出游幸，致皇叔永顺王勾结相国史洪基与太监刘瑾，企图篡逆。于是将武宗骗至杭州的永顺王府，打算在王府宴饮时将武宗杀害。幸赖当地的大英雄李广与其众多结义弟兄及时救驾，始得化险为夷。但史洪基心狠手辣，见阴谋败露，反将主谋者及永顺王一并杀死，嫁祸李广。武宗误以为永顺王无罪被杀，大为震怒，遂将李广等人发配边境云龙府充军。云龙府乃永顺王之弟靖南王所镇守，史洪基将李广等人发配云龙府，其作用有二：第一，因李广惯与史洪基作对，史洪基希望利用长途跋涉的机会在中途下手，将李广等人尽皆除去。第二，靖南王为报乃兄之仇，必将李广等人视同眼中之钉。如果中途暗杀之谋不成，到达云龙府之后，亦必然难逃一死，如此则可达成其借刀杀人之计。不料史洪基中途截杀之阴谋一再失败，李广等人到达云龙府之后，正值南蛮入侵，反为李广等人造成了立功报国的机会。适在此时，史洪基杀害永顺王嫁祸李广的阴谋亦被发觉，于是局势整个改变，忠臣义士重睹天日，奸贼亦得到其应得的报应。此是三门街故事的大致轮廓。

就事论事，以假托的历史故事写成小说，本来就是历史小说的写作方式之一。只要整个故事的背景不悖乎所假托的历史时代，所塑造的人物与故事又都有发生的可能，则此一历史小说便已具备了一半的成功条件，剩下来的，只看作者的写作技巧如何了。但如此一小说的内容根本就不是当时所可能发生，整个故事内容的背景又完全不合于当时的历史，这样的东西，既不是小说，也不是历史小说，其价值止堪作酱缸覆瓿之用，如何还能用来改编成为电视连续剧，对观众大量地传播其错误的历史知识呢？我不知道华视当局在决定播演《三门街》之前是否曾经仔细审查此书的内容，就个人的管见所及，则此书不但不合于当时的史实，在故事情节上也完全没有发生的可能，根本就不能当作历史故事来处理的。

先说此一故事如何不合于当时的史实。

明朝的武宗皇帝，是历史上的第一号大纨袴。宁王宸濠造反，散檄声讨武宗之罪状，其中曾说：“颠覆典刑，坏乱纪纲。朝仪尽废，庙祀不修。建寺禁中，路处妓女。玩弄边兵，身衣异服，至于市井屠贩，下流贼贱，靡不乐为。盖造行宫于宣府，称为家里。东至永平诸处，西极三边，所过掠民妇女，索取赎钱谷。既夺指挥之妻，称为皇后；又纳山西所献娼妇，呼为娘娘。”对于他的荒唐槃游，有非常具体的指摘。但武宗虽喜胡闹，其本人则并不昏庸。如他之诛刘瑾，即可证明他有决断及能够控制太监。至于刘瑾，则其性格傲狠凶残，当他借武宗之宠信而专权乱政时，满朝文武，趋奉承顺之不暇，大学士焦芳、刘宇、张采等人俱仰其鼻息，何尝需要听命于一个莫须有的史相国？所谓相国，当即丞相。明代制度，唯明太祖初年时设丞相综理国政，至洪武十三年丞相胡惟庸谋叛未成，明太祖即降旨罢丞相不设，分其政于六部，“后世有敢言复设丞相者诛无赦”。在这种情形之下，后来虽有代行丞相职权的内阁大学士出现，亦因相权被夺于司礼太监之故，常为太监所制，致不得不为太监所指麾。在《三门街》中出现的史相国，阴狠毒辣，将太监刘瑾与永顺王等俱玩弄于股掌之上。虽然其描写颇为突出而演出亦极成功，无如不合于当时的历史事实何？

至于明代的宗室封王之制，第一等为亲王，例以皇帝之诸子分封。亲王之长子世袭亲王，余子分封郡王。亲王与郡王之分别，封一字为亲王，封二字为郡王。永顺王与靖南王俱系二字王，在等级上应为郡王。但既为武宗之叔，应为其祖宪宗之子，其父孝宗之弟，如何可封为郡王呢？事实上则宪宗诸子除孝宗嗣位外，封王者凡十，即兴王、岐王、益王、衡王、雍王、寿王、汝王、泾王、荣王、申王，所封皆一字，何来永顺与靖南二王？再则明朝之宗室封王，江浙为财赋之区，例不分封，故而浙江省境内从来没有封过亲王与郡王。三门街的故事将永顺王封在杭州，可说根本不懂明代的封王制度，靖南王封在云龙府（是否影射云南府而不用真名？不详），握有兵权，此与明制亦不相侔。赵翼《二十二史劄记》云：

明祖初定天下，分封诸子于各省各府，盖仿汉晋六期及有元之制而参酌之，外以壮藩卫，而实无事权。自成祖以燕邸起兵得位，继以高煦（汉王）、寘鐇（安化王）、宸濠（宁王）先后谋不轨，遂设为历禁，所以箝制之者无不至。《明史·诸王传》赞谓，出城省墓亦须奏请，二王俱不得相见。

明代制度中对宗室诸王之防闲如此严密，而谓永顺王可以自由交通相国史洪基、靖南王可以执掌兵权而无子传婿，又嗣封之小永顺王朱乾可以受命为数省巡按，皆是撰小说人之信口谰言，除了证明其浅薄无识之外，不值一哂。凡此，俱所以说明此书的故事内容与当时的史实完全不合。其次再说明此一故事在当时何以没有发生可能。

明武宗好槃游，但他的大部分游踪都在宣府大同一带，游龙戏凤的故事就发生在那里。“正德皇帝下江南”，是因为当时有宁王宸濠造反，他假借御驾亲征之名，打算到江南来好好玩上一趟。但甫到良乡，王守仁平定宸濠的捷报已到。皇帝匿奏不下，依旧浩荡南下，到了南京，王守仁奏请献俘的奏疏亦到，于是皇帝只好停止前进，其后即由南京起驾回銮。所以，若以武宗曾经到达的地方而言，他是不曾到过杭州的。这是第一种不可能。

第二种不可能，是《三门街》中所描写的李广“充军”情形。

三门街故事以李广夫妇及楚云胡逵四人发配边关云龙府充军，先以凌子清为解官，将四人用长枷桎梏，沿途打骂凌虐，及至云龙府，则囚之牢中，备尝苦刑。凡此，自所以烘托李广之忠君不二，虽死亡在前而不违君命。事实上则此书的作者完全不懂明朝的“充军”制度为何物，所以才会有这种费力而不讨好的安排。

明代的充军制度是怎么一回事？可以先看清人沈曾植在《充军考》中所说的话：

> 发罪人以为军，自古有之，不始于明。特明自京师达于郡县皆设卫所，军伍恒虚，因发谪罪人以充实之，故其制独详，今即明制而综考之。其初但发边方，余卫尚少，所发者军官军人及无籍之民。迨后条例日增，遂亦编发各卫，而平常民人之充军者亦遂多，然仍依律问罪而后发遣，不以充军为本罪。其本罪有斩、绞、流、徒、杖之别，而依例充军，亦不尽论本罪之轻重，更非为流罪等之用也。

充军考的原文甚长，不能详叙，其主要内容则在考明明代的充军制度是在发罪人为军，而并非如清代之只是流罪之加等。《万历野获编》中有关于充军的故实一则，可供我们了解明代的充军罪犯是如何送往该管卫所投到的。《野获编补遗》卷三《解军》　条云：

> 解军一役，以本图里长充长解，先为娶妻，备赀装，事之如严父，防之如大敌，尚恐中途逃逸，相累其践更。得此遣者，举家震怖哀号，至有因而抵罪破家者。近年则稍不然。曾记幼时侍先人邸中，有吴江一叟号丁大伯者，家温而喜啖饮，久往来予家。一日，忽至邸舍。问之，则解军来。其人乃捕役，妄指平民为盗，发遣辽东三万卫充军，亦随在门外。先人语之曰：“慎勿再来，倘此犯逸去，奈何？”丁不顾，令之入，

叩头，自言姓王，受丁恩，不逸也。去甫一月，则王姓者独至邸舍求见。先人骇问之，云已讫事，丁大伯亦旦夕至矣。先人细诘其故，第笑而不言。又匝月而丁来，则批回在手。其人到伍，先由间道遁归，不由山海关，故反早还。因与丁作伴南旋。近闻中途亦有逃者，则长解自充军犯，雇一二男女，一为军妻，一为解人，投批到卫收管，领批报命时，竟还桑梓。彼处戍长以入伍脱逃，罪当及已，不敢声言。且遗下口粮，潜入囊橐。而荷戈之人优游乡里，更无谁何之者。

抄书抄了一大段，对于明代"军犯"充军的情形如何，想来必可了解。准此以观，则当时即使果有李广其人，即使他果真因事被判充军，他亦决不致披发荷校，艰辛万状地被解差当作犯人长途押解。如果他指定充军的地点是云南，则很可能被发往云南金齿卫（今云南永昌），那是云南的西南极边，与缅甸接壤，然后方能有所谓南蛮入寇。但即使是发往云南金齿卫充军，一般情形亦只是列戍荷戈而已，决不致打入牢中，凌虐迫害，因为那只是《水浒传》中所描写的宋代配军，非明代之充军军犯也。明朝嘉靖时有名的状元才子杨慎，因得罪皇帝之故，亦被罚往云南金齿卫充军。在到戍之后，卫所指挥等官对他极为敬礼，听任他长期留在原籍（成都）优游自在。事被皇帝得知，勒令抚按官押赴云南执役，然而亦仍旧在云南诗酒流连，赏花玩妓，著书撰文，生活极为自由。李广如果充军到了云南，他的生活与遭遇应当亦是如此。然则三门街的故事情节，岂非根本没有发生的可能么？

走笔至此，也许有人会说，电视并非历史，又何必一定要以史实来相诘难呢？但电视虽非历史，历史却已透过电视的传播而被介绍给观众了。唯其如此，所以观众才有权利要求电视公司重视由此所引起的社会教育问题，前此曾在《联合报》副刊看见夏元瑜先生所写的清代发式问题，要求电视演员不要因“护发”而歪曲历史，笔者此文，亦此之类。《三门街》并非不可改编为电视连续剧，但应先请学者专家审核，删去那些根本不可能发生的错误情节，然后方可供改编之用。笔者愚见，以为我国历史上可以改编为戏剧的故事太多，问题只在是否有此耐心去发掘创造，而不是有没有这样的题材可供利用。至于《三门街》之类的通俗小说，不但格调太低，主角人物的思想也太落伍，实在不值得再花工夫去将它们点铁成金——事实上这些破铜烂铁也决点不成金的！

四川自贡的盐井

> 维西川之盐井，称山海之奥隩。潜穿地穴，倒喻洪涛。山泽通灵，水火相遭。熬波成石，镕液为膏。虽沿象于夙沙，实巧寓于圜刀。……匝地骈豜，连山容凿。天车排闼以林立，地架喧豗而鼓作。素绠蛇游而蜿蟺，辘轳电震而骇愕。

上面所引，乃是清人李芝所作《自贡盐井赋》中的一段。所谓“天车”，即是汲取地下盐水用的轮架，其高达十余丈；所谓“地架”，即是安设绞盘与挽绳用的木架，其作用在挽出沉井汲水的极长竹筒。“素绠”即篾绳，“辘轳”即滚轮滑车。自贡号称四川产盐最丰的盐区，其一般的景象，即是天车林立，枧路纵横，到处皆是盐灶与井房。忙碌的工人往来背负，尽是成块成包的“巴盐”与“花盐”。自贡一地的盐产量，年达四百八十万担，约合二十五万吨。要达到这一巨大的产额，在煮晒便利的滨海区，也已经不是轻而易举的事，何况产于自贡的盐，每一斤一两，都需要从深达数百以至一千公尺的地下盐泉汲取卤水，然后在灶房中熬煮成盐，其生产过程之繁复艰难，实非局外人所能想象。要维持这二十五万吨食盐的年产量，所支付的人力与时间，非同小可，所需要的采掘及煎制技术，更非积一二千年之经验不为功。滇黔康藏等省隔海穹远，盐价之贵如金。然而，四川人却能以他们聪明的头脑与勤劳的天性，从地腹深处寻出盐泉来煎熬成盐，从而为他们带来巨大的财富。四川虽然号称天府之国，但若没有四川人的聪明与勤劳，这蕴藏地下的丰源盐泉，还不是永远的“货弃于地”。可知四川之所以能够成为天府之国，在天时与地利的条件之外，更需要有“人和”。就像是灌溉成都平原数千方里的都江堰水利工程一样，不但天时、地利、人和三项条件缺一不可，其中最重要的，更是人的因素。自贡的盐产，其情形亦复如此。

自贡的盐井，一般都深达一千公尺左右。《华阳国志》云：“江阳县有富义盐井。”又，《元和郡县志》云：“富义盐井在西南五十步，月出盐三千六百六十石。剑南盐井，惟此最大。”按，唐以前的江阳县，即今之四川富顺县，唐改为富安县，后周时称为富世县，至宋时又改为富顺县。据《旧唐书・地理志》所说，“富义井深二百五十尺，以达盐泉，俗呼玉女泉。以其井出盐最多，人获厚利，故名富安。”以《元和郡县志》考之，则汉唐宋以来的富义盐井，当即在今富顺县城内。此井在元明时已因井泉枯竭而成废井，但在富顺县北的自流井及荣县的贡井一带则因井泉大旺而日益发达，逐渐成为四川盐产的重心。

自流井与贡井地属毗连，1942 年，将此一盐产区合并成为一个行政单位，称为“自贡市”。于是自贡盐产遂执川盐之牛耳。由《旧唐书・地理志》所说，汉唐以来的富义盐井，深不过二百五十尺。但今日的自贡盐井，深度在一千公尺以上者比比皆是。由于深度太大，如遇地底岩层坚硬，一口盐井的开凿，往往需时数年。其最长的记录，甚至有费时二十余年以上的。四川盐井的开凿，方法极为笨拙，工具甚为简陋。但四川人却能凭着这些笨拙的方法与简陋的工具，凿穿深达一千公尺的岩层取出盐水，这一份坚苦卓绝的干劲，就迥非常人所及。四川盐井的深度，从一千多年前的八十多公尺进展到今日的一千余公尺，充分显示出四川的凿井技术，在新式科学还未曾传入以前，就已到达颇高的水准了。

凿井，本是一件很平凡的工程，但要在自贡开凿一口盐井，其过程却不简单。这可以列举如下几点因素来说明。第一，井的深度常在一千公尺左右。第二，凿井全用人力，所用的工具又很简单。第三，当地人对地下岩层的情形并无认识，只是凭着过去的经验摸索。第四，在岩层中凿下的井眼通常只有五六寸的口径，要如何方能保持其垂直而不弯曲，又如何补救开凿过程中必不可避免的崩岩落石及工具跌落井中等等的意外困难，做起来便极不简单。但是，当地人士所用的方法虽然笨拙，工具虽然简陋，他们却能逐一克服上述诸种困难因素，凿成数以百计的深井来汲卤制盐。这一种不畏艰难，不屈不挠地勤劳奋斗的精神，就特别值得赞赏。曾有人以为，此即是中华文化的博大精深所在——脚踏实地，以苦干实干的精神寻求解决困难的方法，虽笨拙而不悖科学原理，终于逐渐积累而成今日的技术成就。当兹社会上下高呼复兴中华文化之今日，把四川人开凿盐井的故事提出来说说，也许其中不无可资取镜之处吧！

在没有说到如何开凿盐井之前，必须先抄一段清人吴鼎立所撰的《自流井风物名实说》，以便对开凿盐井过程中所用的各项专用名词有所了解。原文如下：

> 捣井谓之锉，除泥谓之揊，汲水谓之推。水火油得其一者谓之见功。通行谓之畅，阻滞谓之疲。运水谓之枧。覆灶之屋曰灶房，覆井者曰碓房，统谓之廊厂。汲水者为纤藤，以竹为之，绕于车盘，以四头牛周行而推。汲水之轮曰天车，车上之轮曰天滚。铁谓之锉，木谓之梁。竹谓

之篾，绳谓之索。平地开井，用锉上锐中阔，其末斜而宽，谓之鱼尾锉。长柄大末如银锭，谓之太平锉。太平锉重百余斤，长一丈二尺。鱼尾锉重倍之，长一丈。

把这些名词稍为介绍之后，接着方可叙述盐井是如何开凿起来的。

凿井的开始，必须先选择地点。其法须由地理师勘定地脉，就地摘草拾土，嗅其味而定地下盐泉之有无，其名谓之“看榜样”。地点选定后，即鸠工挖掘，名曰“开草皮”。初掘井时，口径约三尺余。稍深则搭木架，置滑车吊取井中掘出之土，其名曰“开大口”。大口的深度，视地层表面的泥土厚度而定。总须泥尽见石，方能开始下一步的工作。

掘井要先“开大口”及挖尽表层泥土，其目的是要在使凿井时不致有泥土落入井中。为了防止泥土震落，在已掘成的大口中，还须层层叠砌方形的石圈。每一石圈，中间均有同样大小的圆孔。对直叠齐，石圈中央，就有一道垂直的井洞，其直径约为一尺五寸。最上层的石圈，周围须用石块砌紧，与地面相平。石圈谓之“舷口”，叠石圈即谓之“砌舷口”。这一步工作也做完之后，便可搭盖厂房，及在井洞上安设踩架，以便在井洞中开始下锉凿井。凿井工人，以山匠为首，下有筒匠三人，杂工三五人。如有夜工，人数加倍。踩架上置一木板，长十余尺，架以铁轴，以便转动。一端裹铁皮，连竹篾，下悬铁锉，其另一端则用人力践踏，利用杠杆作用使悬于井中的铁锉上下冲击，以捣碎岩石。井口另以一人转锉，每当悬系铁锉的篾绳上升时，转锉的工人便须将绳索略略转动，周而复始，使铁锉落下的位置成为圆面，以便保持井腔的圆直。

起锉时，将竹篾挂于转车上，用牛推转，提出锉头。如锉头磨钝，再加钢烧打。此时即可另用砂筒入井，搧取已被捣碎之石块石屑。所谓砂筒，乃是长约丈余的一个竹筒，其圆径以适合井洞为度，凿通中节而于底部安装活塞，名曰皮钱，可以启闭。井底碎石，因井中有水渗出而成泥浆。砂筒入井后，以手拉竹篾，使之上下。砂筒降下则皮钱张开，井底的碎石泥浆因气压作用而被吸入筒。砂筒上升则皮钱闭合，筒中泥浆不能漏出。提筒出砂，再下锉捣凿。如此周而复始，进行不已，地层的岩石便可以缓慢的速度逐渐凿出一条垂直而形圆的井腔，其直径约与上层石圈的口径相等。这一段工程，名为“锉大口”。

锉大口只是全部凿井工程中的初步，进行尚不困难。其原因一则由于距地尚浅，其全部深度不过数十公尺；二则由于其口径较大，施工亦较容易。“锉大口”的作用，是要在开凿汲取盐水的小井之前，放下木质的筒管，以隔绝地下岩层中渗出的淡水。所以当大口开至一定的深度后，锉凿工作就要暂时停止。俟做好木质筒管逐步放入井腔之后，然后方可放锉入井，继续开凿。

用来隔绝岩层中淡水的木质筒管，乃是用大木剖成两个半圆形，中间再刳空的大木片，抱合而成圆筒，圆筒的口径以锉小口所需的大小为定。

木片抱合后，用麻布麻绳包扎牢固，外层更用桐油石灰密密融傅，务求可以防水防腐，其名曰“木竹”。木竹的长度亦不一定，浅者廿余丈，深者四、五十丈。其接笋处一长一短，本末相连，总以下至地层中淡水断绝之处为止。至于如何知地层中的淡水到何处为止，以及所下木竹的长度应有多少，那是由山匠在每天捣凿时记录地中所出水量，及用另一种“考水”的方法来测定的。

将木质筒管放入井腔，名为“下木竹”。每一根木竹的长度，自一丈二三尺至一丈六七尺不等。每一根木竹入井时，须留下三尺余的长度在井口外，以篾绳系紧，勿使坠入井中。留在井外的筒管，一端的单木片凸出，以便与另一筒管的单出木片相合。其接合的工作，便在井口上进行。其接合之处，亦须用麻布麻绳及桐油石灰等包裹严密。俟桐油干燥，则将留于井口的余管并新接之管一并放下，再用同样的方法接续另一根筒管。木竹放入已凿成的大口井腔，下降到底，上平井口，其情形犹如在井腔内层加了一层木质的套管，一切泥砂及淡水，都不能进入井腔之内了。木竹下好之后，凿井改用银锭锉，亦即是前面所已经引叙过的“太平锉”。太平锉的锉头较小，所凿成的井腔，最大的直径不过六寸至八寸，最小的只有四至五寸。由于这以后所开凿的井腔已小，所以以后的工程名为“锉小口”。

《自流井风物名实说》云：

井下木竹既定，须吊锉擣。其下又有麻姑石岩，绿荳石岩，又铁板腔岩。至铁板腔之石，较铁尤坚。必擣过铁板腔，或数尺数丈，近十丈则可望见功矣。

又云：

凡井之病四，有走岩，有崩腔，有流沙，有冒白（即冒出淡水）。有一病必停工，谓之挂井。其无岩无崩及诸病者，谓之一根笋，井之上者也。

这些话说明了在锉小口的过程中，所可能遭遇的困难，较之锉大口时不啻倍蓰。《自流井风物名实说》中所提到的井病，仅止四端；事实上，开凿小口时，除了可能遭遇到的上述井病外，尚有其他的意外事故，例如落筒、落索、落锉等等，上文中均未提及。这些意外事故，当地人谓之“落难”；至于走岩崩腔流沙冒白等等“井病”，则又谓之“扯拐”。落难与扯拐，都需要用方法加以补救克服。而这一切补救克服的工作，都只是由地面上的工匠运用一些特制的工具放入数百公尺深的井眼中去摸索进行，这种智慧与聪明，就特别值得夸赞。

下面暂且还是转引《自流井风物名实说》中的话来先作一番简略的说明。

> 凡疗井病，有提须子焉。上如圭顶，三其楞，其末作三叉，中多倒须，以疗井落筒者。有羊蹄子焉，其柄与提须子等，均长五尺，重数十斤。其末如环之玦，中有倒笋，以疗井之落铧者。有柳穿鱼焉，柄薄而阔，下有三叉，左右反张，以疗井之落篾者，其长七尺。井中并落筒铧者，用双瓦口；并落索篾者，用单瓦口；皆长九尺，重百斤。筒索并落者，用连环提须；筒篾并落者，用月亮提须。井筒铧索篾俱落者，用以上各器轮流取之。惟井槽铧偏，必改铧者，用长条挺子，其长二丈，重数百斤，皆以铁为之。此皆可以意会，不可以言传。随其所落之物，思有以疗其病，而制为器具。非天下之至巧，不足以语于斯。

这里所说到的落筒、落铧与落篾等等，都是属于前文所说到的“落难”，而并未包括在《自流井风物名实说》所列举的各种井病中。至于原书所曾列举的四种井病，其疗治对策如下：“走岩崩腔，油灰作丸为弥缝其阙，无不应者。流沙必用木窗以隔之。若冒白则成废井，法不可医。”比较起来，因工具跌落井中而造成的“落难”，设法制作各称专门用器加以钩致捞取，其用力毕竟要比井中发生走岩崩腔及流沙等等“扯拐”情形容易得多。若走岩崩腔用油灰弥补，必须先设法拓宽崩坍的穴口，然后送入盛装油灰的器具，又使油灰能平积于所崩坍的穴内，撞实补平，这其间所耗费的精力与所设计的方法，就要比钩取井中落物要远为困难。《自流井风物名实说》以为，“此皆可以意会，不可言传”，“非天下之至巧，不足以语于斯”，这些话中并无阿谀的成分。

事实上，见于《四川盐法志》一书中的凿井器械，仅只治疗各种井病及应付意外事故之用的工具式样，就无虑四十余种之多，其中大多数都是《自流井风物名实说》中所不曾提及的。如井中落物因被走岩所落泥沙壅积而不能钩取，则用“财神锉”捣烂后再以砂筒吸取；如落篾过多纠缠难出，则以“穿鱼刀”、“单刀”、“双刀”、“偏尖”之类割断，然后作数次取出；如井中落石大如鹅卵，砂筒不能吸出，则须先用“马蹄锉”捣烂；又如井腔因地质软硬不同而致斜欹，则用“半边马蹄锉”锉其坚硬部分，使井腔能保持圆直；如落锉斜欹于井腔内无法钩取，则先用“扫镰”及“乌龟背”等四旁搅取扶正，再用他器下取；如井遗铁器不能取出，已用他器捣破而平积井底，再捣不入，则用“四楞子”或“三楞子”等捣成洞穴，然后方用他器取之；如井中所遗铁锉为篾索填塞，则用“霸王鞭”深入其中提取；如铁器与岩渣等杂塞井中，平积一片，则用“草鞋板”捣开一隙，然后设法取之。又如“萝卜头”可捣碎井中遗铁，“蛇皮”可治井腔不匀，“泥孩儿”及“木孩儿”专治井腔走岩漏水；凡此之类，真可谓之洋洋大观，无非都是四川的凿井工匠竭尽其智虑，用来应付落难与扯拐的种种发明。面对这许多奇形怪状的器具，不能不使人佩服四川的凿井工匠，真可谓是“天下之至巧”。

开凿盐井，几乎没有一个井是不曾经过这些意外事件的。遇到意外事件，就必须百计设法救治。倘救治得法，自然即可化险为夷。但有时亦很可能因技术错误或其他不可挽回的困难（如冒白水太多）而致无法补救的。在这种情形之下，投资人所耗费于凿井之用的各种费用，势将尽付流水，其结果或不免造成多数人的破产。所以，在四川开凿盐井，有成功亦有失败，正不一定是稳妥可靠的投资事业。

凿井的进度，如是地下岩层较松，则一昼夜可凿一至二公尺；如是“铁板腔”之类的硬岩，则一昼夜甚至不能凿下一寸。一般说来，最顺利的情形，一口井在两年之后可以“见功”。但如连续遭遇各种困难，则开凿时间长至七八年的，不算稀奇；最困难的，甚且有长至十几年或二十几年的。不过这当然不是常例。《自流井记》云：

> 常程可四五年或十余年，有数十年更数姓而见功者。若深及三百丈而盐水不旺，谓之弃井。

若是盐井开凿到此结果，凿井的投资也算全部落了空。所以然之故，则因地下盐层的分布有一定的区域，出了藏盐的区域，自然水中无盐。以自贡地区的盐井情形来说，凿成的盐井，有岩盐井、黑水井、黄水井及假黑水井等等之分。岩盐井大都在自贡东北五里的“大坟包”一带，盐井的深度自八百数十公尺至一千公尺以上。黑水井分布的地区，一在自流井东北之凉高山附近，一在贡井之西的黄石坎张家山一带，盐井的深度与岩盐井相仿。黄水井分布于自流井北及贡井之西部与北部，位置较浅。所谓假黑水井，则是在黑水井区域内开井至黑水井的深度而所得盐水盐分不足。以上各种盐井，以岩盐井的盐分最高，黑水井次之，假黑水井与黄水井又次之。岩盐井所蕴藏的本是结晶盐层，必须先用清水灌入地下使盐层溶解，然后再加汲取，故其所含盐分自高，其盐水的含盐度约百分之二十五。黑盐水含盐度平均为百分之二十一，但其中亦不无高下，最高可至百分之二十六，最低仅百分之十七。黄盐水含盐分自百分之八至百分之十一。开凿盐井，当然希望能得到盐分最高的岩盐与黑盐水。但岩盐井与黑盐水井的开凿极深，困难较多，需费亦多，而且往往开凿极深而仅仅得到盐分与黄盐水相仿的假黑水。在这种情形之下，转不若开一口黄水井费省而可靠了。而且在黄水井区域中，往往亦有因地层变化而得到黑盐水的，其间的幸与不幸，实在亦很难说。

盐井开凿“见功”后，即可汲水煎盐。《自流井风物名实说》云：

> 汲水者为井藤，以竹为之，绕于车盘，以四头牛周行，谓之推。井浅则用三牛，深则用四牛或五牛，无牛者以人推之。其盘距井口四五丈，轮阔四丈八或五丈二，统谓之天滚，置天车上。

天车的形状，有如油井上的大铁架，高达十余丈，低者亦有七八丈，全视汲水所用的竹筒长短为定。如岩盐井及黑水井深至八九百以至一千余公尺，所用的汲水筒以十余根大竹接续而成，高达十丈以上，则天车之高，自必须与此相称。《自流井风物名实说》记盐井汲水的情形说：

> 天滚置天车上。又置一轮较大于天滚，曰地滚。又置一大车轮，轮周三四五丈不等。用长大斑竹剖开椎碎，围车子三面，谓之拭篾，盘于车上，由地滚下穿过，直达天滚上。系筒放井内取水，其筒以坚韧斑竹或楠竹，除皮而削中。除皮欲其轻，削中欲其通。筒之巅有铁挺焉，所以使之坠。筒之底有牛皮钱焉，半翕半张。方放下时，水激钱张，水盈筒内。车上一推，水由筒内下坠，而钱之张者亦翕矣。推出井口，以铁钩顶开皮钱，水直注木盆，谓之地楻桶。旁置木盆一，近井一面高一尺，背面高二尺，径四五尺，置竹枧引水入楻桶。桶亦以木为之，径一丈六七尺，深八九尺。全井之水，均贮此内以备用。

所谓地楻桶，实际即是贮卤池。盐井中汲出之卤水，至此已可供煎煮之用。每一次汲出之卤，竹筒所装，约为四、五百斤。若用牛力推挽，一昼夜可汲取五十次左右。民国以来，部分盐井已改采蒸汽机推晚，一昼夜可汲取四百八十余次，所用之汲筒亦改用铁制，每筒可容一千斤以上。

盐井中汲出的盐水，通常都送往灶户中去煎盐。运送盐水的方式有三种，一用人力挑送，一用骡马驮载，一用竹制的枧管输运。大抵灶户距井较远则用枧管，较近则用人力或兽力运送。灶房煎盐，在自贡大都利用火井所出的瓦斯。因为自贡地区的盐矿常与地下瓦斯共生，有时掘井不得盐而得瓦斯，一样可以得获大利。瓦斯之外，亦有部分灶房使用煤炭煎盐，制成之盐，有结成粒状的“花盐”，与结成块状的“巴盐”，后者则是海盐生产地区内所未之前闻的特殊产物。

灶房内的煎盐铁锅，成盘状，其大者曰千斤锅，径四五尺，厚约四寸，深约四寸。由于太厚，所以无法铸深，煎盐时必须再在锅的四周用铁瓦灰泥等物加高，以增加锅的容水量。如煎花盐，则锅边所加锅圈约高三寸。盐水注满锅内后，燃火使沸，加入豆浆使盐汁澄清，此时即将火力减弱，使盐汁中的杂质成为黑色泡沫浮于面上。将泡沫撇去后再加豆浆数次，每次均捞取其面上泡沫弃去，务使盐汁浓厚而十分澄清，即可将另外小锅内业已煎制成盐的结晶盐粒加入锅内，然后加盖慢煎。俟锅中水分完全煎干，而盐结成粒，将煎成之盐铲入竹篓，再用煎沸的清洁卤水淋入竹篓以洗涤盐中之碱质，即可成为洁白的花盐。煎花盐所需的时间较短，普通约一昼夜成盐一次，每次由数十斤至二百余斤。如煎巴盐，则所加锅圈须较煎花盐为高，并须在锅中预铺煎成的盐粒，俟锅底被火烧红后，即放入八分卤水溶盐。盐水入锅后，仍须用竹管引注盐水，徐徐加入锅中。使其一面蒸发水分，一面加卤水补充。煎时，锅不加盖，昼夜不息，但亦须用豆浆提净泡沫，使汁水澄清。如此经时三四日以至七八日，锅中盐水即可渐渐结成一块极大的盐饼，厚五六寸，直径视锅之大小，重量由七百斤至一千数百斤。由于巴盐在煎制时不加锅盖，使用煤炭为燃料的盐灶，煤炭灰时时落入锅中，煎成的巴盐，外表每为焦黑色。如是使用瓦斯煎盐的盐灶，在巴盐将成时，亦需用焦烟染色。所以然之故，则因花盐多行销于四川内地及滇黔二省，巴盐则专销西康及西藏等边地，那里的消费者不喜爱白色的花盐，所以必须使巴盐饼成为焦黑色，以迎合其需要。即使盐饼并非焦黑色，亦不惜以焦烟涂其外表也。巴盐的煎法与外形如此，此不但是外省人听来稀罕的事，亦可说是大大地出乎外省人的想象之外了。

四川的盐矿极丰，种类颇多。其形成的原因，大约是由于四川盆地在三叠纪时本与海洋相连，迨后陆地隆起，盆地内之海水与海洋隔绝，逐渐蒸发而沉积成盐。盐质纯者积为盐岩，质淡者成为盐泥。盐泥在后来复经地下水溶解而成盐卤，蕴于三叠纪之岩层内，即为含盐量最高的“黑水”。至白垩纪时，盆地四周地层所含之盐分，经风化作用随河流泻注，或经地下水之溶解而逐渐集中于某些地区之岩层中，其地层较下层含黑盐水之地层为浅，是即含盐量较次之“黄水”。是以四川的盐井可分为岩盐井、黑盐水井、黄盐水井及假黑水井等数种。大致黄盐水井距地面最浅，约自二百尺至五百尺；岩盐井、黑盐水井及假黑水井距地面的深度，约在七百公尺至一千公尺左右。

四川距海遥远，海盐的运销难以达到。而四川的地下即蕴藏有如此丰富的盐矿，可以无须仰给海盐，似乎大可引以自豪的了。但因盐矿深藏地下之故，不但掘井所耗费的人力物力极为巨大，而由井中汲取的盐水，尚须借火力煎煮成盐，更需要支付大量的人力物力。所以川盐的成本昂贵，连带地使消费者也增加了很多的负担。根据抗战以前的调查资料，经营一口岩盐井及黑盐水井，其资本额约需法币十万元左右。其中凿井费约需十分之七，天车地车等项建筑费约十分之一，其他设备费十分之一。如用牛汲水，需用牛七八十头，仅牛价即需五千元。如改用汽机，则机器所需约一万数千元。黄盐水井较浅，经营的成本较小。但因黄水的含盐分低，出盐所得的利润甚少，与岩盐井与黑盐水井相较，其成本仍然甚高。民国以来，由于航运发达，海盐可借轮船运销四川，昂贵的川盐无法与廉价的海盐相抗，四川的盐业顿呈危机。势必须设法减低生产成本，方足以维持生存。减低生产成本的方法为何？其一是提高每一盐井的单位生产量；其二是减轻运费；其三是发展川盐的副产品。

提高单位生产量的方法，无非是利用机械开凿大口径的盐井及利用机械汲卤。但在四川亦尝试用机械凿井，其结果是机械操作的力量运用轻重如一，而地下的岩层有软硬之分，遇到地质坚硬时，钻头发生偏欹，倾向于较软的岩层，于是使井腔弯曲，工程亦告停顿。这一事实，一方面显示机械凿井之不易，二方面也说明了四川本地的土法凿井技术，确实有其不可及之处。机械凿井的理想不能实现，只好退而从其他各项办法着手。在抗战以前，自贡各地以蒸气机汲卤的盐井已有很多，改进运输方法以减少运费，亦已颇有成效。自贡一地，且已有化学工厂八家，借煎盐所废弃之碱水产制氯化钾、氯化镁、溴液、碘、硫酸钡、硝酸钡及硼酸等各种化学原料，为川盐之废品挽回甚多利益。准此以观，川盐的前途，仍是大有可为的。

四川的自贡地区虽然以产盐丰富著称，但其生产过程既如此繁复，凿井的工程又如此困难，古时人对地下的盐矿蕴藏并无了解，这种凿井取盐的知识，究竟是怎样发展起来的呢？这一问题，也是值得提出一谈的。

《富顺县志·盐政志》云：“自流古井，在今富义厂荣溪水滨，相传井水自然流出，非人力錾凿所成。岩崩水塞，乃于他处开掘无算。”据此云云，可知四川人之发现地底盐泉，原是由于地下盐矿在某些地方因地层结构发生变化而在地面上自然露出，由露出之处的附近地带向下挖掘，于是使古代的四川人逐渐了解地下盐矿的分布情形，于是在自然流出的盐泉枯竭以后，开始了雏形的凿井技术。民国时，川西邛崃县花牌坊地方曾经掘获一块汉代的古砖，宽四十五公分，高三十四公分半，砖面有浮雕，所绘即是当时的井盐产制情形。由这一块古砖上的制盐浮雕，颇可以使我们了解，汉代时的四川井盐，是以何种情形生产的。

上述汉砖的砖面浮雕，左面有三层高架，架下有井口，二三层架上有四人在挽桶汲水，其身形或俯或仰与其手部的动作相配合，显示井上汲桶的作用在挽取井中之水。木架的梁上悬有辘轳，绳索两端各系一吊桶，此下则彼上，轮流入井汲取盐水，所用的方法颇与大陆民间借木架及辘轳挽取井水的情形相似，不过砖上所绘的木架特高而已。木架的右旁有方形水斗，旁连管状物通于砖右面所绘的灶房。灶上设锅多口，有一人在伛偻操作，另有一人在灶下作纳薪入灶之状。砖面的中央部分有两山，有五人在向山上作背物状，大概所背负的即是灶房中所产之物。

这一块汉砖的面上虽然并未刻有任何文字，足以说明所描绘的即是汉代制盐情形，但有几点事实足以证明所描绘的即是此事。因为木架右面所建的方形水斗，一方面盛接井中汲出之水，一方面又为管状物连接于右方的灶房，如果所汲取的不是盐水，似乎没有必要即需以水管送入灶房煎煮。这是第一点理由。第二点理由，如果砖面上的井不过只是一口普通的水井，井上的木架似乎没有理由必需造至如此之高；其所以必须如此之高，一方面固然是为了便于多人操作，二方面亦是为了要利用木架的高度，使汲出之水便于流至灶房。以这几种情形来观察，此砖所描绘的，显然即是汉代四川的井盐产制情形。何况邛崃即汉之临邛，《华阳国志》云：“地节三年，穿临邛蒲江盐井二十所。”可知此一汉砖的出土地，在当时本是四川的产盐地区之一，更足以证明砖上所绘的即是当时制盐情形了。

《华阳国志》又云："江阳县有富义盐井。"又，左思《蜀都赋》云："家有盐泉之井。"刘渊林注云："蜀郡临邛县，江阳郡江阳县，汉安县，皆有盐井。"由这些记载，可知四川在汉代时已有盐井颇多。古人对凿井的技术积累未多，这些盐井，应该只是浅井。就如今日的四川北部亦为一大产盐区，在简阳、乐至、遂宁、射洪、三台、中江、绵阳、盐亭、蓬溪、西充、南阆等十余县的广大境土内，盐井的数目多至十一万余口，但全部都是浅井，开凿虽易，而卤水所含盐分甚低。古时开凿盐井的技术水准既低，自只好择盐泉易得之地凿井取盐，不遑计较水中所含盐分之多寡。迨后凿井的技术日益进步，又知道地下盐泉所含的盐分愈深愈咸，于是方刻意研究改进，向开凿深井的方向努力进取，终于达到现在的技术水准。也只有在达到此一技术水准之后，盐井的开凿方能深至一千公尺，而深藏地下含盐最丰的岩盐矿与黑盐水，方能被充分汲取利用。就此一事实看来，四川人掘井取盐的历史，诚然是经过一段很长时间的演变进步的。

清人郑王臣曾有诗咏自贡盐井云："利锥斵山骨，矻矻无春秋。直下数十仞，石尽咸泉流。圆窍大如碗，瓶罂不可投。汲深自有术，机事宁足羞？截竹缀水耩，系以素绠修。人力不能引，引用马骡牛。辘轳榾榾转，一日一百周。千盆泻滲漉，万灶燔薪槱。炎炎歊雾作，蹙蹙清波收。或散若玉屑，或凝若晶球。作咸佐民食，功与煮海侔。念彼熬盐子，昏夜不暂休。辛苦岂敢恤，公私庶无忧。"诗中所描写的凿井取盐景象，与今日所见情形无异。转引于此，亦可作为一项掌故文献看。

关于斗鸡的考据

台湾民间，蓄养一种黑色而体巨的“斗鸡”，俗称“军鸡”。这种鸡原产于印度及马来亚，民国初年，由日本传入台湾。传入之初，曾在台湾掀起一阵蓄养斗鸡及以赌斗胜负的风气。按，日本的斗鸡风气，原自我国传去，而台湾又自日本传入此风，因此在这里提出来作一个小掌故谈谈。

我国最早的斗鸡记录，见于《左传·鲁昭公》二十五年：“季郈之鸡斗，季氏介其鸡，郈氏为之金距。”又《战国策》云：“临菑甚富而实，其民无不吹竽鼓瑟，击筑弹琴，斗鸡走狗。”可见我国的斗鸡之风，在这时就已很普遍。《左传》所说的“介鸡”与“金距”，据后人的解释，乃是以芥子捣成粉末撒于鸡羽中，斗时可用来刺激敌方的眼睛；及装设金属的爪距，以加强杀伤的威力。这两种方法，后世亦一直沿用。如梁简文帝《芥鸡诗》云：“玉冠初惊敌，芥羽忍伤俦。”刘孝威诗：“翅中含芥粉，距外耀金芒。”北周王褒诗：“妒敌金芒起，猜群芥粉生。”等，都是具体的例证。这种人为的方法，足以加深角斗双方的仇视心理，一旦开斗，必然会打得毛羽零落，血肉横飞。这种娱乐性的游戏，因此也就显得太残酷了一点。

古代斗鸡的具体情状如何？从下面的文献中可见一斑——

唐人陈鸿祖的《东城父老传》云，唐玄宗好斗鸡，即位之后，“治鸡坊于两宫间，索长安雄鸡，金毫铁距，高冠昂尾，千数。坊选六军小儿五百人，使驯扰调饲”。这可以知道古时用来角斗的公鸡，不过是普通饲养的鸡种。

晋人傅元的《斗鸡赋》说：“前看如倒，旁视如倾。目象规作，嘴似削成。高膺峭跱，双翅齐平。跃身竦体，怒势横生。爪似炼钢，目如奔星。”从普通鸡种中挑选出来的公鸡，何以能具备现在所见的“斗鸡”那样的威仪？其训练调饲之功，必定很不简单。唐人浩虚舟曾经作了一篇《木鸡赋》，对于这个问题，可以给我们很多的解答：

> 惟昔有人，心至术精，得鸡之情。情可驯而无小无大，术既尽而不飞不鸣。初其教以自然，诱之不惧，希渐染而能化，将枯槁而是喻。质殊朴斲，用明不竞之由；状匪雕锼，盖取无情之故。饮啄必异，嬉游每殊，竚栖心而自若，期顾敌而如无。日就月将，功尽而稍同颠柎，不震不悚，性成而渐若朽株。……首圆胫直，轮桷之状俱呈；嘴利距铦，枳枸之锉并利。是以纵逸情绝，端良气全。臆离披而踵附，眸眩耀而节穿。

在这种方式的训练之下，一只普通的公鸡，能够逐渐被训练成阴鸷而沉雄的猛禽，其成就自是可惊。赋中所指的那个“得鸡之情”的人，很可能便是《东城父老传》中的主角贾昌。《东城父老传》说，贾昌年甫十三，便能以“三尺童子，入鸡群如狎群小。壮者弱者，勇者怯者，水谷之时，疾病之候，悉能知之”。以此得唐玄宗的宠爱，为鸡坊小儿的五百长。每到举行斗鸡大会的时候，贾昌“冠雕翠金华冠，锦袖绣襦袴，执铎拂导群鸡，叙立广场，顾盼如神。指挥风生，树毛振翼，砺吻磨距，抑怒待胜。进退有期，随鞭指低昂不失”。唐代宫中的斗鸡盛况，于此亦可想其大概。

史称唐玄宗最嗜斗鸡，“诸王世家，外戚家，贵主家，侯家，倾帑破产市鸡”。而代宗、穆宗、文宗，亦都乐此不疲。上有所好，下必有甚，因此使唐代成为我国历史上斗鸡的黄金时代。这种斗鸡风气，经由来华的日本使节传回日本，因此又在彼邦逐渐流行了起来。

按《玉烛宝典》云：“寒食之节，城市多为斗鸡之戏。”《东城父老传》亦说，唐玄宗在藩邸时，“乐民间清明节斗鸡”。然则我国古代的风俗在清明节是通行作“斗鸡”娱乐的。这种风气，何以在宋代以后便逐渐衰歇，目下还无从知道。不过，宋代以后，在中国已逐渐不流行的斗鸡风气，在日本却逐渐兴盛起来。据日本史籍的记载，日本的宽永、元禄、天和、贞享年间（中国的明末清初），由于宫廷的提倡，斗鸡风气在日本曾达空前的高潮，其盛况有如中国的唐代。日本古代的《年中行事绘卷》中有斗鸡图，画着宫廷中举行斗鸡的情况，除了正中的皇室人物之外，两旁有甚多参与斗鸡的贵族大臣，以及随侍的仆从。所画的鸡，低昂作势，甚为传神。由于这种历史渊源，就可知道日本之由印度与马来亚输入“斗鸡”品种，之后更将它们传入台湾，不是没有缘故的了。

《升官图》杂话

升官图，乃是唐宋以来一直流行于知识分子社会间的一种博戏。每逢过年，无论老幼，都喜欢在这种游戏中讨彩头，找刺激。民国肇建，封建时代的政治制度全盘推翻，旧时升官图的内容逐渐不易为人了解，故而这种游戏亦渐形没落。去年春节，街头曾经出现过一种“改良”的清代升官图，一时又使许多人对此发生兴趣。但“改良”了的清代升官图，实际只是将原有的升官图简化了一番，既不能保持清代官制的面貌，又使旧时升官图游戏中所特见的趣味与刺激性丧失无余。为了使大家对升官图游戏有所了解起见，特地在这里提出一谈。

一

我国最早的升官图游戏，始于唐代。当时曾有房千里所创制的“骰子选格”，与李郃所创制的“彩选格”，以掷骰子的方式定参与游戏者的官阶升降，于局终定其胜负。虽然其内容早已失传，仍可认为是后代升官图游戏的滥觞。

宋代的升官图游戏踵袭唐代而来，有名可考的创作家，计有赵明远、尹师鲁、宋保国、刘敞等人，大抵都以当代官制为制作蓝本，一如明清时的升官图。就中以刘敞所制最为特别。他是汉史的权威，他以西汉的官制为根据，创制了一种与众不同的升官图，每一官秩升黜，各注考语，局终之后，可以将各人在一局中所得的考语，汇成一篇简单的小传，其游戏方式最为雅驯。可惜，除了刘敞所作的“汉官仪”以外，其余诸家所创制的升官图，目下都已无从见到其真相了。

明代的升官图已经很为复杂，但总比不上清代的升官图花样更多。清代官制，满汉分途，仕途庞杂，捐纳保举，恩赏特赐之类的名目，层见叠出。反映在升官图中的，也就更见其复杂奇谲。而比较现存的各种升官图，愈是复杂多变的，其趣味性愈浓，刺激性愈大。大概升官图的演变，就是朝着这一目标逐渐改良发展起来的。

二

在没有谈到升官图的内容以前，应该先说明升官图的游戏方法。

升官图游戏，如果试用一种比较简要的话来加以扼要说明，那么，它可说是一种以掷骰子来决定游戏者的仕途荣枯，从而决定其胜负的玩意。它把每一个参与游戏者，都当作是想在科举与官场中讨出路的旧时读书人。最初，他须以掷骰子来图“出身”，得了出身，便可入仕。入仕之后，每一个人都有建功立业的机会，其方式亦以骰子的花色为定。每掷一次，相当于一年的考绩，机会均等。成绩卓异的，年年晋级，岁岁加官；成绩恶劣的，则各种罪谴及降谪亦随之而俱来。如果优劣互见，则时升时降，犹如宦海浮沉，得失忧喜，萦切心怀。为了使参加者热中于各人的功名得失，规定于入局之初须缴“公注”若干筹。每筹的价值若干，自定。“官”做得大了之后，不但随时可得皇帝的恩赏（支公注钱也），并且有拜相封爵的机会，每次碰上，都可以括上一笔。最后官居极品，告老荣归，则在后的人又必须各出“贺钱”若干筹。升官必可发财，升不了官便须破财，这便是升官图游戏能够使人感到热中与刺激的主要因素。

游戏中所用的骰子，计四颗，每次以掷得一对以上的相同点子为数。二红称一德，二六称一才，二五称一功，二三称一良，双二称一由，双么称一赃。红最好，么最劣。大致情形是：德超擢，才优升，功良例转，由考察，赃降罚。但掷赃如能带红，可免罚。逢到三个以上的相同点子，则其计算方法如下：

四红——四德

四六——三德

四五——二德一才

四三——二德一功

四二——二德

四么——一德一才

三红——二德

三六——二才

三五——二功

三三——二良

三二——二由

三么——二赃

三四五六——穿花（作一才）

参与游戏的人，从掷出身开始，不论是由科举正途或佐杂出身，必须以官居极品，得到“大贺”时，方算胜利出局。最先得贺的人，下余者每人均须致送贺钱若干筹。其次得贺的，仍可得第三以下者的贺钱。余类推。只有最末一个人无贺钱可得，因为其他的人既然都已胜利出局，当然不会再有人贺他，而他则必须对所有的人致送贺钱，必然是最大的输家。

升官图的胜负，决定于赢钱或输钱。这倒与从前时做官为了发财的作用，并没有两样。

三

照前述情形来说，掷升官图，似乎以每次都能得“德”为最好了。其实不然。盖升官图之所以有刺激、有趣味，就在于它的花样多，变化多，若是一个劲儿的升官，就没有“意思”了。玩升官图，赢钱的方式有两种：一是得贺钱，一是在公注中括龙。升官太快，老早受贺出局，只能得贺钱，而自己所出的公注钱反有被别人得去的危险。所以，最理想的方式，是在掷出身时及入仕以后，多得红点，以便能中进士，点翰林，做大官。到了入阁拜相及封爵（王公侯伯子男）、得宫衔（太师太傅太保之类）以后，掷德便须受贺，这时最好能多来才、功、良等点子，以便能连续得到恩赏，或转殿阁、得差、晋衔，等机会，在受贺前来得及在公注钱中多所染指。如果在这时更能掷得全色，则无爵者封爵，有爵者晋爵，一切从头来起，真是名至实归的“福禄全归”了。

二与么，通常都不是好点子，但也有例外的情形。

第一种情形，是在做总督与尚书之类的大官之后，因军功而得到“世袭”

的时候。在“世袭”这一条上，掷德作二德一才，掷才作二德一功，即是掷功亦作二德。在这种情形之下，一德升协办大学士，再一德便受贺。只有掷良掷由，作“德才”、“德功”计算，则恰好在协办大学士任内，得升为大学士。

第二种情形，是在户部尚书等官，受到“予告”的时候。

有“予告”处分的官职，共有四个——户部尚书、刑部尚书、左都御史、按察使。这些官职司财赋及刑名，职任重要。倘使在别的官职任内掷得一“由”（双二），不过无功考察（列入察典，即内官京察，外官大计）而已，考得好，优升，考不好，降罚。但这些官不然，倘一掷得“由”，意即服官平庸，所受的处分是“予告”（皇帝命令他自动提出请假乞休）。在“予告”期间，掷德可以恩复，掷由掷赃，可以“罚赎”（按品级缴出罚俸钱后复官）；只有掷才、功、良的情形最糟，照规定是“各贺十筹荣归”。既不能算是受贺出局，亦不能再参加这一局的游戏，所出的公注钱全部归他人享受。在这种情形之下，倘使不能得“德”，则是宁愿来二与么，也不愿得才、功、良等点子的。

么点，只有在予告时可以赎罪，算是比较有用，其他时候，则所代表的总是晦气。不论是掷出身或是已有官职，每得一赃，总须接受一次处分——降罚。倘连掷得赃，则级级倒退，眼看别人青云直上，自己则愈来愈不争气，那滋味真是难受。只有在官做得大了，已经拜相、封爵、得宫衔之后，才有不论赃的规定。那涵义不知道是不是算作“大官贪污不犯法”?

三四五六，俗称“穿花”，这种点色最受欢迎。倘是在起手时一掷得此，即算作是“荫生”；再掷得稍好的点子，便可有六品以上的官可做。倘是在参与科举时，则进士即中状元（否则须一对红及另一对)。倘是在入仕以后，则掷得穿花作为“军功”，以后再掷时，有功优擢，遇赃不计。倘是在因案问罪或充军时掷得穿花，则不论所受的是何种处分，都可一律开复；比起掷得其他点子必须逐级减轻处分，都要直接而有效得多。

起手时掷得四粒相同的“全色”，全四封为衍圣公，立即受贺出局，作为最早的胜利者，并须由参加者另外致送贺仪。全六以至全么，各授轻车都尉以下的世职。倘是在二品以上掷得全色，则分别封为王公侯伯子男等爵位。最有趣的，倘使你是二品以上的大官，因累次犯“赃”而一直弄到军台效力或充军终身，行将有万劫不复的危险时，忽然掷得全色，不但开除一切处分，并且照点论封，真所谓是生死人而肉白骨，扭转乾坤，全在这一掷之中。所以，玩升官图的人常说，任何赌博，都不能在一败涂地时即刻反败为胜，而升官图则可以出现这种情形。这种游戏之所以够刺激，够趣味，原因就在常常有这一类奇特的变化。

一张设计得巧妙周到的清代升官图，等于是一套精心缩压而成的清代政治制度图解。举凡清代的政府组织、官制以至官场中的种种特别现象，都可以在图中包举无遗。例如下面的几点：

一、重出身——清制，非翰林不能入阁拜相，非进士以上不能充学差，及侍经筵，充御史，上书房行走等，升官图的规定与此相同。拜相可以有括龙的机会，其他各种差使，遇功亦可优擢，而无此资格者不能享受。

二、别满汉——满员出身（笔帖式或官学生）者，拜相不拘翰林资格，非满员则虽进士亦不与。升官图的规定亦同。

三、金钱万能——升官图中，有“捐纳”之制，因出身差而升迁慢的，可以出钱捐官，这正是清代官制中特有的现象。因贪赃而得休致处分，或因罪则终身充军者，出钱亦可以赎罪复官。这等于说有钱即可作官。升官图所反映的，正是现实的政治状态。

四、升官发财——官做得大了（拜相封爵等等）之后，遇功有赏，贪赃不罚。结果是任何人一到这个阶段，无不大事括龙，名利双收，满载而归。这说明了清代的政治精义是做大官必可发财，要发财必须做大官。“升官发财”这四个字的意义，于此发挥到了极点。

书中自有黄金屋

——明代士大夫生活之一般

从前的读书人有两句格言，说是：“书中自有黄金屋，书中自有颜如玉”。意指一个人只要努力读书，自可从书中得到你所向往的财富和美女。这两句话，在现时只能有鼓励人读书上进的意义，若在明代，则直是如响斯应，灵验无比，关键只在你是不是能够鱼跃龙门，过得了科举考试的那几道关口。

在明代科举考试下参加考试所得的功名，有生员、举人、进士等不同的等级。进士的等级最高，一切高官几乎都由此出身。举人的等级较低，但也有希望做到中上级的官吏。至于生员，俗称秀才，如果考不上举人进士，只能借三年出贡的机会做官，前程也不甚远大。又假如读了几十年的书而连秀才也不上一个，那就只好做个长不大的老童生，穷困潦倒，落拓可怜。童生、秀才、举人和进士，合组成一座巨大的金字塔，凡是读书人都在那里努力往上爬，希望爬上塔尖，可以中进士，做大官，享受由此而来的富贵与荣华。童生与秀才的等级太低，希望功名与富贵，还须作继续的努力。至于举人进士，则财富与爵禄都很容易，“书中自有黄金屋”与“书中自有颜如玉”云者，至此就很容易实现了。

吴敬梓所写的《儒林外史》，以明代的社会为背景，专写明代士大夫的生活，其中不乏极为生动的描写。如第三回中叙广东南海县的一个老童生范进，自总角读书，一直到五十四岁，还是考不上一个秀才，家里穷得三餐不继，连他那个做杀猪屠的丈人都瞧他不起，口口声声骂他“穷鬼”、“现世宝”。幸亏遇到一个识才的学道周进，才使他时来运转，先中秀才，再中举人，顿时之间，范进就飞黄腾达起来了。《儒林外史》第三回叙范进中举之后，同县的张乡绅一得消息，即刻就令管家拿了大红全帖来拜，攀世谊，拉关系，致赆礼，送房产，凡所以结好范进者，无所不用其极。此后的生活情形，借用范进老丈人胡屠户所说的话，是：“姑老爷今非昔比，少不得有人把银子送上门去给他用，只怕姑老爷还不稀罕哩!”事实如何，不妨抄一段原书中的话：“自此之后，果然有许多人来奉承他。有送田产的，有送店房的，还有那破落户两口子来投身为仆，图荫庇的。到两三个月，范进家奴仆丫鬟都有了，钱米是不消说了。张乡绅家又来催着搬。搬到新房子里，唱戏摆酒请客，一连三日。……”

一个穷措大中了举人，便即刻有这么多傥来的富贵可寻，“书中自有黄金屋”云者，至此完全证明真实不虚。话虽如此，我们读《儒林外史》，却总是不能明白，何以范进只不过中了一个举人？就会有这么多人来急急地巴结趋奉与求托荫庇呢？难道明代的小百姓就如此孤单可怜，非托庇于士大夫不能自保其辛苦挣得的家业么？一个新科举人，仕宦生涯尚未开始，又有什么势力可以荫庇这些前来投靠的奴才家人呢？这一层，就牵涉到明代的社会问题，不是《儒林外史》所能回答的了。

明代的政治风气，约可分为三个时期。自明太祖开国以至宪宗孝宗时，是早期，一般政风尚称廉明。自明神宗之世以迄崇祯亡国，是晚期，此时的政治已弥漫着贪污风气，终于因上下交征利而成为不治之症。至于孝宗以后至神宗以前的正德、嘉靖之世，则是承先启后的转变期，由早期的廉洁清明渐变而为后来的聚敛贪污，其间的演变过程，皎然可见。明人何良俊所撰的《四友斋丛》说云：

宪孝两朝以前，士大夫尚未积聚。如周北野佩，其父舆为翰林编修，北野官至郎中，两世通显，而其家到底只如寒士。曹定庵时中，其兄九峰时和，举进士，有文章。定庵官至宪副，弟时信亦京朝官，与李文正结社赋诗，门阀甚高，其业不过中人十家之产也。他如蒋给事性中，夏宪副寅，许佥宪璘，致仕家居，犹不异秀才时。至正德时，诸公竞营产谋利。一时如宋大参恺，苏御史恩，蒋主事凯，陶员外骥，吴主事哲，皆积至十余万。

何良俊所记，大抵是他家乡松江府的情形。按，明代官员的俸禄甚薄，最高级官月俸米八十余石，最低级官月俸米五石，中间尚有重重的改折与扣发。以这一戋戋月俸，来作为仰事俯蓄之用，如果洁身自好，几十年的官做下来，确实不会有什么积聚。如明世宗朝最有名的清官海瑞，他在浙江淳安县做知县时，日常所食，只是老仆在县衙门空地里自种的蔬菜；逢到为母亲做寿，方才到街上去买两斤猪肉，事见《明史·海瑞传》。何良俊列举宪、孝两朝官无积聚的情形，一方面反映当时吏治之廉洁与社会风气之淳厚，一方面也正可作为日后社会风气日趋奢靡浪费，与官吏日益从事聚敛贪污的明显对照。比何良俊生得晚些的明世宗朝征倭名将戚继光，在他所撰的《止止堂集》中，便有如下一段话，说：

嘉靖三十年前后，市人群处剧谈，但云："某某做官回，囊资何其厚也？是何其能也？"积薄者，或骂之曰："嗤子"。三十年前，宦归行李至国门，尚多夜入，曰："勿使乡党见。"今之归者，动以百数笥，必日中经闹市运之，唯恐其乡党不见，则不相荣矣。盛驰奴仆，索取夫马于官。仆在马上，德色骄人，遇官府不避道。予所亲睹者。

戚继光死于明神宗万历初年，论其生存时代，只比何良俊晚了二三十年，而他所看到情形，就要比何良俊所看到的糟多了。做官而有丰盛的宦囊，当然是由掊克聚敛而来；说得更具体一点，也就是贪污。官吏贪污，有其必要的条件。第一是要能谄谀逢迎，谨事上官，如此则虽秽迹昭彰而一样能得上官之欢心。第二是要能与当地士绅互相结纳，官府如能容忍地方绅士们出入衙门，嘱托公事，关说赂贿等种种不法行为，则绅士们自然决不会干涉官员们的贪污黩货，反倒视为同志，乐于相互掩护。在这种情形之下，官员与绅士们交相为用，而绅士也自然而然地成为贪污集团中的一分子。于是，读书人只要能一旦跻身于地方士绅之林，就可以有资格分一杯羹。《儒林外史》写范进中举人以后有如平步登天的情形，就是如此。

何良俊《四友斋丛说》中有一段话，说到松江士绅借何种方法居积致富，引述如下：

吾松士大夫一中进士之后，则于平日同堂之友，谢去恐不速，而日逐奔走于门下者，皆言利之徒也。或某处庄田一所，岁可取利若干。或某人借银数百两，岁可生息若干。或某人为某事求一覆庇，此无碍于法者，而可以坐收银若干。则欣欣喜见于面，而待之唯恐不谨。

买田买房与放债生息，都还可算是比较合理的生财之道。唯有嘱托官府与关说人情，方是违法乱纪的轨外行为，一方面使得贪官污吏们的骩法秽行更加肆无忌惮，一方面也使穷苦小民的可怜遭遇更加没有保障。何良俊所看到的情形，虽则尚是这种风气的端倪，而可以预见的发展，必定是朝着这一方向愈演愈烈。推原其故，正坐因于贪官污吏与地方绅士沆瀣一气，彼此之间再没有相互制衡防维的作用使然。既然官员与士绅对于骩法乱纪的事彼此两无忌惮，社会风气与政治风气又怎能不日坏一日呢?

明末野史中有一种名为《张汉儒疏稿》的，收在民国间出版的《虞阳说苑甲编》之中。此书内容，记述一个常熟县民名张汉儒者，在崇祯年间上书讦告本地豪绅钱谦益、瞿式耜二人贪赃枉法，其中事实，甚为具体。钱谦益曾任礼部侍郎，瞿式耜曾任户科给事中。时均削职家居，乃是标准的在籍乡绅。原疏所控赃款多至数十条，举其大要内容如下：

一是倚恃抚按有司多为其同年相知或门生故旧，每逢学使按临，关说入学的秀才，常数十名，得受钱财，何止四、五千金。遇有里中富家因事涉讼，不诈数千金不止。即同属缙绅，如主人势衰物故，亦乘机挟诈，不得数千金不止。遇抚按任满复命，则又为之斥巨赀纳贿，请托举荐其平素相知交厚之地方官以得优擢。地方官得此照顾，自更俯首弭耳，甘受指髦。而钱瞿二人之横恣不法，益无忌惮。

一是令豪奴家仆结交库吏奸胥，以包庇钱粮、侵没官帑。或则伪造库收凭据，朋分伙用。其银半归吏囊，半归宦橐。

一是利用官府荫庇的势力，纵令豪奴兴贩私盐图利。以致官盐壅滞，而利归私家。

一是纵使豪奴四出结党，或投献他人之财产，或借官司以诈人钱财。以致富家奴仆无不腹餍粱肉而身满绫罗，无告小民，则膏血俱尽。

一是恃势霸占湖荡水利，逼勒小民投献常规。

一是恃势霸占公地，造屋出租，借以牟取厚利。

张汉儒所控告的种种赃款，在钱谦益与瞿式耜是否有此事实，那是另一个问题，本文不拟加以讨论。但此疏中所开列的这许许多多敛财方法，却为我们提供了一些极好的参考资料，由此可以知道明代士大夫之居乡不法，其实际行径究竟如何。瞿式耜后来是永历朝廷的殉国忠臣，其平时的作为或者不致如此恶劣。至于钱谦益之家赀巨亿，所拥有的金石古玩与宋版书籍之富，独步江南，则是不争之事实。当钱谦益身死之后，他的同族恶绅垂涎其巨额遗产，不顾其尸骨未寒，即图同谋瓜分其产业，以致钱妾柳如是被迫自缢身死，有如张汉儒疏中所说钱谦益平素谋人产业之情形一般无二，亦是铁一般的事实。然则明代乡绅之恣横不法，在这里岂不是已经有了很明显的事实证明么？唯其因为明代乡绅之多恣横不法，所以范进在一中举人，取得了乡绅资格之后，即刻就会有那么多的人来求荫庇，图投靠，而张乡绅也亟亟乎送房送银，攀附结交之不暇了。这种情形，到了清朝就不复存在。因为清朝的进士和举人得官都颇不易，不像明朝那样，一中举人就具备了作官的资格；如果再中进士，即刻就可绾符宰县，俨然民之父母了。清人王棫所撰的《秋灯丛话》，有一条记载这其间的分野极为清楚，云：

> 士人某于除夕耳卜，占来岁科场。至一家，闻夫妻相谓曰："今年穷秀才，明年富举人矣。"前明陋习，绅士颇豪于乡。一登贤书，凡乡里之温饱者皆剧金结纳，甚至馈甲宅、投门下以免徭役，故有穷秀才、富举人之谣。某喜为吉兆。秋闱榜发，乃中副车，始悟"副""富"同音也。

明朝称生员为穷秀才，称举人则曰富举人，可见秀才如能考中举人，何异鱼跃龙门，身价百倍。何况秀才穷而举人富，亦明明说出中了举人之后的财路甚广，很多利源不招自来。明代后期，地方士绅普遍存在着一种包庇钱粮的恶习。因为明朝政府对于田赋之征收定有完纳标准，一州一县的钱粮，如能完纳至总数的九成，地方官便可免受参罚的处分。因此，即使是无田无产的穷秀才，一旦躐中举人，便可尽量包揽亲朋故旧的田产归于自己名下，每年完纳钱粮时，完其十九而欠其十一。势力愈大的，包揽愈多，欠纳的分数亦愈多。地方官以钱粮只须完至九成便无处分，亦即以此作为结交当地士绅的人情，坐视其侵欺隐占而不问。至于徭役，最为明代的敝政，而士绅则可优免，以此包庇小民之逃役者，称之为家人或奴仆，从而得其投献之利，更为习见不鲜。试看范进在中举之后便有这么多人自愿投身为奴及自愿献纳田产，便可知明代乡绅势力之大。在这种情形之下，进士与举人自然更是人们的歆羡对象了。

明朝后期的士大夫，除了少数洁身自好的人外，大多数都是居官则贪，居乡则横。如此这般的侵渔掊克，岂尚有不能发财致富之理？由后面所引述的故事，我们当不难看出明代士大夫豪富多赀之一斑。

清人王用臣撰《斯陶说林》卷三：

咸丰十年，粤逆既陷杭城，世家第宅，多为伪王侯所踞。有旧宅一区，栋宇宏敞，前明崇祯间宰相钱象坤故宅也。子孙式微，第已数易其主，唯堂悬“阁老厅”匾额，屹然无恙。一贼目踞其第，恶其匾，毁以代薪。匾卸时，一方铜匣，落地铿然，封识谨严。异之，启视，中储账簿一本，内书某房埋白金若干，某室窖黄金若干，距地若干尺，字字端楷，朗若列眉。末叶书：“崇祯某年某月某日记”，皆钱公亲笔。贼目按簿所注掘之，得金百余万，凶焰愈张。杭人无不知其事者。原钱公之意，谓子孙贫穷卖宅，必卸此匾，匾落铜匣即见，为后世计，亦深远矣。孰知天下事竟有出于所备之外者哉?

按，钱象坤虽曾在明思宗时官至宰相，但其人居官素无贪黩之声。以一个并非以贪黩著闻的宰相，亦能积赀至百万以上，可以想见明朝末年高官显宦之豪富程度。如以为此只是一例而并不能概见其余，那么，下面还有相似的一例可以参看。

清济南王培荀所撰《乡园忆旧》卷六："故明时，吾邑入都会试者，乡先达必邀饮，赠场费。一钜公设盛宴，以伎侑酒，一伎陪一客。宴毕留宿，各室帷帐预设，每床置金多寡不等，惟所择。一客独就金少者，钜公由是重焉。客固贤，而钜公之豪与文网之疏，当时京官之富，俱可想矣。"此书虽不曾指出所说的"钜公"究是何人，而文中既有"当时京官之富，俱可想矣"的话，当然可以知道像这样富的京官必定不在少数，而不必限定此"钜公"一人。

关于明代官员与缙绅之富贵多赀，除了上面所引的两条记载之外，清人顾公燮所撰的《消夏闲记》中亦有两条相关的记事。一云："明季缙绅，威权赫奕。凡中式者，报录人多持短棍，从门打入厅堂，窗户尽毁，谓之改换门庭。工匠随行，即刻修整，永为主顾。有通谱者，招婿者，投拜门生者，乘其急需，不惜千金之赠，以为长城焉。平时稍有睚眦，即嘱抚按访拿。甚至门下人遇有司对簿，将刑，豪奴上禀：'主人传唤'，即刻扶出，有司无可如何。其他细事，虽理曲者亦可以一帖弭之。"一云："前明缙绅，虽素负清名者，其华屋园亭，佳城南亩，无不揽名胜，连阡陌。推原其故，皆系门生故吏代为经营，非尽出己资也。至于豪奴悍仆，倚势横行，里党不能安居。而市井小人，计维投身门下，得与此辈水乳交融，且可凭为城狐社鼠。由是一邑一乡之地，挂名僮籍者，十有二三。至国变后，犹然颐指气使，舆情不服。试观康熙壬寅金坛逆奴之变，缙绅罹祸最惨，物极必反，此亦其报应欤?"

顾公燮是清乾隆时的江苏苏州人，大约与《儒林外史》的作者吴敬梓是同时代的。既然顾公燮在当时还能听说到明朝缙绅恣横豪富的情形，吴敬梓生当同时，当然亦必有所闻见。由此可知，《儒林外史》所写范进的发迹情形，虽是小说，却正确地反映了明朝社会的真实情况。入清以后，一切情形都已改观，不但范进中举发迹的故事，不可能重演，我们现在读到《儒林外史》中所写的这一故事，亦不免有怀疑不信之感。幸而有上述各种野史及笔记中的记载，方才能一一得到解释与证实。

“书中自有黄金屋”与“书中自有颜如玉”，在明朝的社会制度之中，乃是不折不扣的银行本票，只要你能够在科举考试中鱼跃龙门，即刻凭票兑现，决不空头。这对于志在求富贵与取功名的读书人而言，该是多大的诱惑！无怪乎当时的读书人，一个个都要从八股文中去讨出路，虽历尽艰辛而百折不回呢。

绍兴师爷

一直到民国初年，“绍兴师爷”这几个字，在人们心目中还是很响亮的名词。只要是对实际政治稍有接触的人，几乎没有不知道绍兴师爷这几个字的真实意义的。按，所谓“师爷”，在从前通常称为“西席老夫子”，一般下人则尊称之曰师爷，乃是清代各省督抚藩臬道府州县衙门中必不可缺的重要人员之一。由于他们并非衙门中的正式编制人员，其来源属于机关长官之礼聘，其薪水（通常称为“束脩”）出于机关长官之自掏腰包，所以其地位实在是官之幕宾，亦称幕友。如果以县衙门为例，县官的幕友通常分为五种，一曰刑名、二曰钱谷、三曰书启、四曰挂号、五曰征比，其人数则依县之大小繁简而定，大县的人数需十余人，钱粮较少讼事稀简的小县分，则二三人亦可兼管。在这几种幕宾之中，又以钱谷与刑名二者的地位最为重要，往往会因所请人选之优劣而影响到官的前程与考绩。绍兴师爷之所以见重于当时的社会，正因为他们在这两种专业幕宾之中都是以学优才长著称，特别为各衙门中的官长所器重倚畀之故。自清末以至民国，司法脱离行政而独立，县长不再兼管司法审理，刑名师爷这一行算是绝迹了；但是各地县政府中的财政科长，仍以绍兴籍的居多。时至今日，虽然连这一现象亦已完全不复存在，但所谓绍兴师爷也者，在中国近代的政治史上是无疑仍将有其永恒之历史意义的。

绍兴师爷的名气如此响亮，这得归功于两种原因。第一是他们表现在刑名、钱谷这两种专业方面的过人才干。第二是他们在这两种专业中所占有的人数比率特别大。而由于人数众多及声气广通之故，更足以提高他们的势力，在互相汲引提挈的情形之下，造成一个以地域为单元的势力集团，在很多地方都可以互相照拂，同休戚而共利害。也正因为有这种原因存在，所以更使得清代的州县官在选择幕友时，必须要以绍兴人为优先考虑的对象了。这虽然是一种实际的事实形态，但也就存着一个问题——何以绍兴籍的刑名与钱谷师爷们，偏偏就能在这两种专门行业中出类拔萃，隐然成为此中的翘楚呢？要仔细探究其中的原因，就是十分耐人寻思的事了。

绍兴在清代是浙江的一府，下辖山阴、会稽、萧山、诸暨、余姚、上虞、嵊、新昌等八县，其中的山阴与会稽二县本是一城二县，因户口稠密，财赋殷繁之故而分为两县。到了民国，废府存县，又改正若干不合理的行政区划，于是山阴会稽仍旧合并为一，即今之绍兴县。清代的所谓绍兴师爷，并不泛指绍兴府属的八县籍，严格地说，它所指的只是山阴、会稽、萧山三县而言，其中山阴、会稽之人约占十之八九，萧山人只不过十分之一而已。

绍兴县不管是分为山阴、会稽二县，抑或合并为绍兴一县，其辖境与人口数总是一样的，根据1938年的绍兴县政府统计资料，绍兴全县的面积，只有六二七九平方华里，人口数不详。但乾隆《绍兴府志》所载乾隆五十六年时的户口册，山阴县的人口数是一百万零二五八二人，会稽县是二十六万六五二六人，二者合计，总共一百二十六万九一〇八人。这虽然不是近代的人口统计资料，但绍兴师爷本来就是清代的产物，以清代的人口统计资料用作研究绍兴师爷的起源之用，最是合适。所以我们正无妨根据此一人口数字资料，展开以后的研究与分析。

我们知道，从前人为了逃避赋役，漏免丁税，往往隐匿人口，将多报少。所以从前的户口统计资料常常不甚正确，数字偏低。前述乾隆五十六年户口册所载山阴会稽二县人口总数，虽有一百二十六万九千余人之多，揆之实际，恐怕只会少而不会多。在从前农业社会时代的农村经济，人民主要的谋生方法不外是耕作与经商。绍兴地狭人稠，每平方华里的人口数超过二百以上，人多田少，势必要向外谋求发展。在明清两代，江浙均为全国文风最盛的省份，而浙东的宁绍二府则与浙西的杭嘉湖三府同居全省之冠，文风特盛。读书的人多，其目的无非在求应试与出仕。专制时代，科举考试自然是读书人入仕的主流。但科举考试对于文风落后的边远小省定有保障名额，所以即使像江浙二省那样人文蔚起的大省，也不能包办会试取中的名额。何况进士三年一试，全部取中名额不过二三百人，绍兴的读书人即使挤破了头，也未必能分得几个。科举考试在从前称为出仕的“正途”，正途的出路困难，资质稍差而自觉难以与人竞争的，就需要改走旁门捷径。这所谓旁门捷径，包括的范围甚多，如所谓効劳议叙、军功保举、供事积劳、吏员考选、捐赀买官等等都是。但这些项目大部分都是清代所常见之事，若在明代，则唯有“吏员考选”方是科举考试之外的主要入仕道路。因此我们需要先从这一项目说起。

现代的公务员中没有“吏”这一行，但在从前则有，而且其地位很低。根据明代的法律规定，人民被佥选到政府机关中去担任“吏”的职役，乃是一种徭役性质的义务，不过与其他种类的徭役稍有不同而已。其他各种的徭役，如门丁、皂隶、禁子、弓兵、铺兵、库丁等等，都是自尽义务的劳役，并无薪水，作“吏”当然亦不例外。所不同的是，上述各种徭役都有一定的服役年限，或一年，或二年，服役期满，便可免役回家；作吏则三年一考，九年三考，期满无过，可以由吏部铨选充任政府的低级官员，如从九品的巡检，未入流的典史、驿丞、闸官、河泊所大使等等，其出路颇为不错。这些末秩微员，都是正途出身的进士举人之流所不屑为的。而且正途出身的进士举人之流，一得官便是七品以上的知县推官等职，前程远大，比之这些佐杂微员相去悬绝。相形之下，巡检典史之类的卑官末秩，也只有这种吏员考选出来的人肯去做了。但我们切莫以为这种巡检典史之类的卑官没有出息。如果他们有为有守，在职务上的表现又足以使上官赏识，也一样可以循序升迁，由主簿县丞之类的佐贰官，升到府州县的正印官，甚至陈臬开藩，出任封疆大吏，也并不是没有的事。如果才能不逮而又簠簋不饬，只希望做几任小官而攒积一些宦囊为自肥身家之计，那当然是等而下之的了。不过，佐杂卑官之中，像这样的人也正复不少，而且他们在一开始时的志欲也就只是如此，视作官如发财事业之一种。明人薛应旂所撰的《宪章类编》，就有如下一条，说：

> 按陕西京兆驿支费特烦，其丞岁获数千金。良乡固节驿、河间瀛海驿、景州东光驿、肇庆崧中驿、韶州芙蓉驿之类亦次之，大率是马驿冲处。

明朝的官俸甚薄，县官七品，年俸不过银数十两。而驿丞卑官，最好的肥缺居然能年入数千金。虽然说这种收入都是贪赃枉法之不当所得，但既然人人视之为利薮，当然也可见其取之无碍。驿丞如此，其他当亦有相仿佛者。例如巡检典史等官，品秩虽卑，但有很多县分的辖境广袤，地方官政令难及，就专设巡检或典史一员专管那些路远而又地要的偏僻汛寨。天高皇帝远，小官亦大如皇帝，尽不妨威福自擅，贿赂公行。几年巡检或典史做下来，宦囊充盈，即使因贪污事发而遭参革，回到老家，也已是面团团的富家翁，后半世吃着不尽了。所以，作吏虽不比读书应试之有前程，却十分稳当而实惠。在徭役制度未曾改变以前，作吏须由官衙佥选，绍兴人即使想由此路入仕得官，也还不十分容易。但自明神宗万历初年行“一条鞭法”之后，这种情况改变了。

所谓“一条鞭法”，乃是将旧时所定的各种田赋、丁银与徭役等等合并为一，人民除了缴纳粮赋之外，各种徭役，一概以折银之法纳银于官，然后由官出银雇人代役。这种办法革除了旧时徭役制度中的许多弊窦，也使此后服役于官衙中的人役有了固定的薪水，从而形成一种专门性的从业人员。一般差役如此，“吏”的情形亦然。发展到后来的结果，除非某吏因犯事或有过遭官府斥革，其人都以世代承袭的形式子孙相继，无形中成了在位者的既得权利。这种情形，当然就跟过去大不相同了。

吏役变成世代承袭的职位之后，占缺的人称为“窝主”，永远保有其基本的权利。他可以将此缺以某种权利完全出让予人，或以某种权利听人顶名服役而坐收渔利，总之悉听其人之自愿，官府并不从中干涉。为什么吏役的职位在后来会成为必须付出相当代价方能买得顶让权利的目标物呢？这当然就与吏役的“出息”有重大关联了。所谓吏役的出息，除了选官之外，还是其中的不正当收入。

现代的民刑法律，条例纷繁，非专学法律的人不能精通此道。明清两代，重要官吏都由科举考试出身，生平所读的不过是经史子集与八股时艺，对于民刑法条与经费销算等等实际政务中的许多法令规章，不但不可能事事熟谙，而且也无此精力去学习钻研。更糟糕的是，刑部职掌天下刑名案件，户部职掌天下财赋出纳，这两部所据为准则的律条甚简，而作为补充律条不足的例案则多如牛毛，而且彼此之间的轻重出入并不一致。刑名案件或经费销算一到刑户二部，主管其事的虽然是尚书侍郎以至郎中员外等等官员，但实际权力却隐操在书吏手中。久于其事的书吏，对于部中所办的例案都极为清楚熟悉。某一案件，举某例案为证则当准，若举另一例案为证则又当驳，这当准与当驳之间，若是主管其事的堂、司官员不能比书吏更熟悉这些例案的同异差别，那就只好听任书吏的摆布，以书吏之意见为意见了。部中书吏之所以要故为同异，目的自然是因为有人为此而花费金钱在部中“打点”，故而他们才肯想出办法来为出钱的人作有利的开脱。除此之外，若是公事必经他们之手，而其中又有利害关系，则亦是他们的利薮了。清高宗时的福康安，官拜总督，爵封贝子，在皇帝面前备承恩宠，红极一时，而据稗史相传，他在几次领兵出征以后所办的军需奏销案，仍须忍受户部书办之勒索。福康安尚且如此，其他较之地位不如的人，当然更可想见。部中的书吏如此，自督抚藩臬以至道府州县衙门中的办事书吏习性如何，当然亦可想见。凡此俱是书吏专业化以后所造成的结果，在明代的正杂野史之中，就很少听说过类似的情形，除非是明末徭役制度改变以后。

书吏专业化而使大小官员在推行政令或日常办事之中受到困扰，在清代末年的稗史及小说中不乏具体的实例。下面所举的例子，就是很具体的一个典例。

清人吴沃尧所撰的《二十年目睹之怪现状》第四十八回中，曾经提到一个故事。大意是说，广州发生一件因械斗而起的命案，为恐据实奏报有所不便，乃将案情改叙作因看戏碰撞，彼此扭殴而致毙命。案子由广东督抚奏报上去之后，忽然由刑部里来了一封信，要向广东大小衙门商借十万两银子。这当然是明显的勒索。总督接到此信后，立即召集巡抚及藩臬二司道府等官会商，要知道究竟是为了什么事？研商了很久，总算弄清楚事情即因前述命案而起。因为奏报的公文说明某月某日因看戏而生斗殴，这所奏看戏之日，恰是国忌。凡国忌之日禁止鼓乐，广州省城系督抚大宪驻扎之地，如何可以公然演戏？如果拿这个问题追究起来，自督抚藩臬以至道府首县，谁都脱不了重大干系，所以刑部书吏就要借此向广东的大小衙门勒借十万两银子了。遇到这样的棘手题目，谁都想不出办法来解决。但臬司衙门中承办此案的刑名老夫子却看得极为稀松平常。他在臬司埋怨了一阵之后说："这个容易，只要大人去问制台，他可舍得三个月俸？如果舍得，便大家没事；否则就大家摊十万银子去应酬的了。"总督听说三个月俸便可解决问题，如何不肯？如此，这位刑名老夫子便以总督名义拟一奏稿，自称在某月某日所上看戏肇事命案的奏本中，看字之下，戏字之上，误脱漏一"猴"字，照例自行检举，请予议处。奏章上脱漏文字的处分是每一字罚俸三个月，而既是猴戏，并不干犯禁令，刑部书吏又有什么可以勒索的？果然，此本奏上后，总督照章罚俸三月，而部中书吏噤口无言矣。一天大事，化于乌有，这臬司衙门的刑名老夫子确实有回天之力。

这是一个极为现实的故事，足以说明各衙门的书吏如果久于其职，很可能因对各种律例规章十分熟谙之故，变成专门懂得钻漏洞，耍手段的"积猾"。书吏变成积猾，非有工于心计，及对各种律例规章更为谂熟之人，决不能应付。官之所以必需延请各种专家来作他的幕宾，当由于此。至此，绍兴师爷乃具备了出现的条件。

绍兴师爷之出现，其客观因素固然由于书吏之成为世业；而师爷之必需绍兴，则或者亦与书吏之成为绍兴人的世业有关。清人萧奭所撰的《永宪录》卷二，清世宗雍正元年，有一条记云：

> 禁六部经承专用绍兴人。勒天下衙门胥吏之限。

其下另有注云：

以各省吏员考取六部经承。天下衙门吏胥多者汰之。

山阴会稽萧山之人，专习钱谷刑名之学，盘踞天下大小衙门，相沿已久，积弊渐多，故加以廓清。

六部中的所谓经承，即是各种办事书吏之总称。其名称包括吏役中的各种职名，如堂吏、门吏、书吏、都吏、知印、火房、狱典等，见《清会典》对于此一名词的解释。由《永宪录》的记载可以知道，至少到了清圣祖的康熙末年，六部中的书吏，几乎已都由绍籍人士所包办。绍兴人在书吏变成世业不过只有一百余年的时间之后，就能够垄断六部中的各种书吏，使变成他们的专门势力范围，虽然其来源必定由于各种不正当的顶买钻营，而其业绩则着实使人吃惊。至于山阴会稽萧山三县之人，何以能“专习刑名钱谷之学，盘踞天下大小衙门”，相信亦与绍兴人之专门有兴趣钻营六部书吏一事有关。因为这在当时必定已经成为绍兴的一种社会风气，否则又如何能凭借此一特长，在把持六部衙门之后，更进而“盘踞天下大小衙门”呢？而一个人既然在这方面具有专长，亦不必一定非做书吏不可。比如幕宾之职，就要远比书吏来得清高，更且更不失读书人的体面。绍兴人既长于作吏，作师爷自更游刃有余。比如前面所说的那则故事，那位广东臬司衙门中的刑名师爷，相信他必是绍籍人士。试看他那种治大国若烹小鲜的从容态度，如非胸罗万壑，何以能安闲轻易如此？因此我们很可以假定，由于书吏之变为专门性职业，促成了幕宾之产生；而书吏专门由绍兴人包办之后，绍兴人之中，智慧较高而人品较上的一些，乃先后走上了作幕宾的道路。于是，绍兴人也在师爷这一行中崭露头角，成为此中的翘楚。

笔者曾经仔细查考过清代乾隆以来的十几部缙绅全书，发现其中的绍兴人特多。这或者也与绍兴师爷之鼎盛具有连带关系，值得在此一说。

所谓缙绅全书，其实就是现代的职员名录。所不同者，现代的职员名录都由各机关自编自印，从未见有包罗全国大小机关所有公务人员在内的总名录；而清代的缙绅全书，则正是这样的东西。缙绅录的内容，分部分省，自一品高官的大学士尚书总督以至末秩卑官如巡检典史之类，一一开列齐全，而且注明其出身及籍贯，极便于检查。试将这些缙绅全书作一籍贯与出身的统计，我们便不难发觉绍兴书吏与绍兴师爷之间的另一种关系。下面所开列的各种数字，乃是从乾隆廿九年的缙绅全书中统计而得的。

一、以籍贯论，各种官员中人数最多的是顺天府属的大兴宛平二县，总数将近九百人。其次则为绍属之山阴会稽萧山三县，总人数四四五人，约为前者之半数。

二、以官品论，不论是大兴宛平二县或是山阴会稽萧山三县，七品以上的官员都不多，所多的是八品以下的佐贰杂职。计大兴宛平二县籍者七五三人，山阴会稽萧山三县籍者三八七人。与前述统计人数相似，亦为二与一之比。

三、以出身言，佐贰杂职之中，除了盐大使是著名的肥缺以外，没有正途出身的人。但即使是盐大使，正途出身所占的比率亦甚小。其他则以吏员占第一位，监生占第二位，议叙占第三位。监生可由赀得，吏员得官由于考选，所谓议叙，则是既非吏员亦无功名的读书人在各衙门中供事积劳，在议叙案中保奏得官之意，其性质约与吏员得官相近，但不如吏员之稳妥可靠耳。

四、以职位论，人数最多的依次序为典史、巡检与吏目。典史方面，大兴宛平二县籍者三三九人，绍兴三县籍者一九九人。巡检方面，二县籍者占二一七人，三县籍者占九二人。吏目方面，二县籍者七十八人，三县籍者十七人。

顺天府属的大兴宛平二县，就是当时的北京。由以上的统计数字看起来，似乎绍兴府属山阴、会稽、萧山三县籍的人数，远落于顺天府属大兴宛平二县之后，所意味的，应当是绍兴人在政治界的势力尚不如北京人。其实并不如此。因为上面所开列的顺天府大兴宛平二县籍人数虽然如此之多，这些人实际上却并非北京的土著。枝巢子撰《旧京琐记》，就曾说过："都中书吏，世世相袭，以长子孙，其原贯以浙绍为多。"可见北京的书吏，名义上虽是顺天府属的大兴宛平二县人，实际上却是绍兴人。这在乾隆二十九年的缙绅全书中也可看出若干端倪。如湖南省城步县的江头巡检黄时御，籍贯栏下记云："顺天大兴籍浙江山阴人"。同县典史章恒监的情形亦复如此，乃是："顺天大兴籍浙江会稽人"。类此的情形尚多，不能一一枚举。至于籍贯栏下只注明是顺天大兴或宛平县人而不加注原籍何处者，亦不能一概认定他们便是北京人。如果把籍贯顺天大兴宛平二县的人，看作有四分之一是原籍绍兴府属山阴会稽萧山三县，想来并不会有什么不对。而其余四分之三即使不属于绍属三县，也是其他省县的寄籍，并非北京的土著。这么一来，顺天府属大兴宛平二县籍人士所占的人数首位，马上就要让给绍属三县了，而前面所举的统计数字，也就需要另行更正一番。所得结果如下：

一、绍属三县籍佐贰杂职的总人数为五五〇人。

二、典史总人数为二八四人。

三、巡检总人数为一四六人。

四、吏目总人数为三六人。

五、监生出身者总计一六二人。

六、吏员出身者总计二四〇人。

七、议叙出身者总计一二一人。

《清会典》开载全国各省的佐贰杂职名额，计巡检九三五人，典史一二九六人，吏目二二一人。以上述数字与之相比，绍兴府属三县籍的典史，占全国总名额的百分之廿二，吏目占百分之十六，巡检占百分之十五点五。中国的总人口在乾隆时为三亿余，绍兴府山阴会稽二县加上萧山，共计只一百三十三万余，不足全国总人口的百分之零点四。以不足全国总人口百分之零点四的绍属三县，居然能在全国的典史总数中占百分之廿二，吏目总数中占百分之十六，巡检总数中占百分之十五点五，而且这些人的出身又什九属于吏员、监生与议叙，这所显示的意义是什么呢？

旧时的读书人如果希望从科举考试中得官出仕，需要具备相当的条件。一是本人的资质，二是名师指点，三是长时间的学习揣摩。资质聪颖而天才明敏，少年即可高掇巍科。不过这样的人毕竟太少，大部分都要靠勤学来补天分之不足，而延访名师及良友切磋，相对地就比较重要了。但这又需要家庭经济情况宽裕或有其他的支援挹注才行，否则难免老死牖下，终生难遂功名之愿。与其如此，何如及早改图，以免自误终身。所谓改图，弃儒从商是一途，弃科举而改学幕，亦是一途。不然则捐赀得一监生，或买缺作吏，亦可由此图个一官半职。作《浮生六记》的沈复，生当苏州人文蔚盛之地，因读书资质稍差，家庭经济情况又比较困难，在十九岁时就由他父亲作主，弃儒习幕，此后即以幕友生涯度其一生。绍兴的情况与苏州相若，读书人多而出路狭隘，彼此的考虑情况当然亦相仿佛。但绍兴府属山阴会稽三县籍之人，由监生吏员等杂途为卑官末秩者特多，相对地便可知道，既为监生吏员而尚未能入仕得官的人更多。佐杂卑官多而监生吏员亦多，可以知道绍兴府属三县的读书人为了谋一枝栖，往往不惜降志辱身，做那些为很多自负“有大志”

的读书人所不屑做的“小事”。更何况书吏的职掌即是刑名钱谷之实际政事，在社会风气的濡染熏陶之下，使很多的读书人因自觉不适于应试科举而改行习此，不但可由此得到专门的知识以资谋生赡家，而且可在彼此的相互照应之下维持一种庞大的集体力量，又岂不是十分合适的事吗？绍兴师爷之勃兴，相信即是由于这种原因，其人数之所以日趋日多，则应是积久发展而成的结果。

由稗官杂记的传说，州县衙门中的师爷若是因州县官更迭而彼此交替时，前任师爷手中所保有的帐册簿籍，每被视为业务上的秘密，必须由后任师爷备礼恳请，方能一一交出。这种情形，如果有同乡或师友等等的情谊参与其间，必定诸事顺遂，否则或不免因意见参商而故意作伪造假，以图不利于后人，而接任的官或幕友，就吃不消了。基于这种利害关系的考虑，前后任官的幕友，最好是朋友而非仇敌。绍兴师爷既然都是同乡，彼此之间必有相当的师友戚族之谊，自然是最适当的人选。绍兴师爷的人数愈多，因相互提挈汲引之故而使他们的势力集团日形庞大，亦正是十分自然之事。《永宪录》所说，绍兴府属山阴会稽萧山三县之人在雍正时即已“盘踞天下大小衙门”，在当时或不免渲染过当，在后来却正是十分恰当的描写。试以乾隆嘉庆以后的缙绅全书为例，几乎无一页不见绍兴籍人的名字。此尚不过是具有官员身份的绍兴人，如再加上该地衙门中的绍兴师爷与书吏，岂不就是无一县没有绍兴人的情形了吗？情势发展到此一地步，绍兴师爷的大名，还有不名闻遐迩，妇孺皆知的吗？

三百年来的物价变动

一

在没有说到正题以前，先要引叙一段有关物价记录的资料。时间，是在明代的末年；地点，是在广东省南部的吴川县。

《吴川县志》引述县人陈舜系所撰的《乱离见闻录》，说：

> 予生万历四十六年戊午。时丁昇平，四方乐利，又家海角鱼米之乡，斗米钱未二十文，鱼钱一二，槟榔十颗钱二文，荖十束一文。觔肉只鸭六、七文，斗盐钱三文。百般平易，贫者幸托安生。差徭省，赋役轻，每年两熟，耕者鼓腹。士好词章，工贾九流，熙熙自适，何乐如之？

这段文字，写出了古代升平盛世时的一幅太平安乐图画。其时不但社会安定，民生乐业，而且百物俱廉，一般的生活非常容易。明代通行的货币，是白银与铜钱。铜钱分为两种，凡是明代所铸的铜钱，如洪武通宝、永乐通宝、万历通宝等，乃是官式的铜钱，形式比较整齐，每枚的重量都在一钱以上，是谓制钱；制钱以外，就是前代所铸的杂色钱或是私钱，较制钱为轻小，称为低钱。低钱两文，只能抵制钱一文。而白银与制钱的兑换价，则通常是银一两可换制钱六七百文。上面这段文字中，未曾说明所用的铜钱究竟是制钱，还是低钱。但即使以币值较高的制钱来说，这样的物价水准，也还是很低的：一两银子可买白米三石有余，鸡鸭鱼肉等食物，无一不廉。五口之家，每月若有一两银子的收入，尽可温饱了。

前此曾有一位胡圣如先生，研究《金瓶梅》这部书中所说到的明代物价。在第九十六回中，西门庆的女婿陈经济，与侯林儿两人上酒馆，吃了四盘四碟，两大壶酒，外加面饭，一共花费了一钱三分银子。西门庆的仆佣，每月可得二两银子的工资；其他普通工人，每月工资约为一两。而《金瓶梅》的成书时间，又恰是明神宗的万历年间。准此而观，生活在古代的人，实在太有福了。民国初年，一般通用银元与铜元。每银元一枚，可换铜元一百八十枚左右。由于铜元的面值是每枚值制钱十文，如依此为准，每银元一枚，当合制钱一千八百文。如果当时的物价亦如《吴川县志》所引的《乱离见闻录》，则只要银元一元，便可买得白米八九石了。但如以1923年的实际情形而言，无论是上海、苏州、无锡等城市，米每石价都在十一元以上，折合制钱一万五六千文，比起明末的价格，将近百倍。清代的银元，每一元合库平银七钱二分。这也就是说，明代末年，每月一两银子收入的人，到了民国初年，就需要有每月一百二三十元的收入，才能买到当时白银一两所能买得的东西了。但是这又却不尽然。因为自明末以至民国初年，铜钱的购买力虽然一落千丈，而白银或银元对铜钱的比值，却相对地提高了不少。如果我们撇开铜钱的价值观念，而仅以白银的购买能力来看，那么，自明末以至民国初年，白银的购买力，约跌落了二十倍左右。白银的购买力跌落，当然意味着物价的上涨。而且这种上涨的趋势又是随着时间的累积而赓续不已的。这种情形，就有点像是最近几十年来，由于国际性的通货膨胀而致物价日升月高的光景了。自清初以至民国，中国既不曾以膨胀通货的方式增加货币发行，这种持久性的物价上涨趋势究竟因何而来呢？回首前尘，诚不免令人不知其所以之故。

近几年来，由于石油风暴所给予全世界物价的冲击力量太大，只要一提起物资短绌与货币贬值，就不免使人谈虎色变。回想三百年以前低物价的时代，更不免使人平添无限思古之幽情。然而，三百年以前物价低廉的黄金时代为何一去而不复返呢？追溯起来，也是一个值得一谈的问题。

二

明神宗万历末年的低物价水准，如果向上推溯，会使人感到，更古时代的物价更便宜。

《汉书·食货志》云，西汉宣帝时，谷每石五钱。此所谓五钱，并非明清以来一般价值观念中的白银五钱，而只是铜钱五枚。这是西汉盛世时的谷价，不但见于《汉书·食货志》，亦可从张苍所撰《九章算术》中的资料互相比较。《九章算术》中很多算题，其中所假设的物价，虽说出于假设，似亦与实际情形相去不远。例如粟每斛钱十文至二十文，麦一斛钱四十文，菽（大豆）一斛钱三十文等。这一价格，较之宣帝之世已贵了不少。但因一斛有五斗之故，以一石计，粟每石亦不过三四十文，麦每石则八十文，仍应算是很便宜的。

《贞观政要》卷一："贞观三年，米斗三四钱。"又《通典》卷七："自贞观以后八至九年，频年丰稔，米斗四五钱。"由此可知，唐代初年的米价，一石不过钱三十文至五十文，与汉初甚为相似，到了后来，方始逐渐上涨。通典卷七："至（开元）十三年封泰山，米斗至十三文。……自后天下无贵物，两京米斗不至二十文。"这种价格水准，到了北宋初年，犹相仿佛。《宋史》卷七《真宗本纪》，大中祥符元年，"诸路言岁稔，米斗七八钱。"又，《续资治通鉴长编》卷三十，端拱二年四月李觉上言："近岁以来，都下粟盐至贱，斗直十钱。"这种情况，说明了在天下太平的汉唐宋各朝盛世，以铜钱作为交易媒介的物价，大致都是很低廉的。虽然在各朝之间，由于战乱、灾荒、饥馑等等的原因，通货膨胀，粮食缺乏，以致米价亦有高涨至万钱一石的空前记录，但就一般情况而言，其趋势始终是很平稳而安定的。例如明代的米价，自明初而至万历末年，犹止每石一百数十文至二百文。天启崇祯以后，虽因战争及灾祸而致飞涨，但到了满清统一天下之后，康熙初年的米价，仍复回落到每石二百文上下，可以与万历时代的米价看齐，便是一项极为有力的证据。

清代初年，因米价低，一般物价亦低。作《治家格言》的朱柏庐先生，在他所撰的《毋欺录》中记载，客来留饭，买酒一壶，用钱一文，豆腐一篚，亦用钱一文，鸡鸭蛋一篚，用钱二文，凡用钱四文而止。吴敬梓的《儒林外史》说，牛浦在扬州一家饭馆中吃饭，腊猪头肉一碟，银一分，茭白炒豆腐干一碟，银五厘，饭二厘一碗。由此当然可以证明，自汉代以至清初，除非是战乱之世物价上升，一般情况都是很低廉的。然则自清初以至民国，物价上升何以有如脱缰之野马，一发而不可收拾呢？

追究清代物价上升之原因，我们可以得出一个结论。此即是说，在清代以前，我国物价的上升与下降，完全基于供求之平衡与否，以及社会秩序之安定与否；而入清以后由于通货膨胀及白银价格受外国影响的双重原因，遂使我国的物价失去自主能力。积重所至，遂一往而不复返。这是中国历史上前所未有的变局，不但是经济史上的有趣课题，亦是学习近代历史者所不可忽视的问题。

以下先说清朝初年的通货膨胀情形，然后再及白银价格的涨落问题。

中国古代的交易媒介，一直以铜钱为主。西汉初年，铜钱自由铸造，以后限由官铸，所以铜钱又名制钱，私铸者则名之为私钱。铜钱的主要原料是铜，而中国的铜产量并不丰富。所以在明代以前，政府的铸钱工作，一直受到原料来源的影响，供应量并不十分充裕。根据保守一点的估计，自明太祖洪武年间至明神宗万历年间的二百多年当中，铜钱的铸造量，总共不过大约一百亿枚而已。

三

但是明朝的铜价，却是与年俱贵，洪武时每一百斤铜值银五两，到万历时贵到十两五钱，二百年间涨了一倍。明朝的制钱，官定重量每枚一钱二分至一钱三分，银一两折钱一千，单是铜料就要七斤半至八斤，铸十两银子的铜钱则需铜料七十五斤至八十斤。外加工资与设备，很明显地这是赔本生意。明朝政府不愿大量铸钱，这就是最明白的理由。但是官定的制钱一文可抵旧钱两文，每银一两折钱一千数百文，单是铜料就够值回钱价。所以官钱虽然也铸了一百多亿枚，民间因毁钱取铜而销毁的旧钱，事实上也只有比此多而不会比此少的。其结果，自然是流通应用的铜钱总是并不十分充裕，而物价也因此而得到制衡的作用，保持了颇稳定的水准。到了明朝末年，因对满州的战争持久不决，政府财政支绌，增赋之外，另一个增加财政收入的办法是铸钱。但铸标准重量的制钱要赔本，要想从增加发行上面来得到利益，只有铸造分量不足而成色低劣的小钱。《续文献通考》中载有天启三年御史赵洪范对此事所说的话，道："臣令楚时，见布政使颁发天启新钱，大都铜止二三，铅砂七八，其脆薄则掷地可碎也，其轻小则百文不盈寸也。"天启新钱如此，崇祯新钱何独不然？明朝亡国前夕，百物狂涨，此是其原因之一。

清朝鼎新中国，努力从减轻赋税，节省靡费等方面稳定物价，其成效大有可观。尤其在康熙朝平定三藩之乱以后，军费的支出显著减少，物价亦显著地低落。但是时间没有过了多久，情势便发生了变化，清朝政府所发行的通货，逐渐走上了膨胀的道路。清康熙二十四年，云南发现了丰富的铜矿，此一新的因素立刻改变了在此以前铜钱铸造不能大量增加的事实。为了适应供求两方面的需要，清政府自此以后就日益增加铜钱的铸造。根据《清实录》的记录，雍正年间的铜钱铸造额，平均每年有六七亿枚之谱。到了乾隆年间，此一数字更上升到二十余亿枚之谱，比明朝时代的每年平均铸钱量多了四十倍。虽说清政府一方面在大量地铸造铜钱，民间一方面也以铜钱当作铜料，大量地将钱销毁取铜，以致铜钱的流通量并非按发行量比例增加，但发行数量既然多到如此大的数目，流通的数量亦必然会大量增加的。见之于事实的，就是康熙雍正以后日见上升的物价数字。

四

自康熙雍正以至乾隆，乃是清朝的"盛世"。照以往各朝的历史看，凡是太平盛世，物价必定平稳而低廉。但清朝康、雍、乾三朝的盛世则不然。自康熙以至乾隆，一般的物价，都以持续而稳定的步伐在逐渐上升，一反古昔太平盛世的平稳常态。比较起来，这种状态显然大有问题。

清乾隆十二年，湖南巡抚杨锡绂上《陈明米贵之由疏》，中说：“臣生长乡村，世勤耕作，见康熙年间稻谷登场之时，每石不过二三钱。雍正年间，则需四、五钱，无复二三钱之价。今则必需五六钱，无复三四钱之价。”此疏中所说的“钱”，指的是白银一钱，并非是从前时的铜钱一文。考之清代的银钱比价，自顺治以至乾隆初年，大致是银一两换七百文至八百文；至乾隆末年，始渐涨至银一两换钱一千一百文。以此一比价合算，杨锡绂疏中所说的清代米价，康熙时每石约合制钱一百五十文至二百文，与明朝万历时的米价相仿。到了雍正时，渐升至每石制钱三百至三百五十文。到了乾隆初年，又再升至每石四百五十文。以乾隆初年的米价与康熙时相比，已经上涨了一倍有余。而且这还只是乾隆初年时的情况，若是到了乾隆末年，则上涨的速度更快，涨幅亦更大。

洪亮吉《施阁文甲集》卷一《生计篇》中说：“闻五十年以前，吾祖若父之时，米之以升计者钱不过六七，布之以丈计者钱不过三四十。今则不然。昔之以升计者，钱又须三四十矣；昔之以丈计者，钱又须一二百矣。”洪亮吉此文，撰于乾隆末年。此云乾隆初年米每升不过钱六七文，至末年乃涨至三四十，以石计算，就是从六七百钱上涨到三四千。考之汪辉祖的《病榻梦痕录》，亦有相似的记载。

汪辉祖在乾隆五十七年时六十三岁，是年记云：“食米一斗二百八九十至三百十余文不等。忆十余岁时，米价斗九十或一百文；间至一百二十文，即共讶其贵。乾隆十三年价至一百六十枚，草根树皮俱尽。十余年来，此为常价。或斗二百钱，则以为贱矣。”又乾隆五十九年记云：“夏间米一斗钱三百三四十文。往时米价至一百五六十文，即有饿殍，今米常贵而人尚乐生。盖往年专贵在米，今则鱼虾蔬菜无一不贵，故小贩村农俱可餬口。”又嘉庆十年七十六岁时记云：“是岁雨暘时若，惟石米值钱三千文未减。”由以上所记，可知在乾隆初年时，汪辉祖家乡浙江萧山地方的米价，是每石钱九百至一千文，其后涨至一千数百文，则是灾歉时的偶然现象。但到了乾隆末年以至嘉庆初年，米价已上升至每石钱三千文，而且成了普通的现象，不因丰收而跌价了。食米以外，鱼虾蔬菜，亦无一不贵。与洪亮吉所记布匹价格上升的情况，恰可对照。由此可知，在从前人的心目中，凡是物价上涨，总认为必是由于岁饥年荒或是时局混乱等等的因素，从来没有听说过像这样子莫明其妙地涨上的。以现代人的眼光来看，显然这是由于通货膨胀之类的经济因素导致一般物价由低价位升至高价位，并无若何神奇怪异之处。但在当时，则自皇帝、大臣以至一般老百姓，都莫明其所以。而以乾隆初年至末年而论，五六十年间米价的上涨幅度就达到六七倍之谱，实在也太骇人听闻。因为自康熙初年至乾隆初年的七八十年之间，其最大的涨幅亦不过一倍啊！

五

由康熙初年至乾隆初年，米价之所以上涨，原因由于政府铸钱太多，因通货膨胀而致物价上升。而乾隆初年至嘉庆以后物价之所以上涨更甚，除了上述因素以外，还得加上另一种原因——外国白银的输入太多，造成了货币流通量的增加。此虽然不是政府在那里增加通货的发行，所造成的结果，却并无二致。清代中国的对外贸易，由于英法等国商人的努力，在十八世纪以后逐渐繁盛起来。当时中国的对外输出，以茶叶与丝绸为主，经常保持巨额的出超。英法及荷西等国为了偿付对我国贸易的差额，必须以白银输入中国。于是，在十八世纪中输入中国的白银，数量相当可观。根据西方学者的统计，在十八世纪至十九世纪初期的一百三十多年中，仅只广州一处，由欧洲输入的银元就有四万万元之多。这一时期，在中国历史上就是清期的康熙中叶至道元初叶。自康熙、雍正、乾隆、嘉庆以至道光，亦即清朝的太平盛世。在这段时间中，中国内地的物价一直在缓慢地上升，到了乾隆末年，只以米价为例，就比康熙初年贵了十五倍，而欧洲的白银亦适在此时大量输入中国。这两种现象如此互相配合，显然可以使我们相信，在雍正、乾隆以后日升月恒的物价水准，正是因为外国白银的大量输入，在中国造成货币供给量增加而达到的结果。愈到后期，白银输入的累积量愈多，中国内地物价的上涨程度亦愈高。记得在全世界性通货膨胀问题及石油风暴未发生以前，我国亦曾因历年出超的积存外汇头寸日多，而致在国内经济上形成一种压力，自然而然地迫使物价日渐上升。这种情形，就与清代中叶因外国白银输入日多而致物价日涨的光景无异。只是因为当时人并不了解此中原因，所以也就始终弄不明白，何以政府并未滥加赋税，各地亦无荒歉，而自米粮鱼肉以致百业百货，无物不涨呢？这一点，在当时无宁正是中国社会经济史上旷古未见的新变化。

清代的银钱比价，在顺治康熙年间，每银一两只可换钱七八百文。至雍正以后，因政府铸钱日多而致钱价下跌，在乾隆末年，银一两已可换钱一千零数十以至一千一百文。至嘉庆初年，再跌至九百数十文。假定我们以银一两换钱一千文为后来的平均率，那么，到了乾隆末年至嘉庆初年，米一石的价格已贵到白银三两；换算后来的银元，则已在四元以上，颇接近于民国初年的价位了。不过，这只是以银元为计算单位的米价；如果以铜钱为计算单位来说，则其中的情形又不一样。

清道光年间，英国输入中国的鸦片与年俱增，中国的对外贸易因此渐由出超逆转为入超，而且其差额愈来愈大。道光十八年，鸿胪寺卿黄爵滋上疏极言鸦片之害，疏中指出，因为鸦片的大量输入，中国从道光十一年开始，每年就要漏溢白银一千数百万两。到了道光末年，这一数目更高达白银三千万两。正因为数十年以来的大量白银外流，终于使中国内地发生白银短缺的现象。白银因数少而价涨，相对的即是钱价下跌。所以，从道光中叶开始，银与钱的兑换比率就发生大变动，白银与制钱的兑价，由每两一千余文逐渐上升至一千二三百文，到咸丰初年更上升到二千左右。更因为民间的交易媒介素来是以铜钱为主，如果物价的计算仍以白银为准，那么钱价的下跌，就是以铜钱来计算的物价价位上升。幸好这种情形持续了没有很久，自咸丰以至同治，银与钱的比价又发生了新的变动。原因是此时的欧洲国家先后采行金本位制，对白银的需要大减，而白银的产量适于此时增加甚多，以致银价下跌，铜价上涨。反映在中国金融现象上的，即是白银每两兑换铜钱的数量，自咸丰初年的二千文逐渐下跌至光绪中叶的一千二三百文，虽仍高于道光初年的一千零数十文，总算是上涨回跌的好现象。但曾几何时，新的变化又复出现，物价从此再攀高峰，而且永远不再回跌。造成此一变局的主因，则是清末币制的变动——改制钱为铜元。

六

清代末年，改用新式机器铸造铜币。初铸旧式的制钱——每枚面值一文，其后增铸中无方孔的新币，其面值由一文、二文、五文、十文以至二十文。在这种类繁多的新式铜币中，以“当十”铜币的铸造量最多，约为全部新式铜币额的百分之九十七点八。这种新式的铜币，后来被习惯地称为铜元。铜元的铸造，始于清光绪三十年。到了民国二年，距始铸铜元之时不过九年，据财政部钱币司的调查，其铸造总数已达二百九十余亿之谱。假定我们估计这些铜元都是“当十”钱，则折合其面值，当为制钱二千九百余亿枚。

虽然说自清光绪三十年到民国二年的短短九年之间，铜元的铸造额已高达二百九十余亿枚的巨大数字，但自民国二年之后，这一数字恐怕还要加速膨胀。只因缺乏详细的统计资料，其实际数目无法估计。不过，反映在社会经济方面的，则颇有具体的事实可徵。

杭人徐珂所撰《可谈》一书，在第十四卷中记有很多民国初年各地物价的掌故，很多处都曾提到铜元充斥对于物价的影响。摘录数段如下：

> 铜元为我国自铸之辅币，形圆无孔。清光绪朝，广东始铸之，次及于各省。有当制钱一文及当二、当五、当十、当二十各种，当十者行用最广。铜元既滥，市肆行使，有当七当八者，与崇祯时之破钱略相似。
>
> 晚清至今，铜币充斥，中央地方悉铸之，殆有百种之多。上无道揆，下无法守，上下交征利而已。官铸之铜元日滥，官之渔利也。益以攘利之中外奸商所私铸者，而吾侪苦，食力者尤苦。
>
> 自铜元充斥，而制钱悉毁，物价益高。人人皆苦铜元之滥，然亦贱视制钱，不以为易中之具。遗数文于地，俯拾即是也，辄委而弃之，若曰：此小钱，么么耳。

以上所引，乃是通述铜元充斥以后对于物价的不良影响。至于具体的情形，则可从下面所引的几类物价资料中窥见其梗概。

> 有老于沪者，谓光绪十八年银币一元易制钱八百余文，白米一担重一百八十斤，值银币三元有奇。

今以沪之癸亥（1923年）八月米价与庚申（1920年）五月较，庚申廉矣。陈白元十一元六角，准银币一元兑钱一千三百十文，须十五千一百九十六文，折银则八两有奇。腹地虽较廉，然亦须十千文始得石米。黄寿坦久于沪，则言，欧战前每石之值仅五元左右，而己未（1919年腊月下旬）为七元二角，庚申四月初旬为八元五角，六月初旬，由十元至十一元六角。

货币为一切物价之标准，币价变动，物价之低昂即为所左右，于社会经济至有关系。癸亥初秋，沪市币价之落，可谓甚矣。银圆一元，易小钱币十一角及铜元十枚，或易铜元一百八十枚，而物价遂因以腾贵。姑以安庆证之，癸亥六月，安庆银币一元易铜元一百九十余枚，视初铸铜元时之币价倍之。烧饼豆腐干昔以制钱计每件三文五文者，今至少一铜元；青菜昔以制钱十文八文买一斤，今数倍之，斤之重量转减于昔。

按，铜元之面值本有一定。如以当十铜元而论，民国十二年时，上海之洋价每元易铜元一百八十枚，安庆之洋价每元易铜元一百九十枚，折合制钱，当是每一银元易制钱一千八九百文了。但在铜元未发行之前，银元与制钱之兑换率仅为一对八百。然则自铜元大量发行以后，铜元对银元之兑换率便已跌落了一半以上，反映在物价上面的，岂不正是物价之全面上涨一倍么？铜元之所以跌价，一则由于数量充斥，一则由于人民逐渐舍制钱而改用铜元。由于当十铜元每一枚即折值制钱十文之故，十文以下的货物为了计价便利计，当然会自动升值至铜元一二枚。相形之下，自然就是“昔以制钱计每件三文五文者，今至少一铜元了”。重之以银辅币之滥发与纸币之激增，所以物价亦如脱韁之马，日升月涨。试看民国十二年时之上海米价，每石折合制钱十五千余，为光绪中叶之七倍，其余当可概见其一斑矣。

前述上海米价民国十二年时每石银元十一元有奇，此一价位，大概一直维持到抗战发生之前夕为止，都很少变动。自抗战发生，法币贬值，物资短绌，以致物价又复猛涨，以及抗战胜利以后因内战而致币制崩溃，这都是人所共知的往事，不需再在此多所哓舌。所以本文的叙述，也就到此为止。综括起来说，自清初以至民国的将近三百年中，由于中国的社会经济走出了闭关自守的樊笼，国内经济常不免受外来因素的影响，因之国内物价之变化亦越出了千百年来的常规，虽值时和年丰，亦复日涨不已。重以民国初年的政局动乱，币值跌落，遂使三百年来的物价，攀登至新的高峰。今之谈物价而色变者，看了这些情形或许也将莞尔一笑，说上一句“自古已然，于今为烈”的吧！

明清以来签名盖章制度的变化

自从公车处发生争印风波以后，屡在中副上看到讨论签名与盖章问题的文章。十月廿七日所刊萨孟武先生的鸿文，见解精辟，尤堪注意。萨先生说，古代诏书的署名之后有否押印，此非往看历史博物馆或“中央”研究院所存的宋代文件不可。历史博物馆是否存有此项文件，笔者不知。若以“中央”研究院而言，宋代的档案文件殊未之前闻。但史语所的明清档案与近史所的外交档案，颇能显示明清以来的公文处理方式。对于了解签名与盖章制度的演变，亦颇有帮助。因草此文，以就教于诸先生。

史语所明清档案中存有数目不少的明代兵部堂稿，另有一些稿簿，如兵部车驾司稿簿、礼部祠祭司稿簿等。堂稿即部稿，系以兵部名义发出。其奏上皇帝的“题本”，更须由尚书署名，例应由尚书画发。堂稿有“题稿”与“行稿”二种，题稿即题本之稿，行稿则是兵部行文各衙门的咨移一类的文稿。在很多情形下，题定事件仍须行文有关各机关知照，因此此案的行稿即附于原来的题稿之后，成为既画题又画行的“题行稿”。但不管是题稿、行稿或题行稿，稿面上只有承办的书吏署名其上，画发之人，只画“题”或“行”，既不署名，亦不盖章。若要知画稿之人为谁，则亦不难从所画之地位上推知——尚书画于上方的正中，左侍郎画于右下侧，右侍郎画于左下侧。有若干稿件，稿面上画有品字形排列的三个题字或三个行字，表示此稿曾经三位尚书及侍郎共同寓目及认可。但是否亦如近代各机关之处理文稿习惯，由承办员而司官、而侍郎、而尚书，需要逐级呈转，只尚书一人具有最后的决定权，则其关系尚欠明了。至于司官的职衔姓名，照例书于稿末的年月日之下。盖明清制度，司官具稿，需要“抱牍呈堂”。既是抱牍亲呈，自无须签名为证。又，明清档案中所见的清代各机关文移，文尾年月日处，除钤盖部印一方外，只署司官职衔及画押，不署堂官衔名。大约明清以来的制度，书吏拟稿，司官说堂，堂官批发，其过程殊为简单。缮妥送发时，监印人只看稿尾是否已钤司印及司官是否已经画押，即可凭以在文稿上钤盖部印。不但责任分明，亦且处理简捷。比诸现代各机关文移之只以机关首长署名及稿面上盖满层层核转之大小图章，颇使人觉得所谓分层负责制度也者，真还是今不如昔。

兵部堂稿之外的诸司稿簿，亦分题稿与行稿，唯所处理的大致只是例行性事件。题稿只在稿尾的上方书一“堂”字，以备堂官画题。至于行稿，则大抵只由司官画发。画题或画行以后的文稿，似是随同稿簿一并送发，与前述的处理方式略同，而手续更为简单。

台湾“中央”研究院近代史研究所代管外交部移交的外交档案，其时间自清末至民初，正可看出清末以来公文处理程序的演变情形。以清制与明制相比较，其不同之处是官多。即以外务部而言，既有尚书，复有总理大臣及会办大臣，外务部尚书反屈居末座。左右侍郎位次尚书，其权力自更次一等。试看光绪末年的外务部堂稿，稿面上所开列的官衔姓名，自总理、会办、尚书、侍郎，以至丞参、郎中、员外、主事及帮办、行走等官，林林总总，蔚为大观。与明稿相比，其繁复与简单的情况，成为明显的对照。若是奏稿，则自总理大臣至侍郎，每人皆画一“奏”字，下书日期，不签名。行稿则画“行”字。这是专供画发用的“清稿”。清稿之后，另附“草稿”。草稿的稿尾有时会有拟稿官员的签名，首端则照例盖有朱红木戳一个，文曰“堂批”。清稿的画发人虽有五六人之多，而草稿的“堂批”之下，则只有一人批“阅”，或批“阅定”。草稿有删改，誊入清稿后，即再无删改。由此可知，外务部名义上的堂官虽多，实际核判文稿的仍只一二人。与明稿相比，公文处理的过程自然是变得繁琐多了。但清代外务部文稿虽然开列了甚多阅稿人的职名，其稿上仍无一个签名或一个图章。比之近代各机关文稿之图章触目，仍是另一番境界。

民国初年的外交部，“堂官”一级的巨头只有总、次长。稿面上次长以下的官员，亦只开列司长、帮办、科长、拟稿员等数项。与清代不同的是，此时已由拟稿及看稿之人在各人的职名栏下自行签具姓名。而民国元、二年间交通部因铁路事件行文外交部，文尾只署承办司员姓名而不用总长衔名，所沿用的分明即是明清以来的旧制。此外，则明清以来的文稿，稿面上都画有“题”字、“奏”字或“行”字，而民初的外交部文稿，无论是颜惠庆、顾维钧、沈瑞麟、黄郛、施肇基担任外交总长，总长次长的职衔下，都只自书其姓。既不画行，亦不画发。王正廷任外交总长，则将“王正廷”三字联成一字，成为花押式的签字。以上都可视为签字一类，其中间亦有加盖刻就的签字木戳以为代替的情形。亦有若干文件，总长的职名下盖有图章一方，如颜总长有表字“骏人”的阳文篆章，顾总长有八分体的隶书章，虽然其数不多，但亦可看出以盖章或盖签字戳来代替签字，此时已见其嚆矢。据管理档案的胡庭洞先生说，数年前顾维钧先生来近代史所参观档案，所长郭廷以先生特别举此相询，问文稿上的图章是否总长自己所亲盖？据说顾先生当时的答复是："我哪里会盖这个，还不是他们拿去代盖的！"所谓他们，应该只能包括两位次长或主管机要的亲信秘书。因为次长看过的文稿，司长以下的官员总不能拿总长的图章盖上，代替总长判发。由此亦可知道，以图章代替亲批，应该是由主官授权副长或秘书代判文稿以后滥觞起来的。在明清两代，正印官出缺未补，须先经吏部题准，方能由次官代为署事。次官既不能随便代行正印官的职权，自不能以正印官的图章作为其本人的代表。在这种情形之下，图章自无用武之地。

签字画稿所代表的意义是眼到手到，盖章的意义就完全不同。明清档案中所见的外来文移，面页上大都有尚书的亲批，对处理方法作扼要的指示。民国以来，犹有若干机关保留这种旧时习惯，对于每日的来文，必须由总收发汇总呈进，由主官亲拆，视其重要程度酌作原则性的指示。与近代各机关主官之只保留大事裁决权力者，大不相同。考究其原因，当然是由于各机关的日常事务因人事之繁复而日增日多，身为主官者，既不能事事躬亲与闻，自只能以执简驭繁之法，多刻几个图章，分别交与所属人员代表行使其职权。但图章所代表的毕竟仍是主官本人，所行使的权力亦不能与主官的意旨相背悖。若是主官无权而图章有权，形成太阿倒持，那就与曹操之挟天子而令诸侯无异，俨为篡窃之渐，远非这种制度的本来意义了。

麻将考

“麻将”，乃是我国民间极为流行的一种博戏，与“牌九”可以同称为“国赌”。牌九的性质较为激烈而缺少机智，在技术上亦无法作深入性的切磋研究，所以它始终只能流行于较低级的社会阶层。至于麻将，则一桌之旁，四人围坐，谈笑风生，情趣优雅，既不妨男女之杂遝，更宜于友朋之联欢。而所谓搓政治麻将者，则可以之作为结交贵人的工具，于可赢而不赢，不输而能输之间，更有极高深的学问经济，尤非浅学者所能窥其底蕴。所以麻将之道，博大精深，至今中外人士好此者日多，寖假而且渐有传播于全世界之势，便可知道此一艺术实有其存在的价值。如此伟大的艺术发明，至今尚无人为之详考其源流演变，实为憾事。新年多暇，翻检旧籍，颇有所得。因撰此文，名之曰“麻将考”，以此就正于雅好竹戏的风雅之士，幸垂教焉。

谈到麻将牌的历史，不免使人联想到古代的叶子戏；因为麻将在未曾成为绿豆糕形式的骨牌之前，也是以纸制的“叶子”形式从事游戏的。不过，流传在我国民间的牌戏，麻将之外尚有牌九，古书中所指的“叶子戏”，究竟指何者而言，殊有无从辨明之苦。如唐人苏鹗所撰的《同昌公主传》，就说：

韦氏诸宗好为叶子戏。夜则公主以红琉璃盘盛夜光珠，令僧祁捧立堂中，而光明如昼焉。

这是记载叶子戏的最古文献。但就是不能明白，当时所玩的叶子，究竟是牌九牌呢？还是麻将的老祖宗——崑山牌？由于此一缘故，要追溯麻将牌的最早原始，只能从文献有征的可信资料入手。

明世宗嘉靖时的徽州人潘之恒，曾撰《叶子谱》及《续叶子谱》。由这二书中可以知道，明代中叶时源出江苏崑山所制的纸牌，已经具有近世麻将牌的最早雏形了。

《叶子谱》中所记的崑山牌，全副共四十张，分为十字门、万字门、索子门、文钱门、等四门。文钱今称筒子，所刻圆形饼状，便是古代铜钱的形象。现在的麻将牌，分为筒、索、万三门，每门自一至九，各四张。这在崑山牌中都已有其踪迹，不过其张数不同于今之麻将而已。崑山牌全副四十张的牌式如下：

十字门牌，计十一张，自万万贯、千万贯、百万贯、九十万贯、八十万贯递减至二十万贯止。这些牌依其次序而有大小之分，万万贯最大，称为“尊”，二十万贯最小，称为“极”。大牌可胜小牌，其他各门牌的情形并同。

万字门牌，计九张，自九万贯递减至一万贯止。九万为“尊”，一万为“极”。此即是现代麻将牌中的“万子”。

索子门牌，亦为九张，自九索递减至一索。九索为“尊”，一索为“极”。所谓“索”，本是串钱用的绳子，一根绳索象征铜钱一百文。所以纸牌中的索子，小于万子而大于文钱。这在现代的麻将牌中，仍称为“索子”。

文钱门牌，计十一张。此门的尊卑次序适与牌点之多少成为反比，与前述三门都不同。最大的尊牌是“没文”，上绘波斯进宝之图，书作“空一文”。其次是“半文”，上绘一枝花之形，所以又称“枝花”。其下自一文钱递增至九文钱，九文为“极”。

与现代的麻将牌相比，十字门的牌在麻将中不见了。万子、索子、文钱三门则依然保留；但是文钱门中的“没文”变成了麻将中的“白板”，一枝花形的半文则变成了“发财”。虽然崑山牌的形制已经具备了麻将牌的雏形，但其游戏方式却与麻将相去十万八千里之遥。以现在所知道的各种崑山牌玩法而言，有马吊、斗虎、扯五章、扯三章等各种不同的规制，其中就没有一种是与麻将相似的。

马吊牌的玩法，在潘之恒的《叶子谱》和明末时人龙子犹所撰的《马吊脚例》中都有说明。只是龙书所称的马吊，在潘书中称为“马掉”，稍有不同。《叶子谱》“马掉品”说：

> 马掉，以军令行之。法分四垒，用崑山叶四十张，各执其八，而虚八为中营，主将护之，以纪殿最、定赏罚焉。

这段话说明马掉或马吊牌的玩法，是以四人为一桌，每人分牌八张，余八张作为中营，由作桩（即今日所称的“庄家”）的主将负责守护，以纪殿最而定赏罚。作桩的“主将”如何产生呢？《叶子谱·马掉品续》说：

> 选将以卢卜。植帜于坛，而三家环攻之。

“卢卜”即是掷骰子。这也就是说，每一牌的桩家，是由掷骰子的方式决定的。桩家为其余三家所环攻，有利亦有不利。有利之处，是他另有中营所覆置的八张牌可作护身之符；不利之处，是不论由自己出牌或上首一家出牌，他都无可取巧。所以《叶子谱》说：

> 居坛之上，虽尊兼毋吝留，虑敌以倖得偶。居坛之下，虽小劣必让，毋贪噬，欲分力以穷寇。

"坛"即是主将所处之地，用来比喻庄家；坛下，自然就是指的散家。这是说，庄家因无可取巧之故，只有尽量靠所握之大牌取胜散家所出之牌；而散家则可三家合从，在逼出庄家的尊张大牌之后，相机捕捉余牌，坐以待敌。这种打法，很有玩桥牌的味道。只是桥牌以二人为一组，相互合作，以对抗另二人的一组。此则以三攻一，故而出牌的技巧亦另有讲究。关于这方面的学问，虽然《叶子谱》与《马吊脚例》、《牌经十三篇》等书中言之綦详，但因其实在的玩法早已失传之故，只靠书面文字，殊无法明白其中究竟。至于马吊牌之所以得名，则由计算输赢时所用的术语而来。《马吊脚例》说：

> 得牌曰上卓，得二牌曰正本。多曰吊，被吊不正本曰死，无卓曰赤脚。独赢一家曰独吊，共赢一家曰合吊，两家分赢曰各吊，四家正本曰四和气。

马有四足，象征四人同坐而戏，正为合适。每人分牌八张，胜二轮应算保本，所以说"得二牌曰正本"。但如超过此数，当然就是赢家了。有赢家就有输家，四家的立足点不能平均，犹如马之四足不能平衡，因此就有了"吊"与"被吊"之名。马吊牌之命名，以此。马吊牌的输赢计算方法，在胜牌数之外，尚需计算其中的关键牌张。如十字门中的百万贯，俗称为"百老"。持有此牌之人，能以此赢牌而又得正本，就称之为"大活百"，赏三注。如大活百之外，更持有九十万与五万、六万、八万等牌，其名曰"大活百突"，赏六注。如持有百老而为人所胜，则名曰"死百"，只赏一注。此外各种赏注规定尚多，说详潘、龙二人之书中，不赘。

清初时人王崇简所撰的《冬夜笺记》，引同时人申涵光所撰《荆圆小语》云：

> 赌钱乃市井事，士大夫往往好之。至近日，南之马吊，北之混江牌，

穷日累夜，若痴若狂。问之，皆曰“极有趣”。吾则见其废时失事，劳精耗财，每一场毕，冒冒然目昏体惫，不知其趣安在也。

以不知赌钱乐趣之人而冒冒然地批评马吊之戏为无趣，为劳精神耗财力，可谓空泛不实，太煞风景。但由此亦可知道，马吊牌不但盛行于明代，在清初仍风行一时，虽士大夫阶级亦不例外。溷江牌是怎样一种博戏？不详。如以《续叶子谱》所载“斗虎”、“扯五章”、“扯三章”等等的玩法而言，则崑山牌之演变为后来的麻将，正复有其端倪可见哩！

“斗虎”一名“看虎”，潘之恒《续叶子谱》“看虎品”云：

斗虎，取崑山牌四十张，去十门，惟选千兵以领三路，其专辖者惟万，他有所不屑制也。如二人角，各得十三章，守营者四。或三人角，各九章，守营者三。始于齐以定方，揭一为先锋。先锋无避，有进而无退。进而为顺为豹，惟利是视。不则委而置之，独致师焉。

这段话说明斗虎牌的玩法，须先检去十字门中的十张牌，只留下千万贯一张，合之万、索、文钱三门的二十九张，共为三十张。如果二人玩牌，则各分十三张，留四张守营。如三人共戏，则各分牌九张，而以三张守营。牌分定之后，须再决定由何人先出牌。先出牌的人，在留作守营的牌中翻出一张，称为“先锋”。以这一张先锋牌配合自己手中的牌，或凑成三张一连的“顺”，或配成三张同点的“豹”，悉视情形而定。然后即可出牌挑战，以比牌的方式定胜负。其大小次序之规定如下：

（一）豹——凡三张同点的，称为“豹”。九豹（九万、九索、九文）最大，依次而至二万、二索、二文合成的二豹。千万与一索、一文相配，称为夭豹，最小。空文、半文、与一文相配，名曰半豹，又在夭豹之下。大豹胜小豹，小豹胜夭豹，夭豹胜顺子。但一万、半文与空文所合成的“驳”，又可胜夭豹。

（二）顺——同一门牌中大小相序者，谓之顺。千万与九万，八万所配成的顺，称为“千统”，在顺中最大。大顺胜小顺。点子相同的顺，则以万、索、文钱各门的顺序为尊卑，万胜索，索胜钱。

“斗虎”的胜负计算方法，除胜牌的次数外，亦与其中的关键牌有关。如五万、八万均能得胜，则五万称为中坚，赏二章，八万称为次将，赏三章。三索、三万与七文合称穿山甲，赏三章。二索、二万、八文合称为“穷”，赏四章。一索、一万、九文合称为“虎”，赏五章。千万、九索、没文合称为“驾”，赏六章。三九之豹赏七章，三门之尊牌合赏八章。千万与一索、一万合称为“雄”，赏九章。由于有这种复杂的计分方法，所以在出牌时，势必尽量在求胜之外，再力求取得这些关键牌。这样的游戏方式，既像西洋牌中的“罗宋牌九”，又寓有检红点与钓鱼的规则，颇为有趣。而“顺”像麻将，“豹”像牌九，又可看出这样的游戏，在当时颇与牌九的发展有联带的关系。

“扯五章”与“扯三章”的玩法，乍看起来，似与昆山牌的演变为麻将牌无甚相关，但如深入研究，可知殊不尽然。在未曾论到这一层以前，应先介绍这两种牌戏的游戏方法。

《续叶子谱》“扯五章品”云：

去十贯一门，只存千万，共三十叶。人拈六叶，分为三副。副分三市，每市九点。第一，一叶为一市；第二，二叶为一市；第三，三叶为一市。旧用六叶，今以第三叶活用，可前可后，妙处正在此张。如合成十点，其名曰“撞”，为最末数。除十点外，以零数算，若合十九点，只算九点。每市“素九”三注，“花九”四注，双花合九五注。“素八”两注，“花八”三注，双花合八四注。其余以点数胜者俱一注。花九打素九，大九打小九，九打八，素九打花八，花八打素八，大八打小八，他可类推。惟钱门九钱打八钱，一文钱打半文钱。近有去半文钱用万万者，则以万万为至尊之花，以万万花九作五注，万万双花九作六注，万万花八作四注，欲取注多意耳。花作一点，亦作无点。千万空文为花。

这一段话，说明“扯五章”的玩法略如今之罗宋牌九或大牌九，以所分得的牌配搭成为三组，各以点数之大小比胜。第一组一张，第二组二张，第三组三张，其中之第三张又可前后活用，故三组共只需牌五张。前面已曾说到，“扯五章”中已将十字门中的不用各牌除去，总牌数只三十张。五张一副，三副共十五张，恰可供两人同玩之需。这种游戏之所以值得注意，是其中亦将十字门的牌去掉，而只将所留下的空文、万万、千万等三张作为“花”，既可作一点，亦可作无点，极像玩扑克牌赌博时的“A”。为什么这种游戏亦要像“斗虎”一样地将十字门各牌去掉呢？很明显的理由是，万、索、钱三门都是按一至九之数序列，既可以配搭成为顺序，亦可凑成点数游戏，而十字门各牌无此便利，因此不得不将之除去。至此我们可以看出，崑山牌四十张中的十字门牌，除了留作“花”牌之外，显然已面临淘汰的命运。十字门牌被淘汰之后，剩下的万、索、钱三门，因为都有一至九的数目顺序，既可作“豹”，亦可作“顺”，变化较为便利而且复杂，其游戏的方式，就可以由旧式的马吊牌中脱颖而出，视情况需要而作各种机动的变化适应了。“扯三章”的玩法，与“扯五章”大致相同。不过扯五章发牌五张，配成三组后比牌，扯三章则牌数只有三张，无需另加配搭。其情形既像今日的大牌九与小牌九，也更像罗宋牌与“三公”，所以不再赘述。

斗虎、扯五章与扯三章，与崑山牌之演变为麻将有何关系？当然有。第一，它使崑山牌由四十张变为三十张，其规则更近似今日的麻将；第二，它使崑山牌完全摆脱了马吊的影响，而倾向于今日的牌九与麻将。既然崑山牌的游戏方法中会搀入牌九牌的成分，那么，牌九牌在后来所发生的演变，当然也会影响及于崑山牌了。在这种情况之下，麻将之出现，便具备其先决条件了。

牌九牌的游戏方式中，有一种名为“游和”，或称“游湖”。清人金学诗所撰《牧猪闲话》，记述其规制内容云：

遇两三人及四人同座，拈一人为首，次第抹牌。以三页配搭为一副，取“五子一色”、“合巧”、“分相”、“不同”等名，与六骰采色正同，谓之“游和”。或于三十二页之外加倍而半之，为八十页，则每种各五页。又以武牌三六、四五等均作五页，与文牌相同，则又加二十五页，为一百五页，亦曰“碰和”。或以天地人和等牌为“将”，抹得者倍采。或就其中数页添绘花枝，以一页当二页，谓之“碰花将和”。或于百五页之外另制一页或两三页，素面而绘以杂采，可随意呼为某牌，以其未有镂点也。抹得者辄胜，谓之如意君。

牌九牌中的“游湖”或“游和”，极像今日的麻将，只是它所用的牌为牌九，又其配搭成副的情形完全适合牌九的形制，是为二者之不同而已。由于牌九可作游和之戏，因此崑山牌中也出现了类似的形式，是为“默和”。《牧猪闲话》中亦有这方面的记载，说：

纸牌长二寸许，横广不及半，绘画雕印，凡六十页为一具。具各有耦，共三十种，分为三门，曰“万贯”，曰“索子”，曰“文钱”，皆自一至九，共二十七种。余三种曰“么头”，其一万贯，一索子，一文钱亦曰么头。万贯皆绘人形，索子文钱则各绘其形制。大约仿马吊牌而损益之，疑始于明之末造而盛行于今世，虽乡僻处无地不有，非甚谨愿者无人不晓，较马吊牌奚啻十倍。

金学诗是清乾隆时人。他怀疑这种盛行于乾隆年间而源出于马吊的纸牌之戏，在明末时已经有了，恐怕不大合于事实。因为吴梅村在清代初年撰《绥寇纪略》一书叙述明末流寇之起，还说，明代末年，民间盛行马吊之戏，“其法以百买灭活为胜负”，所说的内容与《马吊脚例》等书并合，可以知道当时还不曾出现这种由三十张增为六十张的“默和”之戏。至于“默和”的游戏方法，则《牧猪闲话》中续说：

聚客四人，案设罽旃，乃出戏具。拈一人为首，以次抹牌，每人各得十页，谓之默和。余二十一页另一人掌之，以次分递在局者，谓之把和，亦曰矗角，因其在座隅也。其法以三四页配搭连属为一副，三副俱成为胜。两家俱成，以拈在先者为胜。凡牌未出皆覆，既出皆仰，视仰之形，测覆之数，以施斡运，则在神而明之。又或于六十页之外更加一具，为一百二十页；或更加半具，为一百五十页，则每种各五页。可集五六人为之，每人各得二十页以外，其余页皆掩覆，次第另抹，以备弃取，名曰碰和，原本默和之法而推衍之。抹得三页同色者曰“坎”，曰“碰”，四页同色者曰“开招”，五页同色者最难得，曰‘活招’。相传谓前朝人囹圄中所制，故有此等名目。或就其中数页间涂以金，抹得者以一页当二页，谓之碰金和，明末士大夫多好之。

这一段话，又说明了崑山牌的发展，在乾隆时不但有由三十张加倍成为六十张的“默和”，更有由六十张再加一倍或一倍半，而成为一百二十张与一百五十张的“碰和”。虽然金学诗仍然相信这是源出明代的规制，其实应该纠正确认为始自清初的创制。因为清康熙时的王士祯，在他所撰的《分甘余话》中还说：“吴俗好尚有三，斗马吊牌、吃河豚鱼、敬畏五通邪神，虽士大夫不能免。近马吊渐及北方，又加以混江游湖种种诸戏，吾里缙绅子弟多废学竞为之，不数年而赀产荡完，至有父母之殡在堂而第宅已鬻他姓者，终不悔也。始作俑者，安得尚方斩马剑诛之，以正人心，以维风俗乎？”假如碰和之戏始于明末，其内容及趣味性既远较马吊牌为进步，当时之人岂尚有株守旧习，而不肯趋向时髦的道理？由此一点，便可知道碰和之戏必定创始在康熙雍正之后，决非明代之规制。而其与牌九中的游和之戏递为影响的情形，也十分明显。游和之戏，后来更发展为“同棋”与“挖花”，碰和牌受其影响，于是乃出现了麻将。

同棋与挖花，乃是牌九牌系统中的另两种博戏形式。同棋的牌数每种五张，共一百五张。挖花每种六张，共一百廿六张。这两种游戏，既像游和，又像麻将。参加者规定为四人。同棋以三张相同的称为“一克”，三张中么至六俱全者称为“不同”，三张中有五点相同者称为“五子”，如是者皆可成牌，称为“一净”。每人所持二十张牌中如有六净，再得一张而成七净，便是和牌。这种游戏，接受了“游和”中的和牌规制而又保存其原名称，可以说是游和之戏的嫡派正传。挖花则以每种六张牌中分为“有花”、“无花”、“叠大”等三类，各分大小，总数二十张牌中，成牌九对而余牌二张，再得一对，便可成和。其胜负标准，全在计算大牌所得之“和”数，似同棋而打法不同。这两种游戏对麻将牌形成的影响有二。一是限定每局参加的人数为四人，以一定的规则改变了旧时碰和之戏的不规则参加人数。二是同棋与挖花中有所谓“将牌”，这种观念加入到碰和牌之后，碰和牌中的“么头”也称为“将”。

于是，这种新的游戏以“马吊”与“花将”中的“马”“将”二字为名，出现了“马将”的全新名词。马将的谐音即是“麻将”，麻将的出现，至此告成其全功。杜亚泉《博史》云：

马将牌创始于何时？不能确定，但当较默和牌略后。相传谓马将牌先流行于闽粤濒海各地及海船间，清光绪初年，由宁波江厦延及京关商埠。清乾隆年间尚流行默和牌，未加将牌。乾隆以后，花和牌盛行，演习马将者遂日众。此时已改制骨牌，且加梅兰竹菊琴棋书画等花张，称为花马将，逐渐流行。由津沪波及全国，盖已五十余年于兹矣。

杜书中所说的花和牌，即“挖花”牌。可知碰和牌因加入将牌而变成今日的麻将，原是受了挖花牌的影响，其时间则在乾隆以后。挖花牌中的将牌，是天地人和梅花长三双二等“长牌”，计算和数时较之非将牌的“闲牌”为多。在老式麻将中，白板、发财、中风与东南西北等风与此具有同样的功用，可知其渊源自花和牌。而此牌既由航海的船中传入沿海商埠，则东南西北中诸风之加入于麻将牌中，当然也是很合逻辑的事了。只是很多人不甚了解麻将演变历史之长久而缓慢，误以麻将牌中有东西南北中等风及航海所用的绳索，便以为此是海员们的“发明”，实在可说是不察之甚。《清稗类钞》的作者徐珂更说：

麻雀，马吊之音转也。吴人呼禽类如“刁”，则麻雀之为马吊，已确而有征矣。

从前人对于麻将牌的考证，大多类似如此的附和影响之谈。由此不难窥知，麻将虽为我国民间普遍流行的博戏，大多数人却对它的历史演变没有认识。今麻将流传日广，与麻将有渊源关系的同棋、挖花等却又逐渐失传，久而久之，这些与麻将演变历史有关的环节，也终将无人知晓。在此时附带一提麻将何以能兴，而同棋、挖花何以逐渐没落的道理，似乎也颇有其必要。

与同棋及挖花牌相比，麻将牌天生具有其优点。第一，麻将牌的门类整齐，花式划一，在博戏时具有其便利性。第二，麻将牌各门的数目自一至九，无论作顺作坎，或者发展为后来的双龙抱柱、一条龙、喜相逢等等名色，都可以有其组织与配搭之便利，变化迭出，生生不已。麻将牌的优点，相对的就是同棋与挖花的缺点。相形之下，变化繁多、组织简单而趣味性浓厚的麻将牌势必会在相互竞争之下占据上风，逐渐击败其敌手而居于一尊之地位。情势发展到这一地步之后，麻将之享有国赌之名，当然是势所必至的事了。在麻将发展的历史上，这也是值得注意的问题吧！

灯谜丛谈

一

虎旅归来已罢兵，关梁无禁任遥征。

九重天子称仁圣，异兽趋朝负辇行。

上面所引的这首诗，题名《太平乐》，清人毛际可撰。如果单看文字，总以为不过是一首普通的七言绝句，但如细察其本来，那就颇有文章了。原来此诗乃是毛际可所撰十二首《孟子人名廋词》之一，每句各隐人名一，依次序为“毕战”、“许行”、“王良”、“象”。其余十一首的写作方式并同，只是其中所隐人名各异。按：古代所谓廋词，后世谓之隐语，今时则谓之谜。这种词的起源甚早。后汉时，蔡邕在曹娥碑上所题的“黄绢幼妇，外孙齑臼”，隐“绝妙好辞”四字，乃是最著名的典故。在此以前，则孔融所写的离合诗，以“渔父屈节，水匿潜方。与时进止，出寺弛张。”等诗句隐“鲁国孔融文举”六字，亦此之类。这类以离合增损之法所撰的谜语，在现代谜语中称之为“曹娥格”。虽然撰作未见精巧，溯其本源，实为后世谜语之祖。

由曹娥格谜语之离合增损就可知道，中国文字就是那么有趣。不论是增损离合、回环对偶以至后来的谐声会意、白描重门等等，各色各样的变化，实在太多了。文人雅士，从这些复杂变化的关系中随便采撷一些来作为谜语的题材，便觉得取之不尽，用之不竭。由日常猜谜应用于元宵灯节，于是乎有灯谜。

二

灯谜虽说是由谜语演进而来，然而二者之间亦复有其异同。

谜语，是随时随地可猜可作的文字游戏；至于灯谜，则是专门在元宵灯节时出谜，一条一条地贴在灯面上供人猜详的应景之物。前者不限猜破时间，而且可以自由翻查参考书籍。至于后者，既已限定时地，又没有足够的参考书籍可以随时翻检，而且人多嘴杂，稍一迟疑，自己刚刚猜详得差不多的谜题，就会被人捷足先登，拔了头筹。所以灯谜虽然也是谜语之一种，二者之性质却不能一样。谜语尽可作得十分深奥，教人猜上十天半个月都猜不破；灯谜却必须做得显豁明白，让人当场能够猜中。也唯有如此，在元宵灯节大张灯谜的时候，才能够吸引大量观众前来猜谜。从前人称灯谜为文虎，称猜灯谜为射虎，有的地方则称为射独脚虎，意思似乎是说猜灯谜如似猎虎一般地富于变化奇趣。猎虎已是不易之事，如果谜题出得太深，使得猜谜之人个个为之瞠目束手，尚有何趣味可言？由此可知，元宵节张灯出谜，谜题一定不能出得太深，否则就不合灯谜的原意。

虽说作灯谜当求使人易猜，但作灯谜仍然是一种高雅的艺术，不能因显豁易猜而流于浅薄粗俗。民间通行的灯谜，曾有下面这样的州名谜四则，云：

一到江边便上船，漫把家书船上传。

蓬来无风人气暖，官舱开阔任盘桓。

这四则谜语的谜底，依次为登州、信州、温州、广州，州字在谜中的谐音为“舟”，属于谜语中的梨花格。论谜面与谜底，大致可说是平稳工整，无可厚非。但这些谜语的文句，看起来都不免肤浅浮薄，而且读来也不顺口；总而言之，是缺乏艺术三要素之一——美的要素。下面四条灯谜，分别以贾岛、李白、罗隐、潘阆四人名为谜底，其谜面文字，亦不免有这种情形：

佳人伴醉倩人扶，露出胸前一片酥。

走人绣帏人不见，任他风水满江湖。

又如近人所撰灯谜，有一则云：“太史公下蚕室”。

其谜底打成语一句：“大势已去”。按，此谜的出典，乃是汉代的太史公司马迁因上书言李陵不叛而遭腐刑之事，“蚕室”即温室，则处腐刑者疗伤之地也。此谜以太史公下蚕室之典故为面，射司马迁因受腐刑而“大势已去”，原无不可。只是其中亦仍有两点未妥。一是谜底似涉猥亵粗俗，二是受腐刑者虽去势，谜底只可扣“势去”二字，“大”字并无着落，底与面并不吻合。记得此谜在清代亦曾有人作过，同以“太史公下蚕室”为面，所扣的谜底乃是曲词二句：“毕竟是文章误我，我误妻房。”味其文气，亦由“去势”之出发点而设想得来。同一题意而点染不同，一则猥亵粗俗，一则雅驯隽永，其优劣如何，判然而别。以雅俗而论，前者不免见讥通人，后者则甚富有艺术之美。纵观清代以来制作俱臻上乘的灯谜，缊藉风流，跌宕有致者，指不胜屈。灯谜之所以能够成为高雅的艺术创造，即是由于有这种美的作品之故。

三

《清稗类钞》中收有灯谜中神品、能品、逸品的实例各一则，转录如下：

神品——“夜来风雨声，花落知多少”。射《易经》一句：“中心疑者其辞枝。”

能品——“末座少年，异日必是有名卿相。”射《诗经》一句：“绿衣黄裳”。

逸品——“伯姬归于宋”，射唐诗一句：“老大嫁作商人妇。”

第一例中的谜面，本是唐诗二句，描写枕上之人侧听窗外风雨，忧心园中花卉，不知将有多少为风雨所摧残零落。而谜底“中心疑者其辞枝”中的“辞”字，本是“文辞”之“辞”，借用作“辞别”之“辞”，则因听风雨而忧心花落辞枝，正好写出其心中所忧疑之事。传神之笔，余味盎然，谓之神品，固非溢美。第二例的谜面，典出唐代中叶的宰相杜黄裳。野史称其初中进士时，年尚少，着绿衣陪座于宴客之末，已为识者所赏鉴，谓此少年必是异日有名卿相，其后果然。《诗经》中的“绿衣黄裳”一句，本所以讥刺尊卑之失序，借用作这一典故的写照，便恰如画龙点睛，天然浑成。谓之能品，亦正恰当。第三例之“伯姬归于宋”，语出《春秋》。宋本国名，乃殷商后裔所建之国，故“宋”人亦可称之为“商”人。此谜底又以殷商之商假借为经商者之商，则“归于宋”者，正是嫁与商人为妇之意矣。妙造自然，别开生面，谓之逸品，又复何疑。

古人有所谓“文章本天成，妙手自得之”的话；由上面的情形看来，我们亦很可以说，“佳谜本天成，妙手自得之”。上举三例之外，更可续举数例如下。

秦汉之间，刘邦与项羽相争未决，项羽获刘邦之父太公，置之城头，胁迫刘邦退兵言和，否则即将烹太公。当时刘邦的答覆是：“我翁即而翁，必欲烹而翁，幸分我一杯羹。”谜家取此作题，以汉高祖的“分我杯羹”四字射古人名二：“太公，成汤”。底面相扣，十分贴切。又如玉镜台故事中的主角温峤，受姑母之托为其表妹物色佳婿，后竟毛遂自荐。却扇之夕，其妹笑曰：“我固疑是老奴，今果然矣。”谜家以此作面，射唐诗“太真含笑入帘来”一句，盖太真即温峤之字也。原诗中的太真，所指虽系杨贵妃，借用于此，则十分自然合适，与“分我杯羹”同样是巧夺天工的佳作。

昔人曾说，作灯谜，有所谓“白描”与“用典”两种方法。白描专尚心思，难作亦难猜。如以“一枝斑管界棋枰”射一“箫”字，纯从象形及会意着眼，制作极见精巧。又如以“步亦步，趋亦趋”寓“走肖”二字，射一“赵”字，刻镂亦极工致。此是白描法所制灯谜之值得称道者。至于用典之谜，所难者只在凑合成语典故，制作原不太难。而猜谜者若是能知此谜之出典何在，由此猜忖谜底，即可不离八九。除了前面已引各例之外，还可以再举数例如下。

“谏迎佛骨表”，射《四子》一句：“是愈疏也”。

“上严惮之，若芒刺在背”，射《礼记》一句：“登车则有光矣”。

“方烹郦生以进，为惨然者久之”，射《四子》一句：“不忍食其肉”。

以上三例，谏迎佛骨表乃韩愈所上；汉大将军霍光则是迎立宣帝之人，每与帝同车而出，霍光骖乘，帝严惮之，若芒刺之在背；至于郦食其，则是汉高祖之谋士而为齐王所烹死者。明瞭了这三个典故的出处之后，自不难由谜面之典以解谜里之底。但用典之谜虽说易作易猜，作时仍需求其浑成自然，然后方能达到生动有趣的境地。如若雕凿的痕迹太过，或是谜面与谜底并不十分贴切，看起来便不免有牵强附会之嫌了。

四

以下所述，大多取材于近人所作的灯谜。

“则君子之所养”，打字一：“笙”。

此谜的作者，自述题意云，竹称君子，竹之所生为“竹生”，故谜底为“笙”字。按，竹称君子，固有此说，但在植物之中，“君子”并非竹之专称。周敦颐《爱莲说》：“莲，花之君子者也。”则莲亦有君子之称矣。曾见一谜，以“君子之道”射“何谓也”。（簪花格，何字上原应有草头，套格时删去。）既然竹与莲均可称为君子，则以“笙”字为底，扣“君子之所养”，不能单单解作“竹之所生”。所以，这不是一个贴切自然的好谜。

“千秋万岁名”，射三国人名一（折屐格）：“王垕”。

此谜据作者自述题意，云：千秋指王后，万岁乃帝王，合为“王后”，适用作为“王垕”之名的谜材。但“后”字之下尚有一“土”字无法扣入题面，故用折屐格折去，以符合谜面。按，自古以来唯皇帝可称万岁，未曾听说此一称呼亦可适用于皇帝所封之王爵；秦始皇以前的天子虽亦称王，亦从未听说殷周时代的天王曾有万岁之称。至于“千秋”二字之义，犹云千年，乃祝寿之辞，未闻用为皇后之专称。此谜以万岁与千秋隐“王”、“后”二字，不但文义未合，而且在折屐格之外，尚兼用倒转谜底之卷帘格，而“王垕”之名，又极冷僻。如此这般的灯谜，不但无法在现场猜破，即使费时十天半月，恐怕亦很难在转弯抹角牵强附会的情形下猜中谜底的吧！

清人张启南极善做灯谜，尝说："作谜必求人猜，佳者尤望其发表，若买者之奇货得售，庶几不负。若专事艰深，以僻典异书自矜博洽，其居心惟恐人之猜中耳。既畏人猜，何如勿出？作此丑态，甚无谓也。"语见《清稗类钞》。照现在的很多情形看来，灯谜之所以不免落于艰深难猜，倒也并非是作谜者之故作此态，唯恐人之猜中，其真正原因，尚有下述两种情形存乎其间：

第一，是灯谜的材料一般只限于一些常用的书籍，如"四子书"、《三国》、《水浒》、《西厢》，或文字器用之属。撰者既多，佳材易尽，于是不得不转弯抹角，将前人所视为不适用的次等谜材也取来应用；如有扞格不合，则用卷帘、折屐、落帽、折腰、解铃、系铃、虾须、燕尾等等的套格来补救。于是很多灯谜都变成支离破碎、屈拗难通，看起来也显得很难猜了。

第二，我们的社会已日渐从古老的农业社会转变为忙碌紧张的工商社会，新的科学与技术日渐昌明，相对地使旧学日见式微，无论是撰谜者或是猜谜者，国学方面的素养都远不如前人。腹笥俭啬，才力不逮，在制作灯谜时自不免显得绠短汲深而流于疏略浅薄。由"太史公下蚕室"之射"大势已去"，以至前面所举的两例，都可以反映出这一种情形。

由此可知，谜格太多与谜意之不够贴切自然，正是灯谜一道日趋式微的危险信号，不可不加注意。按，灯谜所通行的谜格，以目前所知的名种名称而论，总数已将一百，如果不是专门的行家，几乎一窍难通。灯谜既然是大众化而娱乐性极高的文字游戏，当然不能变得太专门。所以，要希望发扬此一饶具兴味的古老国粹，除了多多提高国学水准以外，也还得敦请那些爱好此道的灯谜作家们，不要往象牙塔里钻得太深才是。

古钱杂话

关于古钱的考据与收集，很早就已是一项专门学问。宋代以后的钱谱钱录等书，不下数十种。晚近以来，收集古钱亦与集邮一样地成为某些收集家的好尚了。集邮可以增加地理知识，研究古钱则可以增进对本国历史文化的了解。但是，古代的钱谱与著录虽多，通俗性的著作却极少。很多人虽然有兴趣涉猎，亦因不了解其中梗概，以致难窥门径。

所谓古钱，有广义及狭义的两种意义。古时“钱”“泉”二字通用，“泉”字的字义，包括贝、刀、布、鏄钱、圜钱等一切用于交易媒介的钱币。这是广义的解释。狭义的钱字，则是圜钱发生以后的铜质圆形货币。贝、刀、鏄钱一类的古钱，其确实的铸造时间多不可考，所以本文所谈的古钱，只属于狭义的那一种——圜钱。

难逃销毁之灾

圜钱的铸造始于周朝，迄于逊清末年，其行用的时间足有两千五百年。自秦汉至隋，所铸造的主要铜钱，都称为“五铢”。唐朝大都铸造开元钱。宋朝以后的皇帝，习惯地要把自己的年号铸在铜钱上。铜钱的种类，在宋朝以后愈来愈杂，其原因便在此。

历代以来，清朝所铸铜钱最多。康熙时，每年铸造的“康熙通宝”，平均有二亿五千万枚之多。嘉庆道光以后，所铸的嘉庆通宝和道光通宝，更多到每年八亿枚。但铸造虽多，销毁亦多，流通在民间的铜钱，始终也仅只足用而已，不至于泛滥充溢。何以极大多数的古钱都已销毁不见？这可以举出三种原因来说明：

一、质料较佳的铜钱，往往被熔化为铜料，改制器皿。

二、物价上涨时铜钱贬值，私铸的劣钱盛行，好钱又被销毁改铸为体小质轻的劣币。朝代改换之后，这些劣币又被收作废铜，改铸新钱。

三、亡国朝代所铸的铜钱，亦被新朝销毁，改铸新钱。

以上三种原因，都有史实的记载为证。

缺铜是其主因

中国幅员虽广，最大的产铜地却只有云南一省。云南在元朝才入中国版图，云南的铜产则直到清朝时才被大量开发。由于铜少，政府在很早时就没有足够的铜作铸钱之用。而铜的用途又极为广泛。因为铜价太贵，销钱为铜的事业便大有利润。《钱币考》说，唐德宗建中时，江淮铜贵，一斤值钱六百。销千钱得铜十斤，可得钱六千，利润六倍。“故销铸者多，而钱益耗。”因此历代政府都将用铜制器悬为禁令，以防毁钱制器。宋神宗时，王安石为相，解铜禁，各地皆患钱荒。判应天府张方平上疏言：“自弛铜禁，民间熔十钱得精铜一两，造作器用，获利五倍。如此虽逐州置垆，每垆增额，亦犹畎浍之人而以供尾闾之泄也，岂有足哉?”这是属于毁钱制器的事实。

盗铸毁钱，有两种情形。一是在钱贵物贱时，民间以磨钱取屑的办法使铜钱变小。旋又改磨为凿，内对文，外延环，一钱可变成二钱。一是在经费支绌，官方以铸造大钱的办法来弥补国用时。由于大钱的面值高过铜钱值太多，民间毁小钱而改铸大钱，获利倍徙，于是面值小的铜钱多被私铸所毁，唐肃宗乾元元年，铸每枚当十的“乾元重宝”。二年，又铸每钱当五十的重轮乾元重宝。于是“京师人人私铸，并小钱，坏钟像，犯禁者愈众”（《钱币考》）。宋徽宗时，蔡京铸当十大钱，“小民销毁小钱改铸大钱，私铸大兴，公私俱害”（同上）。乾元重宝，重轮乾元重宝，及当十的大观通宝、崇宁重宝等，台北历史博物馆都有实物陈列，在现时都还不算是稀贵之物。至于何者为官铸，何者为私铸，则颇难辨别。

《日知录》说：“钱者，历代通行之货，虽易姓改名而不得变古。后之人不知此义，而以年号铸之钱文，于是易代之君遂以为胜国之物而销毁之，有年号之始也。”又说：“尝论古来之钱凡两大变，隋时销毁古钱一大变，天启以来广置钱局，括古钱以充废铜，一变也。”《日知录》所说的情形，尚未包括清朝的情形。清康熙二十七年，福建巡抚张仲举奏请收买在台湾流通的永历钱，销毁后改铸康熙钱。乾隆三十六年，湖南布政使吴虎炳亦奏请收买明代以前的古钱，改铸乾隆钱。有这种为政治目的而行使的大规模销毁古钱行为，历代以来的古钱极大部分都已被送入铸局而永劫不复了。

清康熙年间规定采买洋铜及滇铜运充铸钱的数目，每年共约四百万斤。乾隆年间增至年约六百万斤。但《古今治平略·钱法考》说，唐文宗时，天下铜坑五十，每年采铜二十六万六千斤。这数目只能及到康熙乾隆时每年办铜数量的二十分之一。其因铜产不足而致大钱迭出，盗铸盛行的情形，了然可见。

历劫仅存之物

有以上诸种原因在从事销毁古钱，无怪乎明代以前的古钱在清代已是罕见之物了。迄今所能见到的古钱，除了清代的制钱流传较多外，大致是在两种情形下被保存下来的：一是基于辟邪，厌胜等等原因而被人收藏，一是古墓中的埋藏物。再以外，则是销铸不尽的劫余残存。宋朱翌《猗觉寮杂记》说："汉晋人葬多瘗钱，往往遭发掘。后人偶掘地得钱，谓之掘著窖子。今之五铢，世谓之古老钱，皆汉所瘗者。"又，清人董含的《莼乡赘笔》说："陕西庆阳府有石窟坟，一古墓忽崩裂，中有石室石床，堆古钱数处，总计九百九十九枚，形方，长几二寸，列古篆文，二字，曰：货布。""娄县小云蒸西五六里，传为汉濮阳王墓。有老叟欲除积秽，去土三尺，获古钱万余，其制不一，以铁条贯之，文曰五铢，曰半两，曰泉货。"以上所说，我们迄今仍可在台北历史博物馆的钱币陈列室中看到实际的例证。那里有好几叠因锈而结成整块的五铢钱，仅存形貌而不可分解，即是得自古墓中的埋藏之物。

历劫之余，仅获倖存的残余古钱，现在已成了稀有的珍物。其中的若干种，由于铸造时的数量本已不多，现在更少如凤毛麟角。珍贵邮票的价格低昂，决定于同类邮票存世之多寡，古钱的情形亦然。所不同者，邮票的故实是集邮者所共知，而关于古钱尚无同样性质的报道。以致孰为珍品，孰为凡品，尚不是多数人所知道的事。

其大如碗的瘗钱

在台北历史博物馆陈列的古钱，最大的一枚，是穿孔上有“建始丁酉”字样的大五铢钱，此钱亦见秦宝瓒所辑的《遗箧录》，直径达一三三厘米。但同书中尚有正面篆文“五行大布”的一枚，直径一四五厘米，其大如碗，比之建始大五铢钱更要大得多。

见于《遗箧录》的“五行大布”，肉郭连钩纹，幕为龙凤，制作极为工致。“建始丁酉”大五铢钱则章孔下有片月痕，幕文“平五十千”，旁有四柱。虽工致不如，而面值之大，尚无其匹。历史博物馆解释此钱的性质是“厌胜钱”。但秦宝瓒则以为，此钱与更大的一枚“五行大布”，俱为陪葬用的瘗钱。按汉晋时人葬多瘗钱，已见前引《猗觉寮杂记》。瘗钱太多，容易引起宵小的觊觎，而坟墓易遭盗掘。于是后来就出现了改用这种象征性大钱陪葬的办法，有如以陶俑代替生人陪葬一般。比较两说，当以此说较为合理。

大小之差

陪葬用的瘗钱，面值五十千而其大如碗，真正供行用的大钱，当然不致大到如此程度。但如仔细查考，却也颇足使人惊讶。

元顺帝时，有一种背文“权钞伍钱”的大钱，直径七十五厘米，面文曰“至正之宝”。据说此钱尚有面值更大的，其直径当更大，惜未见著录。清咸丰时，有直径七十厘米的当千大钱。另一种当百大钱，直径六十八厘米。面值大则钱形大，自是理所当然。但面值甚大而形体甚小，如三国时的吴钱及蜀钱，那就太不合理了。

《三国志·吴志》：“嘉禾五年，铸大泉一当五百。”又，“赤乌元年，铸当千大钱”。由图谱所见，这两种大钱，当千者直径不过卅三厘米，当五百者更只廿九厘米，其大小仅相当于清咸丰时的当五钱及折二钱。钱小而值大，无异近代因通货膨胀而滥发的大额纸币。《古泉丛话》说：“吕蒙定荆州，上赐钱一亿，才抵得严君平卖卜一日，殊可笑也。”由这些典故，可知吴国在孙权时便有了极严重的通货膨胀现象。

《三国志·蜀志·刘巴传》云，刘备初取成都，苦国用不足。刘巴教以铸直百钱平抑物价，数月之间，府库充实。谱录所载的刘备直百钱，有大小两种。小者直径只十一厘米，只有清代直一小钱的一半大。大者亦仅十九公厘，仍不及直一小钱之大。《南史·崔祖思传》说，刘备收帐构之铜铸钱，以充国用。这不但可知当时缺铜情形之严重，亦可知其钱文之小，固有由来。这也是三国故事中的一点小掌故。

刘备的直百钱，形制虽小而制作精美，迄今仍为收藏家们所喜爱。比之同时代中的另一类小钱，此钱还应算是其中的翘楚。

鹅眼·延环·鸡目·菜子

《通鉴》记：“宋废帝景和元年九月，沈庆之复启请听民铸钱。由是铸货乱败，千钱长不盈三寸，大小称此，为鹅眼钱。劣于此者，谓延环钱，贯之以缕，入水不沉，随手破碎，合数十万钱而不盈一掬。斗米一万，商贾不行。”较鹅眼更小的，尚有鸡目及菜子。

照《泉布统志》的说法，所谓鸡目钱，即是晋时吴兴沈充所铸的私钱。

李贺诗："榆荚相催不知数，沈郎青钱夹城路。"以榆荚比钱，可见其钱之小。然鸡目钱虽小，而钱质颇为厚重，且有轮有郭，面文"五铢"二字甚为清晰。其质地最劣而形制最小的，则为"菜子"。《泉布统志》有诗云："废帝景和菜子称，民间私铸四分盈。既无轮廓兼无字，私铸钱中不近情。"钱币史中最小的铜钱，当以此为最。

自鹅眼、延环以至鸡目、菜子，其制作虽有精粗之别，仍各有其不同的时代背景及特殊意义。历史博物馆所搜集的钱币甚多，但铜钱中的最小者，只有榆荚而无他，因之未能一见鸡目菜子之类的真面目，未免美中不足。

五铢钱非罕见之物

历代以来的铜钱，以五铢钱的行用时间最久。此钱始铸于汉武帝元狩五年，面有周郭，边赤侧，正面的穿孔左右分列"五铢"二字。古代衡制，一两分为二十四铢。此钱名为五铢，其标准重量约四铢，合六分之一两。自汉武帝初创五铢钱的形式，以迄唐朝开国，改以"开元通宝"为标准式的钱币为止，历朝所铸，大都属于此一形式，中间历时共七百余年。七百余年所铸的五铢钱，总数当不下一百亿枚。所以五铢钱虽古，在今时仍非罕见之物。

同是一种五铢钱，中间仍有各种不同的异名。汉武帝时所造，边有赤侧，以防盗摩，称为赤仄五铢。（年久后赤色褪损，则无从分别。）公孙述据蜀，铸铁五铢钱。汉灵帝时所铸五铢钱，面有四出文，称为四出五铢。三国时魏国所铸，面文反书，称为传形五铢。晋五铢钱形制特小，有五铢女钱、五铢稚钱、对文五铢、鸡目五铢等名。梁武帝亦铸四出五铢。又因所铸五铢钱的正面穿孔上有大通、大吉等字，遂又有大通五铢、大吉五铢、大富五铢等名。

梁敬帝铸四柱五铢，正面穿孔上有四星齐列。北魏有太和五铢、永安五铢、常平五铢。隋文帝造夹锡五铢，钱色灰白而内郭平阔。以上皆是可以考知铸造时间的五铢钱。若是铸造时间无考及私铸之类，因形制相近而数量甚多，亦不为收藏家所重视

物以稀为贵

汉魏以来，五铢钱的铸造数量太多，即使中间会被大量销毁，辗转流传下来的仍有不少。在收藏家的心目中，物以稀为贵。五铢钱的年代虽古，由于其数量太多，很多五铢钱又无法查明其确实的铸造时间，所以除了前述各种较为特异的五铢钱以外，普通的五铢钱都不很值钱。然则历代的古钱究以何者最为贵重呢？这当然还是离不了前面所说的原则——物以稀为贵。

历代所铸铜钱，究以何者为最少？这可以先举出三种情形来说：一是旋铸旋废之钱，二是铸钱的皇帝在位时间极短，三是偏霸僭伪及北方的辽金等国。

旋铸旋废之钱

《钱币考》说："明熹宗天启元年，兵部尚书王象乾请铸当十，当百，当千三等大钱，用龙文，略仿白金三等之制。于是两京皆铸大钱。后有言大之弊者，命收大钱发局改铸。"这是典型的旋铸旋废之例，犹如一种邮票甫经发行而旋即收回销毁，其已经发出的少数必定成为集邮之珍品一样。前述的天启大钱，今只当十钱一种尚有少数流传，背书"一两"，并无龙文。至于背铸

龙文而当百当千的大钱，则已因全部销毁而未有传世。倘有流传，真乃无价之宝了。

唐朝安史之乱，僭窃者之一的史思明，据洛阳称帝，曾铸“得壹通宝”。既而以“得壹”非长祚之兆，改铸“顺天通宝”。故“得壹”钱亦可视为旋铸旋废之例，因铸量少而价值高。

最少的年号钱

历代皇帝在位时间最短而又曾以年号铸于钱上的，当无过于明光宗。他于万历四十八年八月即位，改明年为泰昌元年，然在位仅一月而崩。熹宗继立，乃以万历四十八年九月以后的四个月称为泰昌元年，并铸泰昌通宝钱，以纪念这位曾改年号而未及铸钱的短命皇帝。此钱铸数不多，但后世尚有流传。至于宋恭帝在位未匝岁而宋亡，端宗及帝昺不但在位时间短，且均播迁在外，所铸德祐元宝、景炎通宝、祥兴通宝等钱，流传极少，均属稀见之物，因此亦均甚名贵。

偏霸僭伪之钱

偏霸僭窃，亡国时间各有长短不同。但因所铸钱文在后世未被视为正当的通用钱文，因此其销毁数特多。若当时所铸的钱数本少，在今日愈益如凤毛麟角了。

东晋时，李寿据蜀，铸“汉兴”钱。后赵石勒建国，曾铸“丰货”钱。此二钱传世甚少而制作甚精，古钱收藏家视之不啻瑰宝。元末群雄并起，各有制作。韩林儿曾铸“龙凤通宝”，徐贞一曾铸“天启元宝”、“天启通宝”及“天定通宝”，陈友谅曾铸“大义通宝”及“大义元宝”、张士诚曾铸“天祐通宝”，亦均属罕见之品。至于五代时吴越王钱镠所铸的“宝正元宝”，前蜀王建所铸的“咸康元宝”、“通正元宝”等钱，以及辽金建国时期所铸的年号钱，由于他们的钱法制度史书不详，故钱谱中亦多未著录。其后经陆续发现及考定其铸作时代，方知这类古钱的流传极少，因而亦被古钱收藏家视为珍品之列。

最贵的古钱

最常见的铜钱，如清代的年号钱，既无囤积居奇的可能，自然不会被古钱收藏家视为购求的对象。在昔时而言，其价值只能论斤计铜。以与最值钱的稀见古钱相比，价值之悬殊，不啻霄壤。

最贵的古钱，在前清光绪时已有值到每枚银元一百以上的纪录。秦宝瓒的《遗篋录》，作于光绪间，书中有一条记事说：“统和元宝，辽圣宗钱。此枚余初以廉价得之，至于近年，价乃鹊起。娄君有一精钱，售至百二十元。”《古泉丛话》亦说：“孝建四铢，北人以为奇货，索直二三万钱。”又说：“顺天易得，得壹难求。余见一燕人质得壹钱予晋人，晋人与钱三万，曰：‘我故厚其直，使不能赎。’燕人曰：‘我故薄其直，为赎计也。’此可谓二痴。然是钱之难求，概可想见。”清光绪年间，银元一百二十元的购买能力约当白米四十石，折值现时的人民币三万元以上。币值的低落与古钱收藏家的居奇抬价，更使此钱的时价难以估计。集邮珍品中有一枚而值至数万美金的，此钱身价，差堪比拟。

男钱与女钱

段成式诗："诈言嚼贝磨衣钝，私带男钱厌鬓低。"男钱，即陈文帝元嘉二年所铸"布泉"，以一当百，与五铢并用。杜佑《通典》云，此钱"世谓之男钱，妇人佩之生男也"。铜钱而佩之可卜生男之兆，相信必是世人所最欢迎的钱币了。

陈文帝所铸直百布泉，何以能有可卜生男的传说？主要原因，还是由于"男钱"之名。按，"男钱"系由"女钱"的对名而来，二者皆由于铜钱本身的形制，与生男生女无关。后人由"男钱"之名附会出"佩之生男"的传说，揆之本来，并不如此。

我国钱币史上的私铸钱，在晋宋以后最为盛行。由于私铸大兴，物价昂贵，公家所铸的五铢钱，也就实行偷工减料，制式卑陋，铸造草率，与私铸钱互相看齐。于是而有"女钱"之称。《癖谈》释"女钱"名称之由来，以女桑及女墙之名为例，说："女是人之弱者，女桑，言柔弱之桑也。城上垣亦曰女墙，言其卑小，比之于城，若女子之于丈夫也。是物之弱者皆可称为女，而壮者即可称为男。是以对女钱而言者，又有男钱也"。

当时所流行的五铢女钱，两面皆无肉好郭，正面文字洼下。直百布泉则有肉郭而形制壮大，相比之下，理宜得男钱之名了。男钱与女钱，本是民间私相表别之名。而数百年之后，辗转附会，乃有了"佩之生男"的传说。明人文徵明曾有喜得男钱诗，中云："添丁应入选，来子恰相连。郎唤何嫌小，兄呼本占先。荚形卟个仄，兰梦十分圆。金合香汤洗，牌宜绣褓悬。……"旖旎温馨，为此钱生色不少。

利产治疟钱

男钱之外，最受世俗重视的古钱，尚有后周世宗时所铸的“周通元宝”钱，据说有利产治疟的功效。《秋灯丛话》：“顺治初，孝感多疟，握周元钱一枚即愈。”又，《水曹清暇录》：“周元钱兼治难产，或用以卜筮。”人们何以相信此钱能有如此神奇的功效？

据《五代史》所记，周世宗即位之次年，废天下佛寺三千三百余所。时钱币缺乏，有诏将铜佛像悉行销毁，用以铸钱。世宗并在殿后设垆数十，亲视鼓铸。于是世俗相传，以为周元钱为佛像所铸，佛慈流露，功能利产已疟。考之事实，亦殊不尽然。《钱币考》云，周世宗显德二年，以铸钱所需铜料不敷，遣尚书水部员外郎韩彦卿，以帛数千匹往高丽购铜。既然曾往高丽购铜，可知周通元宝钱并非全由佛像所改铸。只是世俗相传的观念已深，周元钱功能利产治疟之说，遂深入人心，此钱亦就被视为有辟邪之功，而神奇地流传下来了。

古钱与集邮

收集古钱的趣味，有许多地方很可与集邮相比拟。中国历代以来的古钱，种类之多与名色之繁，够得上称为五光十色，洋洋大观。能够将历代古钱的源流系统摸索清楚，进而了解各时代铸钱的特色，观察其品质、形制、文字、色泽等等的异同，不但可以得到极丰富的史学知识，即在文字学、冶金学、美术工艺等方面，亦能开拓甚多的见闻。而一旦成为熟谙古钱的专家，对于所见的古钱，入手便能分别其年代，鉴定其真伪。这种功力，更是十分值得钦仰的。

邮票的发行，有成套与单枚之分。在古钱中，亦可以有此说法。

最早的成套钱币，是由王莽发行的。他所发行的刀钱，有两枚，一枚为"契刀五百"，一枚为填金的错刀，"一刀平五千"。圆钱有六枚。自"小泉直一"以上，"么钱一十"、"幼泉二十"、"中泉三十"、"壮泉四十"、"大泉五十"，每枚的面值差距均为十。布钱有十枚，"小布一百"、"么布二百"、"幼布三百"、"厚布四百"、"差布五百"、"中布六百"、"壮布七百"、"第布八百"、"次布九百"、"大布黄千"，每枚的面值差距各为一百。我国古钱中能以大小相权而厘然有序者，当以王莽钱为首。这几套不同的钱币，犹如邮票之成套者一样，系统极为分明。

《新唐书·食货志》云，武宗会昌五年，淮南节度使李绅请将天下各铸钱州名铸于钱文之背，以为识别。计有京、洛、益、蓝、襄、荆、越、宣、洪、潭、兖、润、鄂、平、兴、梁、广、福、丹、桂等二十一州及代表平号会昌之"昌"字共二十二种，是为钱背加铸地名之创始。故会昌开元钱全数二十二枚，亦可谓之全套。唐朝以后，于钱背加铸星形月形等项识别的事例颇有不少，但因制度不明，无法为之分类区别。明天启、崇祯、永历时所铸钱，背面亦有文字识别，唯不能明了其各有若干枚。到了清朝，因有会典事例的记载可查，凡在同一时间内所铸的铜钱，如大小及重量完全相同，均可按钱背的不同文字，一套一套地加以分类收藏。

成套钱之外，古钱中亦有变体钱。《制钱通考》卷一，载有明熹宗天启时的变体钱一枚，一面铸天启通宝，一面铸泰昌通宝。此因当时同时并铸天启及泰昌钱两种，铸匠偶将两种不同的钱范错放在一起使用之故。类此情形，康熙钱中亦有一例，其背文为顺治通宝，亦见《制钱通考》。与此不同的事例，顺治钱中有一枚双面均为“顺治通宝”，又一枚双面均为满文“宝泉”。凡此皆与邮票中的变体票相似。所不同者，邮票的变体票常有数量可稽，此则无可稽考耳。

意外奇缘

在集邮故事中，常有在旧邮票中得获名贵邮票的故事。收集古钱，往往亦有类似的收获。

王莽的成套钱中，“壮泉四十”及“中泉三十”两种，流传最少，而搜求亦最不易。《遗箧录》的作者秦宝瓒致力搜求多年，希望合成六种一全套，卒不可得。后有陈子彦其人，竟于西安市上的常用钱中，发现壮泉中泉各一，以之转遗秦氏，为之狂喜。此事见于《续遗箧录》中的记述。《古泉丛话》亦记周小莲得“孝建四铢”故事一则，大意说，某日周往羊肉店买肉，见一人与店主争吵，询之，知此人以百钱一串买肉，中有小钱一枚，店主剔出索换，其人不肯，遂互相吵嚷。周取此钱观之，即以百钱代此人偿肉价，而索此小钱以归。店主与此人不明就里，面觑久之，而不知此钱即“北人以为奇货，索直二三万钱”之孝建四铢也。这一则故事的趣味性，较之集邮者之无意间得获名贵邮票并无二致。

往日的闱场

自从清光绪末年废科举，兴学校以来，科举考试久已成为中国历史上的陈迹。在今天再要来谈古代的科举考试，不免会使人有抱残守缺之感。尤其是科举考试以八股文取士，这种桎梏人心的考试内容更使人言之痛心。其实则科举考试的内容诚然守旧而落伍，其考试制度的本身则是无可非议的。外国史家赞美中国古代的考试制度，以为中国古代的皇帝在这么多年以前就能将参政权向社会公开，乃是安定政治秩序的重要因素，值得欧美人士师法云云。可知科举考试的内容应当变更，考试制度的精神则当永守不渝。我们在今天追溯古代科举考试的史实，所应该重视的，亦在这一点。

因为科举考试对于维系政治秩序的安定具有莫大的作用，自唐宋以来的历代皇帝，也无不注意维护这一考试制度的公正无弊。各种防止舞弊的措施与法律，也是愈到后世愈为绵密完备。追溯这一种考试制度的演变历史，可以知道，考试防弊措施的严密，与执行防弊法律的认真态度，都应以清代为最。这可以归结为下面两项因素。

第一，科举考试发展到了清代，因为人口繁衍的结果，致使应考的人愈来愈多。而每三年取中一次的名额，全国性的进士考试不过二百余人，地方性的各省乡试，大省取中的举人只八九十人，中小省份则更只有四五十人。若以录取的比率而言，举人考进士，取中的机会约为二十分之一；秀才考举人，则不过百分之一。取中之困难如此，为求达到取中之目的，各种作弊取巧的方法也愈来愈为花样百出。若不严肃试场规则，申严舞弊的罚则，这种考试的公平竞争精神，势将无法维持。

第二，任何一种优良制度之所以败坏，都是从执法之人开其弊端的。科举考试既为万千士人所觊觎的荣身之路，权要人物自更希望凭恃其权势为他们的子弟亲友谋取非法之所得。如果此弊不除，科举考试势将变成特权人物为其子弟亲友取得作官资格的终南捷径，有如魏晋以来的九品中正制度，而科举考试制度亦将因此而腐化死亡。古语说：“行法当自贵近始”。为了维护科举考试的公正无弊，自只有以严刑重法来实行警怵吓阻，即使权要人物触犯此法，一样依法重惩不贷。

有这两种原因存在于其间，所以，清代的科举考试，不但规制最为绵密，为防弊而执行的处罚，也极为认真。

不过，科举考试制度之完备与执法之认真虽以清代为最，而考试内容之桎梏人心，与应考士子所受到的不合理待遇，亦同样以清代为最。这亦是客观情势所造成的结果。第一，科举考试始终以四书五经为考试的范围，而经书中可以出题的内容有其限度，自无法避免后人之剿袭成说及摹拟揣测。于是乃使八股文变成毫无灵性的东西，取中的进士举人也谈不上什么人才学问。第二，因防范作弊而制订的种种规定，有时难免会发生削足就履的现象。所谓矫枉过正，自然足以使应试士子的自尊心蒙受损伤。

作《聊斋志异》的蒲松龄，怀才不遇，久困考场，他曾写过一篇文章，把应试的秀才比喻为丐、囚、蜂、鸟、猱、蝇、鸠等七种人物，其刻划甚为有趣，录之如下：

> 秀才入闱，有七似焉。初入时，白足提篮，似丐。唱名时，官呵隶骂，似囚。其归号舍也，孔孔伸头，房房露脚，似秋末之冷蜂。其出闱场也，神情惝恍，天地异色，似出笼之病鸟。迨望报也，草木皆惊，梦想亦幻。时作一得志想，则顷刻而楼阁俱成；作一失意想，则瞬息而骸骨已朽。此际行坐难安，则似被系之猱。忽然而飞骑传入，报条无我，此时神情猝变，嗒然若死，则似饵毒之蝇，弄之亦不觉也。初失志，心灰意败，大骂司衡无目，笔墨无灵，势必举案头物而尽炬之。炬之不已，而碎踏之；踏之不已，而投之浊流。从此披发入山，面向石壁，再有以“且夫”，“尝谓”之文进者，定当操戈逐之。无何，日渐远，气渐平，技又渐痒。遂似破卵之鸠，只得衔木营巢，从新另抱矣。

蒲松龄生当雍正乾隆之世，屡试乡闱不利，他所体验到的秀才应试心情，当然是十分确切的实情写照。但是他的文笔虽妙，其中很多地方在我们现下看来，已颇有不能明了之处；这就需要根据当时的制度规定，略作一番诠释，以免隔阂难通。

清代的科举考试，甚重“搜检”。无论是童生考秀才，秀才考举人，或是举人考进士，无不皆然。清人缪艮所编的《文章游戏》，中有一篇七言长排的浙江乡闱诗，开头处说：

> 闱场磨人不自由，英雄便向股中求。一名科举三分幸，九日场期万种愁。负凳提篮浑似丐，过堂唱号真如囚。袜穿帽破浑身旧，襟解怀开遍体搜。

所谓“襟解怀开遍体搜”，所说的便是入闱之前的“搜检”。考场中的搜检工作，由外帘工作人员中的搜检官督率兵役担任，每兵役二名负责搜检一人，其任务在搜查进场的士子有没有私携书籍及怀藏小抄夹带等物。进大门时搜检一次，到了进入仪门时，还有人搜检第二次。正因为一搜之后还须再搜，所以进场士子在初次搜检之后干脆不穿鞋袜，赤足进入。蒲松龄所说的“白足提篮，似丐”，即指此而言。至于所提之篮，在清代名为“考篮”，乃是长方形的竹制提篮，分为三层，用以贮放入场应试的笔墨砚台及食物等。《儒林外史》第四十二回，记汤由、汤实二人入场应试以前所购备的考场用品，有考篮、铜铫、号顶、门帘、火炉、烛台、烛剪、卷袋等；所料理的场食，则有月饼、蜜橙糕、莲米、圆眼肉、人参、炒米、生姜、酱瓜、板鸭等。其中食物等项，便是需与笔墨砚等一起放入考篮内的东西。

考篮用以贮放什物，铜铫、号顶、门帘等物又作何用呢？按，铜铫乃是铜制的小锅，与火炉同为场中烹煮食物用的炊具。号顶门帘，则悬挂于号舍门前遮蔽太阳风雨之用。按照明清相沿的制度，秀才考举人的试场，称为“贡院”。贡院内的房屋，除了考官及办事员役的办公处所及寝室、厨房、仓库外，其余由应试士子作文住宿之处，乃是一排排宽约三尺，深约四尺，三面有墙而一面无门的矮房小屋。每排以千字文为序，编列字号，名为号舍。乡闱考试三场，每场试期三天。自入场以至出场的三场九天之中，应试士子的食宿寝处及作文构思，尽在其中。号舍内并无床榻桌椅，所有的只是长宽与号舍面积相同的木板两块，横搁于两墙之间。墙上筑有砖托，以供庋搁木板之用。白天将一板取起，搁于上层砖托，成为桌案，一板搁于下层砖托，成为座位，便可供写字作文之用。晚间将上板取下与下板平铺，便是睡觉用的床榻了。屋浅身长，睡时不免脚伸在外，于是便有“房房露脚”的奇妙镜头。后面墙上，略有凹入的小龛，供安放油灯及烛台，作照明之用。贡院内照例有膳食供应，但亦照例是粗恶不堪，不得不由应试士子自带食物，到场中去烹煮食用。于是，在“孔孔伸头、房房露脚”的矮小号舍中，又出现了另一种有趣的情景。

科举考试时代的试场设备实在太简陋，膳食供给实在太恶劣，应试士子的试场生活实在太困苦，这在本书前面的《清代科举考试摭谈》一文中已略有叙述，本文不再重复。而乡闱例在八月间举行，南方天气炎热，以多连数千之众的考生聚居在鳞次栉比的密集小屋之中，又不能十分注意卫生条件，已经很容易发生疾病了；何况考试时患得患失的功名之心太重，在精神过度紧张的情形之下，更容易发生意外。于是，因精神过于疲劳而致产生恍惚错幻之感，因体力无法支持而致有虚脱之象，都是常有的事。古代科场中常多鬼神迷信之说，而死人闹鬼之事，每场必有，究其实际，大概都是这种情形之下的产物。而由此产生的科场恩怨与夫鬼魂索命的故事，也就成了古代科举考试中的另一种有趣传说。

自唐代开始的科举取士制度，发展到了清代，各种防弊的措施最称完密。为了避免应试者的考卷能为阅卷之人所辨识，从而发生种种弊端起见，考卷交进之时，一须弥封姓名，二须由誊录书手另行誊写一遍，是谓“糊名”及“易书”。考生的原卷，称为墨卷，经过誊录之后，称为硃卷。考官评阅，只在朱卷上圈点钩抹，俟取中后填榜，方始吊出墨卷，拆封唱名。由于有这种种规定，所以考场中所用的笔，共分为五色，不得搀混。考生及主考官用墨笔，誊录用硃笔，对读用青笔，阅卷用黄笔，监临提调及内外监试等官用蓝笔，藉以区别责任，极为分明。既然主考官及阅卷的房官都无法看到考生的原卷，考试题目又是弥封钦颁，考官无法预知，更谈不到泄漏试题，预撰对策，以求博取高第了。在这种情形之下，照情理而言，一切人情请托及金钱贿买等弊，都应该不禁而自绝。这一点，只要看清人薛福成《庸庵文编·记咸丰八年戊午科场大狱》一文中所说的“条子”，便可知其不然。薛文说：

条子者，截纸为条，订明诗文某处所用之字，以为记验，凡与考官房官熟识者皆可呈递，或辗转相托而递之。房考官入场，凡意所欲者，凭条索之，百不失一。盖自条子兴，而糊名易书之法几穷矣。

咸丰八年的戊午科场大狱，主考官大学士柏葰至被处斩，就是因为这一年的顺天乡试，各房考官凭条子取中的举人太多，物议沸腾，致被言官提出纠举。而军机大臣肃顺与柏葰有仇，欲借此陷害，遂竭力怂恿皇帝秉公执法，直穷到底，将一应关连人物尽皆牵出。审结之后，柏葰及通同作弊的房官浦安，主事李鹤龄、罗鸿绎，员外程炳采等皆处斩，成为清顺治十四年丁酉科场大狱之后又一惨案。而戊午科场大狱中的所谓条子，也就是顺治丁酉科场大狱中所谓之关节，二者所用的作弊方法，一般无二。关于这一点，我们可以先看看宋人杨大年的故事，便可知道科场关节的起源如何了。

《纪纂渊海》：

杨大年为翰林学士，适礼部试天下士。一日会乡里待试者，或云：“学士必持衡文，幸预有以教之。”大年乃作色，拂衣而入，则曰：“丕，休哉！”大年果知贡举，凡用“丕，休哉”者，皆中选。

杨大年知贡举时，宋代的科举考试已开始使用糊名易书之法。为了使同乡们有机会中式会试，杨大年乃开始使用这种预通关节之法——以特定的字眼作为识别的标志，由此可使同乡人得以取中。不过，杨大年所用的办法在后代看来已太笨拙。因为清代的乡会试揭晓之后还有很重要的一道关卡：磨勘。凡各省乡试及会试取中的试卷，都须定时解送礼部，由皇帝指定御史或给事中数人负责磨勘，一方面勘查取中之卷是否有文理纰缪而冒滥中式的，另一方面便是要查明其中有无关节弊实。像杨大年所用的方法那样，凡在试卷中用上“丕，休哉”以为识别的，一看便知是约定的关节，自考官以至考生，都难逃依法重处的危险。所以，清代科举考试中所用的关节，方法甚为隐密，而且所用的文字记号人人不同，决不能像杨大年时代的明白显著。《清稗类钞》中有关于这方面的两则实例，说：

某科，试“子谓子夏曰”全章，某生与考官暗通关节，令儒一而不为于破题中连用四个一字。某破曰：“儒一而不为一，圣人一勉之一诫之焉。”榜发，果掇高魁。又某科诗题为“所宝惟贤”，某卷以“水烟袋”三字散见于点题中以为关节，句曰：“烟水潇湘地，人才夹袋储”，可谓凑泊无痕。

关节与条子的分别，在于前者系由考官得贿之后授予考生，后者则系考生透过人情请托呈递予考官。但不论是关节或条子，所用的方法都一样，看前面所引的各例自明。作弊的方法巧妙到如此地步，诚然足以使一切糊名誊录等防止人情请托之法均归于无用，而公平竞争的考试也将变成私相授受的买卖行为。专制时代的皇帝，既视科举考试为收揽人心及维系社会安定的重要措施，为了维持此一考试之公正无弊，自只有以严刑峻法来压制那些犯法作弊之人，使之畏惧却步。所以，清代的科场舞弊事件不被察觉则已，一被察觉，自考官以至考生，无不身首异处，惨撄显戮。清代科举考试之所以能够始终维持大体的公正，其原因在此。

明人周元暐所撰的《泾林续记》，有两则关于科场关节的故事，颇可以作为考试弊窦的实例举证。一则是通关节的情形，说：

潘某，某处人，父业丹青。某子时已游庠，有科举。偶乡间富翁吴姓者构巨室，因日促，上梁未及施彩画，既成，嫌其太朴，浼为加饰，搭建架令潘栖息其上而运笔焉。辰而登，尽酉而下，几一月矣。吴有子，亦放科，持重货倩人买字眼，持归授子。至堂中，发封启视，忘梁上有人也，讽诵再三，遂入室内。潘谛听，已得其详。夜归潜告其子，入场如父教书卷中。考官检得之，即加圈点得中。迨拆封填榜，则潘姓而非吴也。当时有“听生鬼”之谣。

另一则较比更为曲折明白，云：

庚午科，东仓曹监生应试至京，邀友人沈邃洲为伴。曹有一童，能书识字，性敏捷，曹甚喜之，时刻不离左右。至七月终，童忽言归，沈窃疑之而弗解其故。至初六日，曹拉沈看迎考官，携手立店家檐石上。见诸考官从人，俱青衣大帽，乘马而来，中一人用马鞭挑开眼罩，顾曹微笑，沈亦见之。曹以手捏沈一把，即下阶归寓。至夜饮，沈试询曰：“日间所见执鞭者，颇似君家某童，何也?”曹笑不答，沈亦不敢更问。场事完，曹出赴宴，沈独留守舍。偶往厨房取水净手，见一人坐青布墩上，其饰弗类曹仆。诘之，其舌侏㒧，似江右人。询所从来，语甚支吾。沈心知之而不露，第时往觇其动静。其人坐墩上弗少移，若如厕，则挟之而往，夜用为枕而卧，意其中必重货也。至揭晓，曹果中式，报喜者在寓喧嚷，观者肩摩，而前童从人丛中归矣。沈询久在何处?笑而不答。少顷，往厨中索前人，则併包俱无踪矣。后细察之，乃知童充房考家奴，代主觅卷，而厨中人则房考命守质物者，榜出则一去一来，各归原主。此沈所细述者。

明代中叶以后，买中举人一名，约需银一二千两，进士则倍蓰于此不止。但虽同是贿买，高下之间，却大有差别。为何其中有高下之分呢？因为乡试得中的关键，全在房考荐卷，若是房考不荐，虽有佳卷，主考官亦不可能从多达数千的考卷中去一一搜取。所以买关节必买房考，主考官大致不可能明目张胆地贿卖干涉。但一科中的房考亦有十余人之多，倘若买通关节的考卷落在别房，本官既不便到各房去逐一细搜，此卷便有不能取中的危险，虽买关节，仍归无用。最安全可靠的办法，便是东仓曹监生那样，事先与通关节的考官商定互换家奴，而以自己的贴身书僮冒充考官从人，与考官一同入闱，为考官至各房搜觅主人的考卷，以便此考官可以越房调取而加批呈荐，自然可以包中举人了。在这种情形之下，考官所冒的风险较大，所需的代价便不能与一般情形相同。试看沈邃洲在旅店厨房中所见的考官从人，守定曹监生所预先交付的贿款片刻不离，而此项贿款的体积又大至成为一个布墩，可知其中的银货必在三五千两以上也。

中国古代的科举考试，历时一千余年，其间的琐闻趣事，可谈者甚多。本文因篇幅所限，无法写得太冗长。如果读者诸君对此尚有兴趣，以后不妨再谈谈考试题目与试卷内容方面的有趣故事。这一篇芜文，就算到此结束吧！